Information Technology Qualification

ITQ 한셀
Hancell 2016

ITQ 시험 자료 다운로드 방법 안내 ······ 다음 페이지

ITQ 시험 자료 다운로드 받기

1. 렉스미디어 홈페이지(www.rexmedia.net)에 접속한 후 [자료실]-[대용량 자료실]을 클릭합니다. 그런 다음 렉스미디어 자료실 페이지가 나타나면 '수험서 관련\2022년 ITQ' 폴더를 선택한 후 [ITQ 한셀2016(NEO).exe]를 클릭합니다.

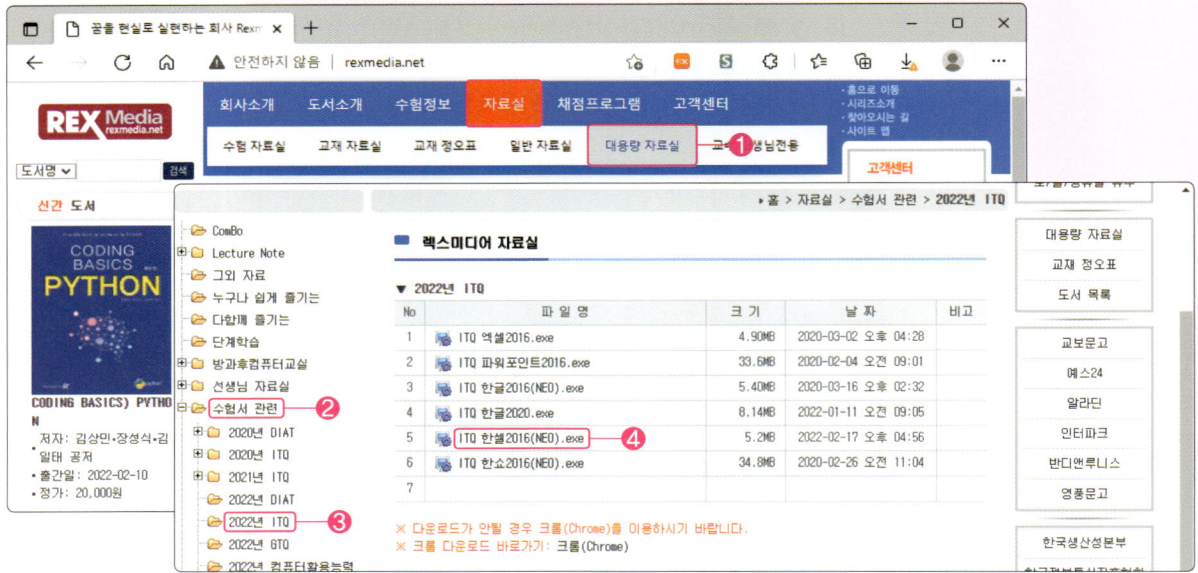

2. 'ITQ 한셀2016(NEO).exe은(는) 일반적으로 다운로드되지 않습니다. 열기 전에 ITQ 한셀2016(NEO).exe을(를) 신뢰하는지 확인합니다.'라고 메시지가 나타나면 [추가 작업]을 클릭한 후 [유지]를 클릭합니다. 그런다음 [열기 전에 ITQ 한셀2016(NEO).exe을(를) 신뢰할 수 있는지 확인합니다.] 메시지가 나타나면 [더 보기]를 클릭한 후 [그래도 계속]을 클릭합니다.

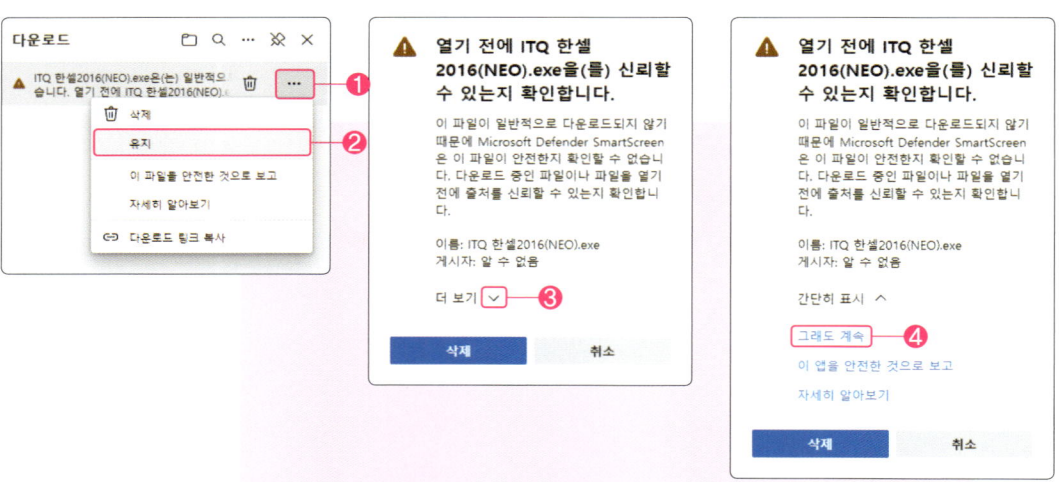

3. 다운로드가 완료되면 [파일 열기]를 클릭합니다. 그런다음 'Windows의 PC 보호' 화면이 나타나면 [추가 정보]를 클릭한 후 [실행]을 클릭합니다.

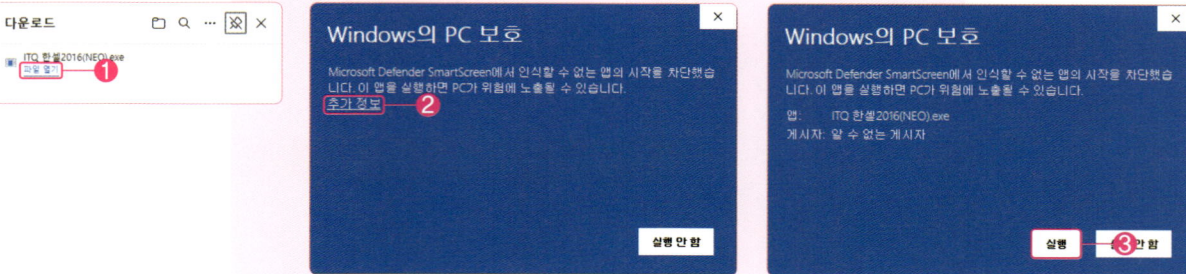

4. [ITQ 한셀2016(NEO) 1.00 설치] 대화상자의 'ITQ 한셀2016(NEO) 설치 마법사입니다' 화면이 나타나면 **[다음] 단추를 클릭**합니다. 그런 다음 [ITQ 한셀2016(NEO) 1.00 설치] 대화상자의 '설치 위치 선택' 화면이 나타나면 **[다음] 단추를 클릭**합니다.

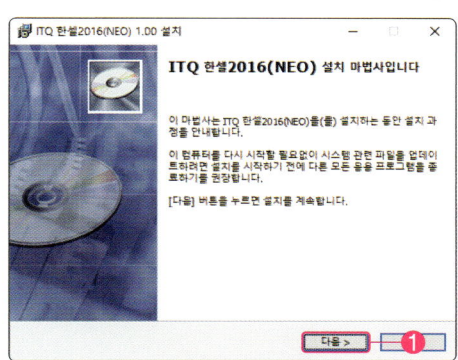
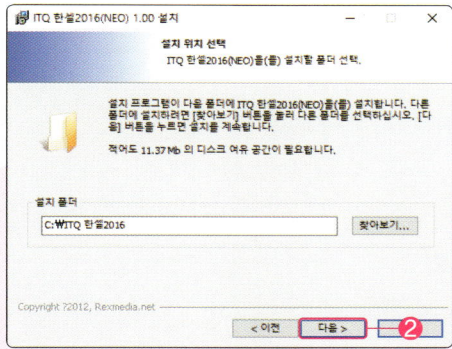

5. [ITQ 한셀2016(NEO) 1.00 설치] 대화상자의 '설치 준비 완료' 화면이 나타나면 **[설치] 단추를 클릭**합니다. 그런 다음 [ITQ 한셀2016(NEO) 1.00 설치] 대화상자의 '한셀2016(NEO) 설치가 완료되었습니다' 화면이 나타나면 **[마침] 단추를 클릭**합니다.

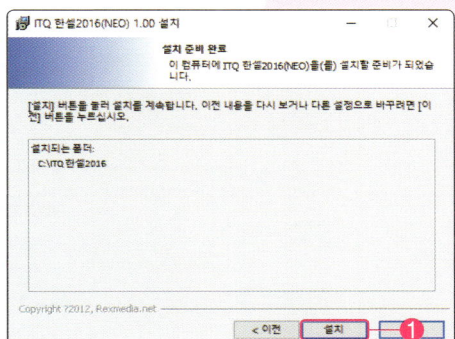
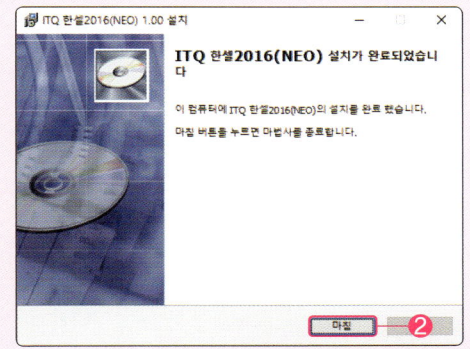

6. 파일 탐색기를 실행한 후 **'C:\ITQ한셀2016(NEO)' 폴더를 선택**하면 다음과 같이 ITQ 한셀2016(NEO) 자료가 다운로드된 것을 확인할 수 있습니다.

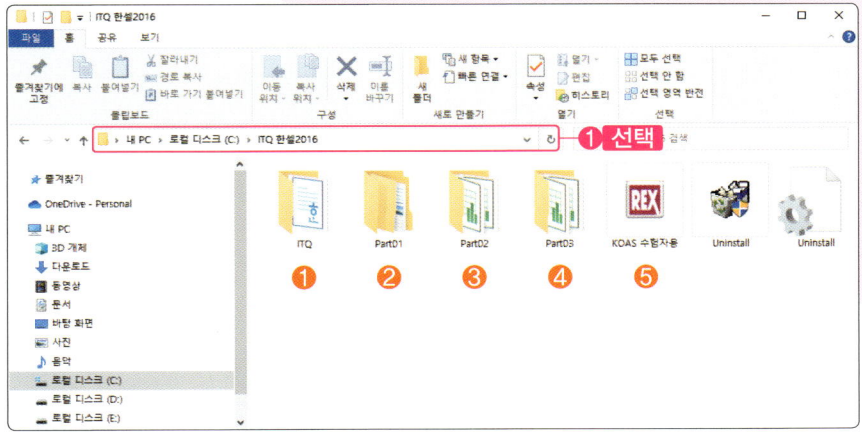

❶ [ITQ] 시험에 사용되는 파일이 담겨져 있습니다.
  [내 PC\문서\ITQ] 폴더에도 동일한 파일이 담겨져 있습니다.
❷ [1Part 출제유형 분석]에서 사용하는 연습파일과 완성파일이 담겨져 있습니다.
❸ [2Part 실전모의고사]에서 다룬 문제의 완성파일이 담겨져 있습니다.
❹ [3Part 기출예상문제]에서 다룬 문제의 완성파일이 담겨져 있습니다.
❺ KOAS 수험자용 프로그램입니다.

이 책의 구성

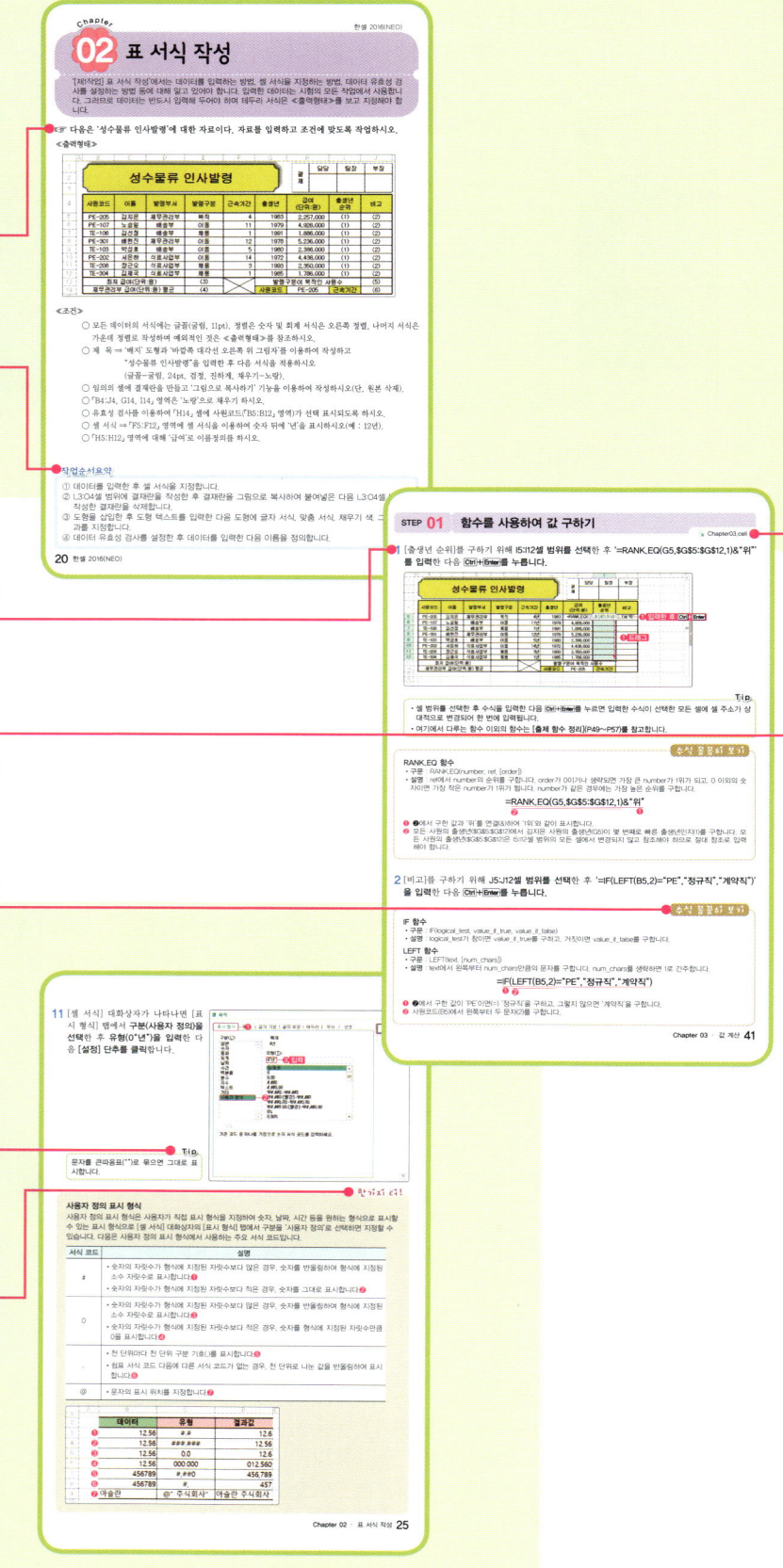

출제유형분석
ITQ 시험의 출제유형을 작업별로 분석하여 자세하게 설명하였습니다.

문제
작업별로 풀어야 할 문제입니다.

작업 순서 요약
작업별로 문제를 풀어가는 과정을 요약한 것입니다.

따라하기
작업별로 문제를 풀어가는 과정입니다.

따라하기 연습파일
따라하기에서 사용하는 연습파일입니다.

수식 꼼꼼히 보기
수식을 단계별로 자세히 설명합니다.

Tip
따라하기에서 설명하지 못한 부가적인 설명입니다.

한가지 더!
ITQ 시험의 출제유형과 관련은 있지만 따라하기에서 다루지 못한 내용입니다.

이 책의 구성

실전문제유형

작업별로 실전문제유형을 마련하여 ITQ 시험을 쉽고 빠르게 준비할 수 있도록 하였습니다.

실전문제유형 연습파일

실전문제유형 문제에서 사용하는 연습파일입니다.

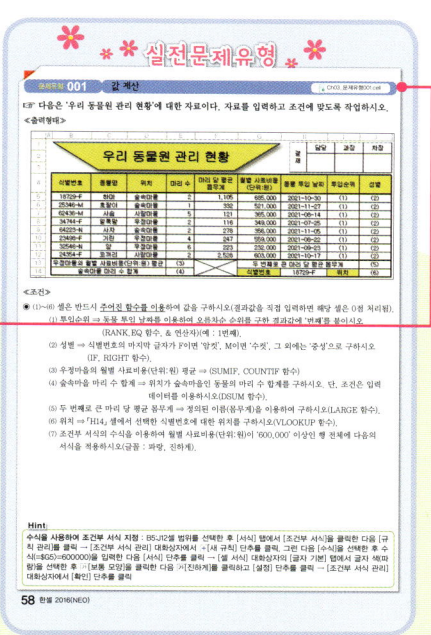

실전모의고사 기출예상문제

실전모의고사와 기출예상문제를 마련하여 ITQ 시험에 100% 대비할 수 있도록 하였습니다.

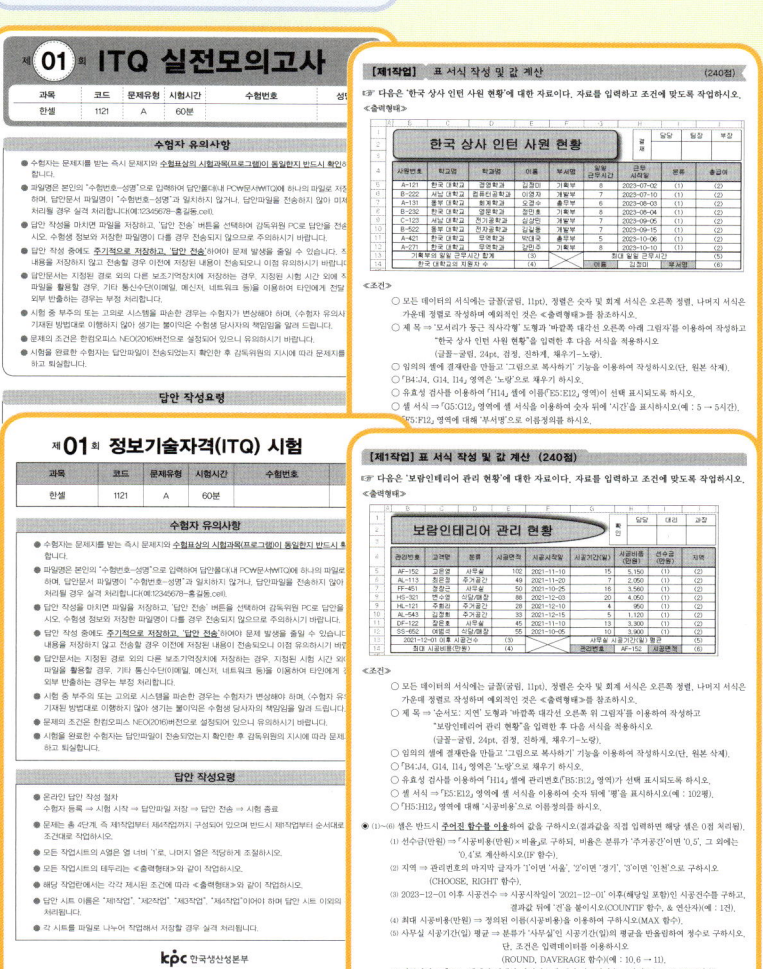

5

ITQ 시험안내

ITQ 시험이란?
- 정보기술 능력 또는 정보기술 활용능력을 객관적으로 평가하는 시험입니다.
- 정보기술 관리 및 실무능력 수준을 지수화하고 등급화 시키는 국가 인증 시험입니다.
- 산업인력의 정보 경쟁력을 높이고 정보화를 촉진시키기 위한 목적의 국가공인자격을 말합니다.

ITQ 자격 취득자 혜택
- 기업체 및 기관, 행정기관 등의 채용, 승진 및 인사고과에 높은 점수로 우대합니다.
- 대학의 필수 및 선택 과목으로 채택되어 학점을 인정합니다.
- 일부 대학의 경우 수시모집 및 특기자 전형으로 대학입학도 가능합니다.
- 초/중/고등학교의 생활기록부(NEIS)에 국가공인자격으로 등재됩니다.
- 학점 인정 등에 관한 법률에 따라 3과목의 A 등급은 8학점, B 등급은 4학점으로 인정됩니다.

ITQ 시험의 특징
- 다양한 과목에 응시가 가능하며, 시험일에 최대 3과목까지 시험을 볼 수 있습니다.
- 필기시험 없이 실무 작업형 실기시험으로 평가를 합니다.
- 시험 성적에 따라 A·B·C 등급으로 나누어 자격증을 부여합니다.

ITQ 시험의 장점
- 객관적이고 공정성, 신뢰성이 확보된 첨단 OA 자격시험입니다.
- 실무 현장에서 활용도가 높은 기능을 위주로 평가하는 시험입니다.
- 시험 등급을 업그레이드 할 수 있어 발전성과 활용성이 탁월합니다.
- 필기시험 없이 실기시험만으로 능력을 평가할 수 있습니다.

시험 일정 및 검정 수수료
- 시험 일정 및 검정 수수료는 https://license.kpc.or.kr 홈페이지의 [접수/수험표 확인]에서 확인할 수 있습니다.

시험 시행처 안내
- 주관 : 한국생산성본부 ITQ센터(https://license.kpc.or.kr)
  서울 종로구 새문안로 5가길 32 생산성빌딩
- 전화 : 1577-9402(유료)

ITQ 시험 과목 및 시험 프로그램

시험 과목	시험 프로그램	시험 방법	시험 시간
아래한글 한셀 한쇼	한컴 오피스 2016(NEO)	실무 작업형 실기시험 하루에 3과목까지 응시 가능	과목당 60분
MS 워드 한글 엑셀 한글 파워포인트 한글 액세스	MS 오피스 2016		
인터넷	MS 인터넷 익스플로러 8.0 이상		

※ 시험 프로그램은 ITQ 시험 공식 버전으로 2022년 1월부터 적용됩니다.

ITQ 시험 등급

ITQ 시험은 과목별로 500점 만점을 기준으로 A 등급부터 C 등급까지 등급별 자격을 부여합니다. 이 중 3과목 이상 A 등급을 취득하면 OA 마스터 자격을 부여하는데, 한두 과목에서 낮은 등급을 받았을 경우 다시 응시하여 A 등급으로 업그레이드하면 됩니다.

A 등급	B 등급	C 등급
400점~500점	300점~399점	200점~299점

※ OA 마스터 신청시 아래한글과 MS 워드는 같은 종목으로 인정됩니다.

ITQ 한셀 2016(NEO) 버전의 작업 유형 및 배점

작업 유형	문항	배점	주요 내용
제1작업	표 서식 작성 및 값 계산	100점 (표 서식 작성)	▶표 작성 능력과 조건에 따른 서식 변환 능력을 평가 • 데이터 입력, 도형을 사용한 제목 작성, 셀 서식 등
		140점 (값 계산)	▶함수 사용 능력을 평가 • 함수를 사용한 수식 작성, 조건부 서식
제2작업 (두 문항 출제)	필터/서식/ 목표값 찾기	80점	▶데이터 필터 능력, 표 서식 지정 능력, 목표값 찾기 능력을 평가 • 고급필터, 표 서식, 목표값 찾기
제3작업 (한 문항 출제)	정렬 및 부분합/ 피벗 테이블	80점	▶데이터를 정렬하는 능력과 그룹별로 요약하는 능력, 필요한 필드를 추출하여 보기 쉬운 결과물로 만드는 능력을 평가 • 정렬, 부분합, 피벗 테이블
제4작업	그래프	100점	▶데이터를 차트로 표현하는 능력을 평가 • 차트 종류, 차트 위치, 차트 구성 요소 설정 등

이 책의 차례

PART 01 출제유형 분석

- Chapter 01 • 수험자 유의사항 및 답안 작성요령 ········· 10
- Chapter 02 • 표 서식 작성 ········· 20
- Chapter 03 • 값 계산 ········· 40
- Chapter 04 • 목표값 찾기 및 필터 ········· 62
- Chapter 05 • 정렬 및 부분합 ········· 74
- Chapter 06 • 피벗 테이블 ········· 84
- Chapter 07 • 그래프 ········· 96

PART 02 실전모의고사

- 제01회 실전모의고사 ·········· 114
- 제02회 실전모의고사 ·········· 118
- 제03회 실전모의고사 ·········· 122
- 제04회 실전모의고사 ·········· 126
- 제05회 실전모의고사 ·········· 130
- 제06회 실전모의고사 ·········· 134
- 제07회 실전모의고사 ·········· 138
- 제08회 실전모의고사 ·········· 142
- 제09회 실전모의고사 ·········· 146
- 제10회 실전모의고사 ·········· 150
- 제11회 실전모의고사 ·········· 154
- 제12회 실전모의고사 ·········· 158
- 제13회 실전모의고사 ·········· 162
- 제14회 실전모의고사 ·········· 166
- 제15회 실전모의고사 ·········· 170

PART 03 기출예상문제

- 제01회 기출예상문제 ·········· 176
- 제02회 기출예상문제 ·········· 180
- 제03회 기출예상문제 ·········· 184
- 제04회 기출예상문제 ·········· 188
- 제05회 기출예상문제 ·········· 192
- 제06회 기출예상문제 ·········· 196
- 제07회 기출예상문제 ·········· 200
- 제08회 기출예상문제 ·········· 204
- 제09회 기출예상문제 ·········· 208
- 제10회 기출예상문제 ·········· 212

ITQ Hancell 2016(NEO)

PART 01

출제유형분석

Chapter 01 수험자 유의사항 및 답안 작성요령

Chapter 02 표 서식 작성

Chapter 03 값 계산

Chapter 04 목표값 찾기 및 필터

Chapter 05 정렬 및 부분합

Chapter 06 피벗 테이블

Chapter 07 그래프

Chapter 01 수험자 유의사항 및 답안 작성요령

한셀 2016(NEO)

ITQ 한셀 시험에서는 한셀을 실행한 후 수험자 유의사항, 답안 작성요령, [제1작업]의 첫 번째 조건에 따라 답안 작성을 준비한 다음 답안을 작성하며 답안은 KOAS 수험자용 프로그램을 사용하여 감독위원 PC로 전송합니다. 그러므로 KOAS 수험자용 프로그램을 사용하는 방법과 수험자 유의사항, 답안 작성요령, [제1작업]의 첫 번째 조건에 따라 답안 작성을 준비하는 방법 등에 대해 알고 있어야 합니다.

수험자 유의사항

- 수험자는 문제지를 받는 즉시 문제지와 **수험표상의 시험과목(프로그램)이 동일한지 반드시 확인**하여야 합니다.
- 파일명은 본인의 "수험번호-성명"으로 입력하여 답안폴더(내 PC\문서\ITQ)에 하나의 파일로 저장해야 하며, 답안문서 파일명이 "수험번호-성명"과 일치하지 않거나, 답안파일을 전송하지 않아 미제출로 처리될 경우 실격 처리합니다(예:12345678-홍길동.cell).
- 답안 작성을 마치면 파일을 저장하고, '답안 전송' 버튼을 선택하여 감독위원 PC로 답안을 전송하십시오. 수험생 정보와 저장한 파일명이 다를 경우 전송되지 않으므로 주의하시기 바랍니다.
- 답안 작성 중에도 **주기적으로 저장하고, '답안 전송'**하여야 문제 발생을 줄일 수 있습니다. 작업한 내용을 저장하지 않고 전송할 경우 이전에 저장된 내용이 전송되오니 이점 유의하시기 바랍니다.
- 답안문서는 지정된 경로 외의 다른 보조기억장치에 저장하는 경우, 지정된 시험 시간 외에 작성된 파일을 활용할 경우, 기타 통신수단(이메일, 메신저, 네트워크 등)을 이용하여 타인에게 전달 또는 외부 반출하는 경우는 부정 처리합니다.
- 시험 중 부주의 또는 고의로 시스템을 파손한 경우는 수험자가 변상해야 하며, 〈수험자 유의사항〉에 기재된 방법대로 이행하지 않아 생기는 불이익은 수험생 당사자의 책임임을 알려 드립니다.
- 문제의 조건은 한컴오피스 NEO(2016)버전으로 설정되어 있으니 유의하시기 바랍니다.
- 시험을 완료한 수험자는 답안파일이 전송되었는지 확인한 후 감독위원의 지시에 따라 문제지를 제출하고 퇴실합니다.

답안 작성요령

- 온라인 답안 작성 절차
  수험자 등록 ⇒ 시험 시작 ⇒ 답안파일 저장 ⇒ 답안 전송 ⇒ 시험 종료
- 문제는 총 4단계, 즉 제1작업부터 제4작업까지 구성되어 있으며 반드시 제1작업부터 순서대로 작성하고 조건대로 작업하시오.
- 모든 작업시트의 A열은 열 너비 '1'로, 나머지 열은 적당하게 조절하시오.
- 모든 작업시트의 테두리는 ≪출력형태≫와 같이 작업하시오.
- 해당 작업란에서는 각각 제시된 조건에 따라 ≪출력형태≫와 같이 작업하시오.
- 답안 시트 이름은 "제1작업", "제2작업", "제3작업", "제4작업"이어야 하며 답안 시트 이외의 것은 감점 처리됩니다.
- 각 시트를 파일로 나누어 작업해서 저장할 경우 실격 처리됩니다.

작업순서요약

① KOAS 수험자용 프로그램을 실행한 후 수험자를 등록합니다.
② 한셀을 실행한 후 답안 작성을 준비한 다음 답안을 저장합니다.
③ 답안을 전송합니다.

STEP 01 　수험자 등록하기

1 KOAS 수험자용 프로그램을 실행하기 위해 바탕 화면에서 **KOAS수험자용 아이콘을 더블클릭**합니다.

2 [수험자 등록] 대화상자가 나타나면 **수험자와 수험번호를 입력**한 후 **수험과목(한셀)을 선택**한 다음 **[확인] 단추를 클릭**합니다.

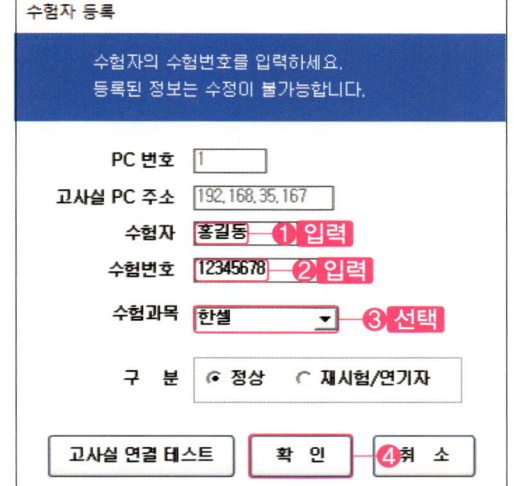

> **Tip**
> 시험에서는 수험번호(본인의 수험번호)만 입력합니다.

3 수험번호와 구분이 맞는지 묻는 대화상자가 나타나면 **수험번호와 구분을 확인**한 후 **[예] 단추를 클릭**합니다.

4 [수험자 정보] 대화상자가 나타나면 **수험번호, 성명, 수험과목, 좌석번호, 답안폴더를 확인**한 후 **[확인] 단추를 클릭**합니다.

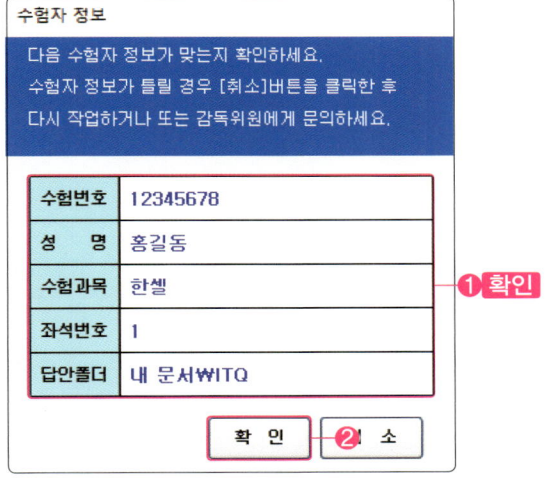

5 컴퓨터가 잠금 상태가 되면 **[확인] 단추를 클릭**합니다.

> **Tip**
> • 시험에서는 감독위원이 시험을 시작할 때까지 대기합니다.
> • 시험이 시작되면 바탕 화면 오른쪽 위에 KOAS 수험자용 프로그램이 나타납니다.

STEP 02 답안 작성 준비하고 답안 저장하기

1 한셀을 실행하기 위해 작업 표시줄에서 ⊞[시작] 단추를 클릭한 후 앱 뷰에서 [한셀]을 클릭합니다.

2 한셀이 실행되면 시트를 삽입하기 위해 시트 탭에서 ➕[시트 삽입]을 클릭합니다.

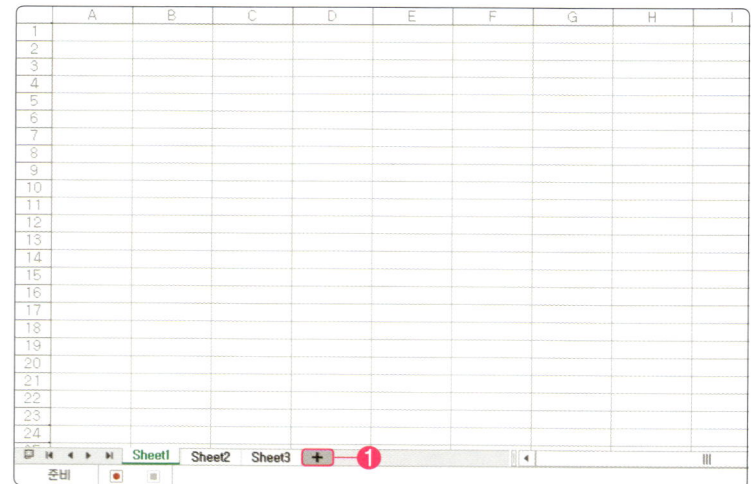

3 시트가 삽입되면 시트의 이름을 바꾸기 위해 시트 탭에서 [Sheet1] 시트를 더블클릭합니다.

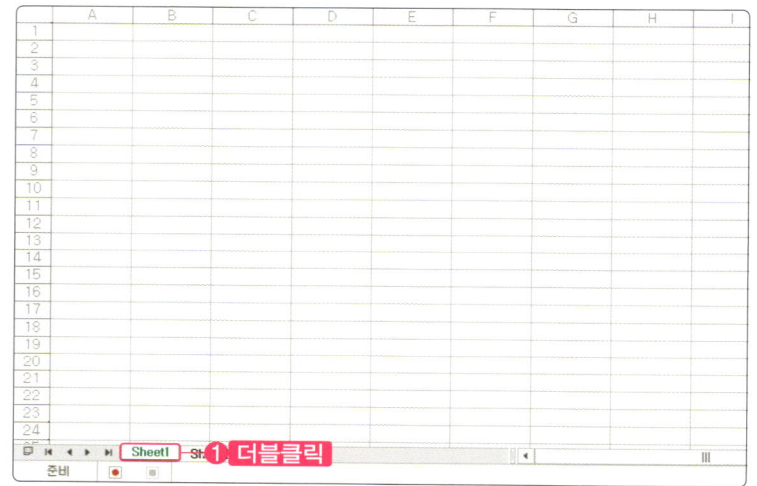

> **Tip**
> 시트 탭에서 [Sheet1] 시트를 선택한 후 [서식] 탭의 ▼[목록] 단추를 클릭한 다음 [시트]-[이름 바꾸기]를 클릭하거나 [Sheet1] 시트의 바로 가기 메뉴에서 [이름 바꾸기]를 클릭하여 [Sheet1] 시트의 이름을 바꿀 수도 있습니다.

한가지 더!

시트 선택하기
- 하나의 시트 선택 : 시트 탭에서 시트를 클릭합니다.
- 연속적인 시트 선택 : 시트 탭에서 첫 번째 시트를 선택한 후 Shift를 누른 상태에서 마지막 시트를 선택합니다.
- 비연속적인 시트 선택 : 시트 탭에서 첫 번째 시트를 선택한 후 Ctrl을 누른 상태에서 다른 시트를 선택합니다.

4 [시트 이름 바꾸기] 대화상자가 나타나면 **이름(제1작업)을 입력**한 후 **[설정] 단추를 클릭**합니다.

5 같은 방법으로 다음과 같이 [Sheet2] 시트의 이름(제2작업), [Sheet3] 시트의 이름(제3작업), [Sheet4] 시트의 이름(제4작업)을 바꿉니다.

6 모든 시트의 A열 너비를 변경하기 위해 시트 탭에서 **[제1작업] 시트를 선택**한 후 Shift를 누른 상태에서 [제4작업] 시트를 선택한 다음 A열 머리글의 바로 가기 메뉴에서 **[열 너비 지정]을 클릭**합니다.

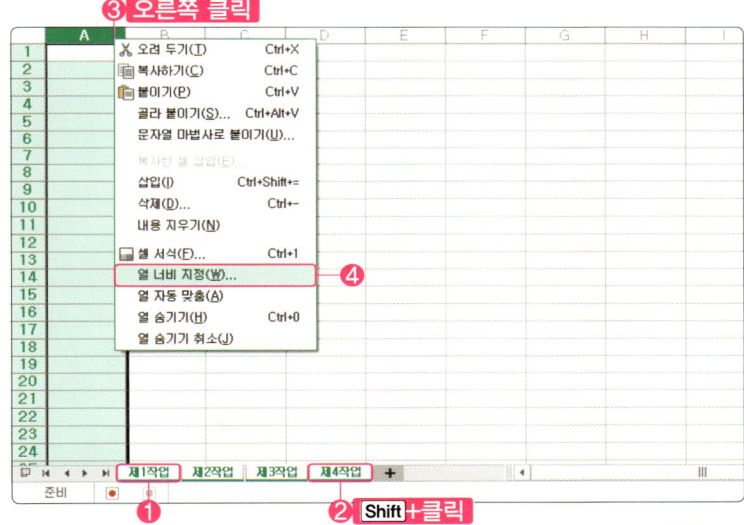

> **Tip**
> - [제1작업] 시트의 바로 가기 메뉴에서 [모든 시트 선택]을 클릭하여 모든 시트를 그룹화할 수도 있습니다.
> - 시트를 그룹화한다는 것은 여러 시트를 선택한다는 것입니다. 시트를 그룹화하면 제목 표시줄에 '[그룹]'이라고 표시되며 모든 시트를 그룹화한 후 하나의 시트에서 작업하면 다른 모든 시트에도 똑같이 작업됩니다. 모든 시트의 A열 너비를 변경하기 위해 모든 시트를 그룹화한 것입니다.
> - A열 머리글을 선택한 후 [서식] 탭의 ▼[목록] 단추를 클릭한 다음 [열]-[열 너비 지정]을 클릭하여 A열 너비를 변경할 수도 있습니다.

한가지 더!

행/열 선택하기
- 하나의 행/열 선택 : 행/열 머리글을 클릭합니다.
- 연속적인 행/열 선택 : 행/열 머리글을 드래그하거나 첫 번째 행/열 머리글을 선택한 후 Shift를 누른 상태에서 마지막 행/열 머리글을 선택합니다.
- 비연속적인 행/열 선택 : 행/열 머리글을 선택한 후 Ctrl을 누른 상태에서 다른 행/열 머리글을 선택합니다.

7 [열 너비] 대화상자가 나타나면 **열 너비(1)를 입력**한 후 [설정] 단추를 클릭합니다.

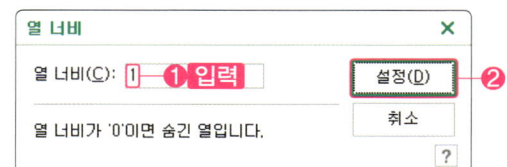

8 모든 시트의 모든 셀에 글자 서식과 맞춤 서식을 지정하기 위해 ☐[모두 선택] 단추를 클릭한 후 [서식] 탭에서 **글꼴(굴림)과 글자 크기(11)를 선택**한 다음 ≡[가운데 정렬]을 클릭합니다.

> **Tip**
> 시험에서 [제1작업]의 첫 번째 조건을 보면 '모든 데이터의 서식에는 글꼴(굴림, 11pt), 정렬은 숫자 및 회계 서식은 오른쪽 정렬, 나머지 서식은 가운데 정렬로 작성하며 예외적인 것은 ≪출력형태≫를 참조하시오.'와 같이 명시되어 있습니다. 맞춤 서식은 일반적으로 가운데 정렬이 더 많으므로 먼저 가운데 정렬을 지정한 후 가운데 정렬이 아닌 셀은 따로 지정합니다.

셀 선택하기

- **하나의 셀 선택** : 셀을 클릭합니다.
- **연속적인 셀 선택** : 셀 범위를 드래그하거나 첫 번째 셀을 선택한 후 Shift 를 누른 상태에서 마지막 셀을 선택합니다.
- **비연속적인 셀 선택** : 셀을 선택한 후 Ctrl 을 누른 상태에서 다른 셀을 선택합니다.

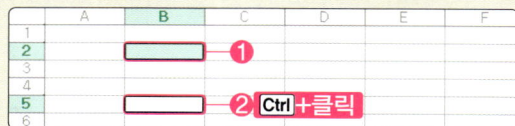

- **모든 셀 선택** : ☐[모두 선택] 단추를 클릭하거나 Ctrl + A 를 누릅니다.

9 모든 시트의 모든 셀이 선택된 것을 해제하기 위해 **A1셀을 선택**한 후 시트 탭에서 **[제4작업] 시트를 선택**한 다음 **[제1작업] 시트를 선택**합니다.

Tip
[제1작업] 시트의 바로 가기 메뉴에서 [시트 그룹 취소]를 클릭하여 모든 시트가 그룹화된 것을 해제할 수도 있습니다.

10 답안을 저장하기 위해 [파일] 탭에서 **[저장하기]를 클릭**합니다.

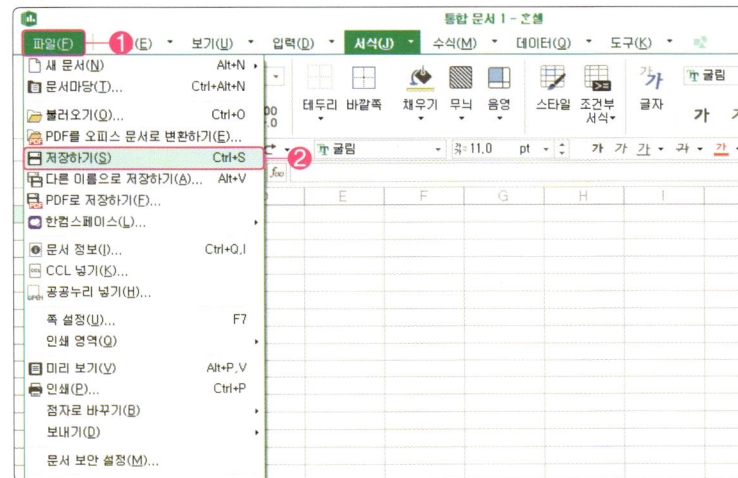

Tip
Ctrl+S를 눌러 답안을 저장할 수도 있습니다.

11 [다른 이름으로 저장하기] 대화상자가 나타나면 **저장 위치(내 PC\문서\ITQ)를 선택**한 후 **파일 이름(12345678-홍길동)을 입력**한 다음 **파일 형식(한셀 통합 문서 (한셀2014 통합 문서))을 확인**하고 [저장] 단추를 클릭합니다.

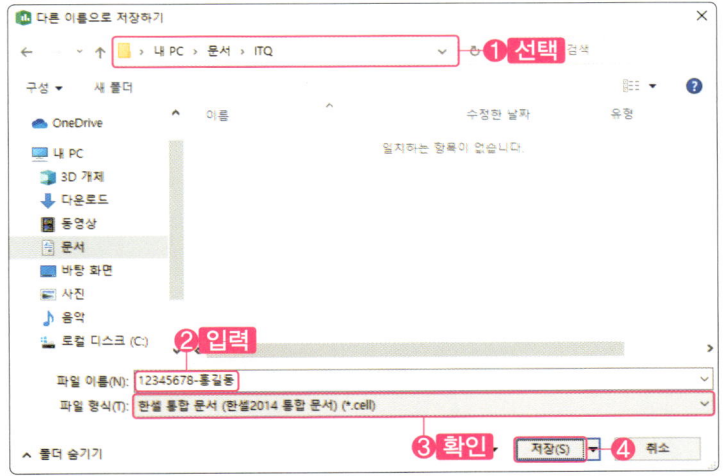

Tip
- 시험에서는 '12345678-홍길동'과 같이 본인의 수험번호와 성명을 조합하여 '수험번호-성명' 형식의 파일 이름을 입력합니다.
- 파일 형식이 '한셀 통합 문서 (한셀2014 통합 문서)'가 아닌 경우에는 '한셀 통합 문서 (한셀2014 통합 문서)'를 선택합니다.

12 다음과 같이 답안이 저장됩니다.

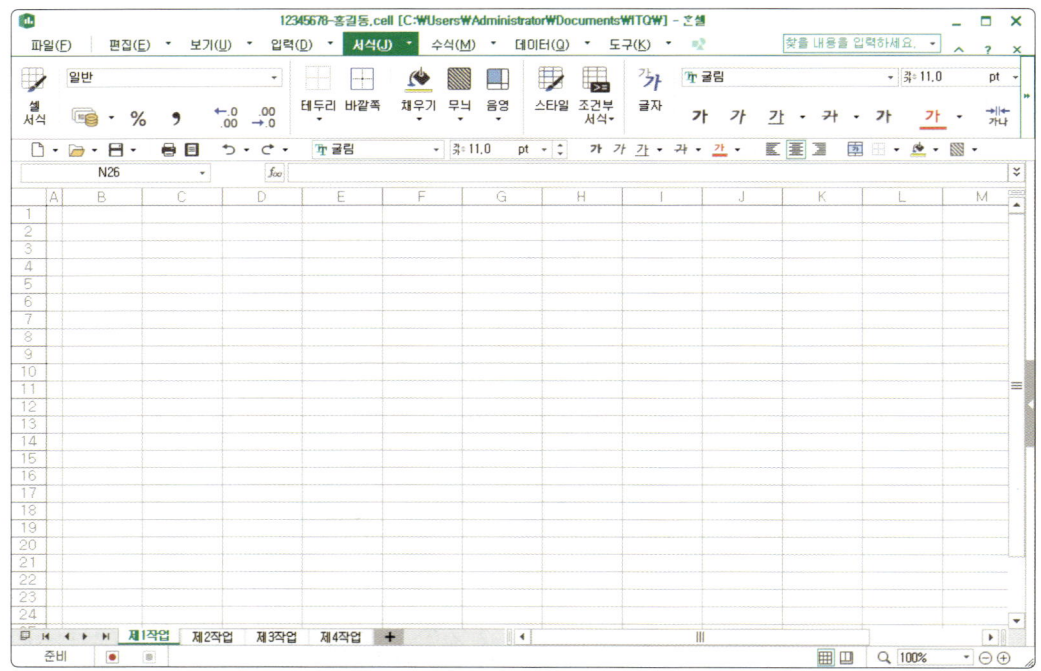

Tip

시험에서 저장 위치를 잘못 선택하거나 파일 이름을 잘못 입력하여 답안을 저장한 경우에는 [파일] 탭에서 [다른 이름으로 저장하기]를 클릭하거나 Alt+V를 눌러 [다른 이름으로 저장하기] 대화상자가 나타나면 답안을 다시 저장한 후 잘못 저장한 답안을 삭제합니다.

한가지 더!

새 문서 만들기

다음과 같이 [파일] 탭에서 [새 문서]-[호글 문서]를 클릭하거나 Alt+N을 누르면 새 문서를 만들 수 있습니다.

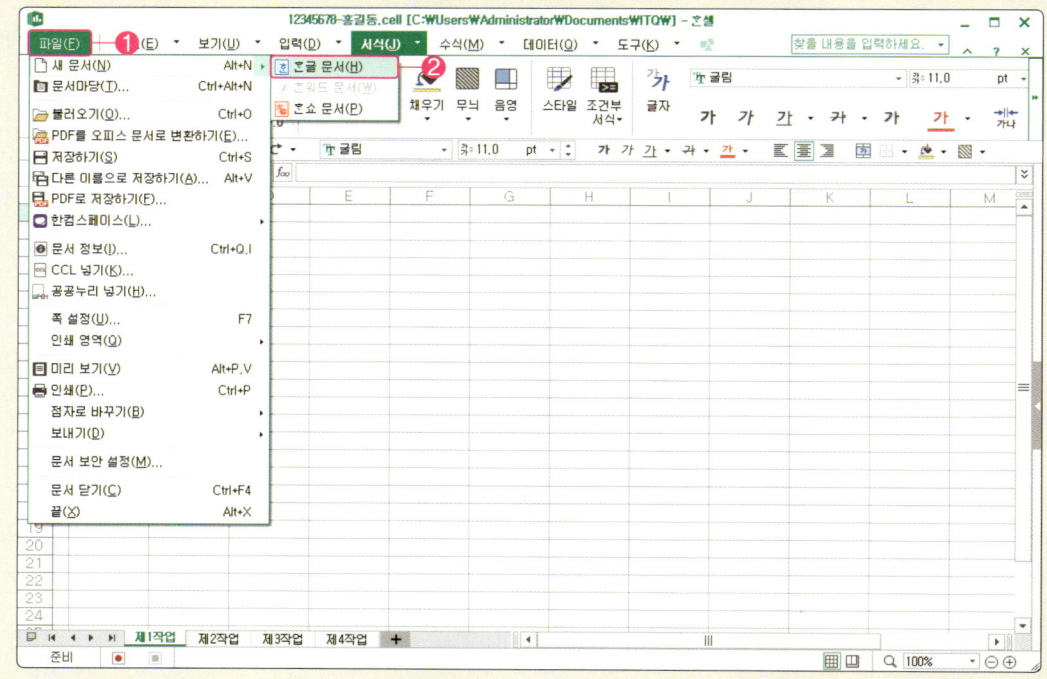

STEP 03　답안 전송하기

1. 답안을 전송하기 위해 KOAS 수험자용 프로그램에서 [답안 전송] 단추를 클릭합니다.

> **Tip**
> 답안을 작성하는 도중에 주기적으로 [파일] 탭에서 [저장하기]를 클릭하거나 Ctrl+S를 눌러 답안을 저장한 후 답안을 전송해 두면 오류가 발생한 경우, 전송된 답안을 불러와서 복구할 수 있습니다. 전송된 답안은 KOAS 수험자용 프로그램에서 관리자 버튼을 활성화한 후 [답안 가져 오기] 단추를 클릭하여 불러오므로 오류가 발생한 경우, 감독위원에게 문의합니다.

2. 지금 전송할 것인지 묻는 대화상자가 나타나면 [예] 단추를 클릭합니다.

3. [답안전송] 대화상자가 나타나면 **파일 목록(12345678-홍길동.cell)과 존재(있음)를 확인**한 후 [답안 전송] 단추를 클릭합니다.

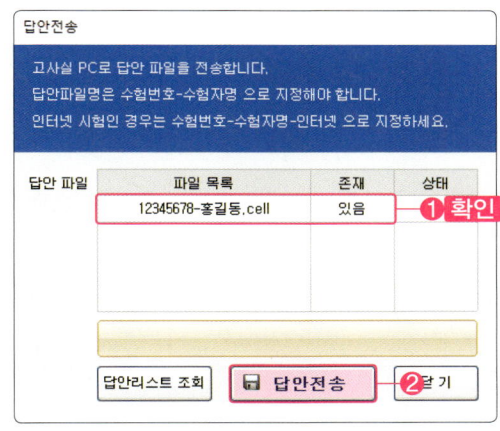

4. 답안파일 전송을 성공하였다는 메시지가 나타나면 [확인] 단추를 클릭합니다.

5. [답안전송] 대화상자가 다시 나타나면 **상태(성공)를 확인**한 후 [닫기] 단추를 클릭합니다.

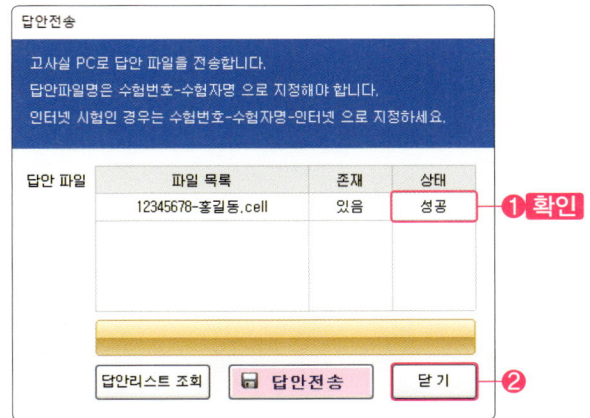

시험지 미리보기

- **수험자 유의사항 및 답안 작성요령** : 수험자가 유의해야 할 사항과 답안을 작성하는 방법이 명시되어 있습니다.
- **제1작업** : [표 서식 작성]과 [값 계산]으로 구성되어 있으며 셀 서식을 지정하는 문제, 함수를 사용하여 값을 구하는 문제, 조건부 서식을 지정하는 문제 등이 출제됩니다. 배점은 240점입니다.

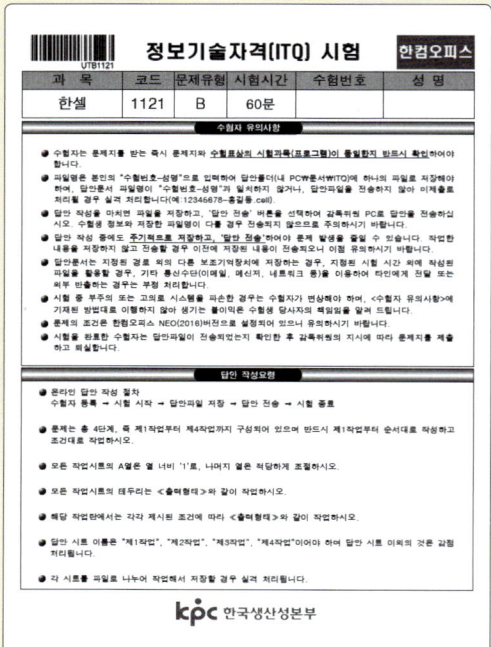
▲ 수험자 유의사항 및 답안 작성요령

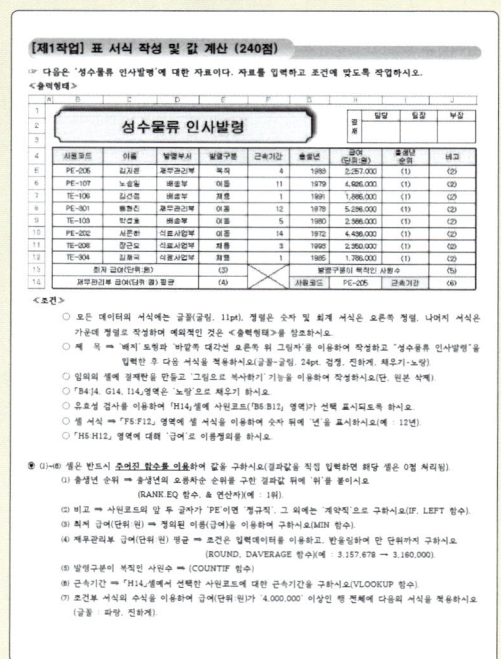
▲ 제1작업

- **제2작업** : 목표값을 찾는 문제와 고급필터를 사용하는 문제가 출제됩니다. 배점은 80점입니다.
- **제3작업** : 데이터를 정렬한 후 부분합을 구하는 문제나 피벗 테이블을 작성하는 문제가 출제됩니다. 배점은 80점입니다.
- **제4작업** : 차트를 작성하는 문제가 출제됩니다. 배점은 100점입니다.

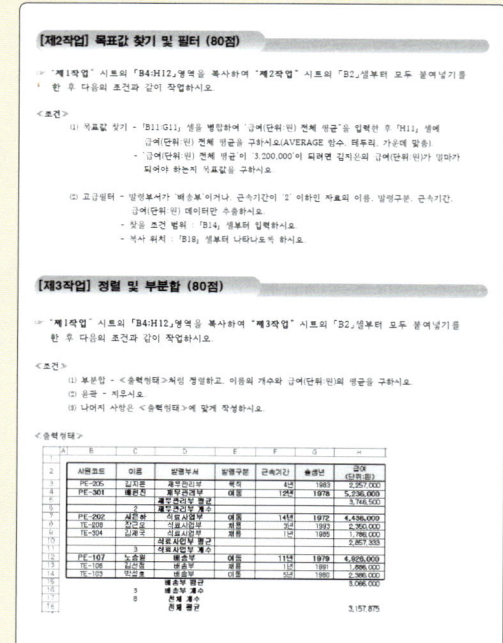
▲ 제2작업 및 제3작업

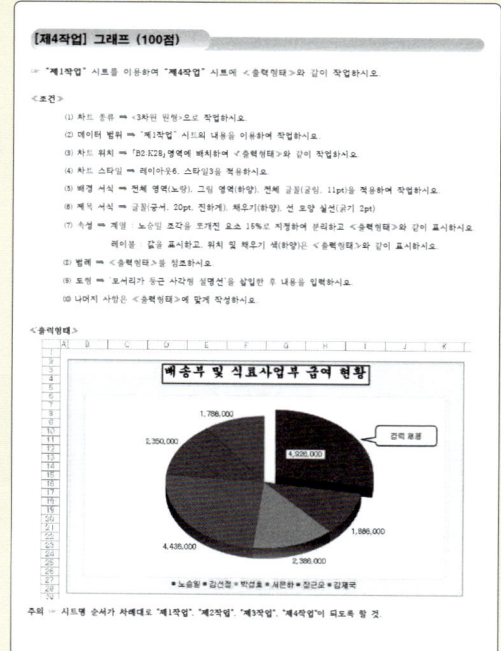
▲ 제4작업

> **문제유형 001**   다음과 같이 새 문서를 만든 후 답안 작성을 준비해 보세요.

- 파일명은 본인의 "수험번호-성명"으로 입력하여 답안폴더(내 PC₩문서₩ITQ)에 하나의 파일로 저장해야 하며, 답안문서 파일명이 "수험번호-성명"과 일치하지 않거나, 답안파일을 전송하지 않아 미제출로 처리될 경우 실격 처리합니다(예:12345678-홍길동.cell).
- 모든 작업시트의 A열은 열 너비 '1'로, 나머지 열은 적당하게 조절하시오.
- 답안 시트 이름은 "제1작업", "제2작업", "제3작업", "제4작업"이어야 하며 답안 시트 이외의 것은 감점 처리됩니다.
- 모든 데이터의 서식에는 글꼴(굴림, 11pt), 정렬은 숫자 및 회계 서식은 오른쪽 정렬, 나머지 서식은 가운데 정렬로 작성하며 예외적인 것은 ≪출력형태≫를 참조하시오.

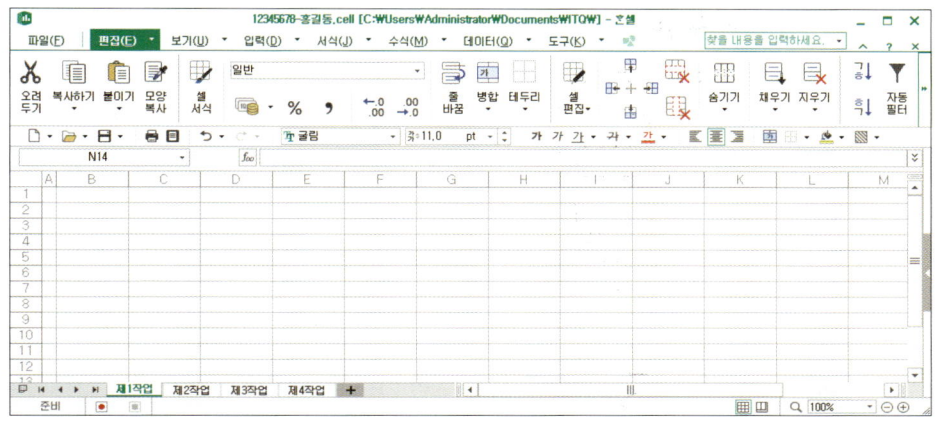

> **문제유형 002**   다음과 같이 새 문서를 만든 후 답안 작성을 준비해 보세요.

- 파일명은 본인의 "수험번호-성명"으로 입력하여 답안폴더(내 PC₩문서₩ITQ)에 하나의 파일로 저장해야 하며, 답안문서 파일명이 "수험번호-성명"과 일치하지 않거나, 답안파일을 전송하지 않아 미제출로 처리될 경우 실격 처리합니다(예:12345678-홍길동.cell).
- 모든 작업시트의 A열은 열 너비 '1'로, 나머지 열은 적당하게 조절하시오.
- 답안 시트 이름은 "제1작업", "제2작업", "제3작업", "제4작업"이어야 하며 답안 시트 이외의 것은 감점 처리됩니다.
- 모든 데이터의 서식에는 글꼴(돋움, 11pt), 정렬은 숫자 및 회계 서식은 오른쪽 정렬, 나머지 서식은 가운데 정렬로 작성하며 예외적인 것은 ≪출력형태≫를 참조하시오.

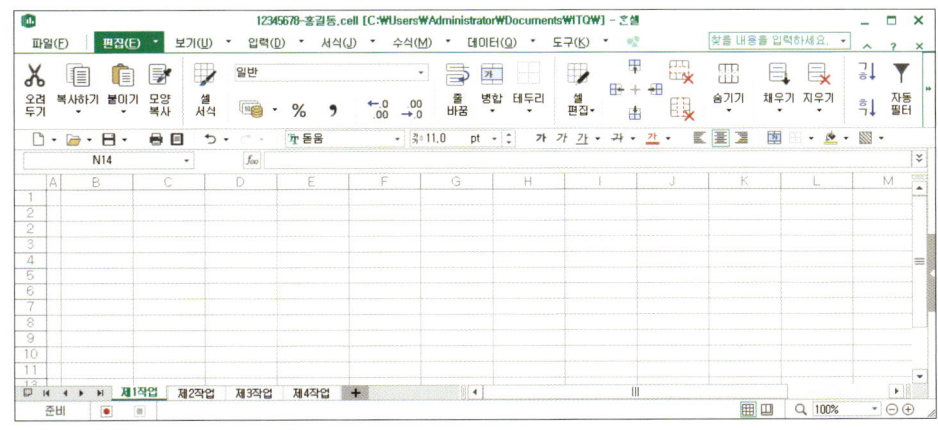

Chapter 01 · 수험자 유의사항 및 답안 작성요령 **19**

02 표 서식 작성

한셀 2016(NEO)

'[제1작업] 표 서식 작성'에서는 데이터를 입력하는 방법, 셀 서식을 지정하는 방법, 데이터 유효성 검사를 설정하는 방법 등에 대해 알고 있어야 합니다. 입력한 데이터는 시험의 모든 작업에서 사용합니다. 그러므로 데이터는 반드시 입력해 두어야 하며 테두리 서식은 ≪출력형태≫를 보고 지정해야 합니다.

☞ 다음은 '성수물류 인사발령'에 대한 자료이다. 자료를 입력하고 조건에 맞도록 작업하시오.

≪출력형태≫

사원코드	이름	발령부서	발령구분	근속기간	출생년	급여 (단위:원)	출생년 순위	비고
PE-205	김지은	재무관리부	복직	4	1983	2,257,000	(1)	(2)
PE-107	노승일	배송부	이동	11	1979	4,926,000	(1)	(2)
TE-106	김선정	배송부	채용	1	1991	1,886,000	(1)	(2)
PE-301	배현진	재무관리부	이동	12	1978	5,236,000	(1)	(2)
TE-103	박성호	배송부	이동	5	1980	2,386,000	(1)	(2)
PE-202	서은하	식료사업부	이동	14	1972	4,436,000	(1)	(2)
TE-208	장근오	식료사업부	채용	3	1993	2,350,000	(1)	(2)
TE-304	김재국	식료사업부	채용	1	1985	1,786,000	(1)	(2)
최저 급여(단위:원)			(3)		발령구분이 복직인 사원수			(5)
재무관리부 급여(단위:원) 평균			(4)		사원코드	PE-205	근속기간	(6)

≪조건≫

○ 모든 데이터의 서식에는 글꼴(굴림, 11pt), 정렬은 숫자 및 회계 서식은 오른쪽 정렬, 나머지 서식은 가운데 정렬로 작성하며 예외적인 것은 ≪출력형태≫를 참조하시오.
○ 제 목 ⇒ '배지' 도형과 '바깥쪽 대각선 오른쪽 위 그림자'를 이용하여 작성하고
 "성수물류 인사발령"을 입력한 후 다음 서식을 적용하시오
 (글꼴-굴림, 24pt, 검정, 진하게, 채우기-노랑).
○ 임의의 셀에 결재란을 만들고 '그림으로 복사하기' 기능을 이용하여 작성하시오(단, 원본 삭제).
○ 「B4:J4, G14, I14」 영역은 '노랑'으로 채우기 하시오.
○ 유효성 검사를 이용하여 「H14」 셀에 사원코드(「B5:B12」 영역)가 선택 표시되도록 하시오.
○ 셀 서식 ⇒ 「F5:F12」 영역에 셀 서식을 이용하여 숫자 뒤에 '년'을 표시하시오(예 : 12년).
○ 「H5:H12」 영역에 대해 '급여'로 이름정의를 하시오.

작업순서요약

① 데이터를 입력한 후 셀 서식을 지정합니다.
② L3:O4셀 범위에 결재란을 작성한 후 결재란을 그림으로 복사하여 붙여넣은 다음 L3:O4셀 범위에 작성한 결재란을 삭제합니다.
③ 도형을 삽입한 후 도형 텍스트를 입력한 다음 도형에 글자 서식, 맞춤 서식, 채우기 색, 그림자 효과를 지정합니다.
④ 데이터 유효성 검사를 설정한 후 데이터를 입력한 다음 이름을 정의합니다.

STEP 01 | 데이터 입력하고 셀 서식 지정하기

Chapter02.cell

1 다음과 같이 **데이터를 입력**합니다.

	A	B	C	D	E	F	G	H	I
1									
2									
3									
4		사원코드	이름	발령부서	발령구분	근속기간	출생년	급여 (단위:원)	출생년 순위
5		PE-205	김지은	재무관리부	복직	4	1983	2257000	
6		PE-107	노승일	배송부	이동	11	1979	4926000	
7		TE-106	김선정	배송부	채용	1	1991	1886000	
8		PE-301	배현진	재무관리부	이동	12	1978	5236000	
9		TE-103	박성호	배송부	이동	5	1980	2386000	
10		PE-202	서은하	식료사업부	이동	14	1972	4436000	
11		TE-208	장근오	식료사업부	채용	3	1993	2350000	
12		TE-304	김재국	식료사업부	채용	1	1985	1786000	
13		저 급여(단위:원)					발령구분이 복직인 사원수		
14		리부 급여(단위:원) 평균					사원코드		근속기간
15									

① 입력

Tip
- 모든 셀에 글꼴(굴림), 글자 크기(11), 가운데 정렬이 지정되어 있습니다.
- ≪출력형태≫에서 '(1)'~'(6)'이 입력되어 있는 셀은 함수를 사용하여 값을 구할 셀을 나타낸 것이고, H14셀의 데이터는 데이터 유효성 검사를 설정하여 입력하므로 여기서는 입력하지 않습니다.
- Alt+Enter를 사용하면 하나의 셀에 두 줄 이상 입력할 수 있습니다. H4셀의 데이터는 '급여'를 입력한 후 Alt+Enter를 눌러 줄을 바꾼 다음 '(단위:원)'을 입력한 것입니다. I4셀의 데이터도 같은 방법으로 입력합니다.
- '최저 급여(단위:원)'는 B13셀, '재무관리부 급여(단위:원) 평균'은 B14셀, '발령구분이 복직인 사원수'는 G13셀에 입력합니다.
- 셀을 선택한 후 F2를 누르거나 셀을 더블클릭하면 데이터를 수정할 수 있습니다.

2 맞춤 서식을 지정하기 위해 **B13:D13셀 범위, B14:D14셀 범위, F13:F14셀 범위, G13:I13셀 범위를 선택**한 후 **Ctrl+M**을 누릅니다.

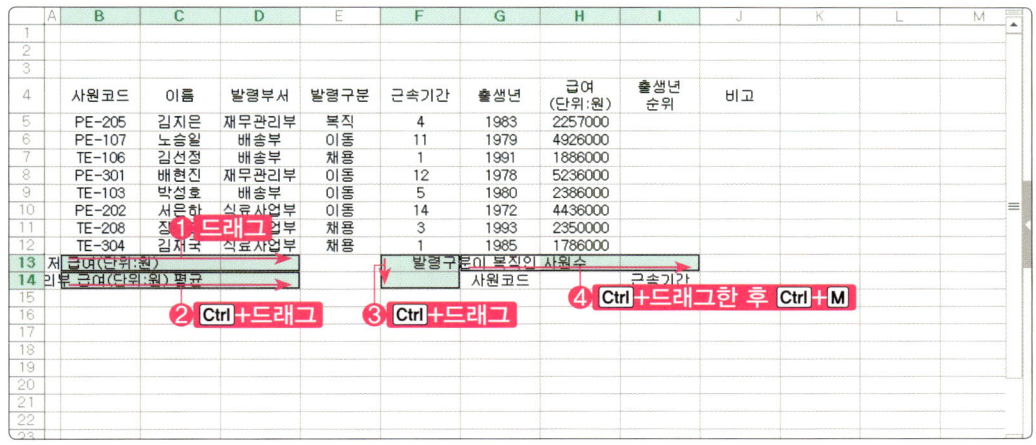

Tip
- 셀 서식은 셀과 데이터를 원하는 모양으로 변경할 수 있는 기능으로 글자 서식, 맞춤 서식, 테두리 서식, 채우기 서식, 표시 형식이 있습니다.
- B13:D13셀 범위, B14:D14셀 범위, F13:F14셀 범위, G13:I13셀 범위를 선택한 후 [서식] 탭에서 [병합]의 ▼[목록] 단추를 클릭한 다음 [병합하고 가운데 맞춤]을 클릭하여 선택한 셀을 병합한 후 가운데 정렬을 지정할 수도 있습니다.

3 맞춤 서식이 지정되면 **1:3행 높이(22), 4행 높이(36), 5:14행 높이(16), D:E열 너비(10), H열 너비(11)를 변경**합니다.

> **Tip**
> 행 머리글을 선택한 후 [서식] 탭의 ▼[목록] 단추를 클릭한 다음 [행]-[행 높이 지정]을 클릭하거나 행 머리글의 바로 가기 메뉴에서 [행 높이 지정]을 클릭하면 행 높이를 변경할 수 있습니다.

4 테두리 서식을 지정하기 위해 **B4:J14셀 범위를 선택**한 후 [서식] 탭에서 **[셀 서식]을 클릭**합니다.

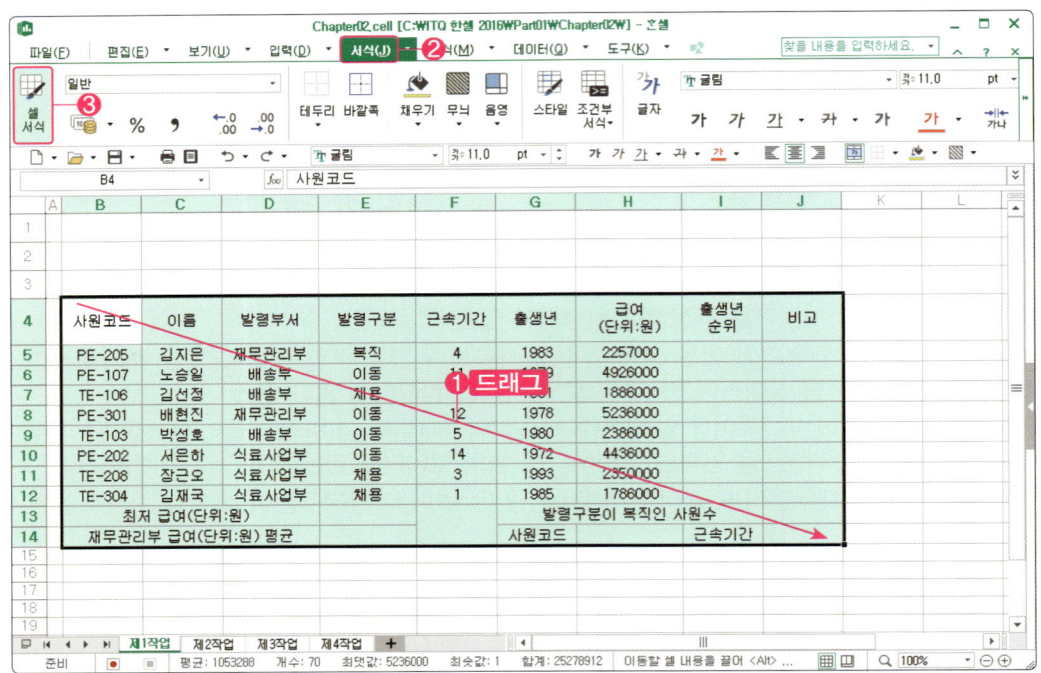

> **Tip**
> 시험에서 테두리 서식은 ≪출력형태≫를 보고 지정해야 합니다.

5 [셀 서식] 대화상자가 나타나면 [테두리] 탭에서 **테두리 종류(─)를 선택**한 후 **[안쪽]을 클릭**합니다. 그런 다음 다시 **테두리 종류(─)를 선택**한 후 **[바깥쪽]을 클릭**한 다음 **[설정] 단추를 클릭**합니다.

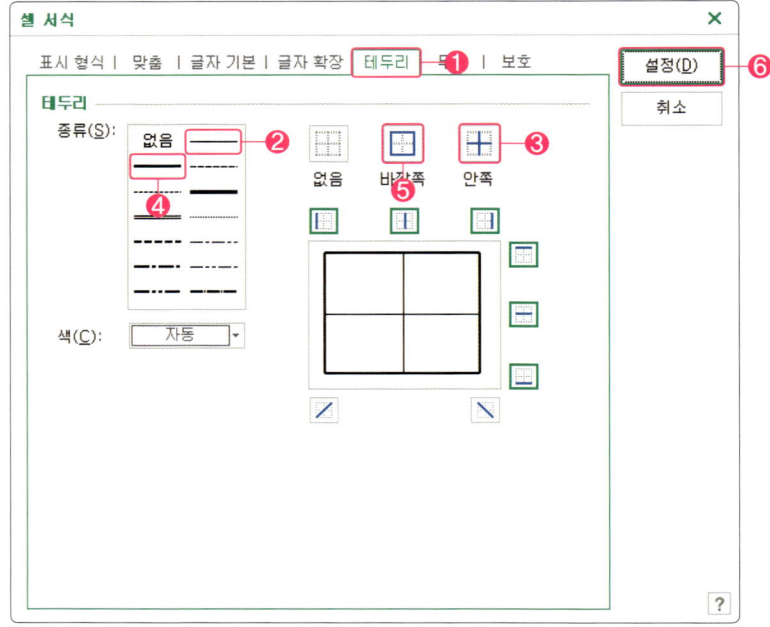

6 B4:J4셀 범위와 B12:J12셀 범위를 선택한 후 [서식] 탭에서 [테두리]의 ▼[목록] 단추를 클릭한 다음 [아래 두꺼운 선]을 클릭합니다.

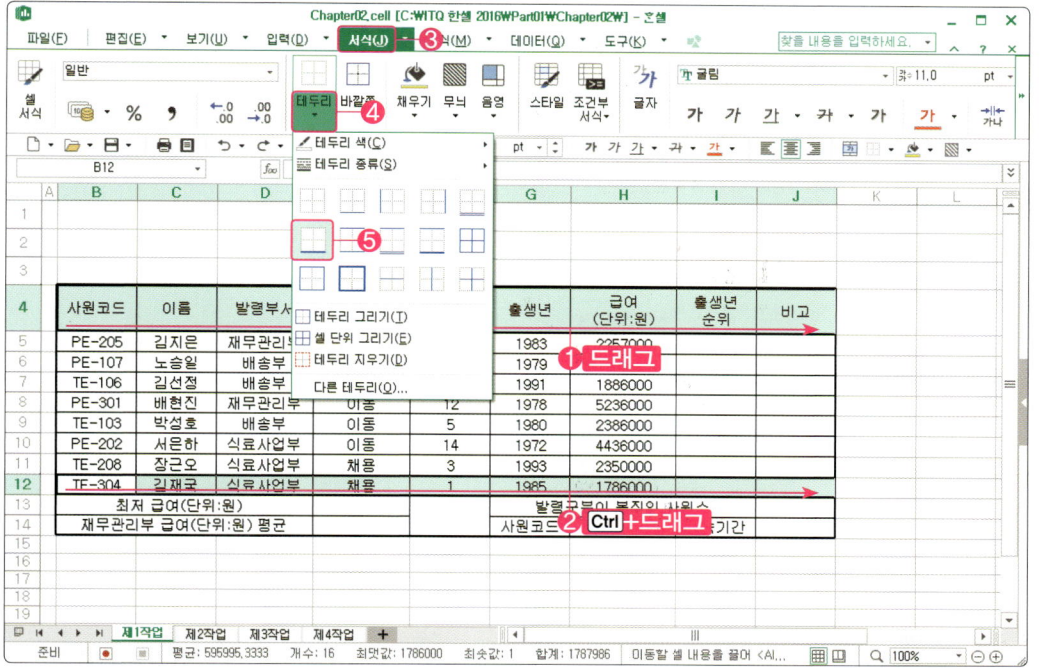

7 F13셀을 선택한 후 [서식] 탭에서 [셀 서식]을 클릭합니다.

8 [셀 서식] 대화상자가 나타나면 [테두리] 탭에서 테두리 종류(―)를 선택한 후 [왼쪽 아래 대각선]과 [오른쪽 아래 대각선]을 클릭한 다음 [설정] 단추를 클릭합니다.

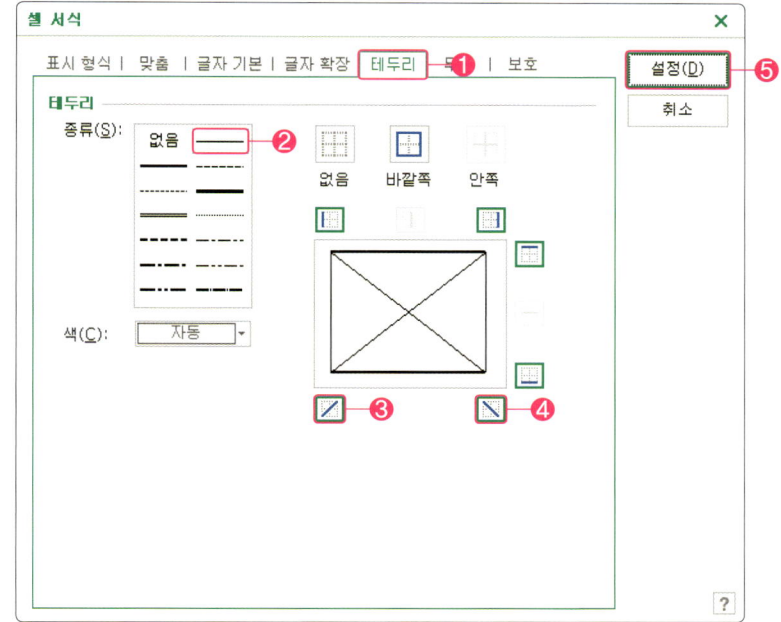

9 채우기 서식을 지정하기 위해 **B4:J4셀 범위, G14셀, I14셀을 선택**한 후 [서식] 탭에서 [**채우기**]의 ▼[목록] 단추를 클릭한 다음 [노랑]을 클릭합니다.

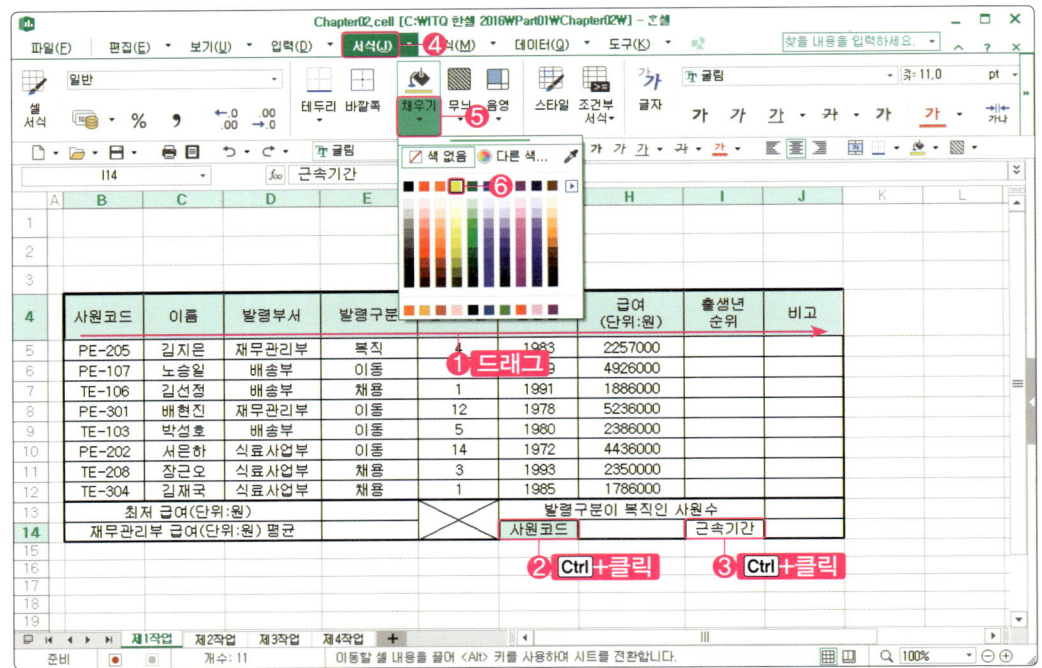

> **Tip**
> [채우기]의 ▼[목록] 단추를 클릭한 후 ▶[색상 테마]로 마우스 포인터를 가져가면 기본, 오피스, 잔상 등의 색상 테마를 선택할 수 있습니다. 여기서는 오피스 색상 테마에 있는 노랑을 선택합니다.

10 표시 형식을 지정하기 위해 **F5:F12셀 범위를 선택**한 후 [서식] 탭에서 [**셀 서식**]을 클릭합니다.

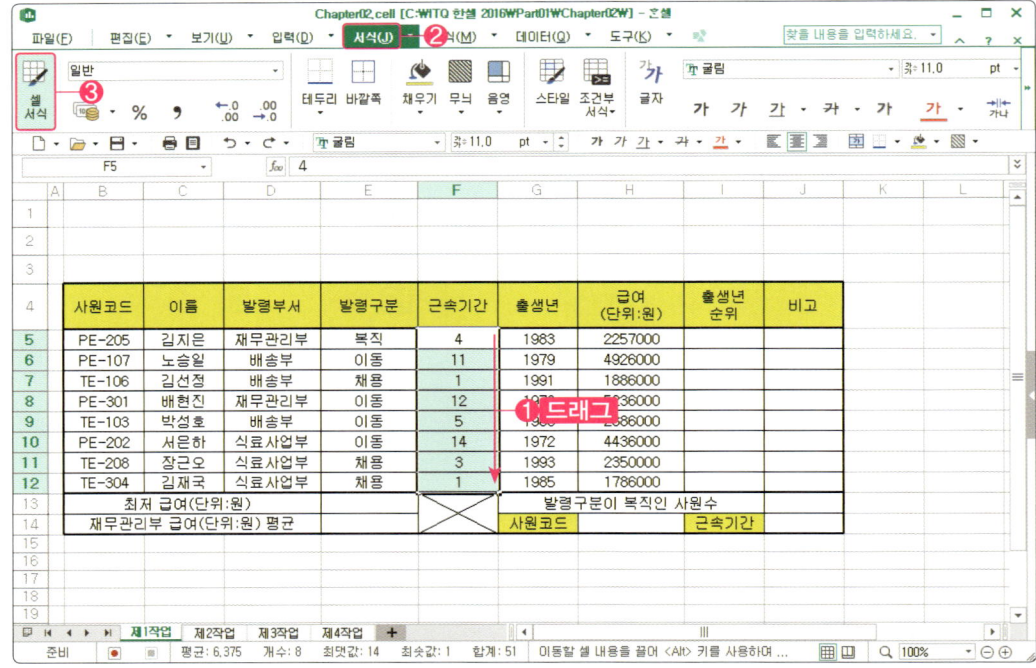

24 한셀 2016(NEO)

11 [셀 서식] 대화상자가 나타나면 [표시 형식] 탭에서 **구분(사용자 정의)을 선택**한 후 **유형(0"년")을 입력**한 다음 [설정] 단추를 클릭합니다.

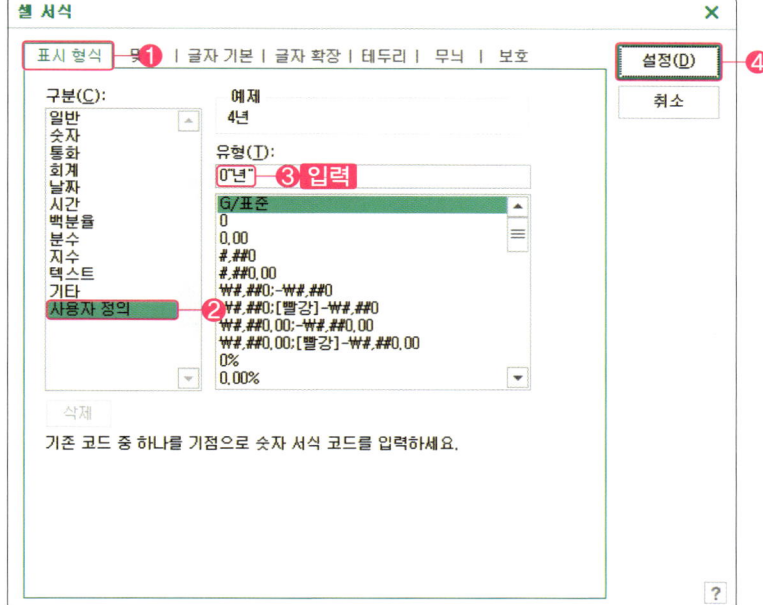

Tip
문자를 큰따옴표("")로 묶으면 그대로 표시합니다.

한가지 더!

사용자 정의 표시 형식

사용자 정의 표시 형식은 사용자가 직접 표시 형식을 지정하여 숫자, 날짜, 시간 등을 원하는 형식으로 표시할 수 있는 표시 형식으로 [셀 서식] 대화상자의 [표시 형식] 탭에서 구분을 '사용자 정의'로 선택하면 지정할 수 있습니다. 다음은 사용자 정의 표시 형식에서 사용하는 주요 서식 코드입니다.

서식 코드	설명
#	• 숫자의 자릿수가 형식에 지정된 자릿수보다 많은 경우, 숫자를 반올림하여 형식에 지정된 소수 자릿수로 표시합니다.❶ • 숫자의 자릿수가 형식에 지정된 자릿수보다 적은 경우, 숫자를 그대로 표시합니다.❷
0	• 숫자의 자릿수가 형식에 지정된 자릿수보다 많은 경우, 숫자를 반올림하여 형식에 지정된 소수 자릿수로 표시합니다.❸ • 숫자의 자릿수가 형식에 지정된 자릿수보다 적은 경우, 숫자를 형식에 지정된 자릿수만큼 0을 표시합니다.❹
,	• 천 단위마다 천 단위 구분 기호(,)를 표시합니다.❺ • 쉼표 서식 코드 다음에 다른 서식 코드가 없는 경우, 천 단위로 나눈 값을 반올림하여 표시합니다.❻
@	• 문자의 표시 위치를 지정합니다.❼

	A	B	C	D
2		데이터	유형	결과값
3	❶	12.56	#.#	12.6
4	❷	12.56	###.###	12.56
5	❸	12.56	0.0	12.6
6	❹	12.56	000.000	012.560
7	❺	456789	#,##0	456,789
8	❻	456789	#,	457
9	❼	아슬란	@" 주식회사"	아슬란 주식회사

12 G5:G12셀 범위를 선택한 후 [서식] 탭에서 **표시 형식(숫자)을 선택**합니다.

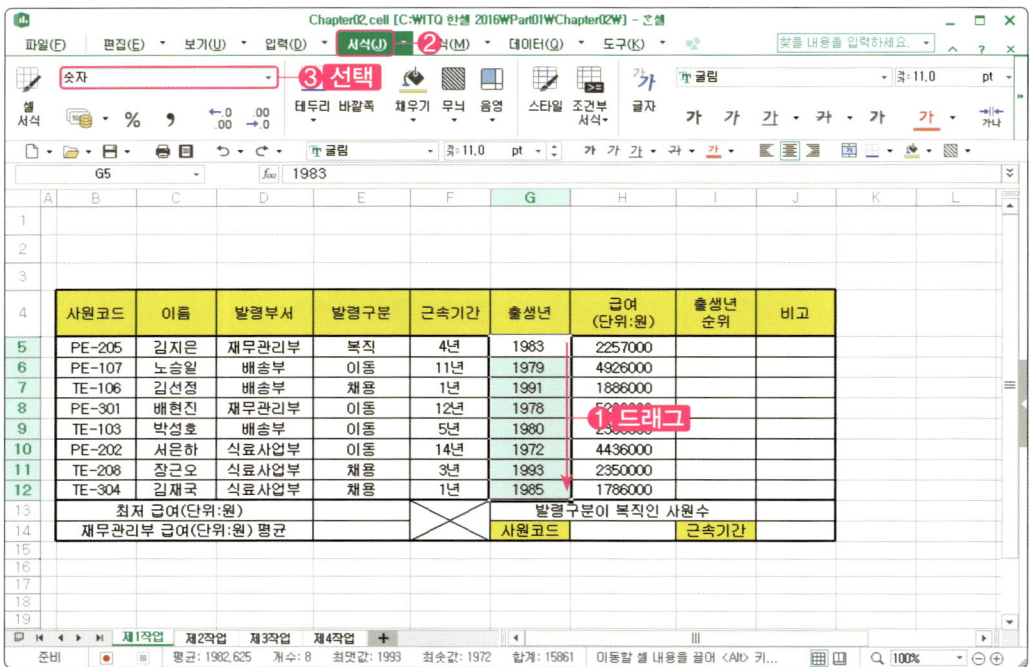

13 H5:H12셀 범위를 선택한 후 [서식] 탭에서 **,[쉼표 스타일]을 클릭**합니다.

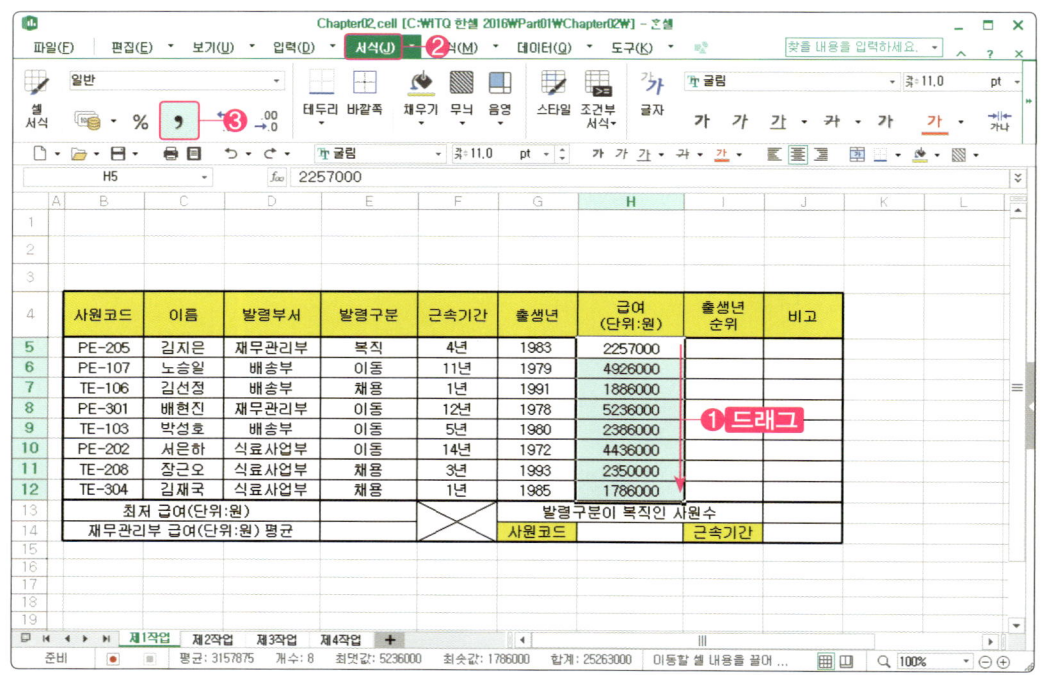

> Tip
> ,[쉼표 스타일]은 천 단위 구분 기호(,)를 사용하여 셀 값을 표시합니다.

14 맞춤 서식을 지정하기 위해 **F5:G12셀 범위를 선택**한 후 [서식] 탭에서 [오른쪽 정렬]을 클릭합니다.

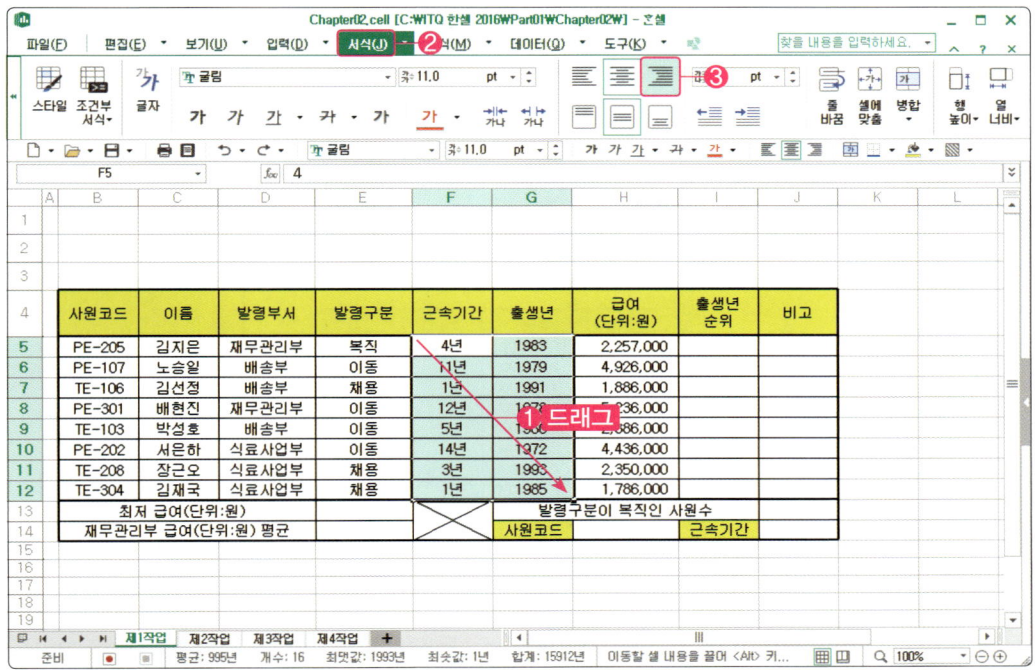

15 다음과 같이 맞춤 서식이 지정됩니다.

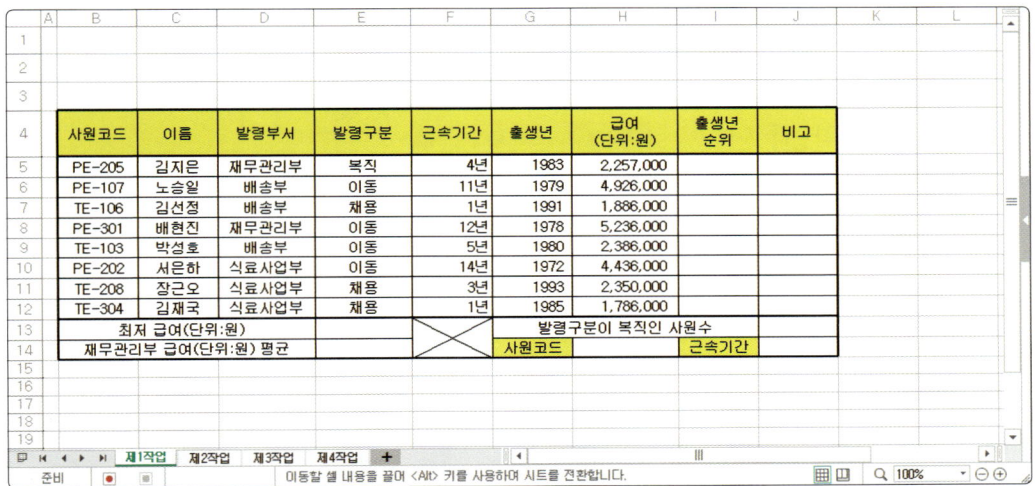

STEP 02 결재란 작성하기

1 다음과 같이 **결재란을 작성**합니다. 그런 다음 결재란을 그림으로 복사하기 위해 **L3:O4셀 범위를 선택**한 후 [편집] 탭에서 [**복사하기**]의 ▼[**목록**] **단추를 클릭**한 다음 [**그림으로 복사하기**]를 클릭합니다.

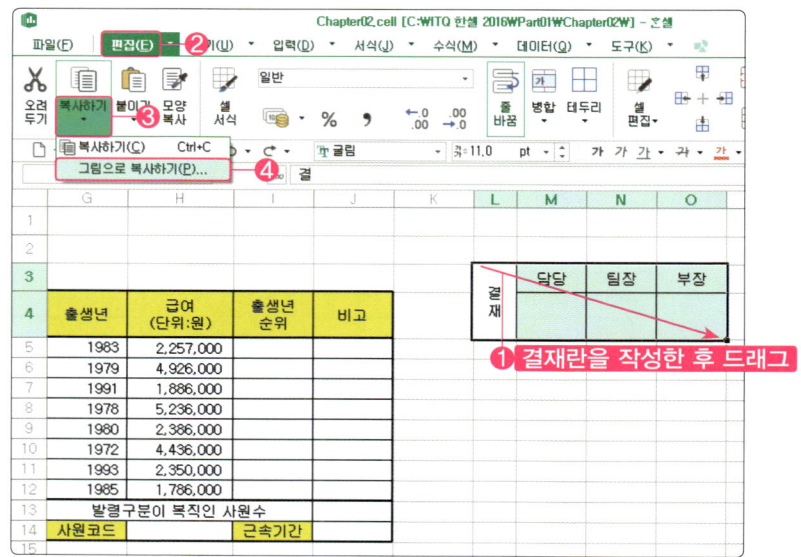

> **Tip**
>
> **결재란 작성** : L3:O3셀 범위에 데이터를 입력 → L3:L4셀 범위를 선택한 후 Ctrl+M을 누름 → L3:O4셀 범위를 선택한 후 [서식] 탭에서 [테두리]의 ▼[목록] 단추를 클릭한 다음 [모두 적용]을 클릭 → L열 너비(4)와 M:O열 너비(7)를 변경

2 [그림 복사] 대화상자가 나타나면 **모양(화면에 표시된 대로)을 선택**한 후 **형식(그림)을 선택**한 다음 [**확인**] 단추를 클릭합니다.

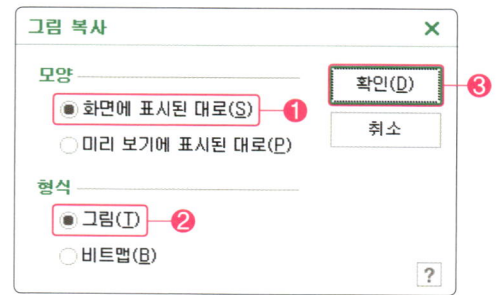

3 결재란 그림을 붙여넣기 위해 [편집] 탭에서 [**붙이기**]를 클릭합니다.

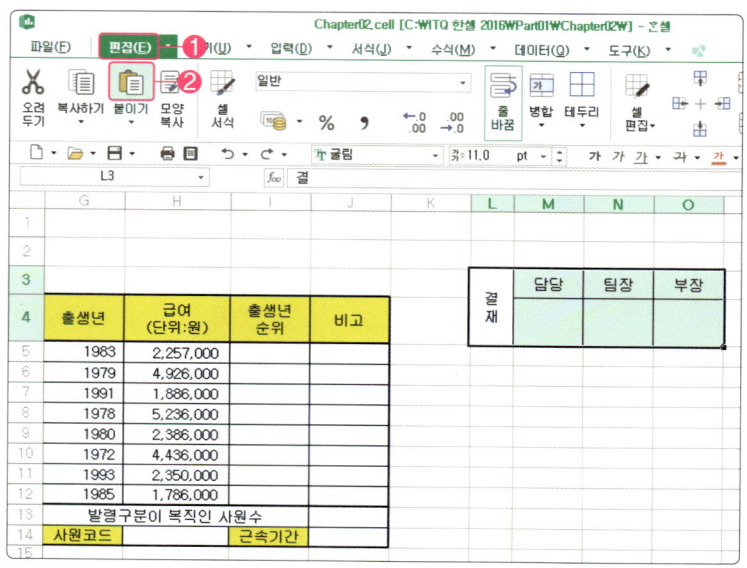

4 결재란 그림이 붙여넣어지면 다음과 같이 **결재란 그림의 위치를 조정**합니다.

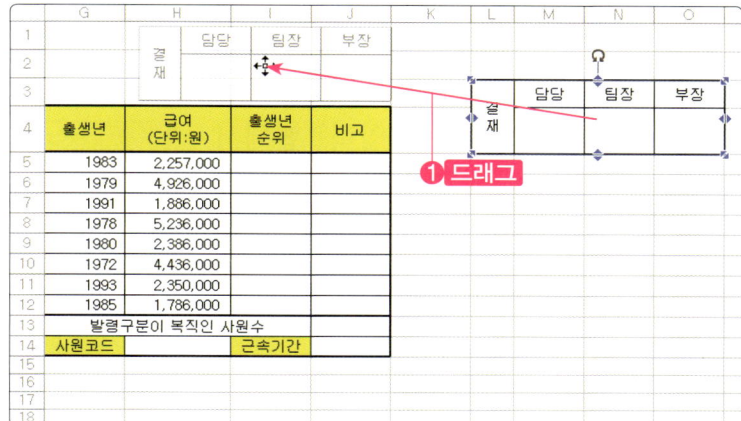

Tip
결재란 그림으로 마우스 포인터를 가져가서 마우스 포인터가 ✤ 모양으로 변경되었을 때 드래그하면 결재란 그림의 위치를 조정할 수 있습니다.

5 L3:O4셀 범위에 작성한 결재란을 삭제하기 위해 **L:O열 머리글을 선택**한 후 **L:O열 머리글의 바로 가기 메뉴에서 [삭제]를 클릭**합니다.

Tip
L:O열 머리글을 선택한 후 [편집] 탭의 ▼[목록] 단추를 클릭한 다음 [삭제]를 클릭하여 L3:O4셀 범위에 작성한 결재란을 삭제할 수도 있습니다.

6 다음과 같이 기존의 L:O열이 삭제됩니다.

Tip
기존의 L:O열이 삭제되면서 L3:O4셀 범위에 작성한 결재란도 삭제됩니다.

Chapter 02 · 표 서식 작성 **29**

STEP 03 제목 작성하기

1 도형을 삽입하기 위해 [입력] 탭에서 **도형 목록의 [자세히] 단추를 클릭**합니다.

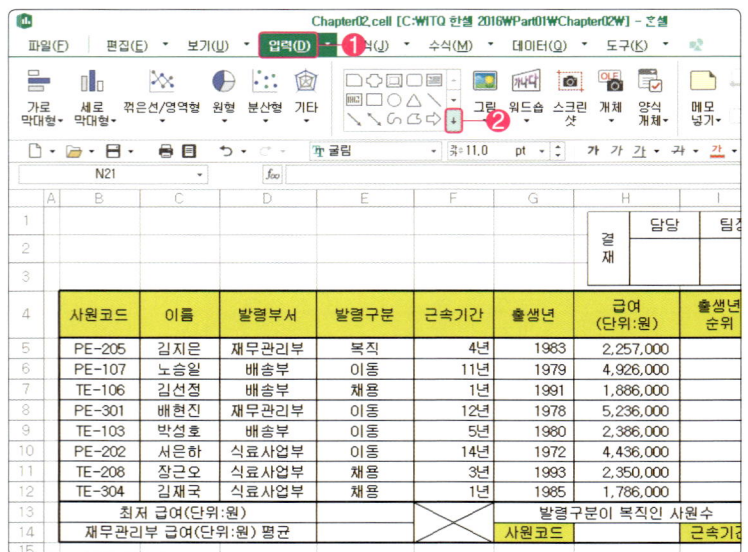

2 도형 목록이 나타나면 [배지]를 클릭합니다.

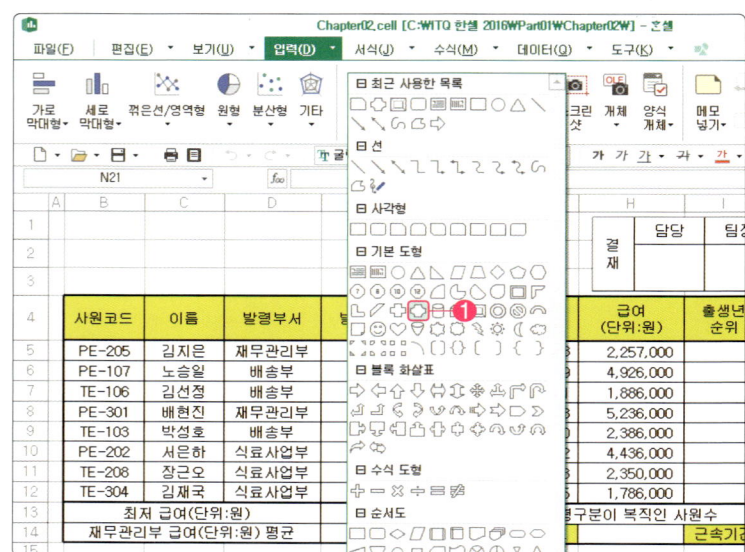

3 마우스 포인터가 + 모양으로 변경되면 다음과 같이 **드래그하여 도형을 삽입**합니다.

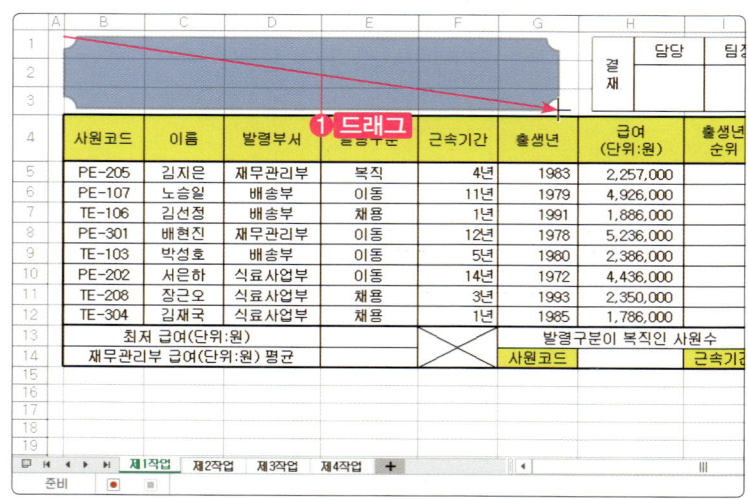

30 한셀 2016(NEO)

4 도형이 삽입되면 **도형 텍스트(성수물류 인사발령)를 입력**합니다. 그런 다음 도형에 글자 서식과 맞춤 서식을 지정하기 위해 **도형을 선택**한 후 [서식] 탭에서 **글꼴(굴림), 글자 크기(24), 글자 색(검정)을 선택**한 다음 가[진하게]를 클릭하고 [가운데 정렬]과 [가운데 맞춤]을 클릭합니다.

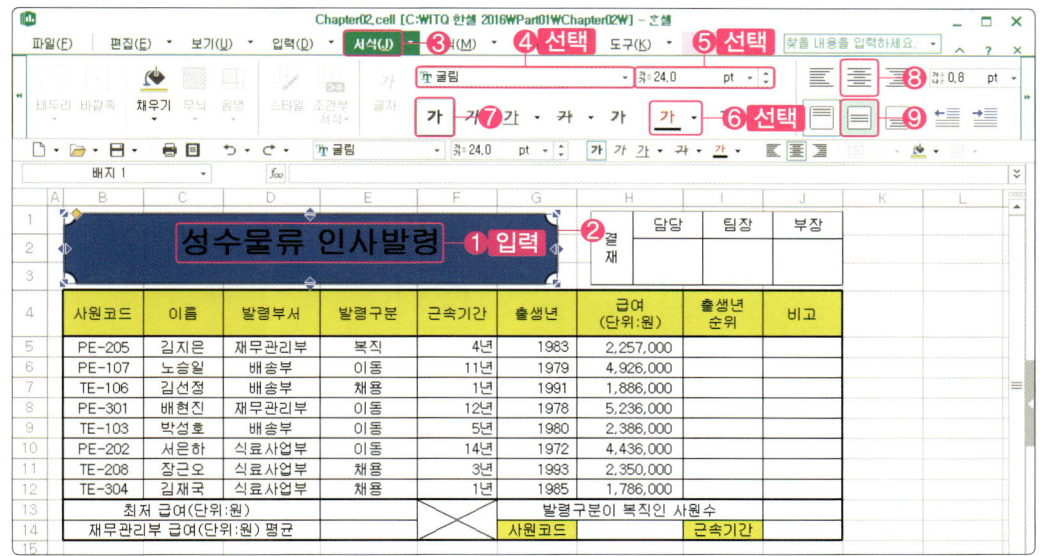

> **Tip**
> - 도형으로 마우스 포인터를 가져가서 마우스 포인터가 모양으로 변경되었을 때 클릭하면 도형을 선택할 수 있습니다.
> - 도형을 선택한 후 도형 텍스트를 입력하거나 도형의 바로 가기 메뉴에서 [도형 안에 글자 넣기]를 클릭하면 도형 텍스트를 입력할 수 있고, 도형 텍스트로 마우스 포인터를 가져가서 마우스 포인터가 I 모양으로 변경되었을 때 클릭하거나 도형의 바로 가기 메뉴에서 [텍스트 편집]을 클릭하면 도형 텍스트를 수정할 수 있습니다.

5 도형에 채우기 색을 지정하기 위해 [서식] 탭에서 **[채우기]의 [목록] 단추를 클릭**한 후 **[노랑]을 클릭**합니다.

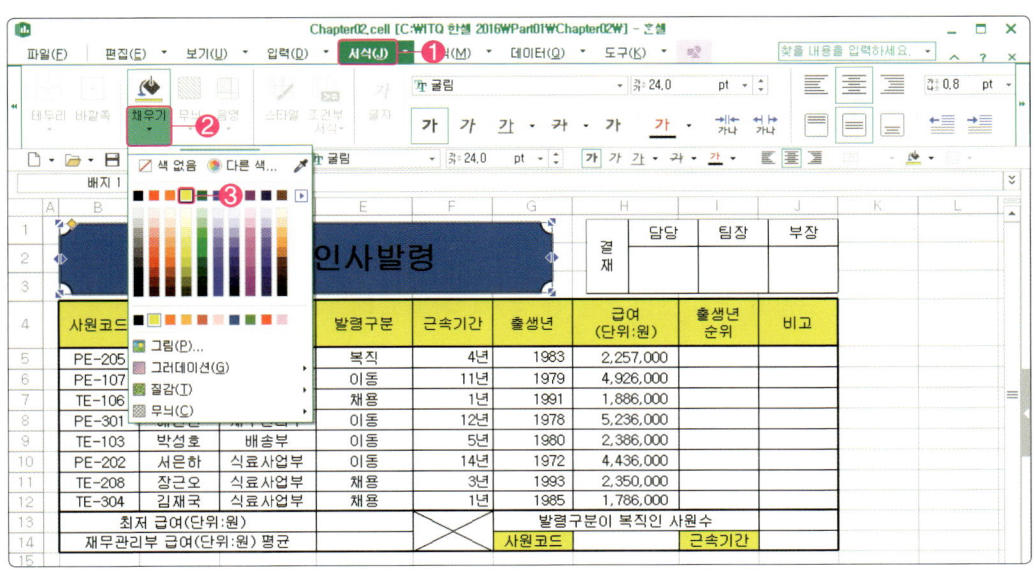

> **Tip**
> 여기서는 오피스 색상 테마에 있는 노랑을 선택합니다.

Chapter 02 · 표 서식 작성 **31**

6 도형에 그림자 효과를 지정하기 위해 [도형] 정황 탭에서 **[그림자]**를 클릭한 후 **[바깥쪽]-[대각선 오른쪽 위]를 클릭**합니다.

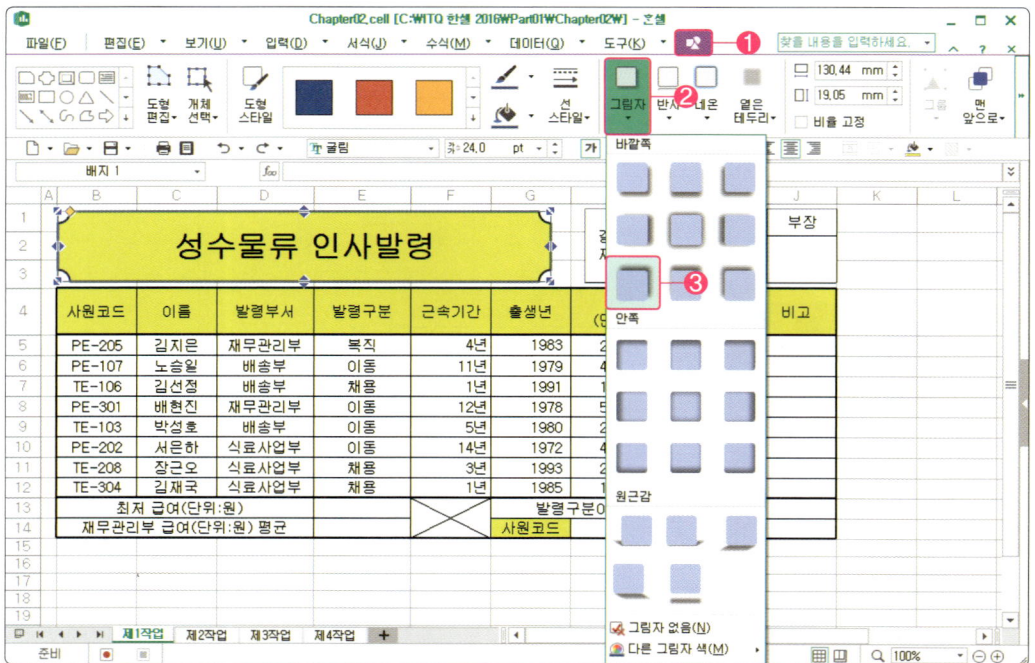

7 다음과 같이 도형에 그림자 효과가 지정됩니다.

> **Tip**
> 도형을 선택한 후 도형으로 마우스 포인터를 가져가서 마우스 포인터가 모양으로 변경되었을 때 드래그하면 도형의 위치를 조정할 수 있고, 도형의 크기 조정 핸들(◀▶, ▲▼, ◤, ◥)을 드래그하면 도형의 크기를 조정할 수 있습니다.

STEP 04   데이터 유효성 검사 설정하고 이름 정의하기

1 데이터 유효성 검사를 설정하기 위해 **H14셀을 선택**한 후 [데이터] 탭에서 **[유효성 검사]**를 클릭합니다.

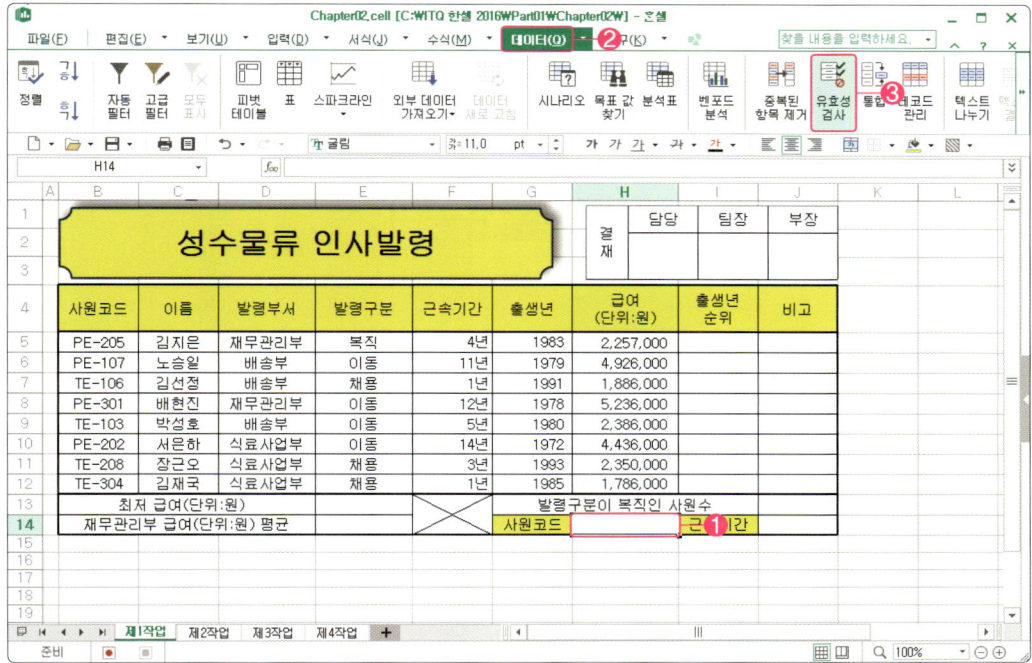

> **Tip**
> 데이터 유효성 검사는 입력할 수 있는 데이터를 지정하여 데이터를 잘못 입력하면 입력할 수 없도록 제한하는 기능입니다.

2 [데이터 유효성 검사] 대화상자가 나타나면 [설정] 탭에서 **제한 대상(목록)을 선택**한 후 **원본(=$B$5:$B$12)을 입력**한 다음 [설정] 단추를 클릭합니다.

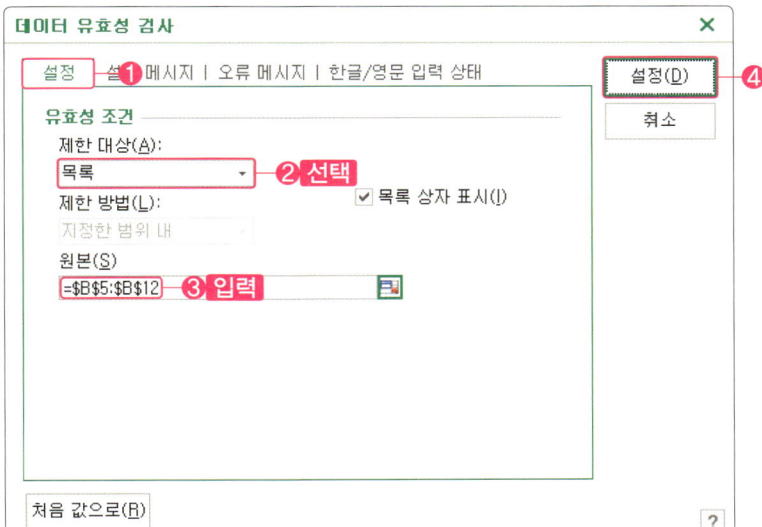

> **Tip**
> [처음 값으로] 단추를 클릭하면 설정된 데이터 유효성 검사가 제거됩니다.

Chapter 02 · 표 서식 작성 **33**

3 데이터 유효성 검사가 설정되면 **H14셀을 선택**한 후 **데이터 유효성 검사의 ▼[목록] 단추를 클릭**한 다음 **'PE-205'를 클릭**합니다.

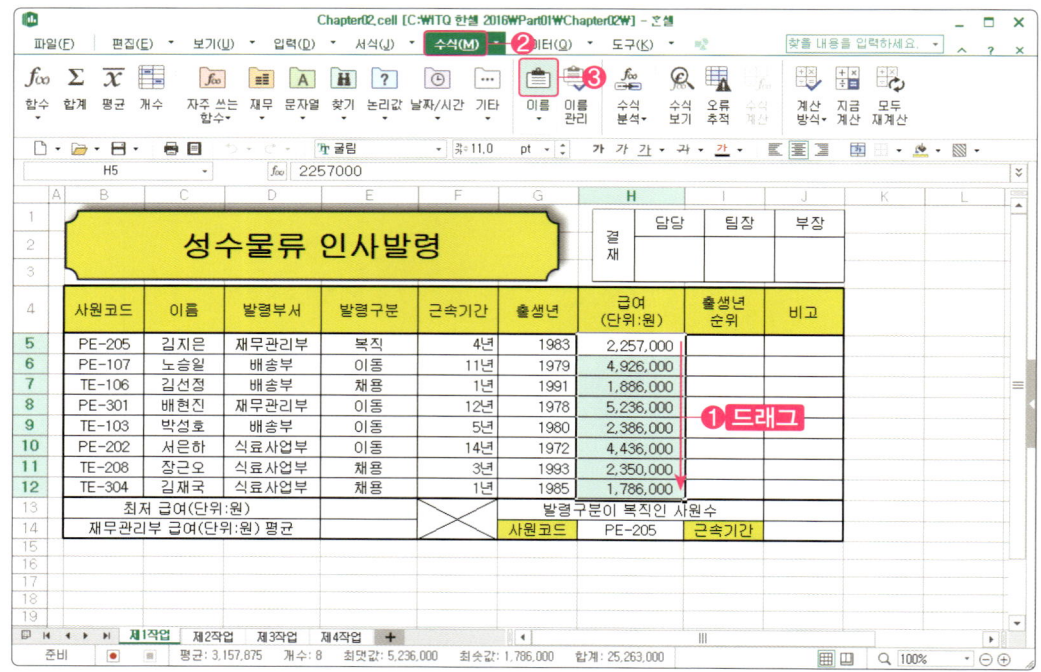

> **Tip**
> H14셀을 선택하면 [데이터 유효성 검사] 대화상자의 [설정] 탭에서 [목록 상자 표시]가 선택되어 있었기 때문에 데이터 유효성 검사의 ▼[목록] 단추가 나타납니다. 데이터 유효성 검사의 ▼[목록] 단추를 클릭하면 [제한 대상]을 '목록'으로 지정하고 [원본]에 '=$B$5:$B$12'를 입력했기 때문에 B5:B12셀 범위에 있는 데이터(사원코드)가 나타납니다.

4 사원코드가 입력되면 이름을 정의하기 위해 **H5:H12셀 범위를 선택**한 후 [수식] 탭에서 [**이름**]을 **클릭**합니다.

> **Tip**
> • 이름 정의는 셀이나 셀 범위에 이름을 정의하여 셀이나 셀 범위를 참조할 때 정의한 이름으로 참조할 수 있도록 하는 기능입니다.
> • H5:H12셀 범위를 선택한 후 이름 상자에 '급여'라고 입력한 다음 Enter를 눌러 이름을 정의할 수도 있습니다.

5 [이름 정의] 대화상자가 나타나면 이름(급여)을 입력한 후 [확인] 단추를 클릭합니다.

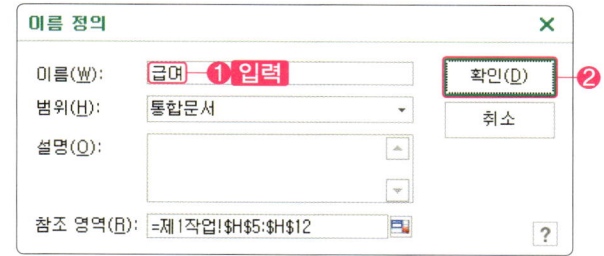

6 다음과 같이 H5:H12셀 범위를 선택하면 이름이 정의된 것을 확인할 수 있습니다.

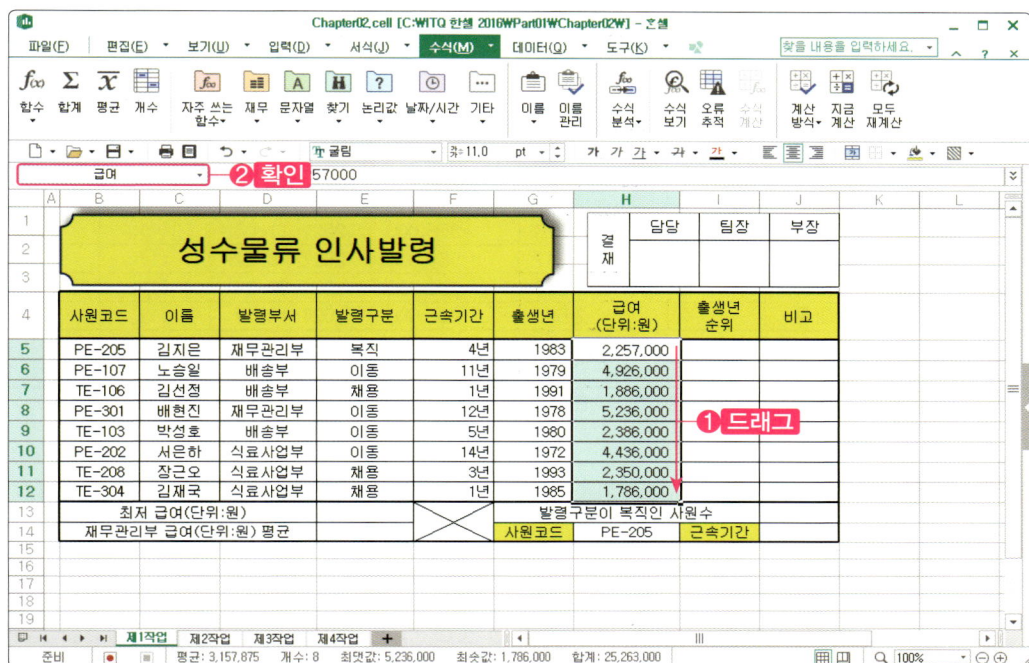

정의된 이름 삭제하기

[수식] 탭에서 [이름 관리]를 클릭하면 [이름 관리] 대화상자가 나타납니다. 다음과 같이 [이름 관리] 대화상자에서 정의된 이름을 선택한 후 ×[이름 삭제] 단추를 클릭하면 정의된 이름을 삭제할 수 있습니다.

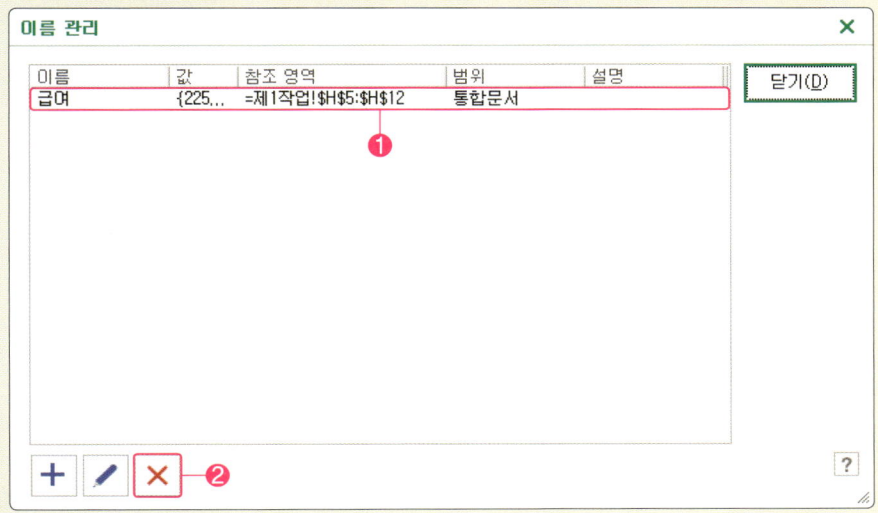

Chapter 02 · 표 서식 작성 **35**

문제유형 001 — 표 서식 작성

☞ 다음은 '우리 동물원 관리 현황'에 대한 자료이다. 자료를 입력하고 조건에 맞도록 작업하시오.

≪출력형태≫

	B	C	D	E	F	G	H	I	J
1-3	우리 동물원 관리 현황						결재	담당 / 과장 / 차장	
4	식별번호	동물명	위치	마리 수	마리 당 평균 몸무게	월별 사료비용 (단위:원)	동물 투입 날짜	투입순위	성별
5	18729-F	하마	숲속마을	2	1,105	685,000	2021-10-30	(1)	(2)
6	25346-M	호랑이	숲속마을	1	332	521,000	2021-11-27	(1)	(2)
7	62436-M	사슴	사랑마을	5	121	365,000	2021-08-14	(1)	(2)
8	34744-F	얼룩말	우정마을	2	116	349,000	2021-07-25	(1)	(2)
9	64223-N	사자	숲속마을	2	278	356,000	2021-11-05	(1)	(2)
10	23498-F	기린	우정마을	4	247	559,000	2021-08-22	(1)	(2)
11	32546-N	양	우정마을	6	223	232,000	2021-09-23	(1)	(2)
12	24354-F	코끼리	사랑마을	2	2,528	603,000	2021-10-17	(1)	(2)
13	우정마을의 월별 사료비용(단위:원) 평균			(3)			두 번째로 큰 마리 당 평균 몸무게		(5)
14	숲속마을 마리 수 합계			(4)		식별번호	18729-F	위치	(6)

≪조건≫

○ 모든 데이터의 서식에는 글꼴(굴림, 11pt), 정렬은 숫자 및 회계 서식은 오른쪽 정렬, 나머지 서식은 가운데 정렬로 작성하며 예외적인 것은 ≪출력형태≫를 참조하시오.
○ 제 목 ⇒ '순서도: 수동 연산' 도형과 '바깥쪽 대각선 오른쪽 아래 그림자'를 이용하여 작성하고 "우리 동물원 관리 현황"을 입력한 후 다음 서식을 적용하시오
    (글꼴-굴림, 24pt, 검정, 진하게, 채우기-노랑).
○ 임의의 셀에 결재란을 만들고 '그림으로 복사하기' 기능을 이용하여 작성하시오(단, 원본 삭제).
○ 「B4:J4, G14, I14」 영역은 '노랑'으로 채우기 하시오.
○ 유효성 검사를 이용하여 「H14」 셀에 식별번호(「B5:B12」 영역)가 선택 표시되도록 하시오.
○ 셀 서식 ⇒ 「F5:F12」 영역에 셀 서식을 이용하여 숫자 뒤에 'kg'을 표시하시오(예 : 1,105kg).
○ 「F5:F12」 영역에 대해 '몸무게'로 이름정의를 하시오.

Hint

• 마리 수(E5:E12셀 범위) 입력 : E5:E12셀 범위에 '2'와 같이 데이터를 입력 → E5:E12셀 범위를 선택한 후 [서식] 탭에서 표시 형식(숫자)을 선택 → [서식] 탭에서 [오른쪽 정렬]을 클릭
• 마리 당 평균 몸무게(F5:F12셀 범위) 입력 : F5:F12셀 범위에 '1105'와 같이 데이터를 입력 → F5:F12셀 범위를 선택한 후 [서식] 탭에서 [셀 서식]을 클릭 → [셀 서식] 대화상자의 [표시 형식] 탭에서 구분(사용자 정의)을 선택한 후 유형(#,##0"kg")을 입력한 다음 [설정] 단추를 클릭 → [서식] 탭에서 [오른쪽 정렬]을 클릭

문제유형 002   표 서식 작성

Ch02_문제유형002.cell

☞ 다음은 '자원봉사자 모집 및 신청 현황'에 대한 자료이다. 자료를 입력하고 조건에 맞도록 작업하시오.

≪출력형태≫

	B	C	D	E	F	G	H	I	J
1								담당	팀장	부장
2		자원봉사자 모집 및 신청 현황					결재			
3										
4	모집코드	봉사명	봉사장소	활동주기	봉사시간	모집인원(단위:명)	신청인원(단위:명)	봉사시작일	순위
5	CB-0410	바자회 보조	센터	비정기/월1회	8	1,347	1,450	(1)	(2)
6	BC-0315	미용서비스	복지관	비정기/월1회	6	750	568	(1)	(2)
7	BC-0901	멘토링 교육	복지관	정기/매주 1회	24	1,850	954	(1)	(2)
8	JC-1012	시설 봉사	재활협회	정기/매주 주말	48	1,125	1,450	(1)	(2)
9	BC-0620	경로식당	복지관	비정기/월1회	8	1,500	1,650	(1)	(2)
10	CB-0401	생활지원	센터	정기/매주 매일	48	1,120	1,350	(1)	(2)
11	BC-0622	컴퓨터교육 보조	복지관	정기/매주 1회	16	500	467	(1)	(2)
12	JC-1101	성장 멘토링	재활협회	정기/매주 월수	32	1,831	1,321	(1)	(2)
13	비정기/월1회 모집인원(단위:명)의 평균			(3)			최저 신청인원(단위:명)		(5)
14	봉사장소 복지관의 전체 비율			(4)		봉사명	바자회 보조	봉사시간	(6)

≪조건≫

○ 모든 데이터의 서식에는 글꼴(굴림, 11pt), 정렬은 숫자 및 회계 서식은 오른쪽 정렬, 나머지 서식은 가운데 정렬로 작성하며 예외적인 것은 ≪출력형태≫를 참조하시오.
○ 제 목 ⇒ '오각형' 도형과 '바깥쪽 대각선 오른쪽 아래 그림자'를 이용하여 작성하고
"자원봉사자 모집 및 신청 현황"을 입력한 후 다음 서식을 적용하시오
(글꼴-궁서, 24pt, 검정, 진하게, 채우기-보라 80% 밝게).
○ 임의의 셀에 결재란을 만들고 '그림으로 복사하기' 기능을 이용하여 작성하시오(단, 원본 삭제).
○ 「B4:J4, G14, I14」 영역은 '노랑'으로 채우기 하시오.
○ 유효성 검사를 이용하여 「H14」 셀에 봉사명(「C5:C12」 영역)이 선택 표시되도록 하시오.
○ 셀 서식 ⇒ 「F5:F12」 영역에 셀 서식을 이용하여 숫자 뒤에 '시간'을 표시하시오(예 : 8시간).
○ 「H5:H12」 영역에 대해 '신청인원'으로 이름정의를 하시오.

실전문제유형

문제유형 003 — 표 서식 작성

Ch02_문제유형003.cell

☞ 다음은 '업무 차량 보유 현황'에 대한 자료이다. 자료를 입력하고 조건에 맞도록 작업하시오.

≪출력형태≫

관리코드	관리자	구입일자	유종	구매가	주행거리(Km)	평균연비(Km/L)	주행거리 순위	사용년수
M597K	김지현	2018-07-03	하이브리드	3,555	171,833	22.4	(1)	(2)
R374G	안규정	2018-04-02	디젤	9,738	119,912	14.8	(1)	(2)
G839R	이수연	2019-08-27	가솔린	10,129	21,833	10.5	(1)	(2)
Z329F	장동욱	2017-01-19	하이브리드	8,650	47,158	12.5	(1)	(2)
Z325J	정인경	2019-03-30	디젤	9,894	58,075	15.3	(1)	(2)
O356L	최민석	2018-06-24	가솔린	7,402	73,402	8.9	(1)	(2)
C385B	정유진	2019-02-15	하이브리드	14,615	70,161	31.1	(1)	(2)
U594L	박두일	2017-04-04	가솔린	7,339	102,863	9.3	(1)	(2)
최저 구매가			(3)		하이브리드 구매가 합계			(5)
주행거리가 평균 이상인 차량 수			(4)		관리자	김지현	유종	(6)

제목 영역에는 "업무 차량 보유 현황"이 배지 도형으로 표시되며, 결재란(담당, 과장, 소장)이 우측 상단에 있음.

≪조건≫

○ 모든 데이터의 서식에는 글꼴(돋움, 11pt), 정렬은 숫자 및 회계 서식은 오른쪽 정렬, 나머지 서식은 가운데 정렬로 작성하며 예외적인 것은 ≪출력형태≫를 참조하시오.
○ 제 목 ⇒ '배지' 도형과 '바깥쪽 가운데 그림자'를 이용하여 작성하고 "업무 차량 보유 현황"을 입력한 후 다음 서식을 적용하시오(글꼴-돋움, 24pt, 검정, 진하게, 채우기-주황 40% 밝게).
○ 임의의 셀에 결재란을 만들고 '그림으로 복사하기' 기능을 이용하여 작성하시오(단, 원본 삭제).
○ 「B4:J4, G14, I14」 영역은 '보라 80% 밝게'로 채우기 하시오.
○ 유효성 검사를 이용하여 「H14」 셀에 관리자(「C5:C12」 영역)가 선택 표시되도록 하시오.
○ 셀 서식 ⇒ 「F5:F12」 영역에 셀 서식을 이용하여 숫자 뒤에 '만원'을 표시하시오(예 : 3,555만원).
○ 「F5:F12」 영역에 대해 '구매가'로 이름정의를 하시오.

Hint

평균연비(H5:H12셀 범위) 입력 : H5:H12셀 범위에 '22.4'와 같이 데이터를 입력 → H5:H12셀 범위를 선택한 후 [서식] 탭에서 [셀 서식]을 클릭 → [셀 서식] 대화상자의 [표시 형식] 탭에서 구분(숫자)을 선택한 후 소수 자릿수(1)를 입력한 다음 [설정] 단추를 클릭 → [서식] 탭에서 ≡[오른쪽 정렬]을 클릭

실전문제유형

문제유형 004 — 표 서식 작성

📊 Ch02_문제유형004.cell

☞ 다음은 '일반의약품 판매가격 현황'에 대한 자료이다. 자료를 입력하고 조건에 맞도록 작업하시오.

≪출력형태≫

코드	제품명	제조사	구분	규격 (ml/캅셀/g)	평균가격 (원)	최저가격	순위	제품이력
DH1897	위생천	광동제약	소화제	75	580	500	(1)	(2)
HY1955	챔프	동아제약	해열진통제	10	2,000	1,600	(1)	(2)
DA1956	판피린큐	동아제약	해열진통제	20	400	350	(1)	(2)
DG1985	애시논액	동아제약	소화제	10	4,800	4,150	(1)	(2)
GY1958	포타디연고	삼일제약	외용연고제	75	500	400	(1)	(2)
SE1987	부루펜시럽	삼일제약	해열진통제	90	4,300	3,900	(1)	(2)
HD1957	생록천	광동제약	소화제	75	500	420	(1)	(2)
DH1980	후시딘	동화약품	외용연고제	10	5,200	4,500	(1)	(2)
광동제약 제품 평균가격(원)의 평균			(3)			최저가격의 중간 값		(5)
소화제 최저가격의 평균			(4)			제품명	위생천	최저가격	(6)

제목: 일반의약품 판매가격 현황

결재: 담당 / 대리 / 팀장

≪조건≫

○ 모든 데이터의 서식에는 글꼴(굴림, 11pt), 정렬은 숫자 및 회계 서식은 오른쪽 정렬, 나머지 서식은 가운데 정렬로 작성하며 예외적인 것은 ≪출력형태≫를 참조하시오.
○ 제 목 ⇒ '모서리가 둥근 직사각형' 도형과 '바깥쪽 오른쪽 그림자'를 이용하여 작성하고 "일반의약품 판매가격 현황"을 입력한 후 다음 서식을 적용하시오 (글꼴-굴림, 24pt, 검정, 진하게, 채우기-노랑).
○ 임의의 셀에 결재란을 만들고 '그림으로 복사하기' 기능을 이용하여 작성하시오(단, 원본 삭제).
○「B4:J4, G14, I14」영역은 '주황 40% 밝게'로 채우기 하시오.
○ 유효성 검사를 이용하여「H14」셀에 제품명(「C5:C12」영역)이 선택 표시되도록 하시오.
○ 셀 서식 ⇒「H5:H12」영역에 셀 서식을 이용하여 숫자 뒤에 '원'을 표시하시오(예 : 1,600원).
○「H5:H12」영역에 대해 '최저가격'으로 이름정의를 하시오.

Chapter 02 · 표 서식 작성 **39**

Chapter 03 값 계산

한셀 2016(NEO)

'[제1작업] 값 계산'에서는 함수를 사용하여 값을 구하는 방법과 조건부 서식을 지정하는 방법에 대해 알고 있어야 합니다. 함수를 사용하여 값을 구해야 할 셀에 '(1)'과 같이 괄호 숫자가 입력되어 있으며 ≪조건≫에 어떤 함수를 사용하여 어떤 값을 구해야 하는지 명시되어 있습니다.

☞ 다음은 '성수물류 인사발령'에 대한 자료이다. 자료를 입력하고 조건에 맞도록 작업하시오.

≪출력형태≫

	A	B	C	D	E	F	G	H	I	J
1								결재	담당	팀장	부장
2			성수물류 인사발령								
3											
4		사원코드	이름	발령부서	발령구분	근속기간	출생년	급여(단위:원)	출생년 순위	비고
5		PE-205	김지은	재무관리부	복직	4	1983	2,257,000	(1)	(2)
6		PE-107	노승일	배송부	이동	11	1979	4,926,000	(1)	(2)
7		TE-106	김선정	배송부	채용	1	1991	1,886,000	(1)	(2)
8		PE-301	배현진	재무관리부	이동	12	1978	5,236,000	(1)	(2)
9		TE-103	박성호	배송부	이동	5	1980	2,386,000	(1)	(2)
10		PE-202	서은하	식료사업부	이동	14	1972	4,436,000	(1)	(2)
11		TE-208	장근오	식료사업부	채용	3	1993	2,350,000	(1)	(2)
12		TE-304	김재국	식료사업부	채용	1	1985	1,786,000	(1)	(2)
13		최저 급여(단위:원)			(3)			발령구분이 복직인 사원수		(5)
14		재무관리부 급여(단위:원) 평균			(4)			사원코드	PE-205	근속기간	(6)

≪조건≫

● (1)~(6) 셀은 반드시 <u>주어진 함수를 이용</u>하여 값을 구하시오(결과값을 직접 입력하면 해당 셀은 0점 처리됨).
　　(1) 출생년 순위 ⇒ 출생년의 오름차순 순위를 구한 결과값 뒤에 '위'를 붙이시오
　　　　　　　　　(RANK.EQ 함수, & 연산자)(예 : 1위).
　　(2) 비고 ⇒ 사원코드의 앞 두 글자가 'PE'이면 '정규직', 그 외에는 '계약직'으로 구하시오(IF, LEFT 함수).
　　(3) 최저 급여(단위:원) ⇒ 정의된 이름(급여)을 이용하여 구하시오(MIN 함수).
　　(4) 재무관리부 급여(단위:원) 평균 ⇒ 조건은 입력데이터를 이용하고, 반올림하여 만 단위까지 구하시오
　　　　　　　　　(ROUND, DAVERAGE 함수)(예 : 3,157,678 → 3,160,000).
　　(5) 발령구분이 복직인 사원수 ⇒ (COUNTIF 함수)
　　(6) 근속기간 ⇒ 「H14」셀에서 선택한 사원코드에 대한 근속기간을 구하시오(VLOOKUP 함수).
　　(7) 조건부 서식의 수식을 이용하여 급여(단위:원)가 '4,000,000' 이상인 행 전체에 다음의 서식을 적용하시오(글꼴 : 파랑, 진하게).

작업순서요약

① 함수를 사용하여 값을 구합니다.
② 조건부 서식을 지정한 후 눈금 선을 숨깁니다.

STEP 01 함수를 사용하여 값 구하기

1 [출생년 순위]를 구하기 위해 I5:I12셀 범위를 선택한 후 '=RANK.EQ(G5,$G$5:$G$12,1)&"위"'를 입력한 다음 Ctrl+Enter를 누릅니다.

> **Tip**
> - 셀 범위를 선택한 후 수식을 입력한 다음 Ctrl+Enter를 누르면 입력한 수식이 선택한 모든 셀에 셀 주소가 상대적으로 변경되어 한 번에 입력됩니다.
> - 여기에서 다루는 함수 이외의 함수는 [출제 함수 정리](P49~P57)를 참고합니다.

수식 꼼꼼히 보기

RANK.EQ 함수
- 구문 : RANK.EQ(number, ref, [order])
- 설명 : ref에서 number의 순위를 구합니다. order가 0이거나 생략되면 가장 큰 number가 1위가 되고, 0 이외의 숫자이면 가장 작은 number가 1위가 됩니다. number가 같은 경우에는 가장 높은 순위를 구합니다.

=RANK.EQ(G5,$G$5:$G$12,1)&"위"
         ❷   ❶

❶ ❷에서 구한 값과 '위'를 연결(&)하여 '1위'와 같이 표시합니다.
❷ 모든 사원의 출생년($G$5:$G$12)에서 김지은 사원의 출생년(G5)이 몇 번째로 빠른 출생년인지(1)를 구합니다. 모든 사원의 출생년($G$5:$G$12)은 I5:I12셀 범위의 모든 셀에서 변경되지 않고 참조해야 하므로 절대 참조로 입력해야 합니다.

2 [비고]를 구하기 위해 J5:J12셀 범위를 선택한 후 '=IF(LEFT(B5,2)="PE","정규직","계약직")'을 입력한 다음 Ctrl+Enter를 누릅니다.

수식 꼼꼼히 보기

IF 함수
- 구문 : IF(logical_test, value_if_true, value_if_false)
- 설명 : logical_test가 참이면 value_if_true를 구하고, 거짓이면 value_if_false를 구합니다.

LEFT 함수
- 구문 : LEFT(text, [num_chars])
- 설명 : text에서 왼쪽부터 num_chars만큼의 문자를 구합니다. num_chars를 생략하면 1로 간주합니다.

=IF(LEFT(B5,2)="PE","정규직","계약직")
    ❶❷

❶ ❷에서 구한 값이 'PE'이면(=) '정규직'을 구하고, 그렇지 않으면 '계약직'을 구합니다.
❷ 사원코드(B5)에서 왼쪽부터 두 문자(2)를 구합니다.

수식 알아보기

한셀에서 수식은 셀 값을 계산하기 위한 식으로 등호, 함수, 연산자, 참조, 상수로 구성되어 있습니다.

$$=\text{SUM}(A1:A3,A5)*A7+9$$
❶ ❷ ❸ ❹ ❸ ❺

❶ **등호** : 다음에 오는 내용이 수식이라는 것을 나타내는 기호입니다. 한셀에서 수식을 입력할 때는 먼저 등호를 입력해야 합니다. 등호를 입력하지 않고 'SUM(A1:A3,A5)*A7+9'만 입력하면 수식이 아닌 문자 데이터로 인식하여 계산할 수 없습니다.

❷ **함수** : 수식을 쉽고 빠르게 입력할 수 있도록 미리 정의되어 있는 수식으로 '인수'라는 특정값을 사용하여 결과값을 구합니다. TODAY 함수처럼 인수가 필요 없는 함수도 있지만 거의 대부분의 함수는 인수를 필요로 합니다. 인수는 괄호 안에 입력하며 괄호 안에서 인수와 인수를 구분할 때는 쉼표(,)를 사용합니다.

$$=\text{SUM}(A1:A3,A5)$$
함수 이름 인수1 인수2

❸ **연산자** : 계산의 종류를 나타내는 기호입니다. 연산자에는 산술 연산자, 비교 연산자, 텍스트 연결 연산자 등이 있습니다.

- **산술 연산자** : 더하기, 빼기, 곱하기, 나누기 등과 같이 기본적인 계산을 하는 연산자입니다.

연산자	기능	사용 방법	연산자	기능	사용 방법
+	더하기	=A1+A2	−	음수	=−A1
−	빼기	=A1−A2	%	백분율	=A1%
*	곱하기	=A1*A2	^	거듭제곱	=A1^2
/	나누기	=A1/A2			

- **비교 연산자** : 두 값을 비교하여 참이면 논리값 TRUE를 구하고, 거짓이면 논리값 FALSE를 구하는 연산자입니다.

연산자	기능	사용 방법	연산자	기능	사용 방법
=	같다	=A1=A2	>=	크거나 같다(이상)	=A1>=A2
>	크다(초과)	=A1>A2	<=	작거나 같다(이하)	=A1<=A2
<	작다(미만)	=A1<A2	<>	같지 않다	=A1<>A2

- **텍스트 연결 연산자** : 여러 값을 연결하여 하나의 텍스트로 만드는 연산자입니다.

연산자	기능	사용 방법
&	여러 값을 연결	="한셀"&A1

❹ **참조** : A7셀 값이 2인 경우, 셀 주소인 '=A7'을 입력하면 A7셀 값인 2를 가져오는데, 이렇게 셀 주소를 사용하여 셀 값을 가져오는 것을 '참조'라고 합니다. 참조에는 상대 참조, 절대 참조, 혼합 참조가 있으며 셀 주소를 입력한 후 F4를 누르면 F4를 누를 때마다 다음과 같은 순서로 참조가 변경됩니다.

A1 → $A$1 → A$1 → $A1 → A1
상대 참조 절대 참조 혼합 참조 혼합 참조 상대 참조

- **상대 참조** : 수식을 복사하면 셀 주소가 상대적으로 변경됩니다(예 A1).
- **절대 참조** : 수식을 복사해도 셀 주소가 변경되지 않습니다(예 $A$1).
- **혼합 참조** : 상대 참조와 절대 참조의 혼합으로 수식을 복사하면 행과 열 중에서 $ 기호가 없는 행(또는 열)은 상대적으로 변경되고, $ 기호가 있는 행(또는 열)은 변경되지 않습니다(예 A$1, $A1).

❺ **상수** : 수식에 직접 입력하는 문자나 숫자입니다.

3 [최저 급여(단위:원)]를 구하기 위해 **E13셀에 '=MIN(급여)'를 입력**합니다.

> **수식 꼼꼼히 보기**
>
> **MIN 함수**
> - 구문 : MIN(number1, [number2], ⋯)
> - 설명 : number1, [number2], ⋯ 중 가장 작은 값을 구합니다.
>
> =MIN(급여)
>
> '급여'라고 이름을 정의한 셀 범위(H5:H12)에 있는 급여 중 가장 낮은 급여를 구합니다.

4 [재무관리부 급여(단위:원) 평균]을 구하기 위해 **E14셀에 '=ROUND(DAVERAGE(B4:H12,H4, D4:D5),−4)'를 입력**합니다.

> **수식 꼼꼼히 보기**
>
> **ROUND 함수**
> - 구문 : ROUND(number, num_digits)
> - 설명 : number를 num_digits 아래에서 반올림하여 num_digits로 구합니다.
>
> **DAVERAGE 함수**
> - 구문 : DAVERAGE(database, field, criteria)
> - 설명 : database에서 criteria를 만족하는 데이터의 field 평균을 구합니다.
>
> =ROUND(DAVERAGE(B4:H12,H4,D4:D5),−4)
>   ❶   ❷
>
> ❶ ❷에서 구한 값을 천의 자리에서 반올림하여 만의 자리(−4)로 구합니다.
> ❷ 데이터베이스(B4:H12)에서 발령부서가 재무관리부(D4:D5)인 데이터의 급여(H4) 평균을 구합니다. 데이터베이스는 레코드(행)와 필드(열)로 이루어진 관련 데이터 목록을 말하며 각 필드(열)의 이름(여기서는 사원코드, 이름, 발령부서 등)을 '필드명'이라고 합니다.

Chapter 03 · 값 계산 **43**

5 [재무관리부 급여(단위:원) 평균]에 표시 형식을 지정하기 위해 **E14셀을 선택**한 후 [서식] 탭에서 **,[쉼표 스타일]**을 클릭합니다.

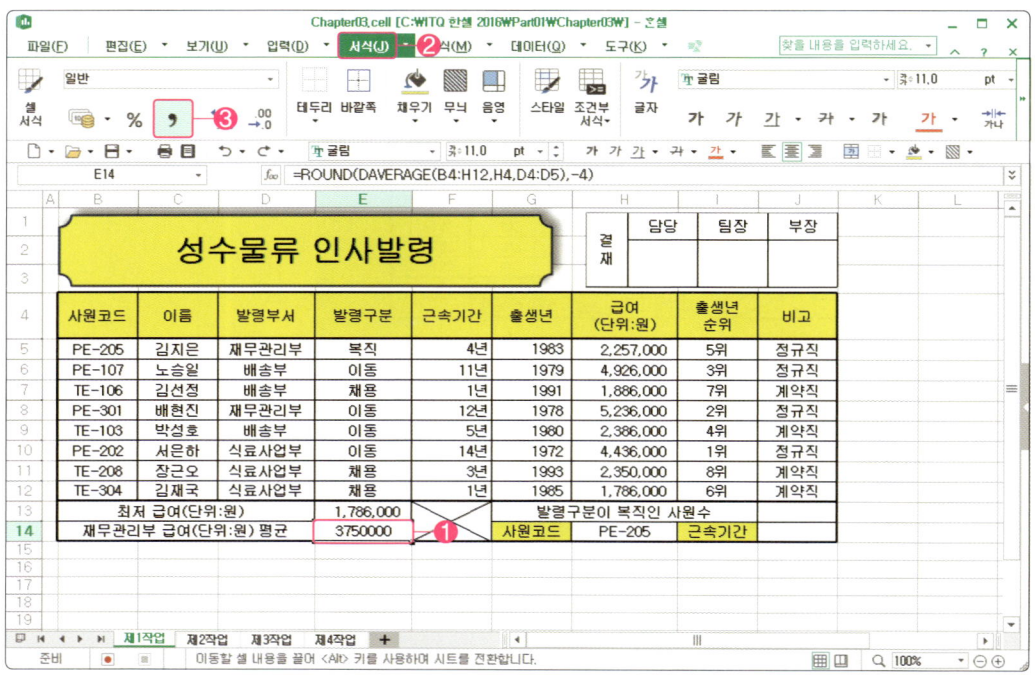

6 [발령구분이 복직인 사원수]를 구하기 위해 **J13셀**에 '**=COUNTIF(E5:E12,"복직")**'을 입력합니다.

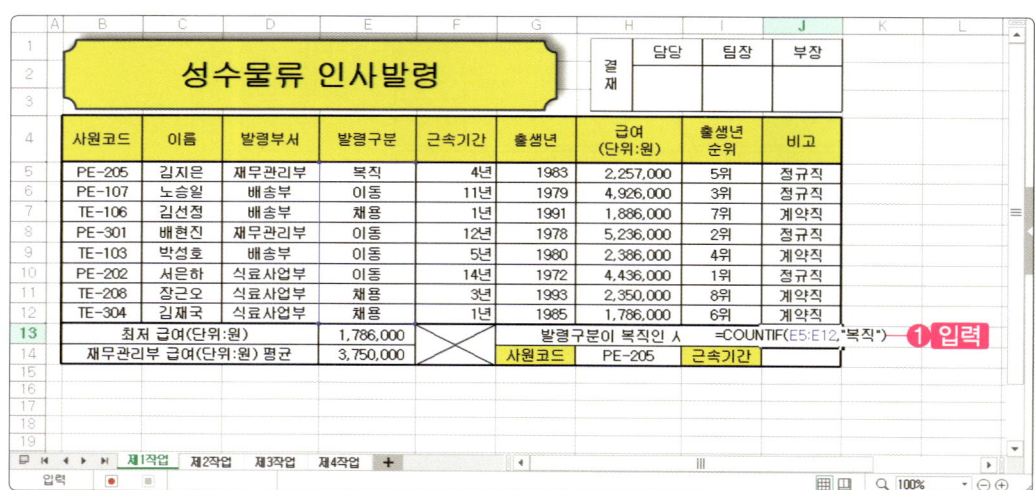

> **수식 꼼꼼히 보기**
>
> **COUNTIF 함수**
> • 구문 : COUNTIF(range, criteria)
> • 설명 : range에서 criteria를 만족하는 셀의 개수를 구합니다.
>
> =COUNTIF(E5:E12,"복직")
>
> 발령구분(E5:E12)에서 '복직'인 셀의 개수를 구합니다.

44 한셀 2016(NEO)

7 [근속기간]을 구하기 위해 **J14셀에 '=VLOOKUP(H14,B5:H12,5,FALSE)'를 입력**합니다.

	A	B	C	D	E	F	G	H	I	J	K	L
1								결재	담당	팀장	부장	
2			성수물류 인사발령									
3												
4		사원코드	이름	발령부서	발령구분	근속기간	출생년	급여(단위:원)	출생년 순위	비고		
5		PE-205	김지은	재무관리부	복직	4년	1983	2,257,000	5위	정규직		
6		PE-107	노승일	배송부	이동	11년	1979	4,926,000	3위	정규직		
7		TE-106	김선정	배송부	채용	1년	1991	1,886,000	7위	계약직		
8		PE-301	배현진	재무관리부	이동	12년	1978	5,236,000	2위	정규직		
9		TE-103	박성호	배송부	이동	5년	1980	2,386,000	4위	계약직		
10		PE-202	서은하	식료사업부	이동	14년	1972	4,436,000	1위	정규직		
11		TE-208	장근오	식료사업부	채용	3년	1993	2,350,000	8위	계약직		
12		TE-304	김재국	식료사업부	채용	1년	1985	1,786,000	6위	계약직		
13		최저 급여(단위:원)			1,786,000		발령구분이 복직인 사원수			1		
14		재무관리부 급여(단위:원) 평균			3,750,000		사원코드	PE-205		=VLOOKUP(H14,B5:H12,5,FALSE)	❶ 입력	

수식 꼼꼼히 보기

VLOOKUP 함수
- 구문 : VLOOKUP(lookup_value, table_array, col_index_num, [range_lookup])
- 설명 : table_array의 첫 번째 열에서 lookup_value를 검색한 후 col_index_num에서 lookup_value와 같은 행에 있는 값을 구합니다. range_lookup이 FALSE이면 table_array의 첫 번째 열에서 lookup_value와 정확하게 일치하는 값을 검색하고, TRUE이거나 생략되면 lookup_value와 비슷하게 일치하는 값을 검색합니다.

=VLOOKUP(H14,B5:H12,5,FALSE)

B5:H12셀 범위의 첫 번째 열(B5:H12셀 범위에서 첫 번째 열이므로 B5:B12셀 범위(사원코드))에서 PE-205(H14)를 검색한 후 다섯 번째 열(B5:H12셀 범위에서 다섯 번째 열이므로 F5:F12셀 범위(근속기간))에서 PE-205와 같은 행에 있는 근속기간을 구합니다.

8 다음과 같이 [근속기간]이 구해집니다.

	A	B	C	D	E	F	G	H	I	J	K	L
1								결재	담당	팀장	부장	
2			성수물류 인사발령									
3												
4		사원코드	이름	발령부서	발령구분	근속기간	출생년	급여(단위:원)	출생년 순위	비고		
5		PE-205	김지은	재무관리부	복직	4년	1983	2,257,000	5위	정규직		
6		PE-107	노승일	배송부	이동	11년	1979	4,926,000	3위	정규직		
7		TE-106	김선정	배송부	채용	1년	1991	1,886,000	7위	계약직		
8		PE-301	배현진	재무관리부	이동	12년	1978	5,236,000	2위	정규직		
9		TE-103	박성호	배송부	이동	5년	1980	2,386,000	4위	계약직		
10		PE-202	서은하	식료사업부	이동	14년	1972	4,436,000	1위	정규직		
11		TE-208	장근오	식료사업부	채용	3년	1993	2,350,000	8위	계약직		
12		TE-304	김재국	식료사업부	채용	1년	1985	1,786,000	6위	계약직		
13		최저 급여(단위:원)			1,786,000		발령구분이 복직인 사원수			1		
14		재무관리부 급여(단위:원) 평균			3,750,000		사원코드	PE-205	근속기간	4		

STEP 02 조건부 서식 지정하기

1 수식을 사용하여 조건부 서식을 지정하기 위해 **B5:J12셀 범위를 선택**한 후 [서식] 탭에서 [**조건부 서식**]을 클릭한 다음 [**규칙 관리**]를 클릭합니다.

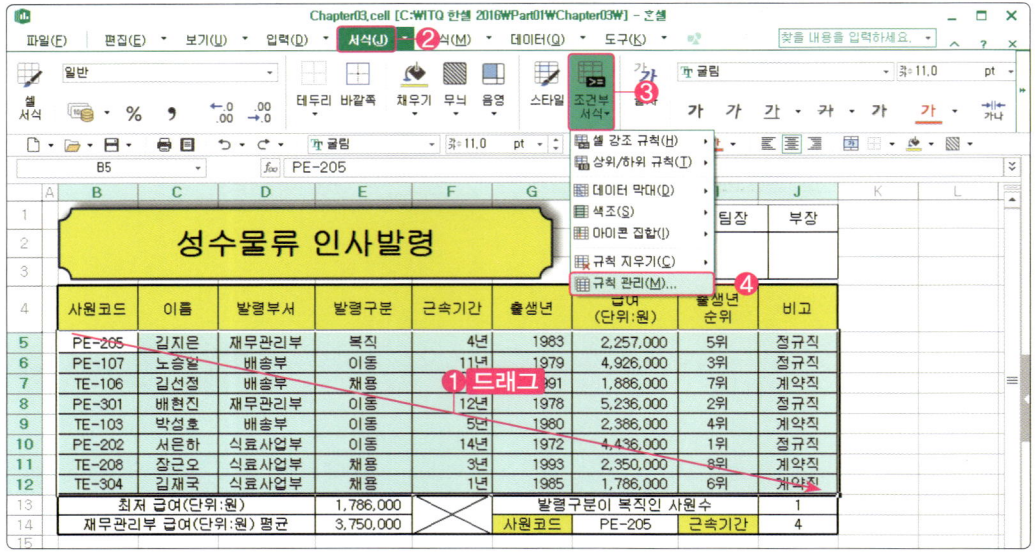

2 [조건부 서식 관리] 대화상자가 나타나면 ➕[**새 규칙**] 단추를 클릭합니다.

3 조건이 추가되면 [**수식**]을 선택한 후 **수식(=$H5>=4000000)을 입력**한 다음 [**서식**] 단추를 클릭합니다.

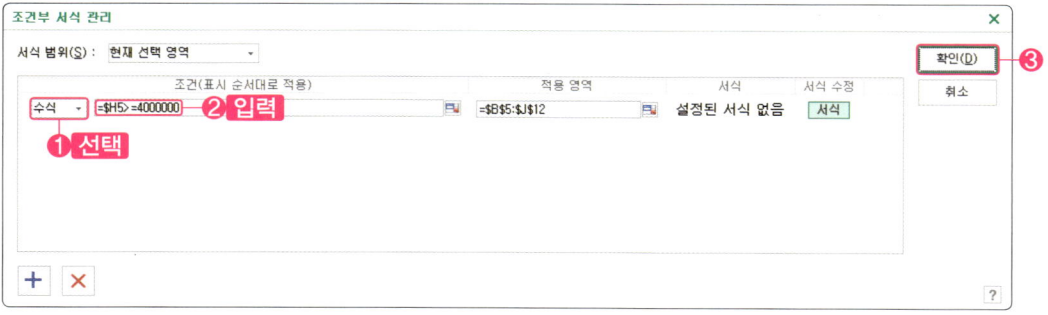

> **Tip**
> B5:J12셀 범위에서 행별로 H열(급여)에 있는 값이 '4,000,000' 이상(>=)이면 논리값 TRUE를 구하고, 그렇지 않으면 논리값 FALSE를 구합니다. 조건부 서식은 조건을 만족하는 경우에만 서식이 지정됩니다. 즉, 논리값 TRUE를 구한 행(H열(급여)에 있는 값이 '4,000,000' 이상(>=)인 행)에만 서식이 지정됩니다.

4 [셀 서식] 대화상자가 나타나면 [글자 기본] 탭에서 **글자 색(파랑)**을 선택한 후 [보통 모양]을 클릭한 다음 [진하게]를 클릭하고 [설정] 단추를 클릭합니다.

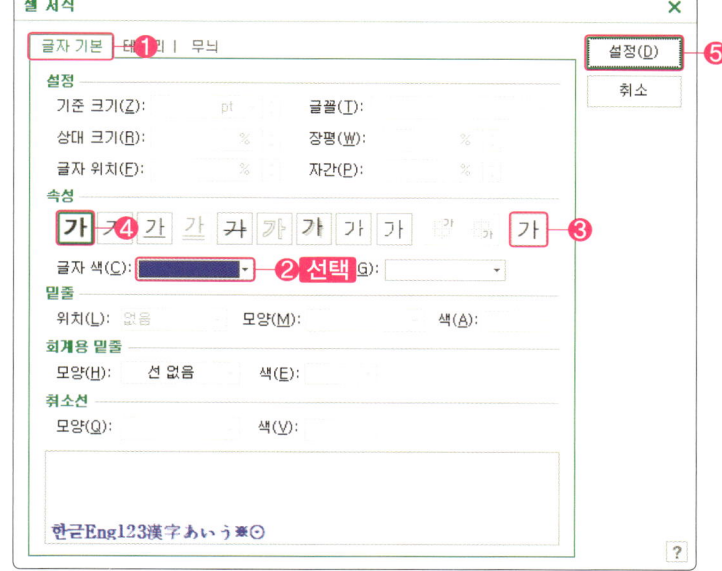

> **Tip**
> 여기서는 오피스 색상 테마에 있는 파랑을 선택합니다.

5 [조건부 서식 관리] 대화상자가 다시 나타나면 **[확인] 단추를 클릭**합니다.

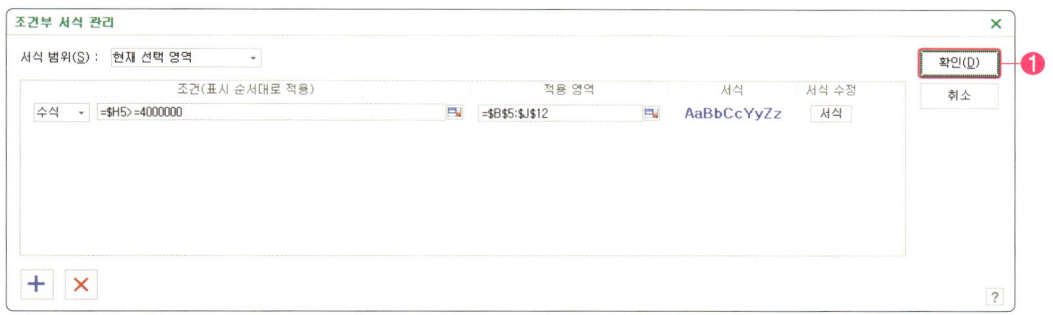

한가지 더!

조건부 서식 지우기

[서식] 탭에서 [조건부 서식]을 클릭한 후 [규칙 관리]를 클릭하면 [조건부 서식 관리] 대화상자가 나타납니다. 다음과 같이 [조건부 서식 관리] 대화상자에서 조건을 선택한 후 [규칙 지우기] 단추를 클릭하면 조건을 지울 수 있습니다.

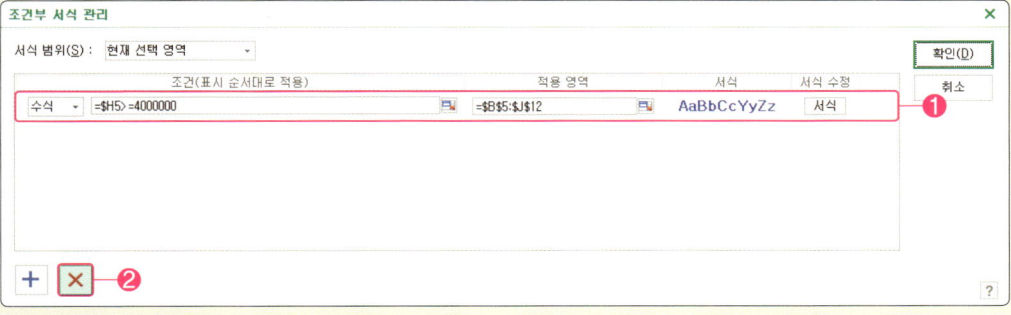

Chapter 03 · 값 계산 **47**

6 수식을 사용하여 조건부 서식이 지정되면 눈금선을 숨기기 위해 [보기] 탭에서 **[눈금 선]**을 **선택 해제**합니다.

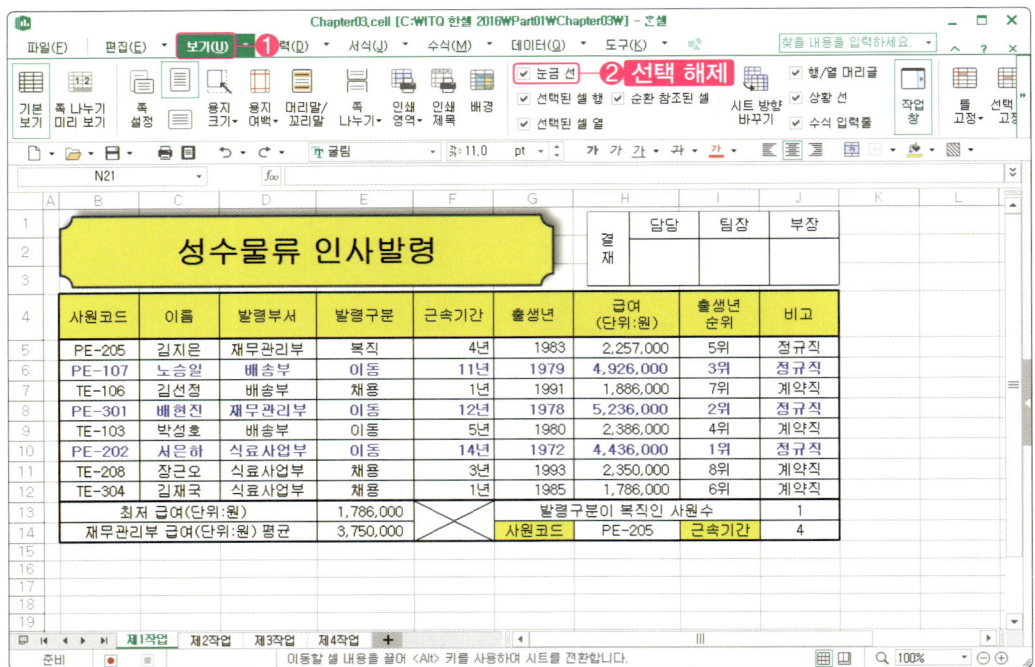

7 다음과 같이 눈금 선이 숨겨집니다.

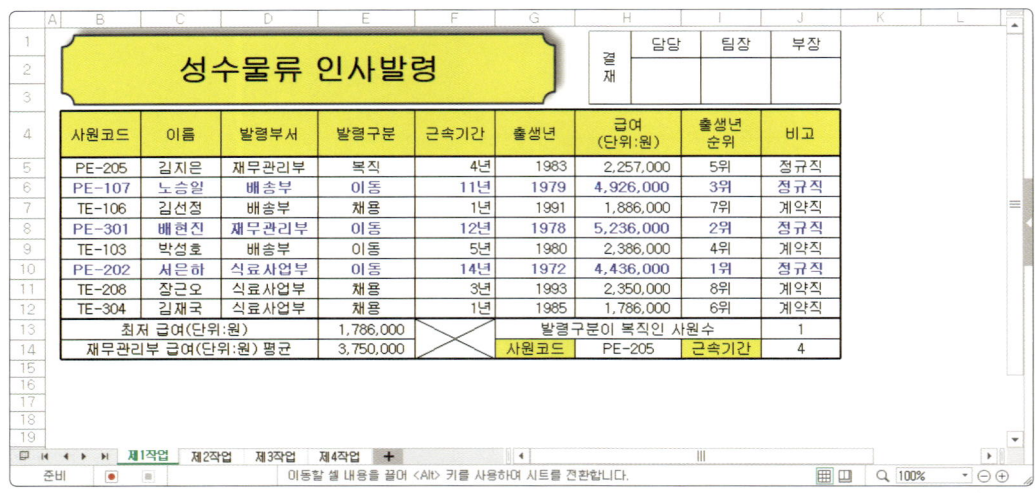

출제 함수 정리

날짜/시간 함수
날짜/시간 함수는 현재 날짜를 표시하거나 현재 시간을 표시하는 등 날짜와 시간을 다루기 위한 함수입니다.

▶ YEAR 함수
- 구문 : YEAR(serial_number)
- 설명 : serial_number에서 연도를 구합니다.

▶ MONTH 함수
- 구문 : MONTH(serial_number)
- 설명 : serial_number에서 월을 구합니다.

▶ DAY 함수
- 구문 : DAY(serial_number)
- 설명 : serial_number에서 일을 구합니다.
- YEAR, MONTH, DAY 함수 사용 방법

날짜	함수	결과값
2022-04-08	❶ =YEAR(B3)	2022
	❷ =MONTH(B3)	4
	❸ =DAY(B3)	8

❶ 2022-04-08(B3)에서 연도를 구합니다.
❷ 2022-04-08(B3)에서 월을 구합니다.
❸ 2022-04-08(B3)에서 일을 구합니다.

▶ HOUR 함수
- 구문 : HOUR(serial_number)
- 설명 : serial_number에서 시를 구합니다.

▶ MINUTE 함수
- 구문 : MINUTE(serial_number)
- 설명 : serial_number에서 분을 구합니다.

▶ SECOND 함수
- 구문 : SECOND(serial_number)
- 설명 : serial_number에서 초를 구합니다.
- HOUR, MINUTE, SECOND 함수 사용 방법

시간	함수	결과값
13:20:35	❶ =HOUR(B3)	13
	❷ =MINUTE(B3)	20
	❸ =SECOND(B3)	35

❶ 13:20:35(B3)에서 시를 구합니다.
❷ 13:20:35(B3)에서 분을 구합니다.
❸ 13:20:35(B3)에서 초를 구합니다.

▶ NOW 함수
- 구문 : NOW( )
- 설명 : 현재 시스템의 날짜와 시간을 표시합니다. NOW 함수에는 인수가 필요 없습니다.

출제 함수 정리

▶ TODAY 함수

- 구문 : TODAY( )
- 설명 : 현재 시스템의 날짜를 표시합니다. TODAY 함수에는 인수가 필요 없습니다.
- NOW 함수와 TODAY 함수 사용 방법

	A	B	C	D
1				
2		함수	결과값	
3		❶ =NOW()	2022-04-08 13:20	
4		❷ =TODAY()	2022-04-08	
5				

❶ 현재 시스템의 날짜와 시간을 표시합니다.
❷ 현재 시스템의 날짜를 표시합니다.

▶ WEEKDAY 함수

- 구문 : WEEKDAY(serial_number, [return_type])
- 설명 : serial_number의 요일을 나타내는 값을 구합니다. return_type은 결과값의 유형을 지정한 값으로 다음과 같이 1, 2, 3 중의 하나입니다. return_type을 생략하면 1로 간주합니다.

return_type	요일을 나타내는 값						
	일	월	화	수	목	금	토
1	1	2	3	4	5	6	7
2	7	1	2	3	4	5	6
3	6	0	1	2	3	4	5

- 사용 방법

	A	B	C	D	E	F
1						
2		날짜		함수	결과값	
3		2022-04-08		❶ =WEEKDAY(B3,1)	6	
4				❷ =WEEKDAY(B3,2)	5	
5						

❶ 2022-04-08(B3)의 요일을 나타내는 값을 구합니다. 2020년 4월 8일이 금요일이고 return_type이 1이므로 6을 구합니다.
❷ 2022-04-08(B3)의 요일을 나타내는 값을 구합니다. 2020년 4월 8일이 금요일이고 return_type이 2이므로 5를 구합니다.

▶ DATE 함수

- 구문 : DATE(year, month, day)
- 설명 : year, month, day를 조합하여 날짜를 구합니다.

▶ TIME 함수

- 구문 : TIME(hour, minute, second)
- 설명 : hour, minute, second를 조합하여 시간을 구합니다.
- DATE 함수와 TIME 함수 사용 방법

	A	B	C	D	E	F	G	H
1								
2		연도	월	일		함수	결과값	
3		2022	4	8		❶ =DATE(B3,C3,D3)	2022-04-08	
4		시	분	초		❷ =TIME(B5,C5,D5)	1:20:35 PM	
5		13	20	35				
6								

❶ 2022(B3), 4(C3), 8(D3)을 조합하여 날짜를 구합니다.
❷ 13(B5), 20(C5), 35(D5)를 조합하여 시간을 구합니다. G4셀의 데이터는 '13:20:35'이지만 사용자 정의 표시 형식으로 'h:mm:ss AM/PM'이 지정되어 '1:20:35 PM'이 표시된 것입니다.

출제 함수 정리

통계 함수

통계 함수는 데이터를 쉽고 빠르게 분석할 수 있도록 평균이나 중간값 등을 구하는데 사용하는 함수입니다.

▶ **AVERAGE 함수**
- 구문 : AVERAGE(number1, [number2], …)
- 설명 : number1, [number2], …의 평균을 구합니다.
- 사용 방법

날짜	지점	판매량		함수	결과값
12월 01일	강북점	16	❶	=AVERAGE(D3:D5)	22
12월 04일	강남점	30	❷	=AVERAGE(D3,D5)	18
12월 07일	강북점	20			

❶ 판매량(D3:D5) 평균을 구합니다.
❷ 강북점의 판매량(D3,D5) 평균을 구합니다.

▶ **MAX 함수**
- 구문 : MAX(number1, [number2], …)
- 설명 : number1, [number2], … 중 가장 큰 값을 구합니다.

▶ **LARGE 함수**
- 구문 : LARGE(array, k)
- 설명 : array에서 k 번째로 큰 값을 구합니다.

▶ **SMALL 함수**
- 구문 : SMALL(array, k)
- 설명 : array에서 k 번째로 작은 값을 구합니다.

▶ **MEDIAN 함수**
- 구문 : MEDIAN(number1, [number2], …)
- 설명 : number1, [number2], …의 중간값을 구합니다.
- MAX, LARGE, SMALL, MEDIAN 함수 사용 방법

부서	판매량		함수	결과값
영업1부	200	❶	=MAX(C3:C7)	200
영업2부	160	❷	=LARGE(C3:C7,2)	180
영업3부	180	❸	=SMALL(C3:C7,2)	140
영업4부	130	❹	=MEDIAN(C3:C7)	160
영업5부	140	❺	=MEDIAN(C3:C6)	170

❶ 판매량(C3:C7) 중 가장 많은 판매량을 구합니다.
❷ 판매량(C3:C7)에서 두 번째(2)로 많은 판매량을 구합니다.
❸ 판매량(C3:C7)에서 두 번째(2)로 적은 판매량을 구합니다.
❹ 판매량(C3:C7)의 중간값을 구합니다. 판매량을 오름차순 정렬하면 130, 140, 160, 180, 200 순입니다. 판매량의 개수가 홀수 개인 경우, 중간에 있는 판매량(160)을 구합니다.
❺ 판매량(C3:C6)의 중간값을 구합니다. 판매량을 오름차순 정렬하면 130, 160, 180, 200 순입니다. 판매량의 개수가 짝수 개인 경우, 가운데에 있는 두 판매량(여기서는 160과 180)의 평균을 구합니다.

▶ **COUNT 함수**
- 구문 : COUNT(value1, [value2], …)
- 설명 : value1, [value2], … 중 숫자가 있는 셀의 개수를 구합니다.

출제 함수 정리

▷ COUNTA 함수
- 구문 : COUNTA(value1, [value2], ⋯)
- 설명 : value1, [value2], ⋯ 중 비어 있지 않은 셀의 개수를 구합니다.
- COUNT 함수와 COUNTA 함수 사용 방법

	A	B	C	D	E	F	G	H
1								
2		날짜	지점	판매량		함수	결과값	
3		12월 01일	강동점	15	❶	=COUNT(D3:D6)	2	
4			강서점		❷	=COUNTA(D3:D6)	3	
5		12월 04일	강동점	확인				
6			강서점	20				
7								

❶ 판매량(D3:D6) 중 숫자가 있는 셀의 개수를 구합니다.
❷ 판매량(D3:D6) 중 비어 있지 않은 셀의 개수를 구합니다.

▷ RANK.AVG 함수
- 구문 : RANK.AVG(number, ref, [order])
- 설명 : ref에서 number의 순위를 구합니다. order가 0이거나 생략되면 가장 큰 number가 1위가 되고, 0 이외의 숫자이면 가장 작은 number가 1위가 됩니다. number가 같은 경우에는 순위의 평균을 구합니다.
- 사용 방법

	A	B	C	D	E	F	G
1							
2		부서	판매량		함수	결과값	
3		영업1부	200	❶	=RANK.AVG(C3,C3:C7,0)	2.5	
4		영업2부	200	❷	=RANK.AVG(C7,C3:C7,1)	2	
5		영업3부	180				
6		영업4부	250				
7		영업5부	190				
8							

❶ 모든 부서의 판매량(C3:C7)에서 영업1부의 판매량(C3)이 몇 번째로 많은 판매량인지(0)를 구합니다. 영업1부의 판매량은 영업4부의 판매량 다음으로 많고 영업2부의 판매량과 같으므로 2위와 3위의 평균인 2.5위입니다. 즉, 영업4부의 판매량은 1위, 영업1부와 영업2부의 판매량은 2.5위, 영업5부의 판매량은 4위, 영업3부의 판매량은 5위입니다.
❷ 모든 부서의 판매량(C3:C7)에서 영업5부의 판매량(C7)이 몇 번째로 적은 판매량인지(1)를 구합니다.

수학 함수

수학 함수는 합계나 나머지 등 일반적인 계산을 할 때 주로 사용하는 함수로 계산에서 기본이 되는 함수입니다.

▷ SUM 함수
- 구문 : SUM(number1, [number2], ⋯)
- 설명 : number1, [number2], ⋯의 합계를 구합니다.

▷ SUMIF 함수
- 구문 : SUMIF(range, criteria, [sum_range])
- 설명 : range에서 criteria를 만족하는 데이터를 검색한 후 sum_range에서 이와 대응하는 데이터의 합계를 구합니다.

▷ PRODUCT 함수
- 구문 : PRODUCT(number1, [number2], ⋯)
- 설명 : number1, [number2], ⋯를 곱한 값을 구합니다.

▶ SUMPRODUCT 함수
- 구문 : SUMPRODUCT(array1, [array2], …)
- 설명 : array1, [array2], …에서 대응하는 데이터끼리 곱한 후 곱한 값의 합계를 구합니다.
- SUM, SUMIF, PRODUCT, SUMPRODUCT 함수 사용 방법

	A	B	C	D	E	F	G	H	I
1									
2		날짜	지점	단가	판매량		함수	결과값	
3		12월 01일	강동점	4,000	15	❶	=SUM(E3:E6)	75	
4		12월 04일	강북점	2,500	30	❷	=SUMIF(C3:C6,"강북점",E3:E6)	40	
5		12월 07일	강남점	3,000	20	❸	=PRODUCT(D3,E3)	60,000	
6		12월 21일	강북점	1,000	10	❹	=SUMPRODUCT(D3:D6,E3:E6)	205,000	
7									

❶ 판매량(E3:E6) 합계를 구합니다.
❷ 지점(C3:C6)이 '강북점'인 데이터의 판매량(E3:E6) 합계를 구합니다.
❸ 강동점의 단가(D3)와 강동점의 판매량(E3)을 곱한 값을 구합니다.
❹ 단가(D3:D6)와 판매량(E3:E6)에서 대응하는 데이터끼리 곱한 후 곱한 값의 합계를 구합니다. 즉, '4,000× 15+2,500×30+3,000×20+1,000×10'을 구합니다.

▶ ROUNDUP 함수
- 구문 : ROUNDUP(number, num_digits)
- 설명 : number를 num_digits 아래에서 올림하여 num_digits로 구합니다.

▶ ROUNDDOWN 함수
- 구문 : ROUNDDOWN(number, num_digits)
- 설명 : number를 num_digits 아래에서 내림하여 num_digits로 구합니다.
- ROUNDUP 함수와 ROUNDDOWN 함수 사용 방법

	A	B	C	D	E	F
1						
2		데이터		함수	결과값	
3		123.321	❶	=ROUNDUP(B3,1)	123.4	
4		789.987	❷	=ROUNDUP(B3,0)	124	
5			❸	=ROUNDUP(B3,-1)	130	
6			❹	=ROUNDDOWN(B4,2)	789.98	
7			❺	=ROUNDDOWN(B4,0)	789	
8			❻	=ROUNDDOWN(B4,-2)	700	
9						

❶ 123.321(B3)을 소수 2자리에서 올림하여 소수 1자리(1)로 구합니다.
❷ 123.321(B3)을 소수 1자리에서 올림하여 일의 자리(0)로 구합니다.
❸ 123.321(B3)을 일의 자리에서 올림하여 십의 자리(-1)로 구합니다.
❹ 789.987(B4)을 소수 3자리에서 내림하여 소수 2자리(2)로 구합니다.
❺ 789.987(B4)을 소수 1자리에서 내림하여 일의 자리(0)로 구합니다.
❻ 789.987(B4)을 십의 자리에서 내림하여 백의 자리(-2)로 구합니다.

▶ INT 함수
- 구문 : INT(number)
- 설명 : number보다 크지 않은 정수를 구합니다.

▶ TRUNC 함수
- 구문 : TRUNC(number, [num_digits])
- 설명 : number에서 num_digits만 남기고 나머지 자리는 버린 값을 구합니다. num_digits를 생략하면 0으로 간주합니다.

출제 함수 정리

▶ MOD 함수
- 구문 : MOD(number, divisor)
- 설명 : number를 divisor로 나눈 나머지를 구합니다.
- INT, TRUNC, MOD 함수 사용 방법

	B	C	D	E
2	데이터		함수	결과값
3	8.5	❶	=INT(B3)	8
4	-8.5	❷	=INT(B4)	-9
5	24	❸	=TRUNC(B3)	8
6		❹	=TRUNC(B4)	-8
7		❺	=MOD(B5,5)	4

❶ 8.5(B3)보다 크지 않은 정수를 구합니다.
❷ -8.5(B4)보다 크지 않은 정수를 구합니다. -8은 -8.5보다 큰 정수입니다. -9를 구합니다.
❸ 8.5(B3)에서 정수만 남기고 소수점 이하는 버린 값을 구합니다.
❹ -8.5(B4)에서 정수만 남기고 소수점 이하는 버린 값을 구합니다.
❺ 24(B5)를 5로 나눈 나머지를 구합니다.

문자열 함수

문자열 함수는 문자열(일련의 문자)을 다루기 위한 함수입니다.

▶ RIGHT 함수
- 구문 : RIGHT(text, [num_chars])
- 설명 : text에서 오른쪽부터 num_chars만큼의 문자를 구합니다. num_chars를 생략하면 1로 간주합니다.

▶ MID 함수
- 구문 : MID(text, start_num, num_chars)
- 설명 : text에서 start_num 번째 문자부터 num_chars만큼의 문자를 구합니다.

▶ REPT 함수
- 구문 : REPT(text, number_times)
- 설명 : text를 number_times만큼 반복한 문자를 구합니다.
- 문자열 함수 사용 방법

	B	C	D	E
2	데이터		함수	결과값
3	한셀 2016	❶	=RIGHT(B3,4)	2016
4	대한민국	❷	=MID(B3,2,4)	셀 20
5		❸	=REPT(B4,2)	대한민국대한민국

❶ 한셀 2016(B3)에서 오른쪽부터 네 문자(4)를 구합니다.
❷ 한셀 2016(B3)에서 두 번째 문자(2)부터 네 문자(4)를 구합니다. '한셀'과 '2016' 사이에 있는 공백 문자열(" ")도 하나의 문자입니다.
❸ 대한민국(B4)을 두 번(2) 반복한 문자를 구합니다.

데이터베이스 함수

데이터베이스 함수는 데이터베이스를 대상으로 계산을 할 때 사용하는 함수입니다.

▶ DSUM 함수
- 구문 : DSUM(database, field, criteria)
- 설명 : database에서 criteria를 만족하는 데이터의 field 합계를 구합니다.

출제 함수 정리

▶ DMAX 함수
- 구문 : DMAX(database, field, criteria)
- 설명 : database에서 criteria를 만족하는 데이터의 field 중 가장 큰 값을 구합니다.

▶ DMIN 함수
- 구문 : DMIN(database, field, criteria)
- 설명 : database에서 criteria를 만족하는 데이터의 field 중 가장 작은 값을 구합니다.

▶ DCOUNT 함수
- 구문 : DCOUNT(database, field, criteria)
- 설명 : database에서 criteria를 만족하는 데이터의 field 중 숫자가 있는 셀의 개수를 구합니다.

▶ DCOUNTA 함수
- 구문 : DCOUNTA(database, field, criteria)
- 설명 : database에서 criteria를 만족하는 데이터의 field 중 비어 있지 않은 셀의 개수를 구합니다.

▶ DPRODUCT 함수
- 구문 : DPRODUCT(database, field, criteria)
- 설명 : database에서 criteria를 만족하는 데이터의 field를 모두 곱한 값을 구합니다.
- 데이터베이스 함수 사용 방법

	A	B	C	D	E	F	G	H	I
1									
2		날짜	지점	입고량	출고량		함수	결과값	
3		12월 01일	강북점	10			❶ =DSUM(B2:E8,D2,C2:C3)	60	
4		12월 04일	강북점		5		❷ =DMAX(B2:E8,D2,C2:C3)	30	
5		12월 07일	강남점	15			❸ =DMIN(B2:E8,D2,C2:C3)	10	
6		12월 21일	강북점	20	확인		❹ =DCOUNT(B2:E8,E2,C2:C3)	2	
7		12월 23일	강북점	30	40		❺ =DCOUNTA(B2:E8,E2,C2:C3)	3	
8		12월 29일	강서점	확인	확인		❻ =DPRODUCT(B2:E8,E2,C2:C3)	200	
9									

❶ 데이터베이스(B2:E8)에서 지점이 강북점(C2:C3)인 데이터의 입고량(D2) 합계를 구합니다.
❷ 데이터베이스(B2:E8)에서 지점이 강북점(C2:C3)인 데이터의 입고량(D2) 중 가장 많은 입고량을 구합니다.
❸ 데이터베이스(B2:E8)에서 지점이 강북점(C2:C3)인 데이터의 입고량(D2) 중 가장 적은 입고량을 구합니다.
❹ 데이터베이스(B2:E8)에서 지점이 강북점(C2:C3)인 데이터의 출고량(E2) 중 숫자가 있는 셀의 개수를 구합니다.
❺ 데이터베이스(B2:E8)에서 지점이 강북점(C2:C3)인 데이터의 출고량(E2) 중 비어 있지 않은 셀의 개수를 구합니다.
❻ 데이터베이스(B2:E8)에서 지점이 강북점(C2:C3)인 데이터의 출고량(E2)을 모두 곱한 값을 구합니다.

찾기 함수

찾기 함수는 셀 범위를 참조하여 원하는 값을 찾을 때 사용하는 함수입니다.

▶ MATCH 함수
- 구문 : MATCH(lookup_value, lookup_array, [match_type])
- 설명 : lookup_array에서 lookup_value의 위치를 구합니다. match_type은 검색 방법을 지정한 값으로 1, 0, -1이 있으며 생략하면 1로 간주합니다. 다음은 match_type에 대한 설명입니다.

match_type	설명
1	lookup_array에서 lookup_value보다 작거나 같은 값 중 최대값을 구합니다. lookup_array는 반드시 오름차순으로 정렬되어 있어야 합니다.
0	lookup_array에서 lookup_value와 같은 첫 번째 값을 구합니다. lookup_array는 임의의 순서여도 됩니다.
-1	lookup_array에서 lookup_value보다 크거나 같은 값 중 최소값을 구합니다. lookup_array는 반드시 내림차순으로 정렬되어 있어야 합니다.

출제 함수 정리

▶ INDEX 함수
- **구문** : INDEX(reference, row_num, [column_num])
- **설명** : reference에서 row_num행 column_num열에 있는 값을 구합니다.
- **MATCH 함수와 INDEX 함수 사용 방법**

	A	B	C	D	E	F	G
1							
2		데이터			함수	결과값	
3		5	21	❶	=MATCH(19,B3:B5,0)	3	
4		7	9	❷	=INDEX(B3:C5,3,2)	34	
5		19	34				
6							

❶ 데이터(B3:B5)에서 19의 위치를 구합니다.
❷ 데이터(B3:C5)에서 3행 2열에 있는 값을 구합니다. 여기에서 3행 2열은 B3:C5셀 범위를 표로 보고 새로 부여한 행 번호와 열 번호입니다. 다음 표를 보면 3행 2열이 C5셀인 것을 확인할 수 있습니다.

	1열	2열
1행	B3셀	C3셀
2행	B4셀	C4셀
3행	B5셀	C5셀

▶ CHOOSE 함수
- **구문** : CHOOSE(index_num, value1, [value2], …)
- **설명** : value1, [value2], … 중 index_num 번째에 있는 값(index_num이 1이면 value1, index_num이 2면 value2, …)을 구합니다.
- **사용 방법**

	A	B	C	D	E	F
1						
2		상품코드		함수	결과값	
3		1	❶	=CHOOSE(B3,"모니터","키보드","마우스")	모니터	
4		3	❷	=CHOOSE(B4,"모니터","키보드","마우스")	마우스	
5						

❶ 모니터, 키보드, 마우스 중 첫 번째(B3) 값을 구합니다.
❷ 모니터, 키보드, 마우스 중 세 번째(B4) 값을 구합니다.

▶ HLOOKUP 함수
- **구문** : HLOOKUP(lookup_value, table_array, row_index_num, [range_lookup])
- **설명** : table_array의 첫 번째 행에서 lookup_value를 검색한 후 row_index_num에서 lookup_value와 같은 열에 있는 값을 구합니다. range_lookup이 FALSE이면 table_array의 첫 번째 행에서 lookup_value와 정확하게 일치하는 값을 검색하고, TRUE이거나 생략되면 lookup_value와 비슷하게 일치하는 값을 검색합니다.
- **사용 방법**

	A	B	C	D	E	F	G	H	I
1									
2		상품코드	SC	PR	CA		함수	결과값	
3		상품명	스캐너	프린터	카메라	❶	=HLOOKUP("CA",C2:E4,2,FALSE)	카메라	
4		생산량	120	600	90	❷	=HLOOKUP("CA",C2:E4,3,FALSE)	90	
5									

❶ C2:E4셀 범위의 첫 번째 행(C2:E4셀 범위에서 첫 번째 행이므로 C2:E2셀 범위(상품코드))에서 CA를 검색한 후 두 번째 행(C2:E4셀 범위에서 두 번째 행이므로 C3:E3셀 범위(상품명))에서 CA와 같은 열에 있는 상품명을 구합니다.
❷ C2:E4셀 범위의 첫 번째 행(C2:E4셀 범위에서 첫 번째 행이므로 C2:E2셀 범위(상품코드))에서 CA를 검색한 후 세 번째 행(C2:E4셀 범위에서 세 번째 행이므로 C4:E4셀 범위(생산량))에서 CA와 같은 열에 있는 생산량을 구합니다.

논리 함수

논리 함수는 지정한 조건을 참이나 거짓으로 판단하여 참이면 논리값 TRUE를 구하고, 거짓이면 논리값 FALSE를 구하는 함수입니다.

▶ AND 함수

- 구문 : AND(logical1, [logical2], …)
- 설명 : logical이 모두 참이면 논리값 TRUE를 구하고, 하나라도 거짓이면 논리값 FALSE를 구합니다.
- 사용 방법

	A	B	C	D	E	F
1						
2		데이터		함수	결과값	
3		3		❶ =AND(B3>=3,B4>=5)	TRUE	
4		5		❷ =AND(B3>=3,B4>=10)	FALSE	
5				❸ =AND(B3>=10,B4>=5)	FALSE	
6				❹ =AND(B3>=10,B4>=10)	FALSE	
7						

❶ logical1(B3)=3)과 logical2(B4)=5)가 모두 참이므로 논리값 TRUE를 구합니다.
❷ logical2(B4)=10)가 거짓이므로 논리값 FALSE를 구합니다.
❸ logical1(B3)=10)이 거짓이므로 논리값 FALSE를 구합니다.
❹ logical1(B3)=10)과 logical2(B4)=10)가 모두 거짓이므로 논리값 FALSE를 구합니다.

▶ OR 함수

- 구문 : OR(logical1, [logical2], …)
- 설명 : logical이 하나라도 참이면 논리값 TRUE를 구하고, 모두 거짓이면 논리값 FALSE를 구합니다.
- 사용 방법

	A	B	C	D	E	F
1						
2		데이터		함수	결과값	
3		3		❶ =OR(B3>=3,B4>=5)	TRUE	
4		5		❷ =OR(B3>=3,B4>=10)	TRUE	
5				❸ =OR(B3>=10,B4>=5)	TRUE	
6				❹ =OR(B3>=10,B4>=10)	FALSE	
7						

❶ logical1(B3)=3)과 logical2(B4)=5)가 모두 참이므로 논리값 TRUE를 구합니다.
❷ logical1(B3)=3)이 참이므로 논리값 TRUE를 구합니다.
❸ logical2(B4)=5)가 참이므로 논리값 TRUE를 구합니다.
❹ logical1(B3)=10)과 logical2(B4)=10)가 모두 거짓이므로 논리값 FALSE를 구합니다.

실전문제유형

문제유형 001 — 값 계산

Ch03_문제유형001.cell

☞ 다음은 '우리 동물원 관리 현황'에 대한 자료이다. 자료를 입력하고 조건에 맞도록 작업하시오.

≪출력형태≫

식별번호	동물명	위치	마리 수	마리 당 평균 몸무게	월별 사료비용 (단위:원)	동물 투입 날짜	투입순위	성별
18729-F	하마	숲속마을	2	1,105	685,000	2021-10-30	(1)	(2)
25346-M	호랑이	숲속마을	1	332	521,000	2021-11-27	(1)	(2)
62436-M	사슴	사랑마을	5	121	365,000	2021-08-14	(1)	(2)
34744-F	얼룩말	우정마을	2	116	349,000	2021-07-25	(1)	(2)
64223-N	사자	숲속마을	2	278	356,000	2021-11-05	(1)	(2)
23498-F	기린	우정마을	4	247	559,000	2021-08-22	(1)	(2)
32546-N	양	우정마을	6	223	232,000	2021-09-23	(1)	(2)
24354-F	코끼리	사랑마을	2	2,528	603,000	2021-10-17	(1)	(2)
우정마을의 월별 사료비용(단위:원) 평균			(3)		두 번째로 큰 마리 당 평균 몸무게			(5)
숲속마을 마리 수 합계			(4)		식별번호	18729-F	위치	(6)

결재 / 담당 / 과장 / 차장

≪조건≫

● (1)~(6) 셀은 반드시 <u>주어진 함수를 이용</u>하여 값을 구하시오(결과값을 직접 입력하면 해당 셀은 0점 처리됨).

(1) 투입순위 ⇒ 동물 투입 날짜를 이용하여 오름차순 순위를 구한 결과값에 '번째'를 붙이시오
(RANK.EQ 함수, & 연산자)(예 : 1번째).

(2) 성별 ⇒ 식별번호의 마지막 글자가 F이면 '암컷', M이면 '수컷', 그 외에는 '중성'으로 구하시오
(IF, RIGHT 함수).

(3) 우정마을의 월별 사료비용(단위:원) 평균 ⇒ (SUMIF, COUNTIF 함수)

(4) 숲속마을 마리 수 합계 ⇒ 위치가 숲속마을인 동물의 마리 수 합계를 구하시오. 단, 조건은 입력 데이터를 이용하시오(DSUM 함수).

(5) 두 번째로 큰 마리 당 평균 몸무게 ⇒ 정의된 이름(몸무게)을 이용하여 구하시오(LARGE 함수).

(6) 위치 ⇒ 「H14」 셀에서 선택한 식별번호에 대한 위치를 구하시오(VLOOKUP 함수).

(7) 조건부 서식의 수식을 이용하여 월별 사료비용(단위:원)이 '600,000' 이상인 행 전체에 다음의 서식을 적용하시오(글꼴 : 파랑, 진하게).

Hint

수식을 사용하여 조건부 서식 지정 : B5:J12셀 범위를 선택한 후 [서식] 탭에서 [조건부 서식]을 클릭한 다음 [규칙 관리]를 클릭 → [조건부 서식 관리] 대화상자에서 ➕[새 규칙] 단추를 클릭, 그런 다음 [수식]을 선택한 후 수식(=$G5>=600000)을 입력한 다음 [서식] 단추를 클릭 → [셀 서식] 대화상자의 [글자 기본] 탭에서 글자 색(파랑)을 선택한 후 [가][보통 모양]을 클릭한 다음 [가][진하게]를 클릭하고 [설정] 단추를 클릭 → [조건부 서식 관리] 대화상자에서 [확인] 단추를 클릭

실전문제유형

문제유형 002 값 계산

☞ 다음은 '자원봉사자 모집 및 신청 현황'에 대한 자료이다. 자료를 입력하고 조건에 맞도록 작업하시오.

≪출력형태≫

모집코드	봉사명	봉사장소	활동주기	봉사시간	모집인원(단위:명)	신청인원(단위:명)	봉사시작일	순위
CB-0410	바자회 보조	센터	비정기/월1회	8	1,347	1,450	(1)	(2)
BC-0315	미용서비스	복지관	비정기/월1회	6	750	568	(1)	(2)
BC-0901	멘토링 교육	복지관	정기/매주 1회	24	1,850	954	(1)	(2)
JC-1012	시설 봉사	재활협회	정기/매주 주말	48	1,125	1,450	(1)	(2)
BC-0620	경로식당	복지관	비정기/월1회	8	1,500	1,650	(1)	(2)
CB-0401	생활지원	센터	정기/매주 매일	48	1,120	1,350	(1)	(2)
BC-0622	컴퓨터교육 보조	복지관	정기/매주 1회	16	500	467	(1)	(2)
JC-1101	성장 멘토링	재활협회	정기/매주 월수	32	1,831	1,321	(1)	(2)
비정기/월1회 모집인원(단위:명)의 평균			(3)			최저 신청인원(단위:명)		(5)
봉사장소 복지관의 전체 비율			(4)		봉사명	바자회 보조	봉사시간	(6)

≪조건≫

◉ (1)~(6) 셀은 반드시 <u>주어진 함수를 이용</u>하여 값을 구하시오(결과값을 직접 입력하면 해당 셀은 0점 처리됨).

(1) 봉사시작일 ⇒ 모집코드 4, 5번째 숫자를 '월', 6, 7번째 숫자를 '일'로 하는 2022년의 날짜를 구하시오(DATE, MID 함수)(예 : CB-0410 → 2022-04-10).

(2) 순위 ⇒ 신청인원(단위:명)의 내림차순 순위를 구한 결과값에 '위'를 붙이시오 (RANK.EQ 함수, & 연산자)(예 : 1위).

(3) 비정기/월1회 모집인원(단위:명)의 평균 ⇒ 조건은 입력데이터를 이용하시오(DAVERAGE 함수).

(4) 봉사장소 복지관의 전체 비율 ⇒ 「복지관 수÷전체 봉사장소 수」로 구한 후 백분율 형식으로 표시하시오(COUNTIF, COUNTA 함수)(예 : 25%).

(5) 최저 신청인원(단위:명) ⇒ 정의된 이름(신청인원)을 이용하여 구하시오(SMALL 함수).

(6) 봉사시간 ⇒ 「H14」셀에서 선택한 봉사명에 대한 봉사시간을 구하시오(VLOOKUP 함수).

(7) 조건부 서식의 수식을 이용하여 모집인원(단위:명)이 '1,000' 이하인 행 전체에 다음의 서식을 적용하시오(글꼴 : 빨강).

Hint

(4) **봉사장소 복지관의 전체 비율** : E14셀에 '=COUNTIF(D5:D12,"복지관")/COUNTA(D5:D12)'를 입력 → E14셀을 선택한 후 [서식] 탭에서 %[백분율 스타일]을 클릭

문제유형 003   값 계산

☞ 다음은 '업무 차량 보유 현황'에 대한 자료이다. 자료를 입력하고 조건에 맞도록 작업하시오.

≪출력형태≫

	A	B	C	D	E	F	G	H	I	J
1								결재	담당	과장	소장
2			**업무 차량 보유 현황**								
3											
4		관리코드	관리자	구입일자	유종	구매가	주행거리(Km)	평균연비(Km/L)	주행거리 순위	사용년수
5		M597K	김지현	2018-07-03	하이브리드	3,555	171,833	22.4	(1)	(2)
6		R374G	안규정	2018-04-02	디젤	9,738	119,912	14.8	(1)	(2)
7		G839R	이수연	2019-08-27	가솔린	10,129	21,833	10.5	(1)	(2)
8		Z329F	장동욱	2017-01-19	하이브리드	8,650	47,158	12.5	(1)	(2)
9		Z325J	정인경	2019-03-30	디젤	9,894	58,075	15.3	(1)	(2)
10		O356L	최민석	2018-06-24	가솔린	7,402	73,402	8.9	(1)	(2)
11		C385B	정유진	2019-02-15	하이브리드	14,615	70,161	31.1	(1)	(2)
12		U594L	박두일	2017-04-04	가솔린	7,339	102,863	9.3	(1)	(2)
13		최저 구매가			(3)			하이브리드 구매가 합계		(5)
14		주행거리가 평균 이상인 차량 수			(4)			관리자	김지현	유종	(6)

≪조건≫

● (1)~(6) 셀은 반드시 <u>주어진 함수를 이용</u>하여 값을 구하시오(결과값을 직접 입력하면 해당 셀은 0점 처리됨).
    (1) 주행거리 순위 ⇒ 주행거리(Km)의 내림차순 순위를 1~3까지 구하고, 그 외에는 공백으로 나타내시오(IF, RANK.EQ 함수).
    (2) 사용년수 ⇒ 「2022 – 구입일자의 연도+1」로 구한 결과값에 '년'을 붙이시오 (YEAR 함수, & 연산자)(예 : 2년).
    (3) 최저 구매가 ⇒ 정의된 이름(구매가)을 이용하여 구하시오(MIN 함수).
    (4) 주행거리가 평균 이상인 차량 수 ⇒ (COUNTIF, AVERAGE 함수)
    (5) 하이브리드 구매가 합계 ⇒ 조건은 입력데이터를 이용하시오(DSUM 함수).
    (6) 유종 ⇒ 「H14」 셀에서 선택한 관리자에 대한 유종을 구하시오(VLOOKUP 함수).
    (7) 조건부 서식의 수식을 이용하여 평균연비(Km/L)가 '20' 이상인 행 전체에 다음의 서식을 적용하시오(글꼴 : 파랑, 기울임).

문제유형 004   값 계산

☞ 다음은 '일반의약품 판매가격 현황'에 대한 자료이다. 자료를 입력하고 조건에 맞도록 작업하시오.

≪출력형태≫

코드	제품명	제조사	구분	규격(ml/캡슬/g)	평균가격(원)	최저가격	순위	제품이력
DH1897	위생천	광동제약	소화제	75	580	500	(1)	(2)
HY1955	챔프	동아제약	해열진통제	10	2,000	1,600	(1)	(2)
DA1956	판피린큐	동아제약	해열진통제	20	400	350	(1)	(2)
DG1985	애시논액	동아제약	소화제	10	4,800	4,150	(1)	(2)
GY1958	포타디연고	삼일제약	외용연고제	75	500	400	(1)	(2)
SE1987	부루펜시럽	삼일제약	해열진통제	90	4,300	3,900	(1)	(2)
HD1957	생록천	광동제약	소화제	75	500	420	(1)	(2)
DH1980	후시딘	동화약품	외용연고제	10	5,200	4,500	(1)	(2)
광동제약 제품 평균가격(원)의 평균			(3)		최저가격의 중간 값			(5)
소화제 최저가격의 평균			(4)		제품명	위생천	최저가격	(6)

≪조건≫

● (1)~(6) 셀은 반드시 **주어진 함수를 이용**하여 값을 구하시오(결과값을 직접 입력하면 해당 셀은 0점 처리됨).

(1) 순위 ⇒ 평균가격(원)의 내림차순 순위를 1~3까지 구하고, 그 외에는 공백으로 표시하시오 (IF, RANK.EQ 함수).

(2) 제품이력 ⇒ 「2022-제품출시연도」로 계산한 결과값 뒤에 '년'을 붙이시오. 단, 제품출시연도는 코드의 마지막 네 글자를 이용하시오(RIGHT 함수, & 연산자)(예 : 11년).

(3) 광동제약 제품 평균가격(원)의 평균 ⇒ (SUMIF, COUNTIF 함수)

(4) 소화제 최저가격의 평균 ⇒ 조건은 입력데이터를 이용하시오(DAVERAGE 함수).

(5) 최저가격의 중간 값 ⇒ 정의된 이름(최저가격)을 이용하여 구하시오(MEDIAN 함수).

(6) 최저가격 ⇒ 「H14」 셀에서 선택한 제품명에 대한 최저가격을 표시하시오(VLOOKUP 함수).

(7) 조건부 서식의 수식을 이용하여 평균가격(원)이 '2,000' 초과인 행 전체에 다음의 서식을 적용하시오(글꼴 : 빨강, 진하게).

04 목표값 찾기 및 필터

한셀 2016(NEO)

'[제2작업] 목표값 찾기 및 필터'에서는 목표값을 찾는 방법과 고급필터를 사용하는 방법에 대해 알고 있어야 합니다. [제1작업] 시트의 데이터를 복사하여 [제2작업] 시트에 붙여넣은 후 작업하며 목표값을 찾은 후 고급필터를 사용하여 다른 위치에 조건을 만족하는 데이터만 표시하는 문제가 출제되고 있습니다.

☞ **"제1작업"** 시트의 「B4:H12」 영역을 복사하여 **"제2작업"** 시트의 「B2」 셀부터 모두 붙여넣기를 한 후 다음의 조건과 같이 작업하시오.

≪조건≫

(1) 목표값 찾기 - 「B11:G11」 셀을 병합하여 "급여(단위:원) 전체 평균"을 입력한 후 「H11」 셀에 급여(단위:원) 전체 평균을 구하시오(AVERAGE 함수, 테두리, 가운데 맞춤).
- '급여(단위:원) 전체 평균'이 '3,200,000'이 되려면 김지은의 급여(단위:원)가 얼마가 되어야 하는지 목표값을 구하시오.

(2) 고급필터 - 발령부서가 '배송부'이거나, 근속기간이 '2' 이하인 자료의 이름, 발령구분, 근속기간, 급여(단위:원) 데이터만 추출하시오.
- 찾을 조건 범위 : 「B14」 셀부터 입력하시오.
- 복사 위치 : 「B18」 셀부터 나타나도록 하시오.

작업순서요약

① [제1작업] 시트의 B4:H12셀 범위를 복사하여 [제2작업] 시트의 B2셀에 붙여넣은 후 [제1작업] 시트의 B:H열 너비를 그대로 적용한 다음 목표값을 찾습니다.
② 고급필터를 사용하여 다른 위치에 조건을 만족하는 데이터만 표시합니다.

STEP 01　목표값 찾기

Chapter04.cell

1 [제1작업] 시트의 B4:H12셀 범위를 복사하기 위해 시트 탭에서 **[제1작업] 시트를 선택**한 후 **B4:H12셀 범위를 선택**한 다음 [편집] 탭에서 **[복사하기]를 클릭**합니다.

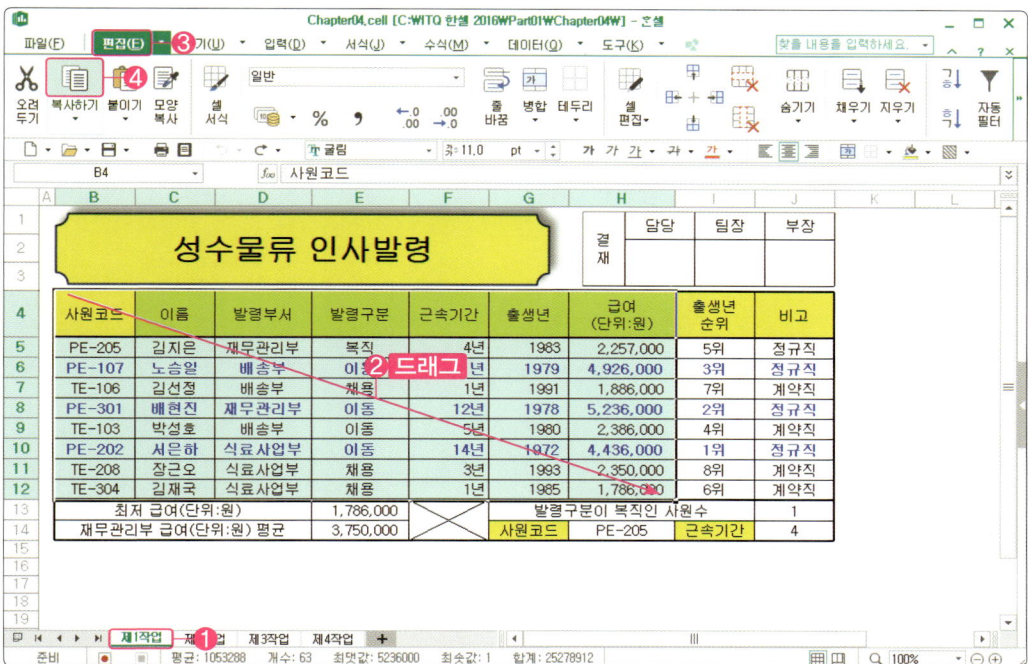

2 [제1작업] 시트의 B4:H12셀 범위를 [제2작업] 시트의 B2셀에 붙여넣기 위해 시트 탭에서 **[제2작업] 시트를 선택**한 후 **B2셀을 선택**한 다음 [편집] 탭에서 **[붙이기]를 클릭**합니다.

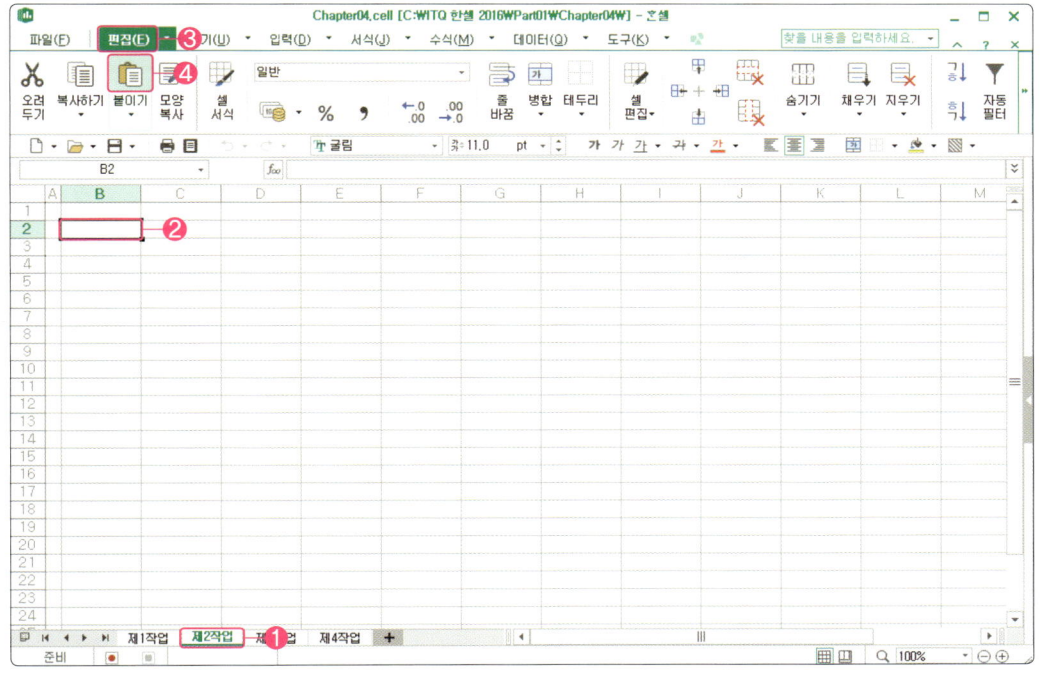

> **Tip**
> [제1작업] 시트의 B4:H12셀 범위를 선택한 후 Ctrl+C를 누릅니다. 그런 다음 [제2작업] 시트의 B2셀을 선택한 후 Ctrl+V눌러 [제1작업] 시트의 B4:H12셀 범위를 복사하여 [제2작업] 시트의 B2셀에 붙여넣을 수도 있습니다.

3 [제1작업] 시트의 B:H열 너비를 그대로 적용하기 위해 [편집] 탭에서 **[붙이기]의 ▼[목록] 단추를 클릭**한 후 **[골라 붙이기]**를 클릭합니다.

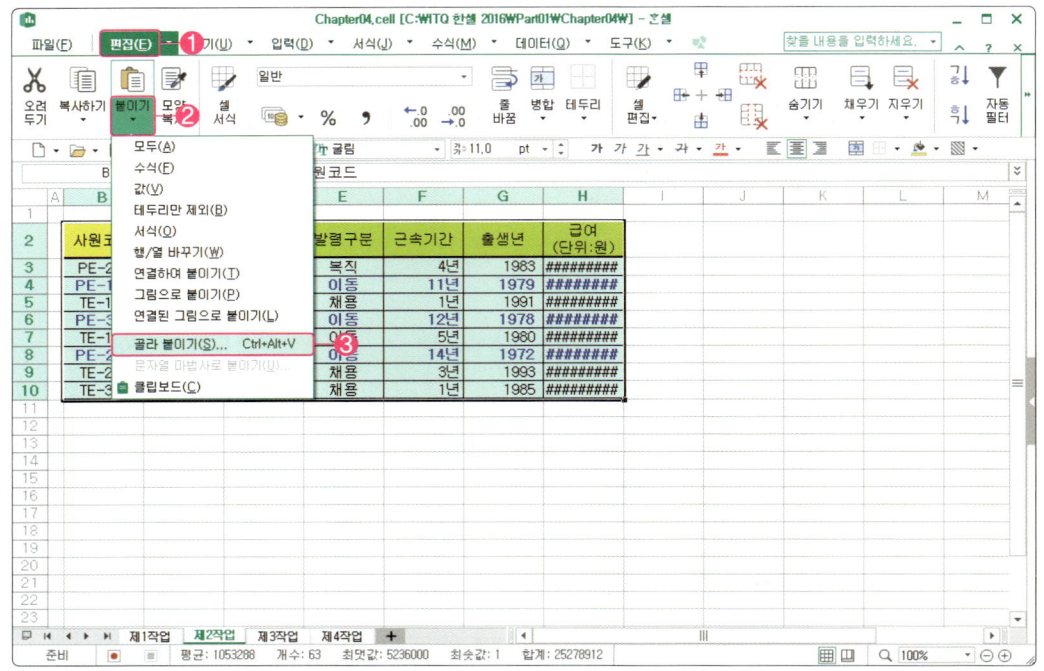

> Tip
> - Ctrl + Alt + V를 눌러 [제1작업] 시트의 B:H열 너비를 그대로 적용할 수도 있습니다.
> - 골라 붙이기를 사용하면 수식, 값, 열 너비 등만 골라 붙여넣을 수 있습니다. [제1작업] 시트의 B4:H12셀 범위를 복사하여 [제2작업] 시트의 B2셀에 붙여넣은 후 [제1작업] 시트의 B:H열 너비를 그대로 적용하기 위해 골라 붙이기를 사용한 것입니다.

4 [골라 붙이기] 대화상자가 나타나면 **[열 너비]를 선택**한 후 **[확인] 단추를 클릭**합니다.

64 한셀 2016(NEO)

5 B11셀에 '급여(단위:원) 전체 평균'을 입력한 후 H11셀에 '=AVERAGE(H3:H10)'을 입력합니다.

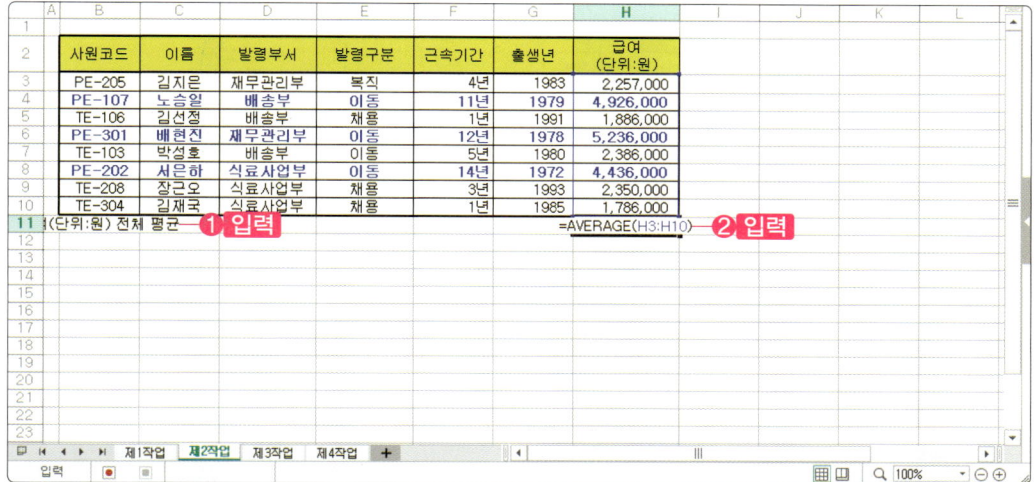

6 맞춤 서식을 지정하기 위해 B11:G11셀 범위를 선택한 후 Ctrl+M을 누릅니다.

7 테두리 서식을 지정하기 위해 B11:H11셀 범위를 선택한 후 [서식] 탭에서 [테두리]의 ▼[목록] 단추를 클릭한 다음 [모두 적용]을 클릭합니다.

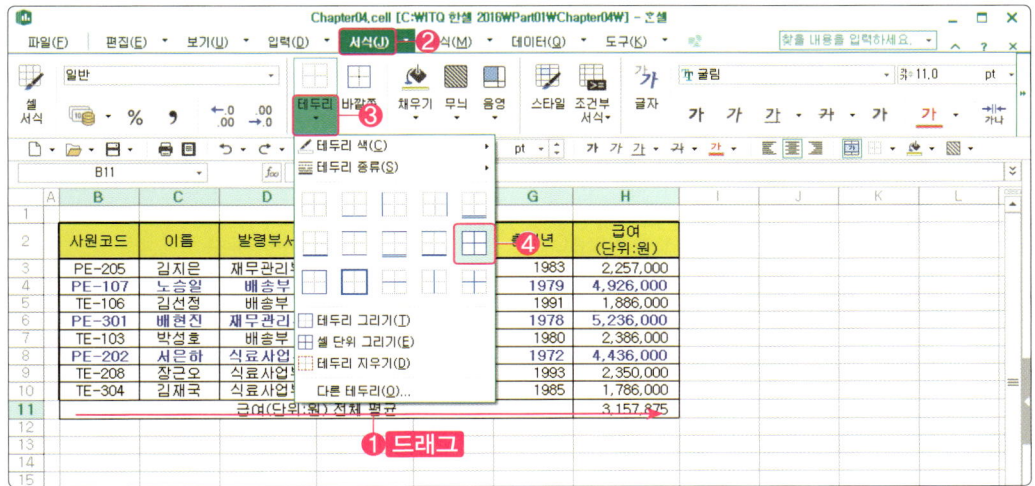

8 목표값을 찾기 위해 [데이터] 탭에서 **[목표 값 찾기]를 클릭**합니다.

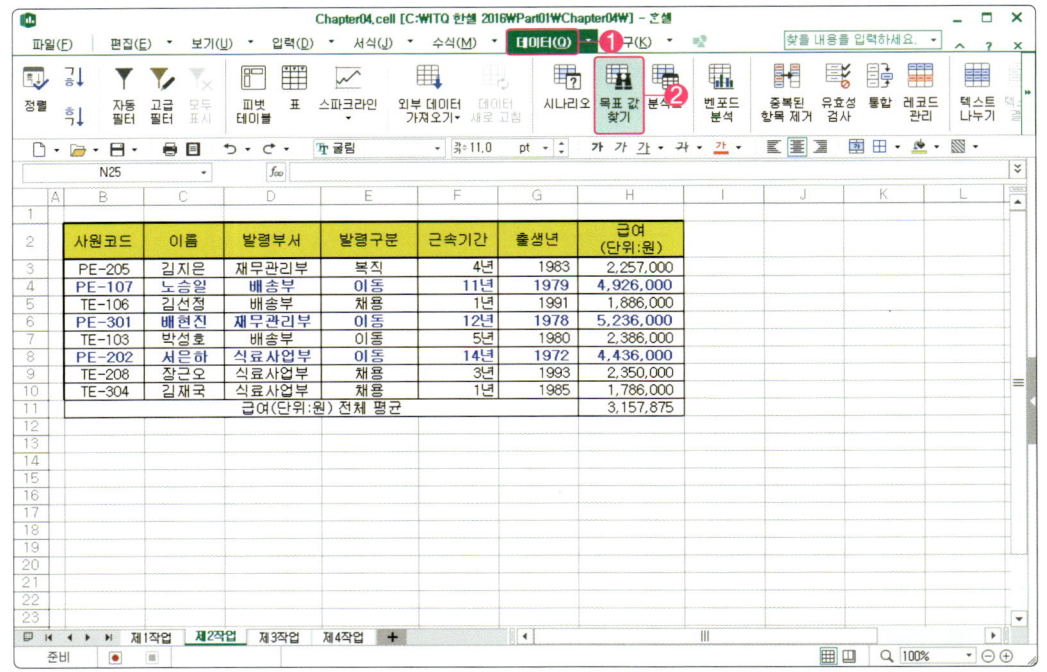

> **Tip**
> 목표값 찾기는 결과값은 알지만 결과값을 구하는데 필요한 입력값을 모르는 경우에 사용하는 기능입니다.

9 [목표 값 찾기] 대화상자가 나타나면 **수식 셀($H$11), 찾는 값(3200000), 값을 바꿀 셀($H$3)을 입력**한 후 **[확인] 단추를 클릭**합니다.

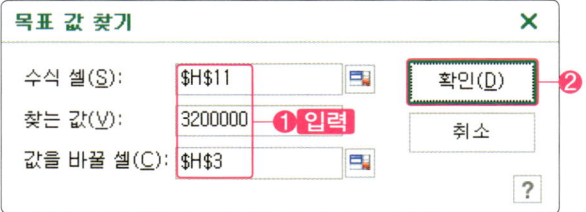

한가지 더!

[목표 값 찾기] 대화상자의 항목
- **수식 셀** : 원하는 결과값이 표시되는 셀을 입력합니다. 수식 셀에는 반드시 수식이 입력되어 있어야 합니다.
- **찾는 값** : 원하는 결과값을 입력합니다.
- **값을 바꿀 셀** : 원하는 결과값을 구하기 위해 변경되는 값이 있는 셀을 입력합니다.

10 [목표 값 찾기 상태] 대화상자가 나타나면 **[확인] 단추를 클릭**합니다.

66 한셀 2016(NEO)

11 다음과 같이 목표값이 찾아집니다.

사원코드	이름	발령부서	발령구분	근속기간	출생년	급여(단위:원)
PE-205	김지은	재무관리부	복직	4년	1983	2,594,000
PE-107	노승일	배송부	이동	11년	1979	4,926,000
TE-106	김선정	배송부	채용	1년	1991	1,886,000
PE-301	배현진	재무관리부	이동	12년	1978	5,236,000
TE-103	박성호	배송부	이동	5년	1980	2,386,000
PE-202	서은하	식료사업부	이동	14년	1972	4,436,000
TE-208	장근오	식료사업부	채용	3년	1993	2,350,000
TE-304	김재국	식료사업부	채용	1년	1985	1,786,000
			급여(단위:원) 전체 평균			3,200,000

> **Tip**
> 급여(단위:원) 전체 평균이 3,200,000이 되려면 김지은의 급여(단위:원)가 2,594,000이 되어야 한다는 것을 확인할 수 있습니다.

STEP 02 고급필터 사용하기

1 D2셀과 F2셀을 복사하여 B14:C14셀 범위에 붙여넣은 후 B15셀에 '배송부', C16셀에 '<=2'를 입력한 다음 C2셀, E2:F2셀 범위, H2셀을 복사하여 B18:E18셀 범위에 붙여넣습니다.

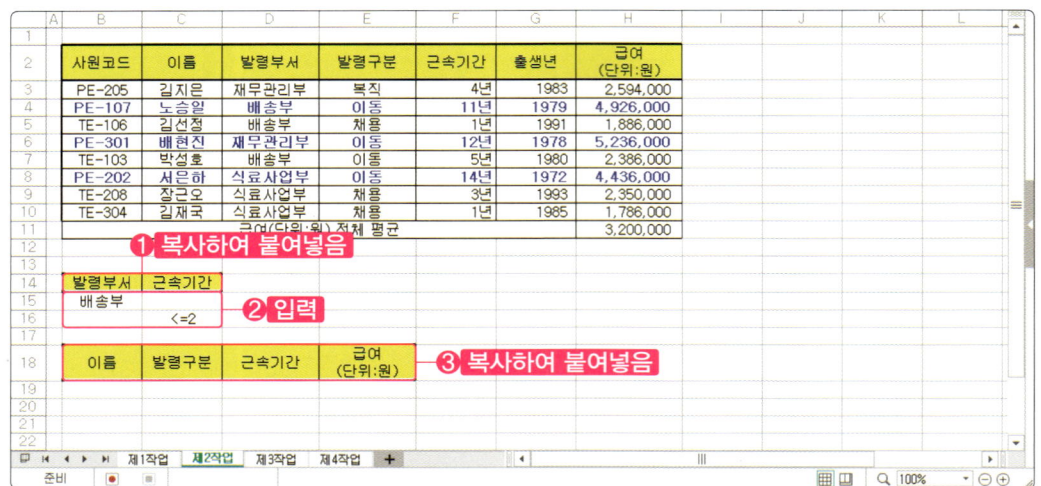

> **Tip**
> - 많은 데이터 중에서 원하는 데이터(조건을 만족하는 데이터)만 표시하는 작업을 '필터링'이라고 합니다. 고급필터는 입력한 조건을 사용하여 필터링을 할 수 있는 기능입니다. 그러므로 고급필터를 사용하려면 먼저 조건을 해당하는 필드명과 함께 입력해야 합니다.
> - 시험에서 ≪조건≫에 '~ 자료의 이름, 발령구분, 근속기간, 급여(단위:원) 데이터만 추출하시오.'와 같이 명시되어 있지 않고 '~ 자료의 데이터만 추출하시오.'와 같이 명시되어 있으면 조건을 만족하는 데이터의 모든 필드를 표시해야 하며 이런 경우에는 조건을 만족하는 데이터의 원하는 필드명을 복사하여 붙여넣는 작업(여기서는 C2셀, E2:F2셀 범위, H2셀을 복사하여 B18:E18셀 범위에 붙여넣는 작업)은 할 필요가 없습니다.

한가지 더!

조건 입력하기

다음과 같이 같은 행에 조건을 입력하면 AND 조건으로 입력한 조건을 모두 만족하는 데이터만 표시하고, 다른 행에 조건을 입력하면 OR 조건으로 입력한 조건 중에서 하나라도 만족하는 데이터만 표시합니다.

- **물음표(?)** : 임의의 한 문자를 의미합니다. 예를 들어 '???2'는 'PE-202', 'PE-205', 'TE-208' 등과 같이 네 번째 문자가 '2'인 데이터를 의미합니다.
- **별표(*)** : 임의의 여러 문자를 의미합니다. 예를 들어 'P*'는 'PE-107', 'PE-202', 'PE-301' 등과 같이 'P'로 시작하는 데이터를 의미합니다.

◀ 사원코드의 네 번째 문자가 '2'이면서 근속기간이 '2' 이하인 데이터(AND 조건)

◀ 사원코드의 네 번째 문자가 '2'이거나 근속기간이 '2' 이하인 데이터(OR 조건)

◀ 사원코드의 네 번째 문자가 '2'이면서 근속기간이 '2' 이하이거나 사원코드가 'P'로 시작하는 데이터(AND 조건과 OR 조건)

2 고급필터를 사용하기 위해 **B2셀을 선택**한 후 [데이터] 탭에서 [**고급 필터**]를 클릭합니다.

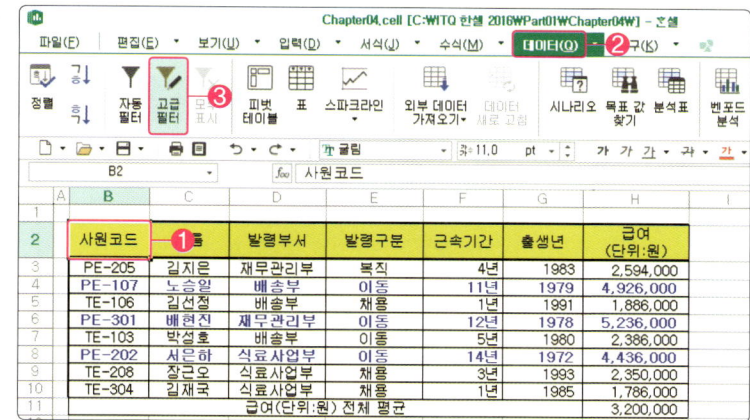

3 [고급 필터] 대화상자가 나타나면 [**다른 장소에 복사**]를 선택한 후 데이터 범위($B$2:$H$10), 찾을 조건 범위($B$14:$C$16), 복사 위치($B$18:$E$18)를 **입력**한 다음 [**설정**] 단추를 클릭합니다.

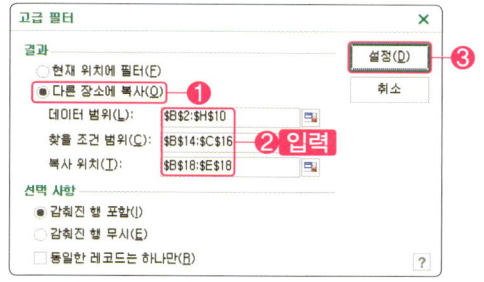

> **Tip**
> 데이터 범위는 데이터가 있는 셀 범위, 찾을 조건 범위는 조건이 있는 셀 범위, 복사 위치는 조건을 만족하는 데이터를 표시할 위치입니다.

4 다음과 같이 다른 위치에 발령부서가 '배송부'이거나 근속기간이 '2' 이하인 데이터의 [이름], [발령구분], [근속기간], [급여(단위:원)] 필드만 표시됩니다.

> **Tip**
> 이름이 '노승일'인 데이터와 '박성호'인 데이터는 발령부서가 '배송부'이기 때문에 표시된 것이고, 이름이 '김재국'인 데이터는 근속기간이 '2' 이하이기 때문에 표시된 것이며 이름이 '김선정'인 데이터는 발령부서가 '배송부'이면서 근속기간이 '2' 이하이기 때문에 표시된 것입니다.

한가지 더!

필터링이 제대로 안 되는 경우

데이터 범위에 있는 필드명과 찾을 조건 범위에 있는 필드명이 서로 달라 필터링이 제대로 안 되는 경우가 있습니다. 예를 들어 '발령부서'를 '발렁부서'와 같이 잘못 입력하거나 '발령부서 '와 같이 공백을 입력한 경우입니다. 찾을 조건 범위에 있는 필드명을 직접 입력하지 않고 데이터 범위에 있는 필드명을 복사하여 붙여넣으면 이런 실수를 미연에 방지할 수 있습니다.

| 문제유형 001 | 목표값 찾기 및 필터 | Ch04_문제유형001.cell |

☞ **"제1작업"** 시트의 「B4:H12」 영역을 복사하여 **"제2작업"** 시트의 「B2」 셀부터 모두 붙여넣기를 한 후 다음의 조건과 같이 작업하시오.

≪조건≫

(1) 목표값 찾기 – 「B11:G11」 셀을 병합하여 "월별 사료비용(단위:원) 전체 평균"을 입력한 후
  「H11」 셀에 월별 사료비용(단위:원) 전체 평균을 구하시오
  (AVERAGE 함수, 테두리, 가운데 맞춤).
  – '월별 사료비용(단위:원) 전체 평균'이 '460,000'이 되려면 하마의
   월별 사료비용(단위:원) 전체 평균이 얼마가 되어야 하는지 목표값을 구하시오.

(2) 고급필터 – 마리 수가 '5' 이상이거나, 마리 당 평균 몸무게가 '200' 이하인 자료의 데이터만
   추출하시오.
   – 찾을 조건 범위 : 「B14」 셀부터 입력하시오.
   – 복사 위치 : 「B18」 셀부터 나타나도록 하시오.

Hint
고급필터 사용 : E2:F2셀 범위를 복사하여 B14:C14셀 범위에 붙여넣은 후 B15셀에 '>=5', C16셀에 '<=200'을 입력 → B2셀을 선택한 후 [데이터] 탭에서 [고급 필터]를 클릭 → [고급 필터] 대화상자에서 [다른 장소에 복사]를 선택한 후 데이터 범위($B$2:$H$10), 찾을 조건 범위($B$14:$C$16), 복사 위치($B$18)를 입력한 다음 [설정] 단추를 클릭

문제유형 002   목표값 찾기 및 필터

☞ **"제1작업"** 시트의 「B4:H12」 영역을 복사하여 **"제2작업"** 시트의 「B2」 셀부터 모두 붙여넣기를 한 후 다음의 조건과 같이 작업하시오.

≪조건≫

  (1) 목표값 찾기 – 「B11:G11」 셀을 병합하여 "봉사시간 전체 합계"를 입력한 후 「H11」 셀에 봉사시간 전체 합계를 구하시오(SUM 함수, 테두리, 가운데 맞춤).
          – '봉사시간 전체 합계'가 '200'이 되려면 바자회 보조의 봉사시간이 얼마가 되어야 하는지 목표값을 구하시오.

  (2) 고급필터 – 봉사장소가 '센터'이거나, 모집인원(단위:명)이 '1,800' 이상인 자료의 모집코드, 봉사명, 봉사장소, 봉사시간 데이터만 추출하시오.
          – 찾을 조건 범위 : 「B14」 셀부터 입력하시오.
          – 복사 위치 : 「B18」 셀부터 나타나도록 하시오.

Hint

목표값 찾기의 수식 입력 : H11셀에 '=SUM(F3:F10)'을 입력

문제유형 003   목표값 찾기 및 필터

☞ **"제1작업"** 시트의 「B4:H12」 영역을 복사하여 **"제2작업"** 시트의 「B2」 셀부터 모두 붙여넣기를 한 후 다음의 조건과 같이 작업하시오.

≪조건≫

(1) 목표값 찾기 – 「B11:G11」 셀을 병합하여 "구매가 전체 평균"을 입력한 후 「H11」 셀에 구매가 전체 평균을 구하시오(AVERAGE 함수, 테두리, 가운데 맞춤).
  – '구매가 전체 평균'이 '9,000'이 되려면 M597K의 구매가가 얼마가 되어야 하는지 목표값을 구하시오.

(2) 고급필터 – 유종이 '디젤'이거나, 평균연비(Km/L)가 '10' 이하인 자료의 데이터만 추출하시오.
  – 찾을 조건 범위 : 「B14」 셀부터 입력하시오.
  – 복사 위치 : 「B18」 셀부터 나타나도록 하시오.

문제유형 004   목표값 찾기 및 필터

☞ **"제1작업"** 시트의 「B4:H12」 영역을 복사하여 **"제2작업"** 시트의 「B2」 셀부터 모두 붙여넣기를 한 후 다음의 조건과 같이 작업하시오.

≪조건≫

(1) 목표값 찾기 − 「B11:G11」 셀을 병합하여 "최저가격 전체 평균"을 입력한 후 「H11」 셀에 최저가격 전체 평균을 구하시오(AVERAGE 함수, 테두리, 가운데 맞춤).
 − '최저가격 전체 평균'이 '2,000'이 되려면 위생천의 최저가격이 얼마가 되어야 하는지 목표값을 구하시오.

(2) 고급필터 − 구분이 '해열진통제'이면서, 평균가격(원)이 '2,000' 이하인 자료의 제품명, 제조사, 구분, 최저가격 데이터만 추출하시오.
 − 찾을 조건 범위 : 「B14」 셀부터 입력하시오.
 − 복사 위치 : 「B18」 셀부터 나타나도록 하시오.

> **Hint**
> **고급필터 사용** : E2셀과 G2셀을 복사하여 B14:C14셀 범위에 붙여넣은 후 B15셀에 '해열진통제', C15셀에 '<=2000'을 입력한 다음 C2:E2셀 범위, H2셀을 복사하여 B18:E18셀 범위에 붙여넣음 → B2셀을 선택한 후 [데이터] 탭에서 [고급 필터]를 클릭 → [고급 필터] 대화상자에서 [다른 장소에 복사]를 선택한 후 데이터 범위($B$2:$H$10), 찾을 조건 범위($B$14:$C$15), 복사 위치($B$18:$E$18)를 입력한 다음 [설정] 단추를 클릭

Chapter 05 정렬 및 부분합

한셀 2016(NEO)

'[제3작업] 정렬 및 부분합'에서는 데이터를 정렬하는 방법과 부분합을 구하는 방법에 대해 알고 있어야 합니다. [제1작업] 시트의 데이터를 복사하여 [제3작업] 시트에 붙여넣은 후 작업하며 데이터를 정렬한 후 두 종류의 부분합을 구하는 문제가 출제되고 있습니다.

☞ **"제1작업"** 시트의 「B4:H12」 영역을 복사하여 **"제3작업"** 시트의 「B2」 셀부터 모두 붙여넣기를 한 후 다음의 조건과 같이 작업하시오.

≪조건≫
  (1) 부분합 – ≪출력형태≫처럼 정렬하고, 이름의 개수와 급여(단위:원)의 평균을 구하시오.
  (2) 윤곽 – 지우시오.
  (3) 나머지 사항은 ≪출력형태≫에 맞게 작성하시오.

≪출력형태≫

	B	C	D	E	F	G	H
2	사원코드	이름	발령부서	발령구분	근속기간	출생년	급여 (단위:원)
3	PE-205	김지은	재무관리부	복직	4년	1983	2,257,000
4	PE-301	배현진	재무관리부	이동	12년	1978	5,236,000
5			재무관리부 평균				3,746,500
6		2	재무관리부 개수				
7	PE-202	서은하	식료사업부	이동	14년	1972	4,436,000
8	TE-208	장근오	식료사업부	채용	3년	1993	2,350,000
9	TE-304	김재국	식료사업부	채용	1년	1985	1,786,000
10			식료사업부 평균				2,857,333
11		3	식료사업부 개수				
12	PE-107	노승일	배송부	이동	11년	1979	4,926,000
13	TE-106	김선정	배송부	채용	1년	1991	1,886,000
14	TE-103	박성호	배송부	이동	5년	1980	2,386,000
15			배송부 평균				3,066,000
16		3	배송부 개수				
17		8	전체 개수				
18			전체 평균				3,157,875

작업순서요약

① [제1작업] 시트의 B4:H12셀 범위를 복사하여 [제3작업] 시트의 B2셀에 붙여넣은 후 [제1작업] 시트의 B:H열 너비를 그대로 적용한 다음 데이터를 정렬합니다.
② 부분합을 구한 후 윤곽을 지운 다음 눈금 선을 숨깁니다.

STEP 01 데이터 정렬하기

Chapter05.cell

1 [제1작업] 시트의 B4:H12셀 범위를 복사하여 [제3작업] 시트의 B2셀에 붙여넣은 후 [제1작업] 시트의 B:H열 너비를 그대로 적용합니다.

2 발령부서를 기준으로 내림차순 정렬하기 위해 D2셀을 선택한 후 [데이터] 탭에서 흑↓[내림차순]을 클릭합니다.

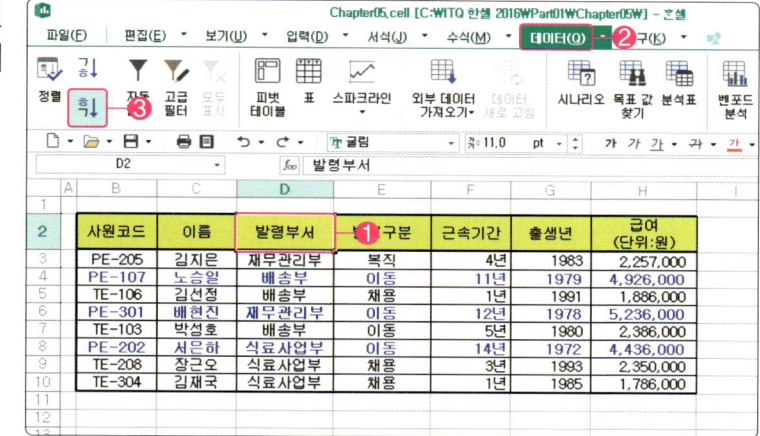

> **Tip**
> - 정렬은 데이터를 일정한 순서에 의해 차례대로 재배열하는 기능입니다.
> - ≪출력형태≫를 보면 발령부서를 기준으로 내림차순 정렬(재무관리부, 식료사업부, 배송부 순)되어 있는 것을 확인할 수 있습니다.
> - 발령부서를 기준으로 오름차순 정렬을 하려면 D2셀을 선택한 후 [데이터] 탭에서 흑↓[오름차순]을 클릭하면 됩니다.

한가지 더!

정렬 순서

정렬에는 작은 값에서 큰 값 순으로 재배열하는 오름차순 정렬과 큰 값에서 작은 값 순으로 재배열하는 내림차순 정렬이 있습니다.

- **오름차순 정렬** : 숫자(작은 숫자 → 큰 숫자) ➡ 문자(A → Z → ㄱ → ㅎ) ➡ 논리값(FALSE → TRUE) ➡ 오류값 ➡ 빈 셀(데이터가 없는 셀)
- **내림차순 정렬** : 오류값 ➡ 논리값(TRUE → FALSE) ➡ 문자(ㅎ → ㄱ → Z → A) ➡ 숫자(큰 숫자 → 작은 숫자) ➡ 빈 셀(데이터가 없는 셀)

3 다음과 같이 발령부서를 기준으로 내림차순 정렬됩니다.

사원코드	이름	발령부서	발령구분	근속기간	출생년	급여(단위:원)
PE-205	김지은	재무관리부	복직	4년	1983	2,257,000
PE-301	배현진	재무관리부	이동	12년	1978	5,236,000
PE-202	서은하	식료사업부	이동	14년	1972	4,436,000
TE-208	장근오	식료사업부	채용	3년	1993	2,350,000
TE-304	김재국	식료사업부	채용	1년	1985	1,786,000
PE-107	노승일	배송부	이동	11년	1979	4,926,000
TE-106	김선정	배송부	채용	1년	1991	1,886,000
TE-103	박성호	배송부	이동	5년	1980	2,386,000

STEP 02 부분합 구하기

1 발령부서별로 이름의 개수를 구하기 위해 **B2셀을 선택**한 후 [데이터] 탭에서 **[부분합]**을 클릭합니다.

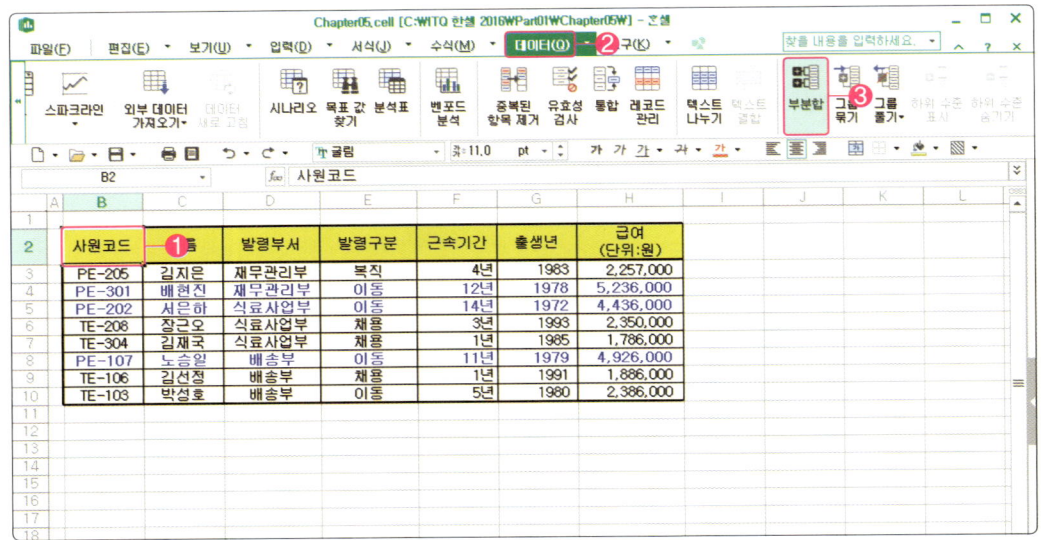

> Tip
> - 부분합은 데이터를 특정 항목별로 그룹화한 후 그룹별로 요약하는 기능입니다.
> - 부분합을 제대로 구하려면 먼저 그룹화할 항목(여기서는 발령부서)을 기준으로 정렬해야 합니다.

2 [부분합] 대화상자가 나타나면 **그룹화할 항목(발령부서), 사용할 함수(개수), 부분합 계산 항목(이름)**을 선택한 후 [실행] 단추를 클릭합니다.

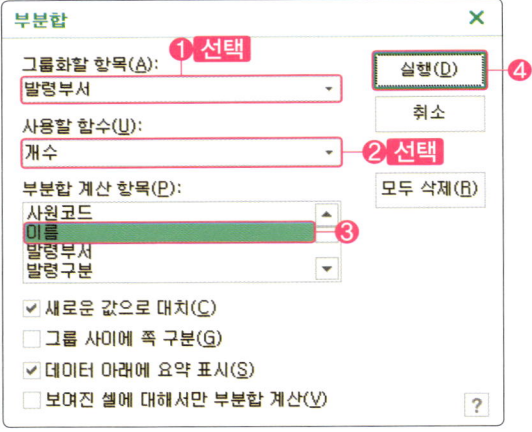

> Tip
> - ≪출력형태≫에서 아래에 있는 부분합(여기서는 이름의 개수)을 먼저 구해야 ≪출력형태≫와 같이 부분합을 구할 수 있습니다.
> - 부분합 계산 항목을 선택할 때는 이름 이외의 다른 항목이 선택되어 있는지 확인합니다.

한가지 더!

[부분합] 대화상자의 항목
- 그룹화할 항목 : 데이터를 그룹화할 때 기준이 되는 항목입니다.
- 사용할 함수 : 그룹별로 계산할 때 사용할 함수입니다.
- 부분합 계산 항목 : 그룹별로 계산할 항목입니다.

3 발령부서별로 이름의 개수가 구해지면 발령부서별로 급여(단위:원)의 평균을 구하기 위해 [데이터] 탭에서 **[부분합]**을 클릭합니다.

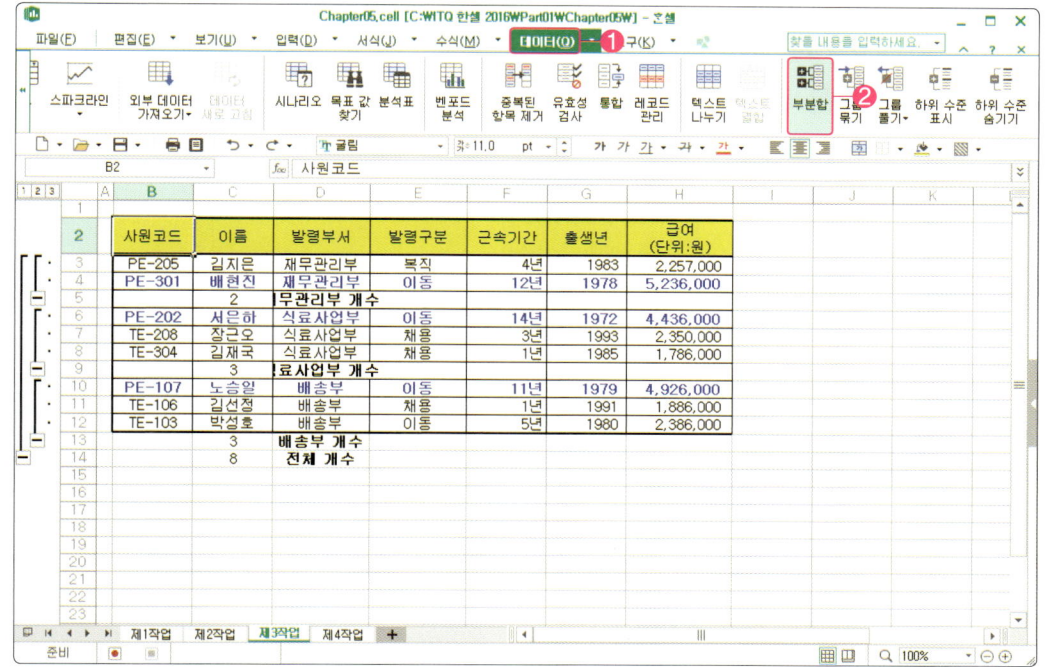

> **Tip**
> - 부분합을 구하면 워크시트 왼쪽에 하위 그룹을 숨기거나 나타나게 할 수 있는 1, 2, 3 등의 윤곽 기호가 나타납니다.
> - 부분합을 잘못 구한 경우에는 [부분합] 대화상자에서 [모두 삭제] 단추를 클릭하여 부분합을 삭제한 후 다시 부분합을 구합니다.

한가지 더!

데이터를 그룹화할 항목을 기준으로 정렬하지 않고 부분합을 구한 경우

데이터를 그룹화할 항목인 발령부서를 기준으로 정렬하지 않고 부분합을 구한 경우에는 다음과 같이 발령부서가 다를 때마다 다른 그룹으로 인식하여 이름의 개수가 구해집니다.

Chapter 05 · 정렬 및 부분합 **77**

4 [부분합] 대화상자가 나타나면 **그룹화할 항목(발령부서), 사용할 함수(평균), 부분합 계산 항목(급여(단위:원))을 선택**한 후 [새로운 값으로 대치]를 **선택 해제**한 다음 [실행] 단추를 클릭합니다.

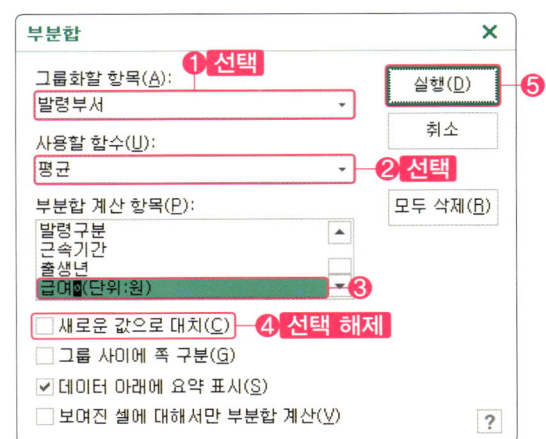

[부분합] 대화상자에서 [새로운 값으로 대치]를 선택한 경우

[부분합] 대화상자에서 [새로운 값으로 대치]를 선택한 경우에는 다음과 같이 기존에 구한 부분합(여기서는 이름의 개수)을 삭제한 후 새로 구한 부분합(여기서는 급여(단위:원)의 평균)이 나타나므로 반드시 선택 해제해야 합니다.

5 발령부서별로 급여(단위:원)의 평균이 구해지면 윤곽을 지우기 위해 [데이터] 탭에서 **[그룹 풀기]**를 클릭한 후 **[윤곽 지우기]**를 클릭합니다.

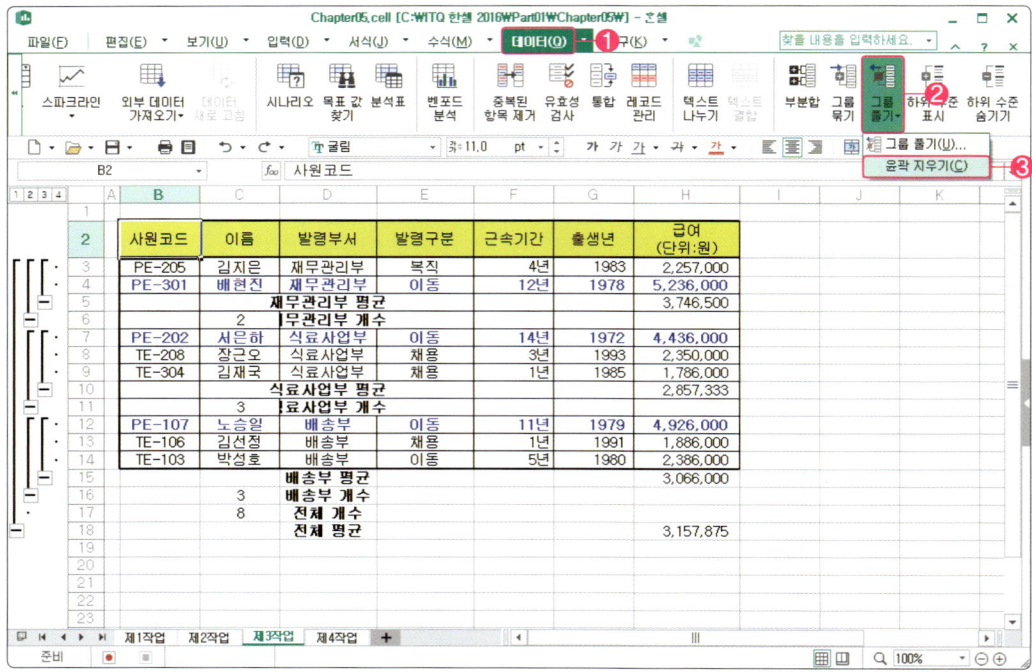

78 한셀 2016(NEO)

6 윤곽이 지워지면 D열 너비를 변경하기 위해 **D열 머리글과 E열 머리글의 경계선을 더블클릭**합니다.

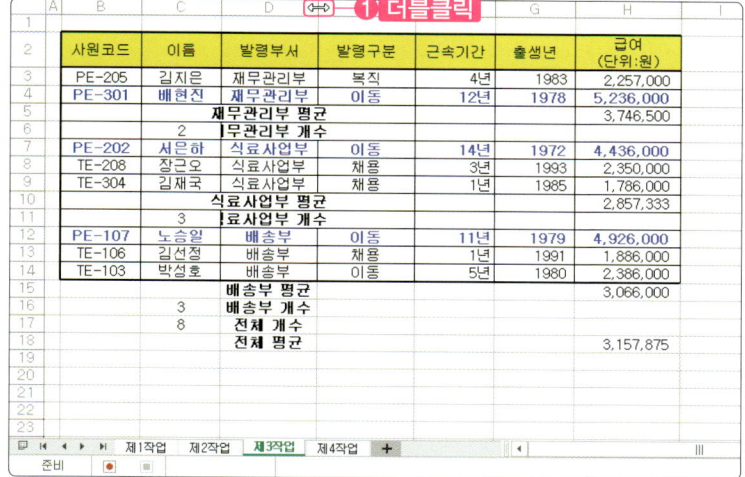

> **Tip**
> 열 머리글의 경계선을 더블클릭하면 열 너비가 데이터에 맞게 변경됩니다.

7 D열 너비가 변경되면 눈금 선을 숨기기 위해 [보기] 탭에서 **[눈금 선]을 선택 해제**합니다.

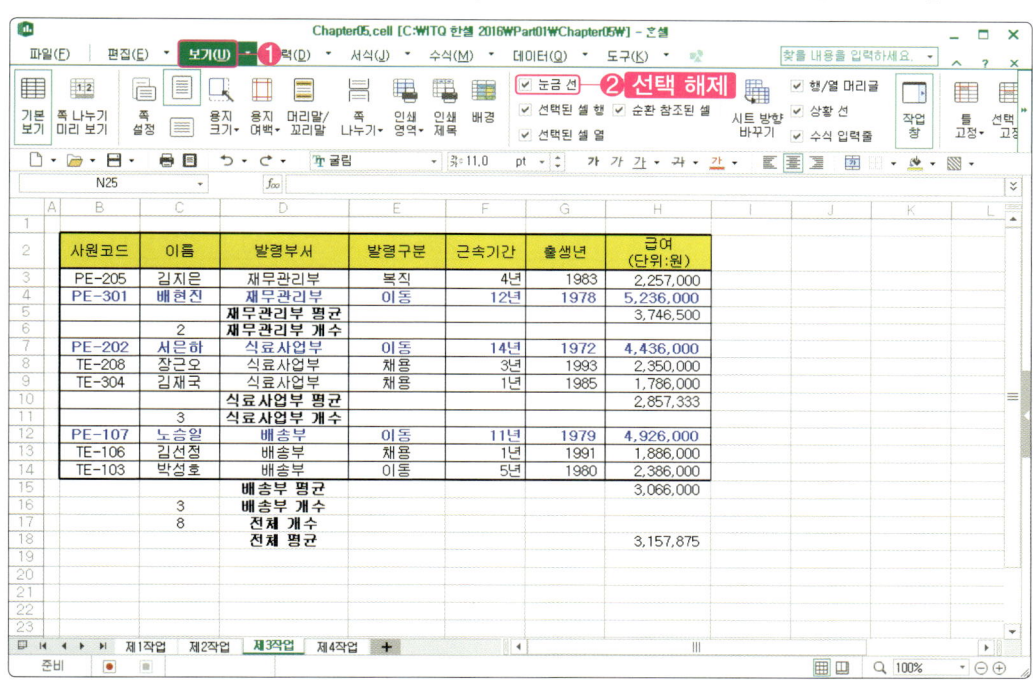

8 다음과 같이 눈금 선이 숨겨집니다.

문제유형 001   정렬 및 부분합

☞ **"제1작업"** 시트의 「B4:H12」 영역을 복사하여 **"제3작업"** 시트의 「B2」 셀부터 모두 붙여넣기를 한 후 다음의 조건과 같이 작업하시오.

≪조건≫

    (1) 부분합 – ≪출력형태≫처럼 정렬하고, 동물명의 개수와 월별 사료비용(단위:원)의 평균을 구하시오.

    (2) 윤곽 – 지우시오.

    (3) 나머지 사항은 ≪출력형태≫에 맞게 작성하시오.

≪출력형태≫

식별번호	동물명	위치	마리 수	마리 당 평균 몸무게	월별 사료비용 (단위:원)	동물 투입 날짜
34744-F	얼룩말	우정마을	2	116kg	349,000	2021-07-25
23498-F	기린	우정마을	4	247kg	559,000	2021-08-22
32546-N	양	우정마을	6	223kg	232,000	2021-09-23
		우정마을 평균			380,000	
	3	우정마을 개수				
18729-F	하마	숲속마을	2	1,105kg	685,000	2021-10-30
25346-M	호랑이	숲속마을	1	332kg	521,000	2021-11-27
64223-N	사자	숲속마을	2	278kg	356,000	2021-11-05
		숲속마을 평균			520,667	
	3	숲속마을 개수				
62436-M	사슴	사랑마을	5	121kg	365,000	2021-08-14
24354-F	코끼리	사랑마을	2	2,528kg	603,000	2021-10-17
		사랑마을 평균			484,000	
	2	사랑마을 개수				
	8	전체 개수				
		전체 평균			458,750	

문제유형 002 — 정렬 및 부분합

☞ **"제1작업"** 시트의 「B4:H12」 영역을 복사하여 **"제3작업"** 시트의 「B2」 셀부터 모두 붙여넣기를 한 후 다음의 조건과 같이 작업하시오.

≪조건≫

(1) 부분합 – ≪출력형태≫처럼 정렬하고, 봉사명의 개수와 신청인원(단위:명)의 평균을 구하시오.
(2) 윤곽 – 지우시오.
(3) 나머지 사항은 ≪출력형태≫에 맞게 작성하시오.

≪출력형태≫

	B	C	D	E	F	G	H
1							
2	모집코드	봉사명	봉사장소	활동주기	봉사시간	모집인원(단위:명)	신청인원(단위:명)
3	BC-0315	미용서비스	복지관	비정기/월1회	6시간	750	568
4	BC-0901	멘토링 교육	복지관	정기/매주 1회	24시간	1,850	954
5	BC-0620	경로식당	복지관	비정기/월1회	8시간	1,500	1,650
6	BC-0622	컴퓨터교육 보조	복지관	정기/매주 1회	16시간	500	467
7			복지관 평균				910
8		4	복지관 개수				
9	CB-0410	바자회 보조	센터	비정기/월1회	8시간	1,347	1,450
10	CB-0401	생활지원	센터	정기/매주 매일	48시간	1,120	1,350
11			센터 평균				1,400
12		2	센터 개수				
13	JC-1012	시설 봉사	재활협회	정기/매주 주말	48시간	1,125	1,450
14	JC-1101	성장 멘토링	재활협회	정기/매주 월수	32시간	1,831	1,321
15			재활협회 평균				1,386
16		2	재활협회 개수				
17		8	전체 개수				
18			전체 평균				1,151

문제유형 003 — 정렬 및 부분합

Ch05_문제유형003.cell

☞ **"제1작업"** 시트의 「B4:H12」 영역을 복사하여 **"제3작업"** 시트의 「B2」 셀부터 모두 붙여넣기를 한 후 다음의 조건과 같이 작업하시오.

≪조건≫

(1) 부분합 - ≪출력형태≫처럼 정렬하고, 관리코드의 개수와 구매가의 최댓값을 구하시오.
(2) 윤곽 - 지우시오.
(3) 나머지 사항은 ≪출력형태≫에 맞게 작성하시오.

≪출력형태≫

	관리코드	관리자	구입일자	유종	구매가	주행거리 (Km)	평균연비 (Km/L)
	M597K	*김지현*	*2018-07-03*	*하이브리드*	*3,555만원*	*171,833*	*22.4*
	Z329F	장동욱	2017-01-19	하이브리드	8,650만원	47,158	12.5
	C385B	*정유진*	*2019-02-15*	*하이브리드*	*14,615만원*	*70,161*	*31.1*
				하이브리드 최댓값	14,615만원		
	3			하이브리드 개수			
	R374G	안규정	2018-04-02	디젤	9,738만원	119,912	14.8
	Z325J	정인경	2019-03-30	디젤	9,894만원	58,075	15.3
				디젤 최댓값	9,894만원		
	2			디젤 개수			
	G839R	이수연	2019-08-27	가솔린	10,129만원	21,833	10.5
	O356L	최민석	2018-06-24	가솔린	7,402만원	73,402	8.9
	U594L	박두일	2017-04-04	가솔린	7,339만원	102,863	9.3
				가솔린 최댓값	10,129만원		
	3			가솔린 개수			
	8			전체 개수			
				전체 최댓값	14,615만원		

문제유형 004   정렬 및 부분합

☞ **"제1작업"** 시트의 「B4:H12」 영역을 복사하여 **"제3작업"** 시트의 「B2」 셀부터 모두 붙여넣기를 한 후 다음의 조건과 같이 작업하시오.

≪조건≫

   (1) 부분합 – ≪출력형태≫처럼 정렬하고, 제품명의 개수와 평균가격(원)의 최솟값을 구하시오.
   (2) 윤곽 – 지우시오.
   (3) 나머지 사항은 ≪출력형태≫에 맞게 작성하시오.

≪출력형태≫

코드	제품명	제조사	구분	규격 (ml/캅셀/g)	평균가격 (원)	최저가격
DH1897	위생천	광동제약	소화제	75	580	500원
HD1957	생록천	광동제약	소화제	75	500	420원
		광동제약 최솟값			500	
	2	광동제약 개수				
HY1955	챔프	동아제약	해열진통제	10	2,000	1,600원
DA1956	판피린큐	동아제약	해열진통제	20	400	350원
DG1985	애시논액	동아제약	소화제	10	4,800	4,150원
		동아제약 최솟값			400	
	3	동아제약 개수				
DH1980	후시딘	동화약품	외용연고제	10	5,200	4,500원
		동화약품 최솟값			5,200	
	1	동화약품 개수				
GY1958	포타디연고	삼일제약	외용연고제	75	500	400원
SE1987	부루펜시럽	삼일제약	해열진통제	90	4,300	3,900원
		삼일제약 최솟값			500	
	2	삼일제약 개수				
	8	전체 개수				
		전체 최솟값			400	

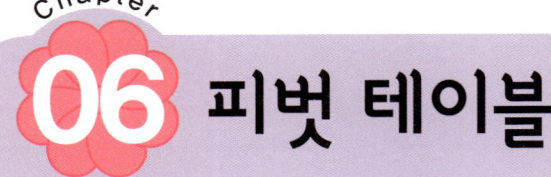

06 피벗 테이블

한셀 2016(NEO)

'[제3작업] 피벗 테이블'에서는 피벗 테이블을 작성하는 방법에 대해 알고 있어야 합니다. [제1작업] 시트의 데이터를 사용하여 [제3작업] 시트에 피벗 테이블을 삽입한 후 피벗 테이블을 편집(필드 그룹화, 보고서 레이아웃 지정, 피벗 테이블 설정 등)하는 문제가 출제되고 있습니다.

☞ "제1작업" 시트를 이용하여 "제3작업" 시트에 조건에 따라 ≪출력형태≫와 같이 작업하시오.

≪조건≫

    (1) 급여(단위:원) 및 발령부서별 이름의 개수와 근속기간의 평균을 구하시오.
    (2) 급여(단위:원)을 그룹화하고, 보고서 레이아웃은 개요 형식으로 설정하시오.
    (3) 발령부서를 ≪출력형태≫와 같이 정렬하고, 빈 셀은 '**'로 표시하시오.
    (4) 행의 총합계를 지우고, 나머지 사항은 ≪출력형태≫에 맞게 작성하시오.

≪출력형태≫

A	B	C	D	E	F	G	H
		발령부서 ▼	데이터 ▼				
		재무관리부		식료사업부		배송부	
	급여(단위:원) ▼	개수 : 이름	평균 : 근속기간	개수 : 이름	평균 : 근속기간	개수 : 이름	평균 : 근속기간
	1000000-1999999	**	**	1	1	1	1
	2000000-2999999	1	4	1	3	1	5
	4000000-4999999	**	**	1	14	1	11
	5000000-6000000	1	12	**	**	**	**
	총 합계	2	8	3	6	3	6

작업순서요약

① [제1작업] 시트의 B4:H12셀 범위를 사용하여 [제3작업] 시트의 B2셀에 피벗 테이블을 삽입합니다.
② 피벗 테이블을 편집(필드 그룹화, 보고서 레이아웃 지정, 피벗 테이블 설정 등)한 후 눈금 선을 숨깁니다.

STEP 01 피벗 테이블 삽입하기

Chapter06.cell

1 피벗 테이블을 삽입하기 위해 시트 탭에서 [제1작업] 시트를 선택한 후 B4:H12셀 범위를 선택한 다음 [데이터] 탭에서 [피벗 테이블]을 클릭합니다.

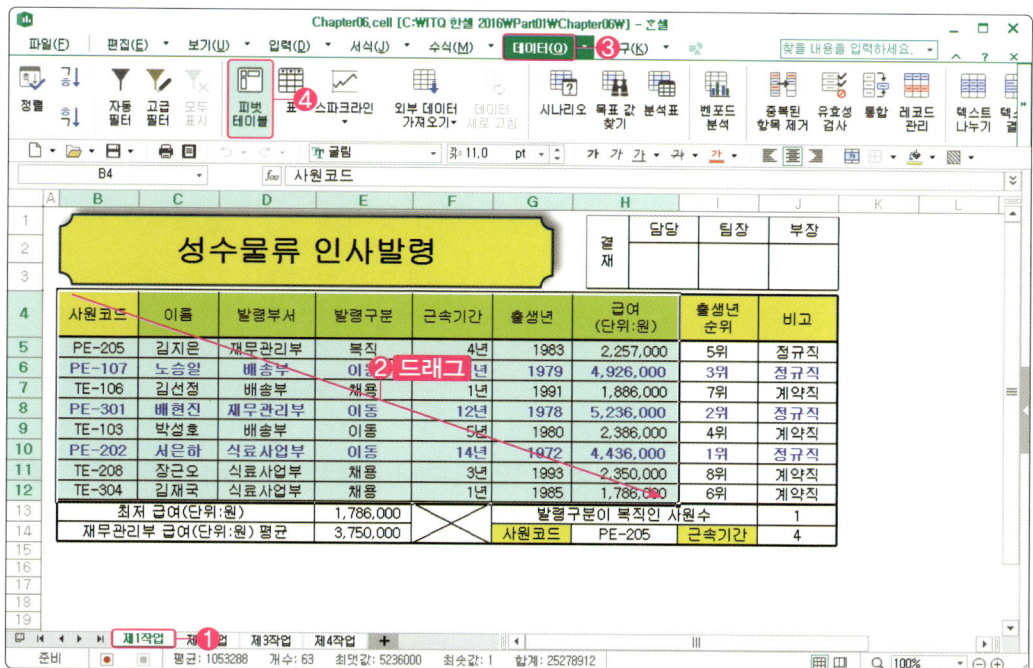

> **Tip**
> 피벗 테이블은 데이터를 빠르게 요약하고 다각도로 분석하는데 사용하는 대화형 표입니다.

2 [피벗 테이블] 대화상자가 나타나면 [기존 워크시트]를 선택한 후 위치(제3작업!$B$2)를 입력한 다음 [실행] 단추를 클릭합니다.

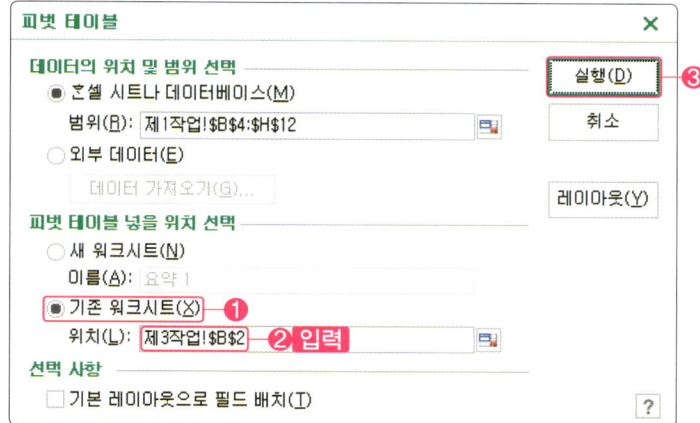

> **Tip**
> 다른 시트의 셀을 참조하는 경우에는 '제3작업!$B$2'와 같이 '다른 시트의 이름!셀 주소' 형식으로 입력합니다.

3 [제3작업] 시트가 나타나면 **필드 구역에 있는 [급여(단위:원)] 필드를 행 영역으로 드래그**합니다.

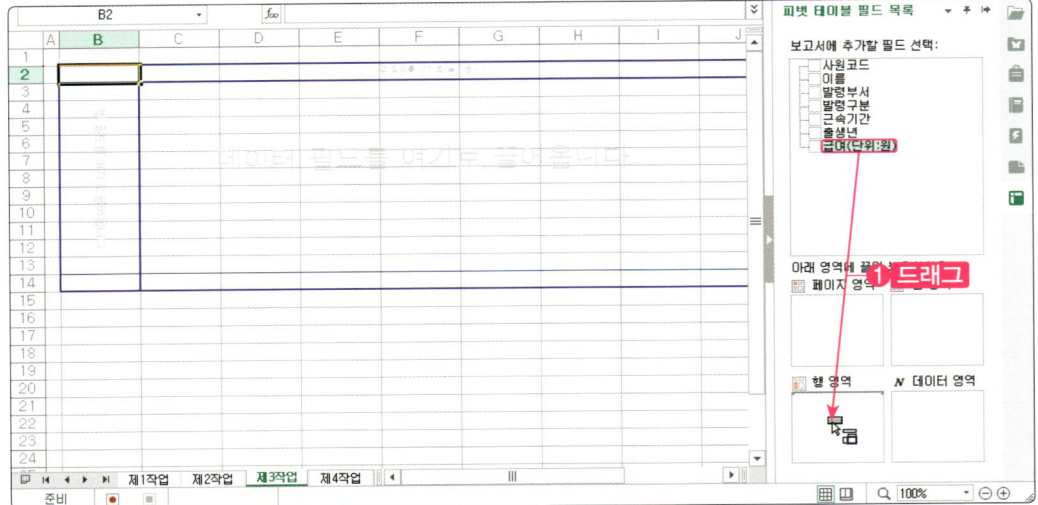

4 같은 방법으로 필드 구역에 있는 **[발령부서] 필드는 열 영역, [이름] 필드와 [근속기간] 필드는 데이터 영역에 배치**합니다.

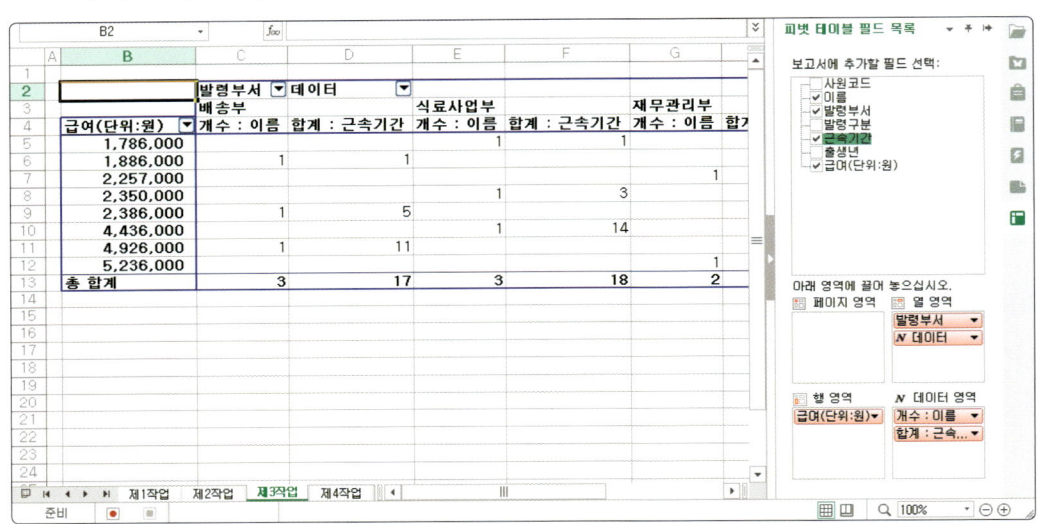

> **Tip**
> 데이터 영역에 2개 이상의 필드가 추가되면 [데이터] 필드가 나타납니다.

영역 구역에서 필드 제거하기
- **방법1** : 영역 구역(페이지 영역, 행 영역, 열 영역, 데이터 영역)에 있는 필드를 필드 구역으로 드래그합니다.
- **방법2** : 필드 구역에서 선택된 필드를 선택 해제합니다.
- **방법3** : 영역 구역에서 필드를 클릭한 후 [필드 제거]를 클릭합니다.

5 필드를 설정하기 위해 **데이터 영역에 있는 [합계 : 근속기간] 필드를 클릭**한 후 **[필드 설정]**을 **클릭**합니다.

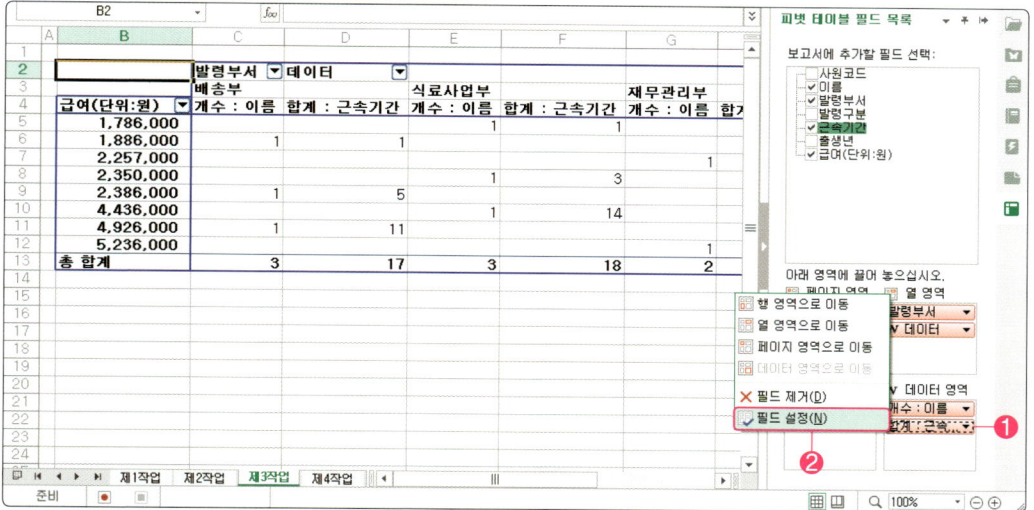

6 [피벗 테이블 필드] 대화상자가 나타나면 **사용할 함수(평균)를 선택**한 후 **이름(평균 : 근속기간)을 입력**한 다음 **[확인] 단추를 클릭**합니다.

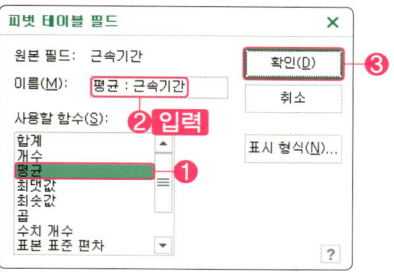

7 필드가 설정되면 [피벗 테이블 필드 목록] 작업 창을 숨기기 위해 [피벗 테이블] 정황 탭에서 **[필드 목록 보기]를 선택 해제**합니다.

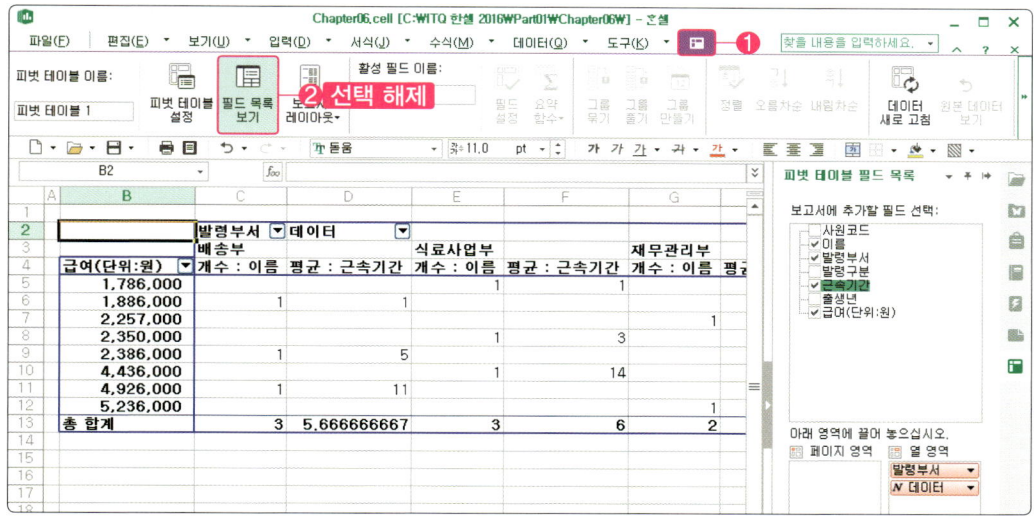

> **Tip**
> 피벗 테이블에서 임의의 셀을 선택한 후 [피벗 테이블] 정황 탭에서 [필드 목록 보기]를 선택하면 [피벗 테이블 필드 목록] 작업 창을 다시 나타나게 할 수 있습니다.

8 [피벗 테이블 필드 목록] 작업 창이 숨겨집니다.

STEP 02 피벗 테이블 편집하기

1 [급여(단위:원)] 필드를 그룹화하기 위해 '1,786,000' 항목을 선택한 후 [피벗 테이블] 정황 탭에서 [그룹 묶기]를 클릭합니다.

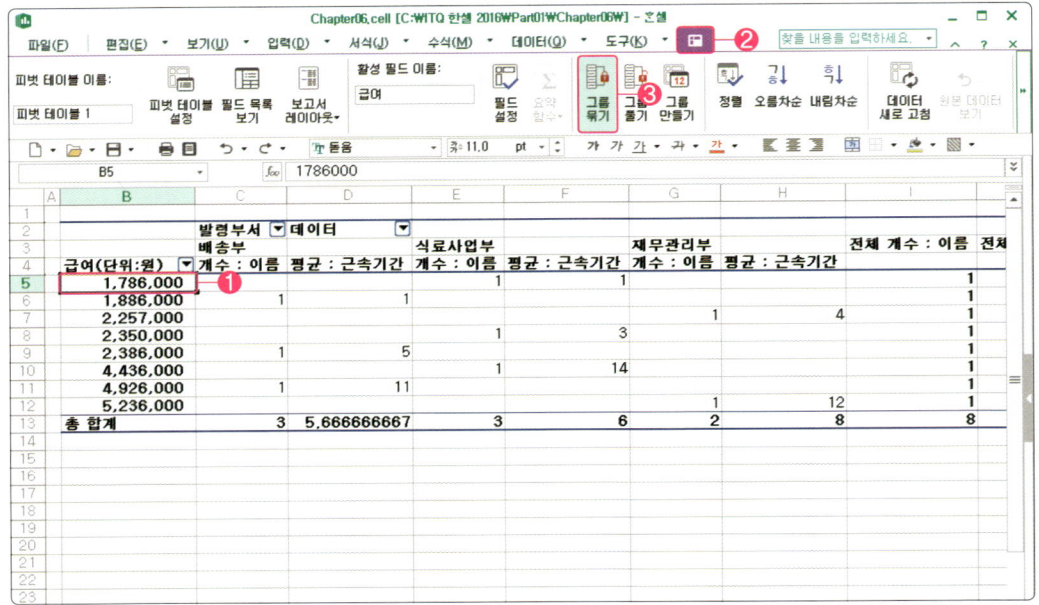

2 [그룹 만들기] 대화상자가 나타나면 시작(1000000), 끝(6000000), 단위(1000000)를 입력한 후 [확인] 단추를 클릭합니다.

3 보고서 레이아웃을 지정하기 위해 [피벗 테이블] 정황 탭에서 [보고서 레이아웃]을 클릭한 후 [개요 형식으로 표시]를 클릭합니다.

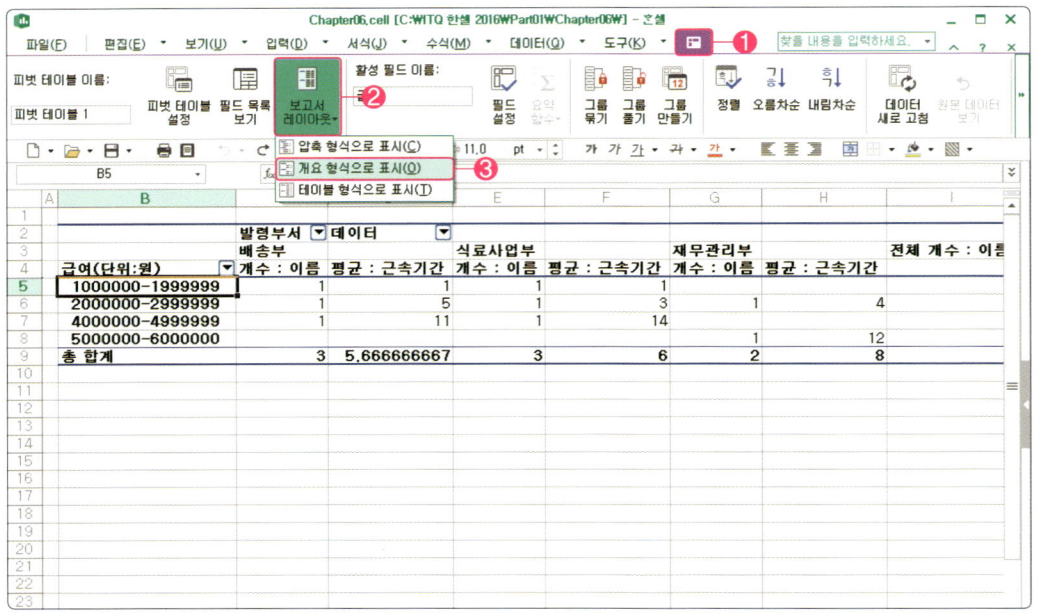

4 [발령부서] 필드를 내림차순 정렬하기 위해 **'배송부' 항목을 선택**한 후 [피벗 테이블] 정황 탭에서 **[내림차순]을 클릭**합니다.

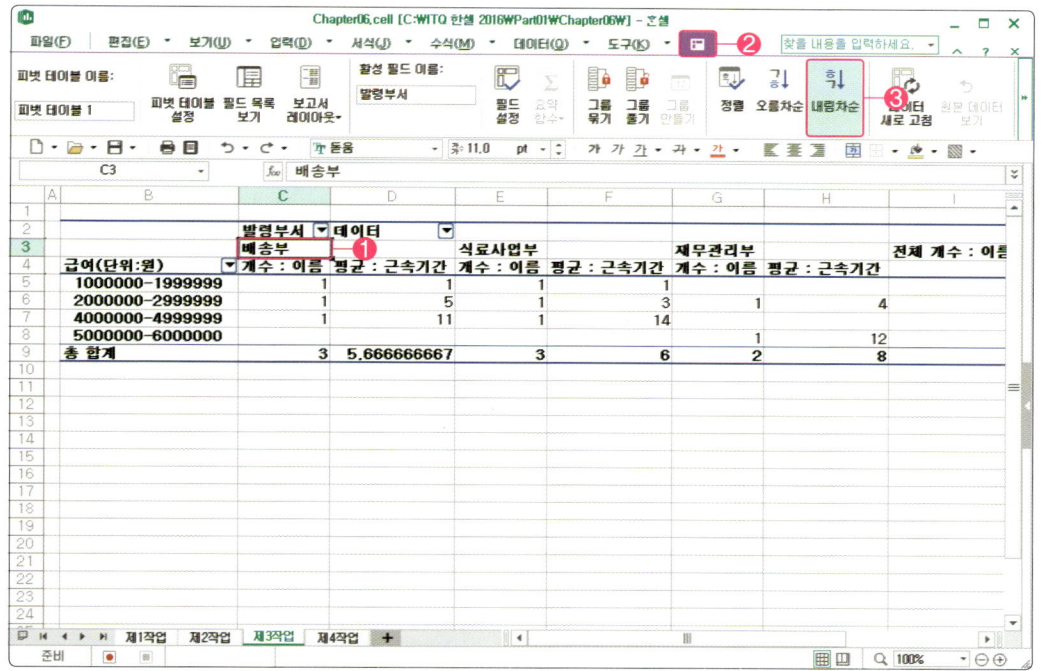

> **Tip**
> ≪출력형태≫를 보면 [발령부서] 필드를 기준으로 내림차순 정렬(재무관리부, 식료사업부, 배송부 순)되어 있는 것을 확인할 수 있습니다.

5 피벗 테이블을 설정하기 위해 [피벗 테이블] 정황 탭에서 **[피벗 테이블 설정]을 클릭**합니다.

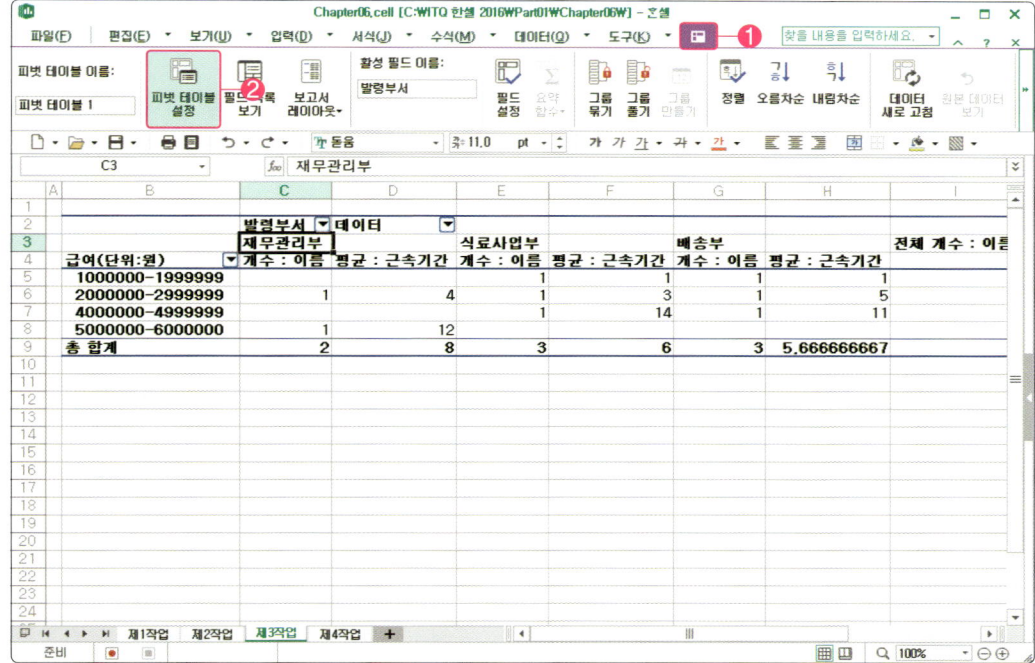

6 [피벗 테이블 설정] 대화상자가 나타나면 [행의 총 합계]를 선택 해제한 후 빈 셀 표시(**)를 입력한 다음 [확인] 단추를 클릭합니다.

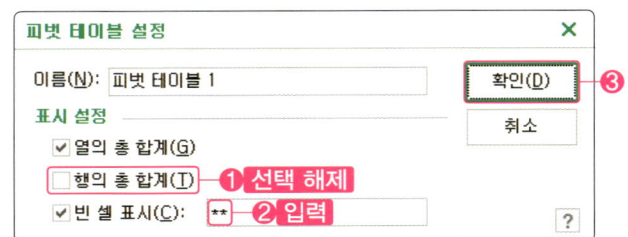

7 피벗 테이블에 표시 형식을 지정하기 위해 **C5:H9셀 범위를 선택**한 후 [서식] 탭에서 **,[쉼표 스타일]**을 클릭합니다.

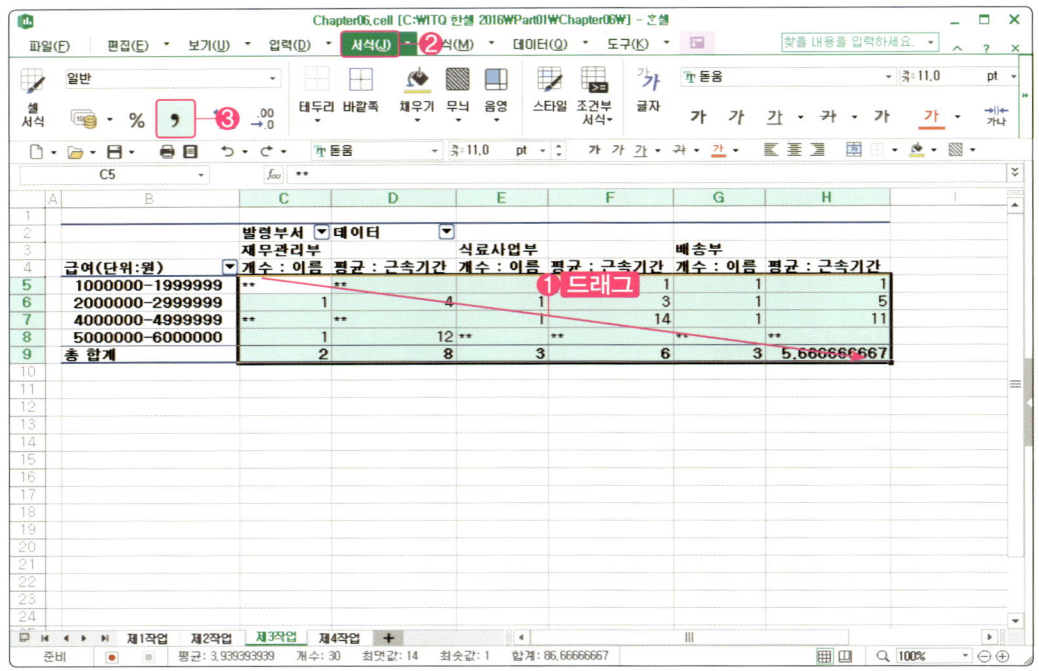

8 피벗 테이블에 맞춤 서식을 지정하기 위해 [서식] 탭에서 **[가운데 정렬]**을 클릭합니다.

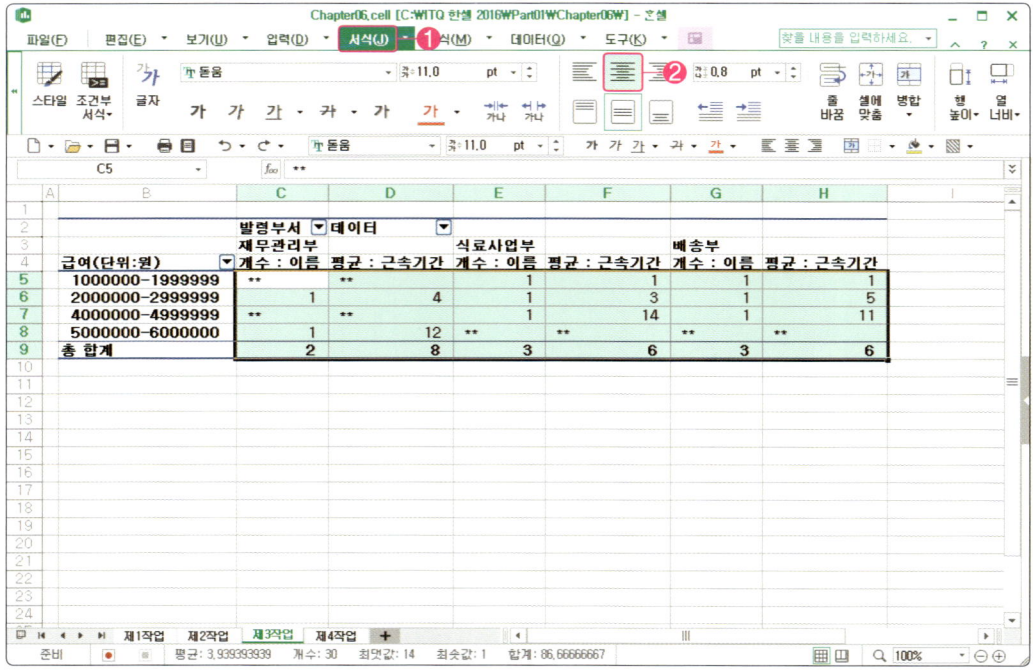

9 피벗 테이블에 맞춤 서식이 지정되면 눈금 선을 숨기기 위해 [보기] 탭에서 **[눈금 선]을 선택 해제**합니다.

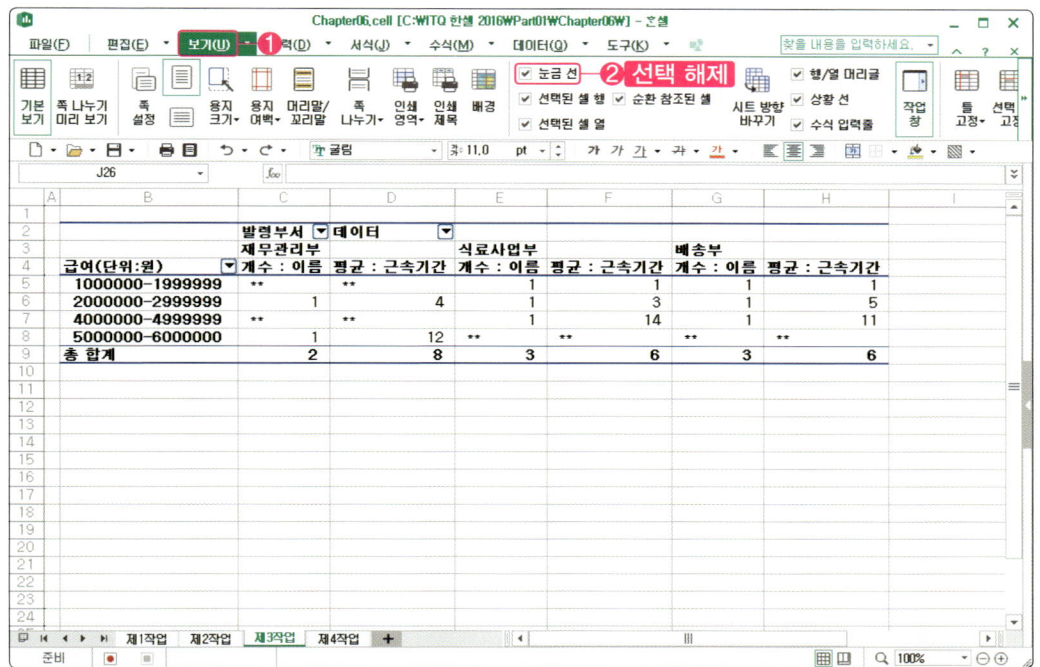

10 다음과 같이 눈금 선이 숨겨집니다.

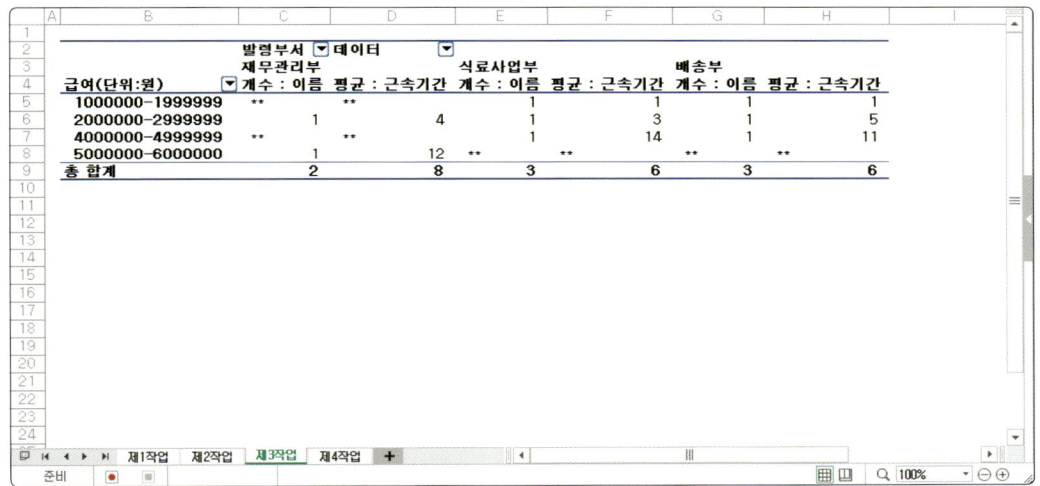

문제유형 001   피벗 테이블

☞ **"제1작업"** 시트를 이용하여 **"제3작업"** 시트에 조건에 따라 ≪출력형태≫와 같이 작업하시오.

≪조건≫

  (1) 동물 투입 날짜 및 위치별 동물명의 개수와 마리 수의 평균을 구하시오.
  (2) 동물 투입 날짜를 그룹화하고, 보고서 레이아웃은 개요 형식으로 설정하시오.
  (3) 위치를 ≪출력형태≫와 같이 정렬하고, 빈 셀은 '**'로 표시하시오.
  (4) 행의 총합계를 지우고, 나머지 사항은 ≪출력형태≫에 맞게 작성하시오.

≪출력형태≫

	B	C	D	E	F	G	H
		위치 ▼	데이터 ▼				
		우정마을		숲속마을		사랑마을	
	동물 투입 날짜 ▼	개수 : 동물명	평균 : 마리 수	개수 : 동물명	평균 : 마리 수	개수 : 동물명	평균 : 마리 수
	7월	1	2	**	**	**	**
	8월	1	4	**	**	1	5
	9월	1	6	**	**	**	**
	10월	**	**	1	2	1	2
	11월	**	**	2	2	**	**
	총 합계	3	4	3	2	2	4

Hint

- [동물 투입 날짜] 필드 그룹화 : '2021-07-25' 항목을 선택한 후 [피벗 테이블] 정황 탭에서 [그룹 묶기]를 클릭 → [그룹 만들기] 대화상자가 나타나면 단위(월)를 선택한 후 [확인] 단추를 클릭
- 피벗 테이블에 표시 형식과 맞춤 서식 지정 : B5:H10셀 범위를 선택한 후 [서식] 탭에서 [쉼표 스타일]을 클릭한 다음 [가운데 정렬]을 클릭

문제유형 002 — 피벗 테이블

☞ **"제1작업"** 시트를 이용하여 **"제3작업"** 시트에 조건에 따라 ≪출력형태≫와 같이 작업하시오.

≪조건≫

(1) 봉사시간 및 봉사장소별 봉사명의 개수와 신청인원(단위:명)의 평균을 구하시오.
(2) 봉사시간을 그룹화하고, 보고서 레이아웃은 개요 형식으로 설정하시오.
(3) 봉사장소를 ≪출력형태≫와 같이 정렬하고, 빈 셀은 '***'로 표시하시오.
(4) 행의 총합계를 지우고, 나머지 사항은 ≪출력형태≫에 맞게 작성하시오.

≪출력형태≫

	봉사장소	데이터					
	재활협회		센터		복지관		
봉사시간	개수 : 봉사명	평균 : 신청인원(단위:명)	개수 : 봉사명	평균 : 신청인원(단위:명)	개수 : 봉사명	평균 : 신청인원(단위:명)
6-25	***	***	1	1,450	4	910
26-45	1	1,321	***	***	***	***
46-65	1	1,450	1	1,350	***	***
총 합계	2	1,386	2	1,400	4	910

문제유형 003   피벗 테이블

☞ "**제1작업**" 시트를 이용하여 "**제3작업**" 시트에 조건에 따라 ≪출력형태≫와 같이 작업하시오.

≪조건≫

(1) 구입일자 및 유종별 관리코드의 개수와 구매가의 최댓값을 구하시오.
(2) 구입일자를 그룹화하고, 보고서 레이아웃은 테이블 형식으로 설정하시오.
(3) 유종을 ≪출력형태≫와 같이 정렬하고, 빈 셀은 '**'로 표시하시오.
(4) 행의 총합계를 지우고, 나머지 사항은 ≪출력형태≫에 맞게 작성하시오.

≪출력형태≫

	유종 ▼	데이터 ▼					
		하이브리드		디젤		가솔린	
구입일자 ▼	개수 : 관리코드	최댓값 : 구매가	개수 : 관리코드	최댓값 : 구매가	개수 : 관리코드	최댓값 : 구매가
2017년	1	8,650	**	**	1	7,339
2018년	1	3,555	1	9,738	1	7,402
2019년	1	14,615	1	9,894	1	10,129
총 합계	3	14,615	2	9,894	3	10,129

문제유형 004 — 피벗 테이블

☞ "제1작업" 시트를 이용하여 "제3작업" 시트에 조건에 따라 ≪출력형태≫와 같이 작업하시오.

≪조건≫

(1) 최저가격 및 구분별 제품명의 개수와 평균가격(원)의 최솟값을 구하시오.
(2) 최저가격을 그룹화하고, 보고서 레이아웃은 개요 형식으로 설정하시오.
(3) 구분을 ≪출력형태≫와 같이 정렬하고, 빈 셀은 '***'로 표시하시오.
(4) 행의 총합계를 지우고, 나머지 사항은 ≪출력형태≫에 맞게 작성하시오.

≪출력형태≫

최저가격	구분						
	해열진통제		외용연고제		소화제		
	개수:제품명	최솟값:평균가격(원)	개수:제품명	최솟값:평균가격(원)	개수:제품명	최솟값:평균가격(원)	
1-1000	1	400	1	500	2	500	
1001-2000	1	2,000	***	***	***	***	
3001-4000	1	4,300	***	***	***	***	
4001-5000	***	***	1	5,200	1	4,800	
총 합계	3	400	2	500	3	500	

Chapter 07 그래프

한셀 2016(NEO)

'[제4작업] 그래프'에서는 차트를 작성하는 방법에 대해 알고 있어야 합니다. [제1작업] 시트의 차트 데이터(차트로 작성될 데이터)를 사용하여 차트를 삽입한 후 차트를 [제4작업] 시트로 이동한 다음 차트를 편집(차트 스타일 지정, 전체 영역의 배경색 지정, 차트 제목에 글자 서식 지정 등)하고 차트에 도형을 삽입하는 문제가 출제되고 있습니다.

☞ "제1작업" 시트를 이용하여 "제4작업" 시트에 ≪출력형태≫와 같이 작업하시오.

≪조건≫

(1) 차트 종류 ⇒ 〈3차원 원형〉으로 작업하시오.
(2) 데이터 범위 ⇒ "제1작업" 시트의 내용을 이용하여 작업하시오.
(3) 차트 위치 ⇒ 「B2:K28」 영역에 배치하여 ≪출력형태≫와 같이 작업하시오.
(4) 차트 스타일 ⇒ 레이아웃6, 스타일3을 적용하시오.
(5) 배경 서식 ⇒ 전체 영역(노랑), 그림 영역(하양), 전체 글꼴(굴림, 11pt)을 적용하여 작업하시오.
(6) 제목 서식 ⇒ 글꼴(궁서, 20pt, 진하게), 채우기(하양), 선 모양 실선(굵기 2pt)
(7) 속성 ⇒ 계열 : 노승일 조각을 쪼개진 요소 15%로 지정하여 분리하고 ≪출력형태≫와 같이 표시하시오.
  레이블 : 값을 표시하고, 위치 및 채우기 색(하양)은 ≪출력형태≫와 같이 표시하시오.
(8) 범례 ⇒ ≪출력형태≫를 참조하시오.
(9) 도형 ⇒ '모서리가 둥근 사각형 설명선'을 삽입한 후 내용을 입력하시오.
(10) 나머지 사항은 ≪출력형태≫에 맞게 작성하시오.

≪출력형태≫

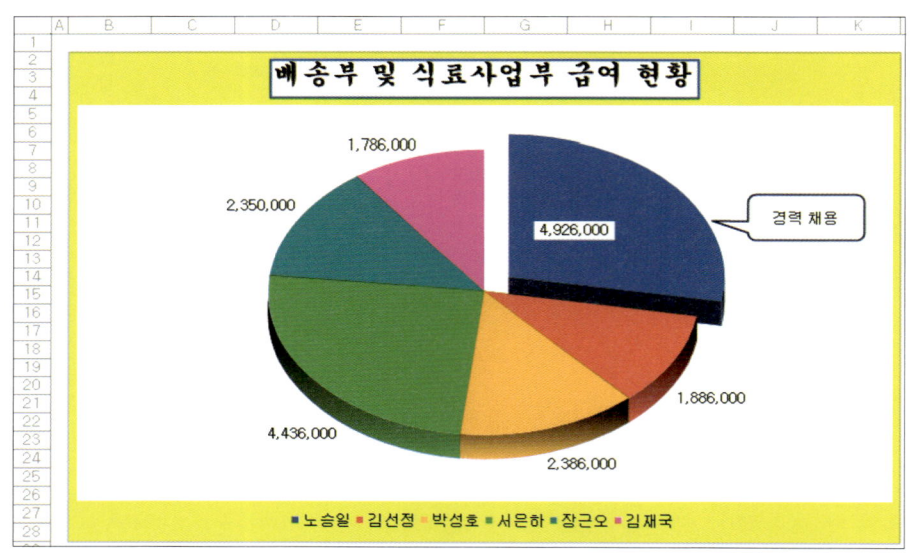

주의 ☞ 시트명 순서가 차례대로 "제1작업", "제2작업", "제3작업", "제4작업"이 되도록 할 것.

작업순서요약

① [제1작업] 시트의 차트 데이터를 사용하여 차트를 삽입한 후 차트를 [제4작업] 시트로 이동합니다.
② 차트를 편집(차트 스타일 지정, 전체 영역의 배경색 지정, 차트 제목에 글자 서식 지정 등)합니다.
③ 차트에 도형을 삽입한 후 도형 텍스트를 입력한 다음 도형에 글자 서식, 채우기 색, 맞춤 서식을 지정하고 눈금 선을 숨깁니다.

STEP 01 차트 삽입하기

Chapter07.cell

1 차트를 삽입하기 위해 시트 탭에서 **[제1작업] 시트를 선택**한 후 C4셀, C6:C7셀 범위, C9:C12 셀 범위, H4셀, H6:H7셀 범위, H9:H12셀 범위를 **선택**한 다음 [입력] 탭에서 **[원형]**을 클릭하고 **[3차원 원형]**을 클릭합니다.

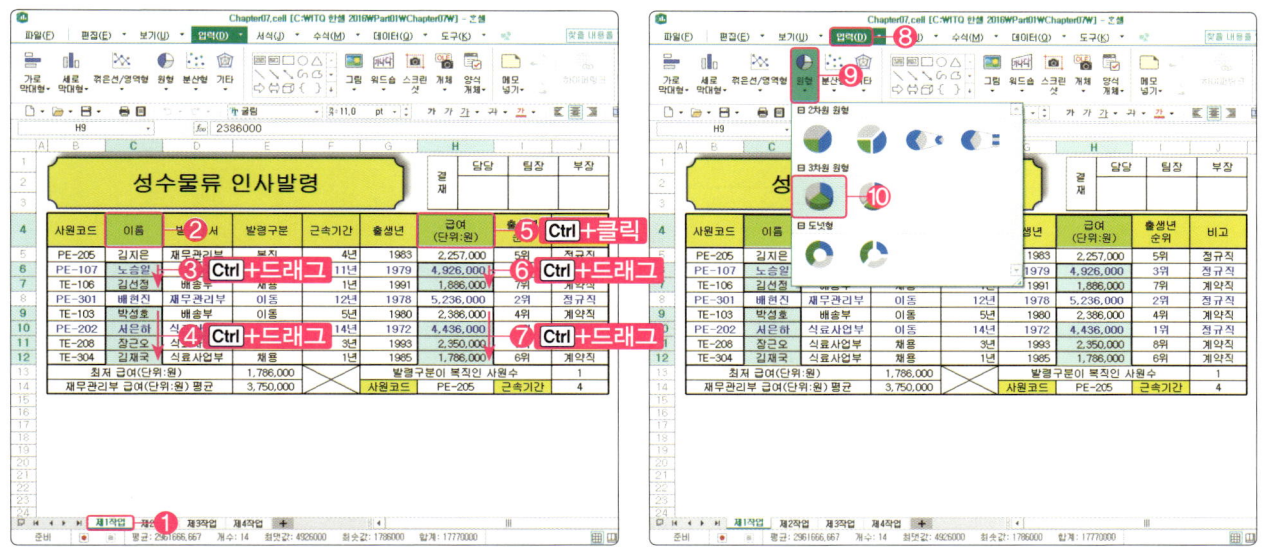

> **Tip**
> 차트는 수치 데이터를 분석하여 그 관계를 일정한 양식의 그림으로 나타낸 것입니다. 차트를 작성하면 수치 데이터를 가로 막대, 세로 막대, 원 등으로 표시하여 한 눈에 파악할 수 있습니다.

2 차트가 삽입되면 차트를 [제4작업] 시트로 이동하기 위해 **차트를 선택**한 후 [차트 디자인] 정황 탭에서 **[차트 이동]**을 클릭합니다.

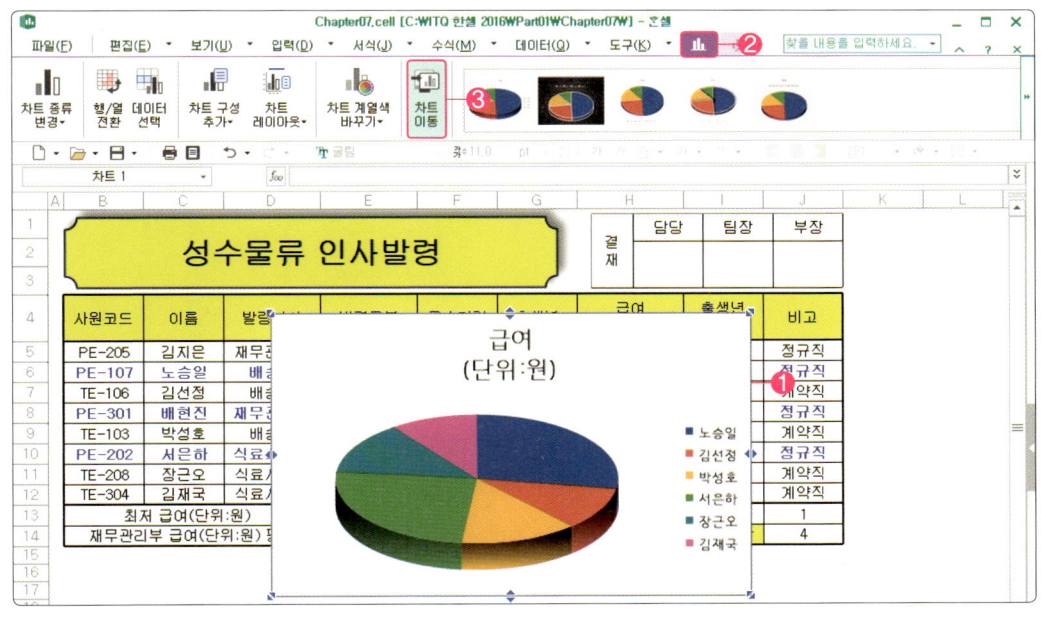

> **Tip**
> 차트로 마우스 포인터를 가져가서 마우스 포인터가 모양으로 변경되었을 때 클릭하면 차트를 선택할 수 있습니다.

Chapter 07 · 그래프 **97**

3 [차트 이동] 대화상자가 나타나면 **차트를 이동할 시트(제4작업)를 선택**한 후 [확인] 단추를 클릭합니다.

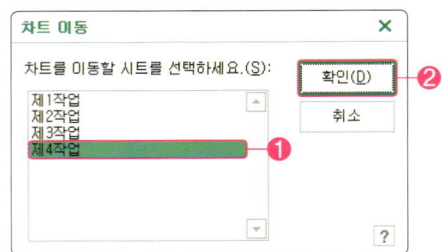

4 차트가 [제4작업] 시트로 이동되면 다음과 같이 **차트의 위치를 조정**한 후 **차트의 크기를 조정**합니다.

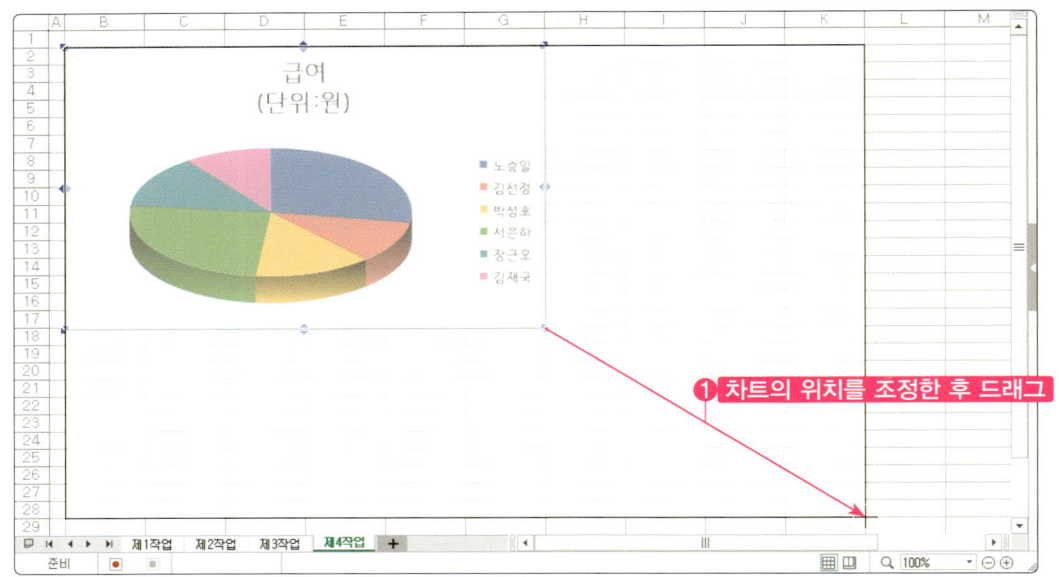

❶ 차트의 위치를 조정한 후 드래그

Tip
- 차트를 선택한 후 차트의 테두리로 마우스 포인터를 가져가서 마우스 포인터가 모양으로 변경되었을 때 드래그하면 차트의 위치를 조정할 수 있고, 차트의 크기 조정 핸들(◆, ◆, ◢, ◣)을 드래그하면 차트의 크기를 조정할 수 있습니다.
- ≪조건≫에 명시되어 있는 위치(여기서는 B2:K28셀 범위)에 정확하게 맞추어 차트를 이동한 후 차트의 크기를 조정합니다.

STEP 02 차트 편집하기

1 차트 레이아웃을 지정하기 위해 **차트를 선택**한 후 [차트 디자인] 정황 탭에서 **[차트 레이아웃]**을 클릭한 다음 **[레이아웃6]**을 클릭합니다.

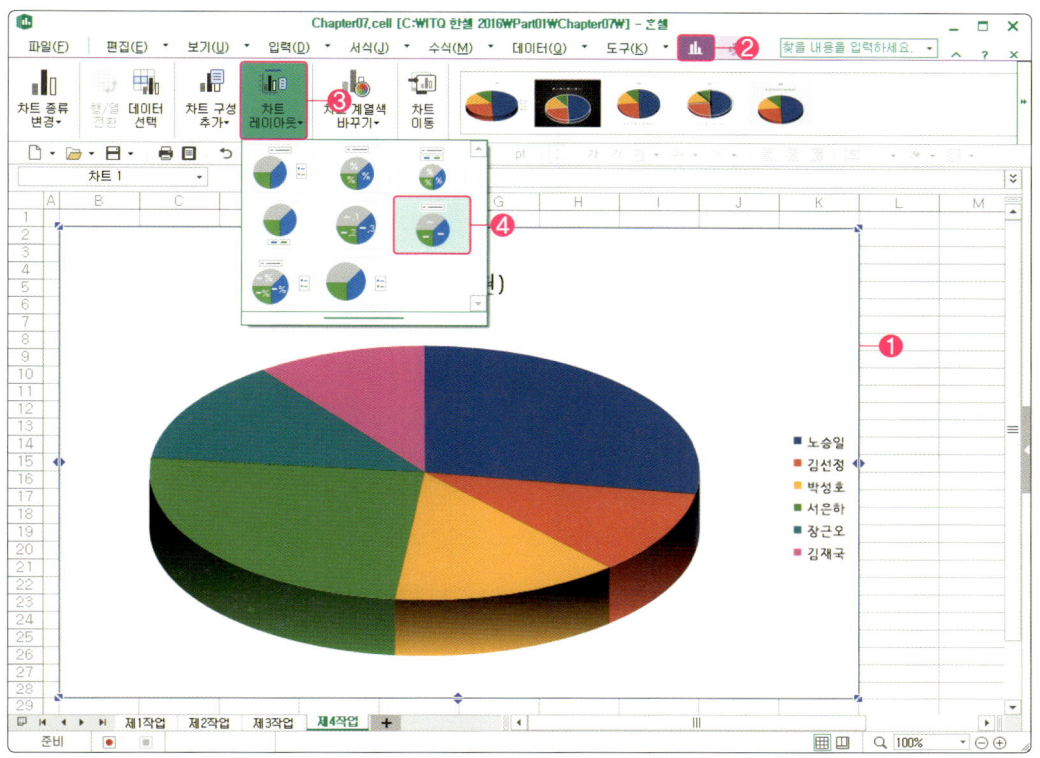

차트의 구성

① 전체 영역 ② 그림 영역 ③ 차트 제목
④ 범례 ⑤ 데이터 계열 ⑥ 데이터 레이블

2 차트 스타일을 지정하기 위해 [차트 디자인] 정황 탭에서 [스타일3]을 클릭합니다.

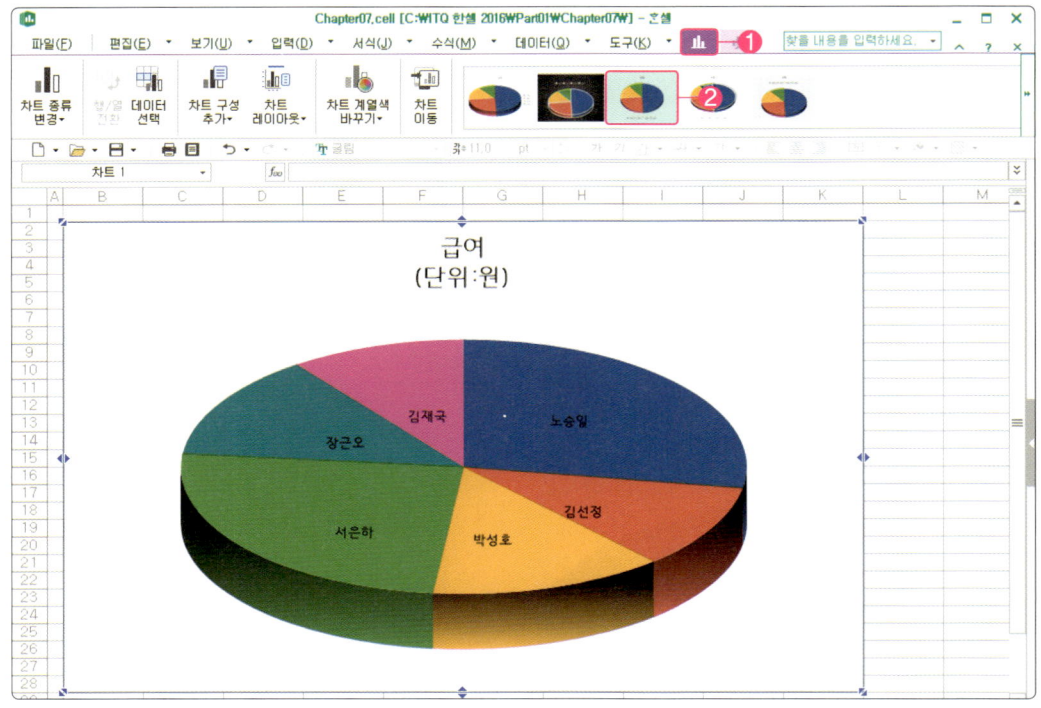

> **Tip**
> 전체 영역의 배경색이나 그림 영역의 배경색을 지정한 후 차트 스타일을 지정하면 지정한 차트 스타일과 관련 있는 전체 영역의 배경색이나 그림 영역의 배경색으로 다시 지정되므로 먼저 차트 스타일을 지정한 후 전체 영역의 배경색이나 그림 영역의 배경색을 지정합니다.

3 전체 영역의 배경색을 지정하기 위해 **전체 영역을 선택**한 후 [차트 도형] 정황 탭에서 [채우기]의 ▼[목록] 단추를 클릭한 다음 [노랑]을 클릭합니다.

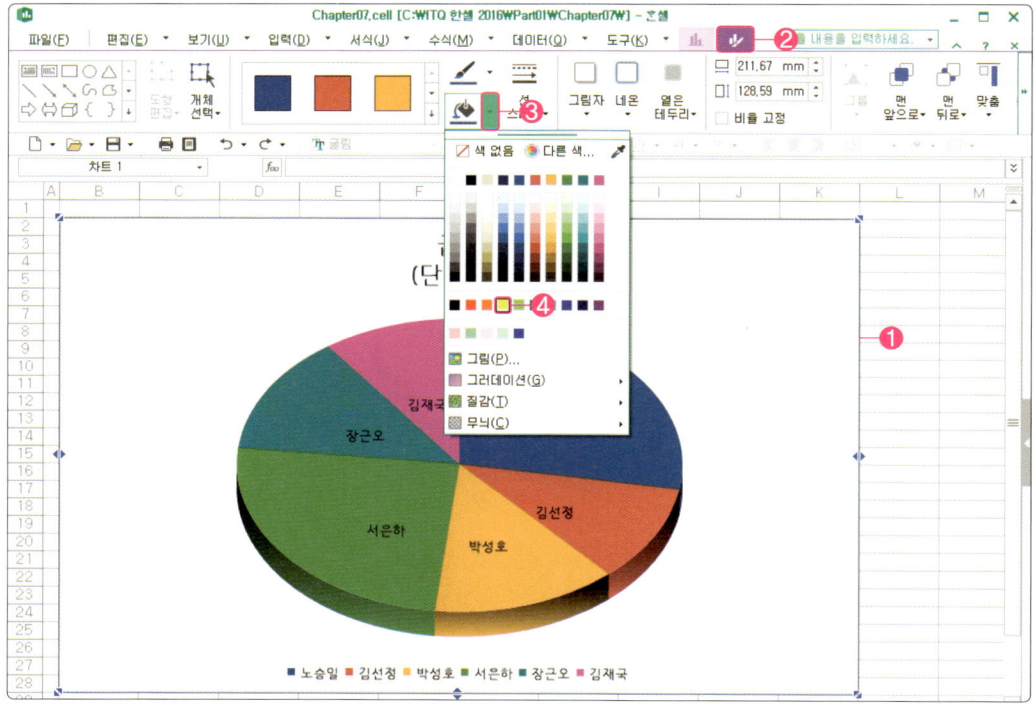

100 한셀 2016(NEO)

4 그림 영역의 배경색을 지정하기 위해 **그림 영역을 선택**한 후 [차트 도형] 정황 탭에서 [채우기]의 ▼[목록] 단추를 클릭한 다음 [하양]을 클릭합니다.

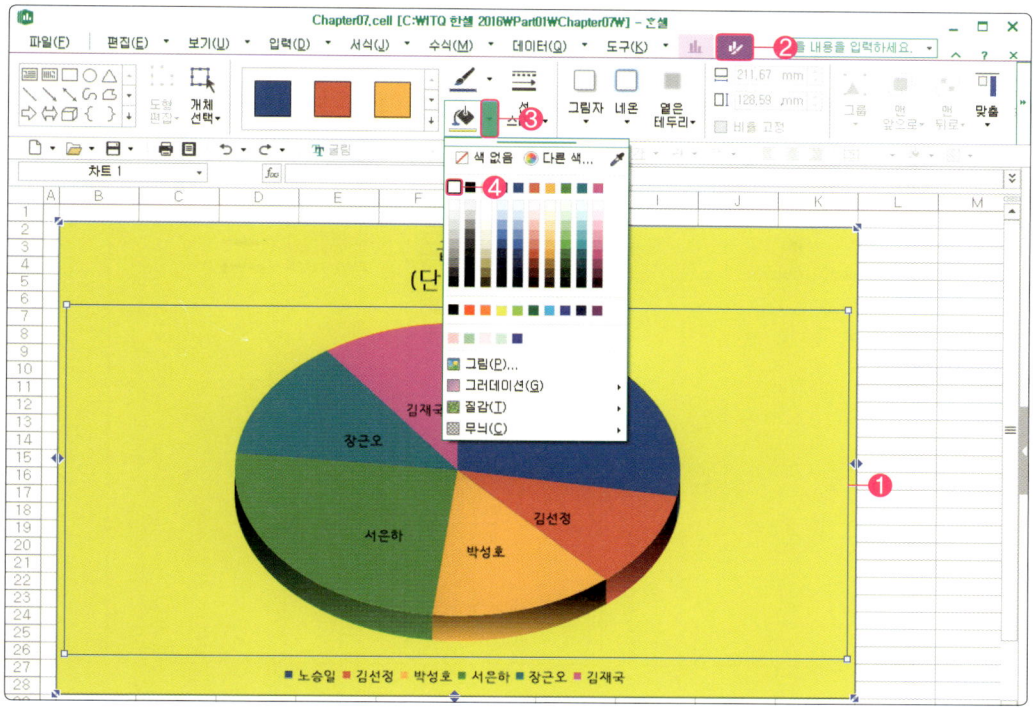

5 차트 제목에 글자 서식을 지정하기 위해 **차트 제목의 바로 가기 메뉴에서 [제목 편집]을 클릭**합니다.

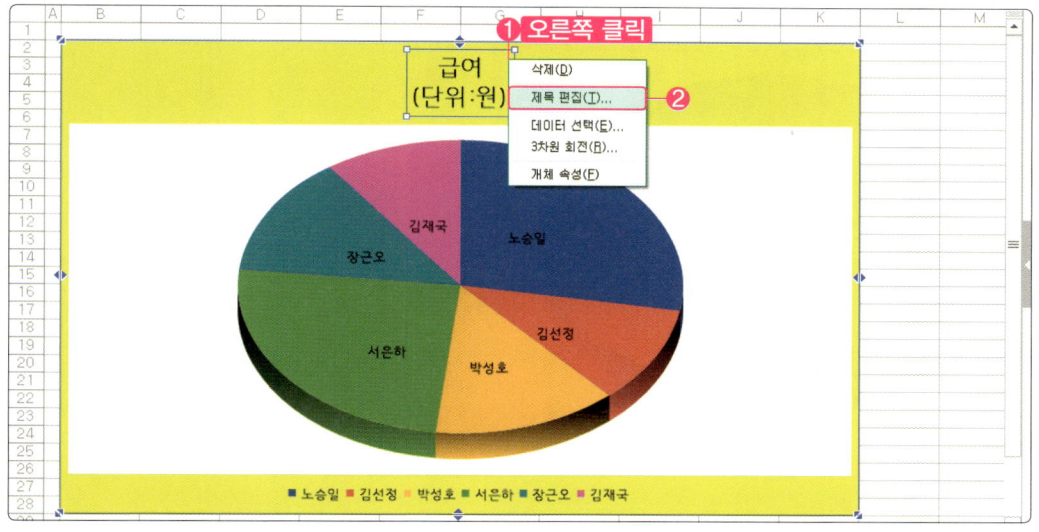

6 [제목 편집] 대화상자가 나타나면 **내용(배송부 및 식료사업부 급여 현황)을 입력**한 후 글꼴(궁서)과 크기(20)를 지정한 다음 [진하게]를 클릭하고 [설정] 단추를 클릭합니다.

7 차트 제목의 속성을 지정하기 위해 **차트 제목의 바로 가기 메뉴에서 [개체 속성]을 클릭**합니다.

8 [개체 속성] 대화상자가 나타나면 [채우기] 탭에서 **[단색]을 선택**한 후 **색(하양)을 선택**한 다음 **[선] 탭을 클릭**합니다. 그런 다음 [개체 속성] 대화상자의 [선] 탭이 나타나면 **선 종류(―[실선])를 선택**한 후 **굵기(2)를 입력**한 다음 **[설정] 단추를 클릭**합니다.

9 '노승일' 데이터 계열의 속성을 지정하기 위해 **'노승일' 데이터 계열을 선택**한 후 **'노승일' 데이터 계열의 바로 가기 메뉴에서 [데이터 계열 속성]을 클릭**합니다.

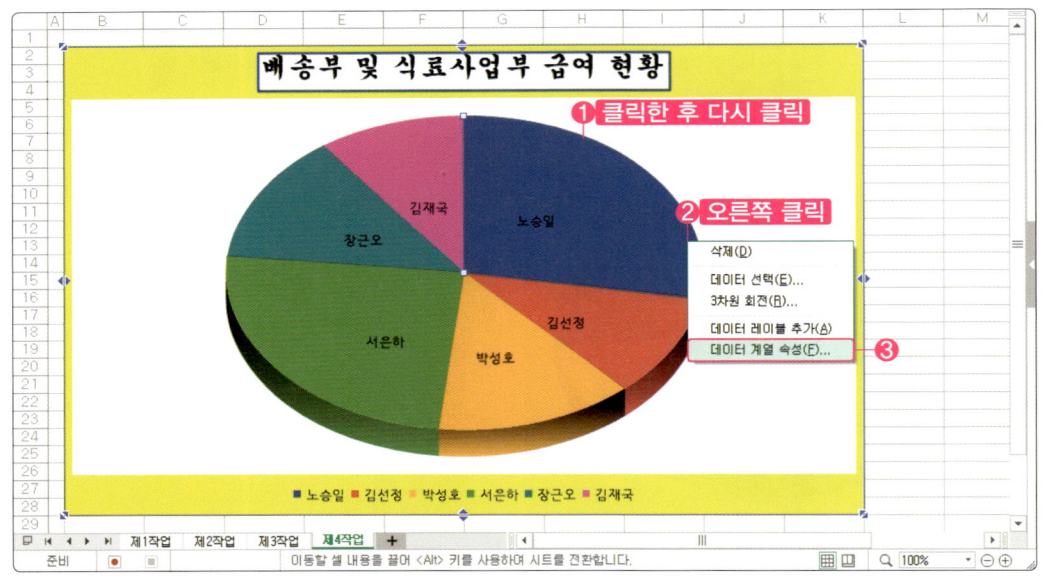

> **Tip**
> • 데이터 계열은 관련 있는 데이터 요소의 집합으로 수치 데이터를 나타내는 가로 막대, 세로 막대, 원 등을 말하며 '계열'이라고도 합니다.
> • '노승일' 데이터 계열을 클릭한 후 다시 클릭하면 '노승일' 데이터 계열만 선택할 수 있습니다.

10 [개체 속성] 대화상자가 나타나면 [계열] 탭에서 **쪼개진 요소(15)를 입력**한 후 [설정] 단추를 클릭합니다.

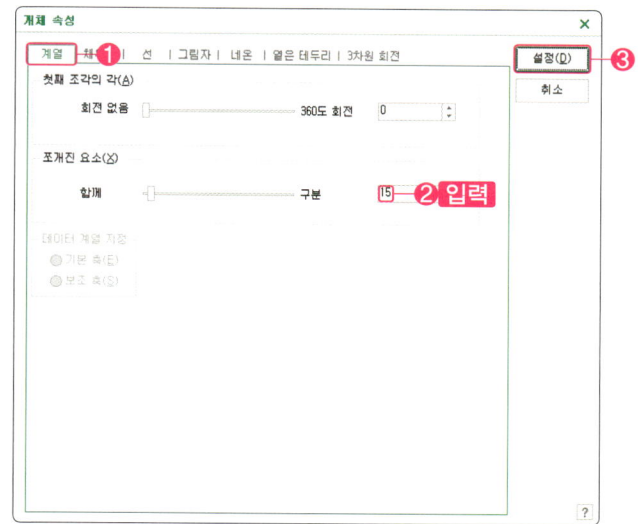

11 데이터 레이블의 속성을 지정하기 위해 **데이터 레이블의 바로 가기 메뉴에서 [데이터 레이블 속성]을 클릭**합니다.

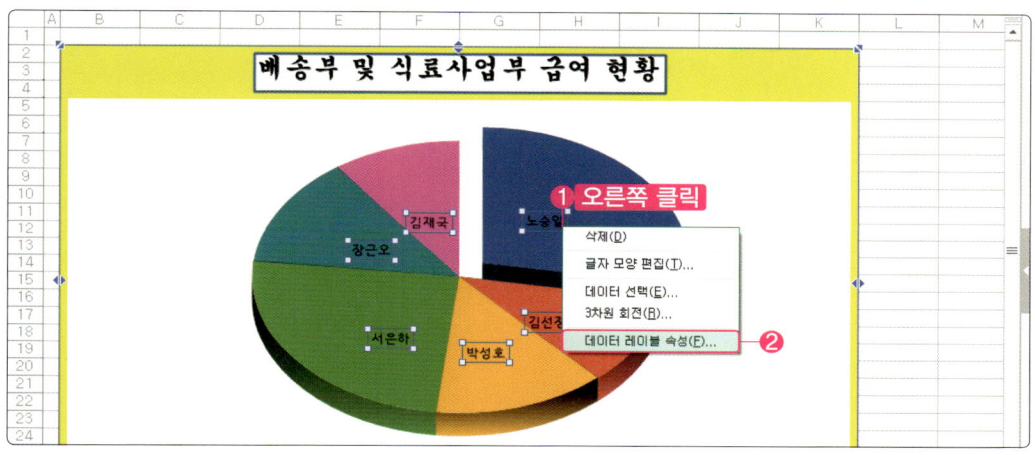

12 [개체 속성] 대화상자가 나타나면 [데이터 레이블] 탭에서 **레이블 내용(값)과 레이블 위치(바깥쪽 끝에)를 선택**한 후 **[채우기] 탭을 클릭**합니다. 그런 다음 [개체 속성] 대화상자의 [채우기] 탭이 나타나면 **[단색]을 선택**한 후 **색(하양)을 선택**한 다음 [설정] 단추를 클릭합니다.

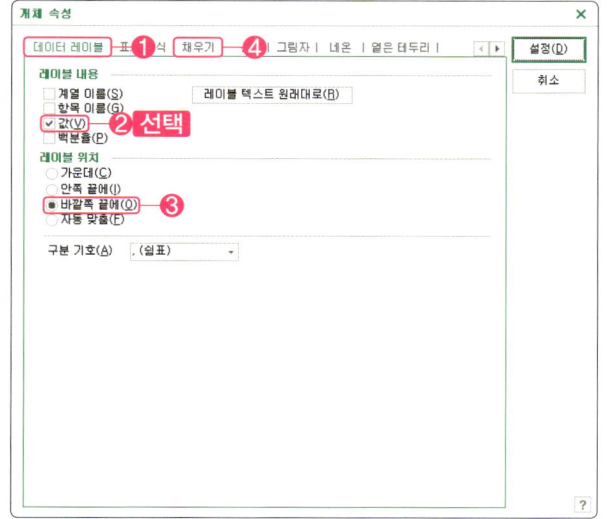
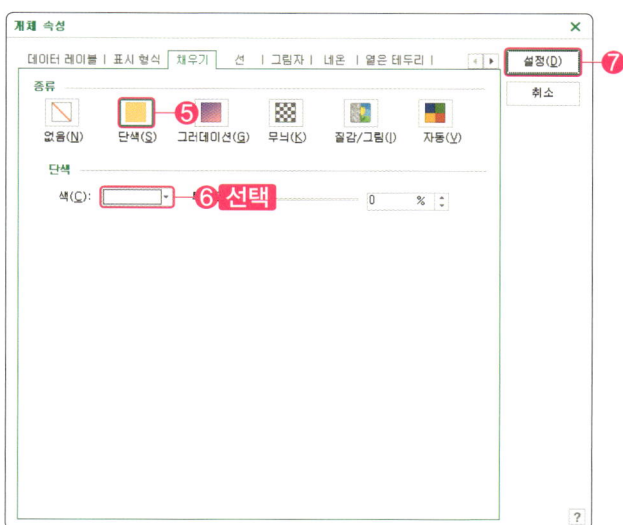

13 '노승일' 데이터 레이블의 속성을 지정하기 위해 **'노승일' 데이터 레이블을 선택**한 후 **'노승일' 데이터 레이블의 바로 가기 메뉴에서 [데이터 레이블 속성]**을 클릭합니다.

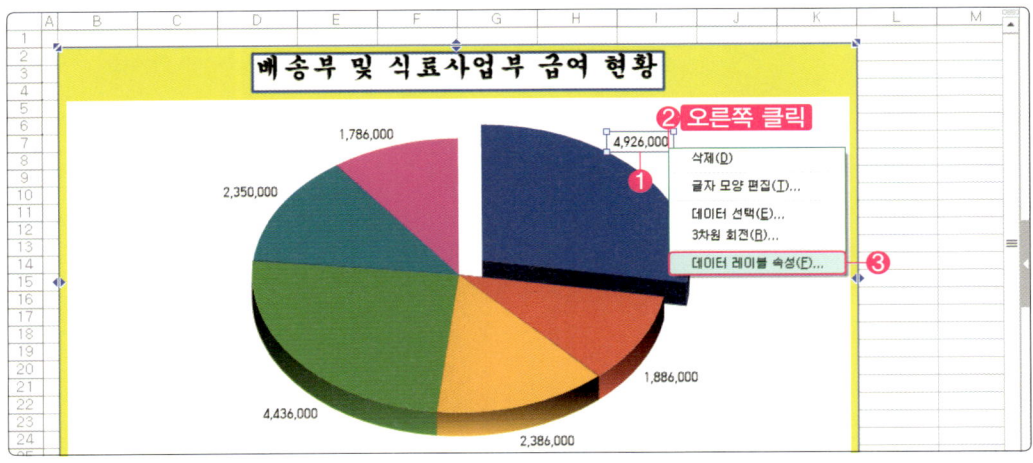

14 [개체 속성] 대화상자가 나타나면 [데이터 레이블] 탭에서 **레이블 위치(가운데)를 선택**한 후 **[설정] 단추를** 클릭합니다.

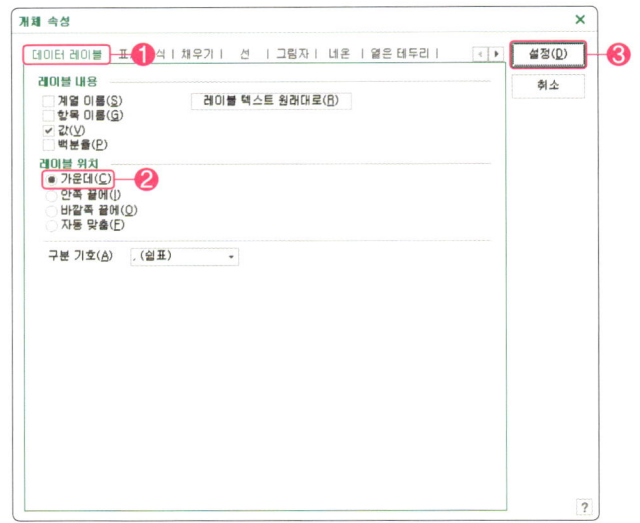

15 데이터 레이블에 글자 서식을 지정하기 위해 **데이터 계열을 클릭**한 후 **데이터 레이블의 바로 가기 메뉴에서 [글자 모양 편집]**을 클릭합니다.

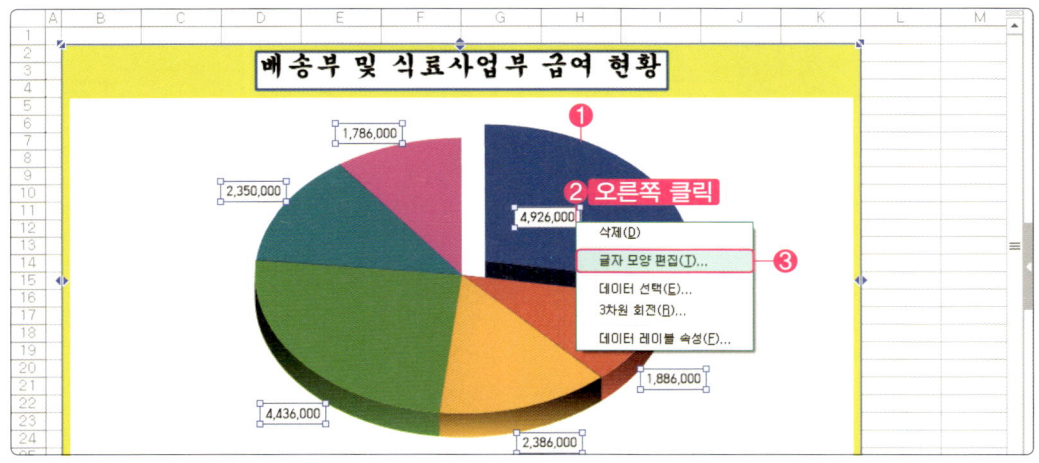

Tip
데이터 계열을 클릭한 것은 '노승일' 데이터 레이블만 선택한 것을 해제하기 위해서입니다.

16 [글자 모양 편집] 대화상자가 나타나면 **글꼴(굴림)과 크기(11)를 지정**한 후 [설정] 단추를 클릭합니다.

17 범례에 글자 서식을 지정하기 위해 **범례의 바로 가기 메뉴에서 [글자 모양 편집]을 클릭**합니다.

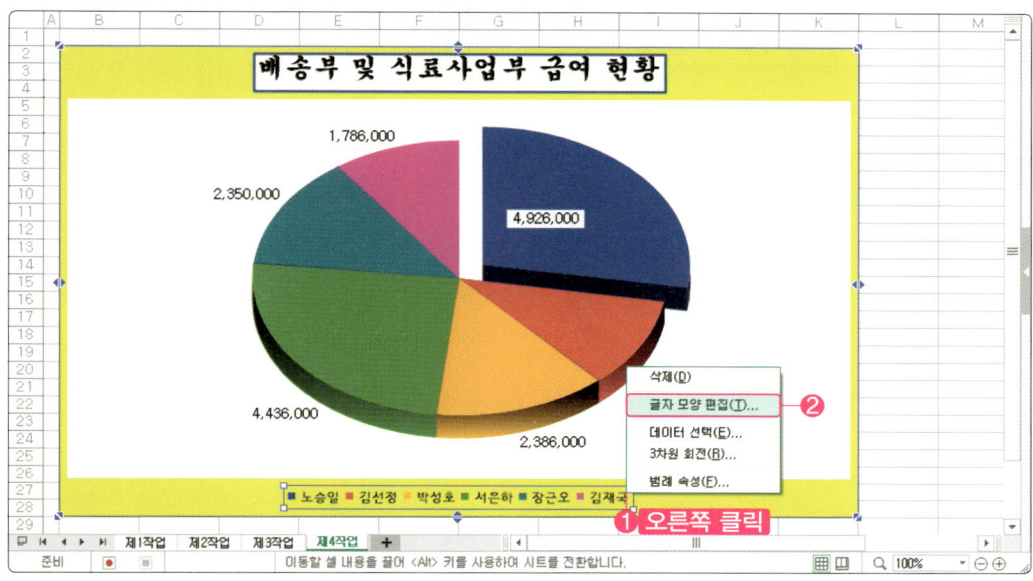

18 [글자 모양 편집] 대화상자가 나타나면 **글꼴(굴림)과 크기(11)를 지정**한 후 [설정] 단추를 클릭합니다.

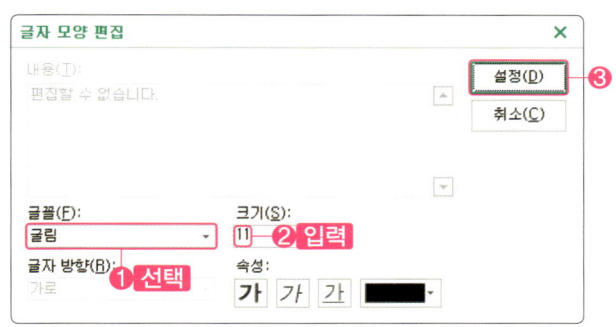

19 범례에 글자 서식이 지정됩니다.

STEP 03 차트에 도형 삽입하기

1 차트에 도형을 삽입하기 위해 **차트를 선택**한 후 [차트 도형] 정황 탭에서 **도형 목록의 [자세히] 단추를 클릭**합니다.

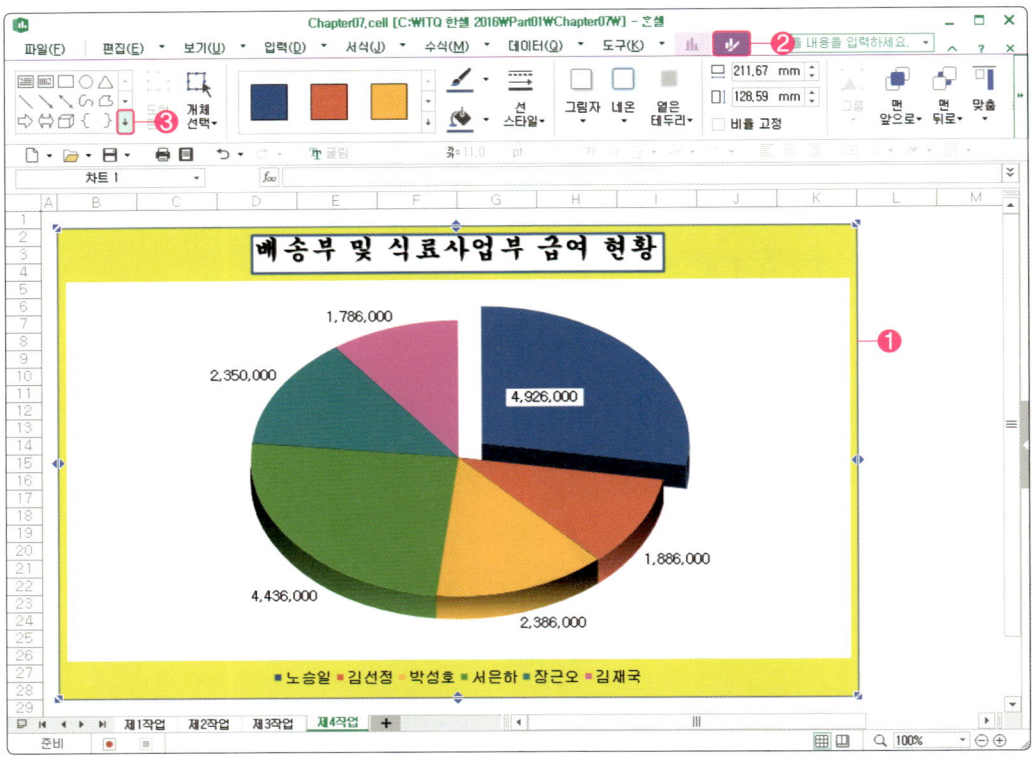

2 도형 목록이 나타나면 [모서리가 둥근 사각형 설명선]을 클릭합니다.

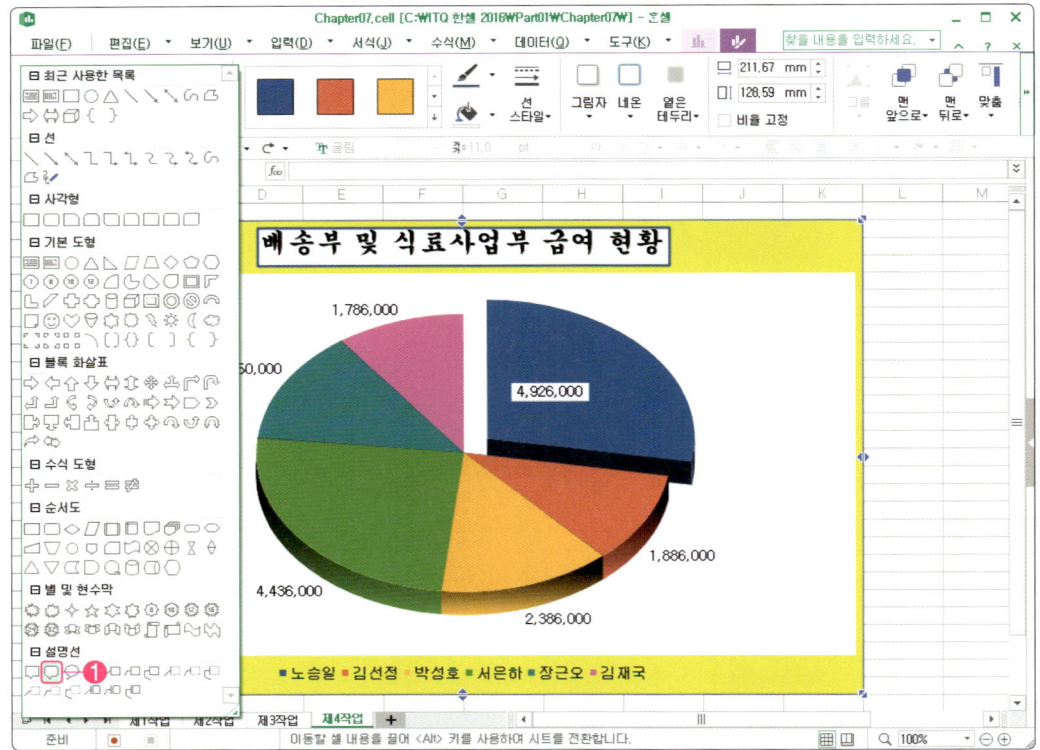

3 마우스 포인터가 ┼ 모양으로 변경되면 다음과 같이 **드래그하여 도형을 삽입**합니다.

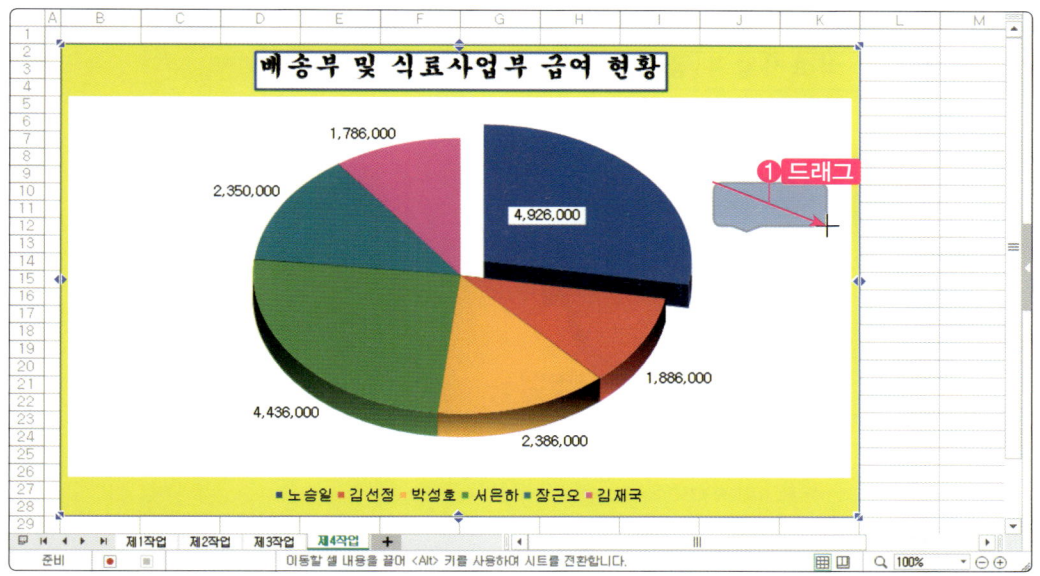

4 도형이 삽입되면 **도형 텍스트(경력 채용)를 입력**합니다. 그런 다음 도형에 글자 서식, 채우기 색, 맞춤 서식을 지정하기 위해 **도형을 선택**한 후 [서식] 탭에서 **글꼴(굴림), 글자 크기(11), 글자 색(검정), 채우기(하양)를 선택**한 다음 ≡[**가운데 정렬**]과 ≡[**가운데 맞춤**]을 **클릭**합니다.

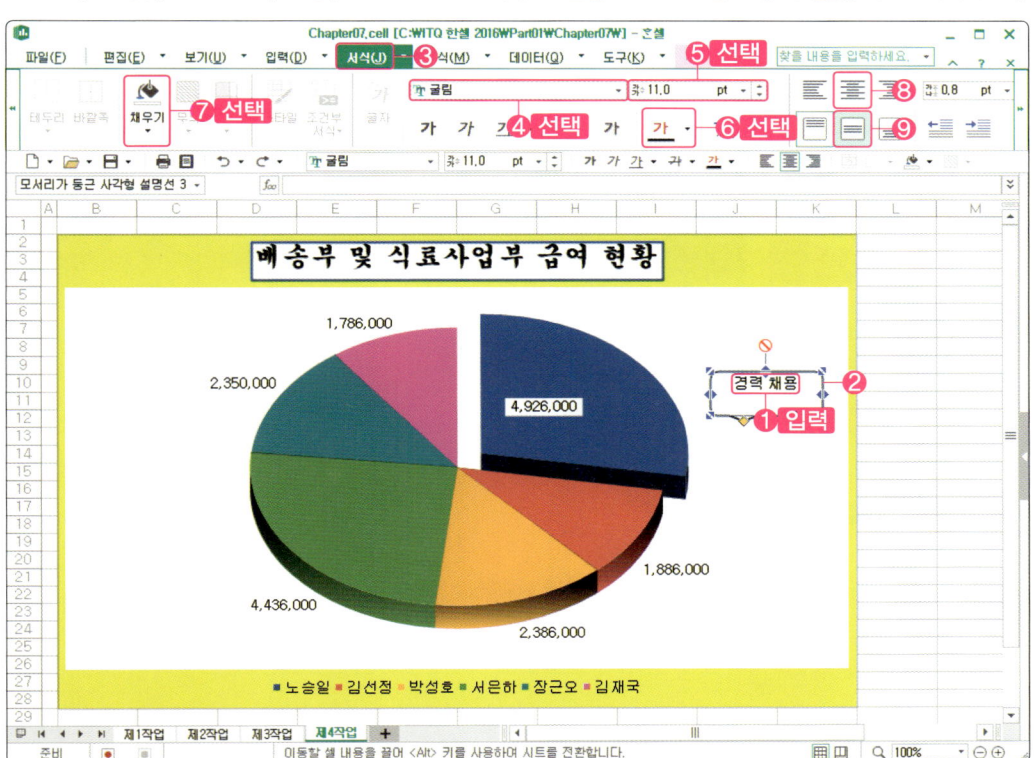

Chapter 07 · 그래프 **107**

5 도형의 모양을 조정하기 위해 다음과 같이 **도형의 모양 조정 핸들(◆)을 드래그**합니다.

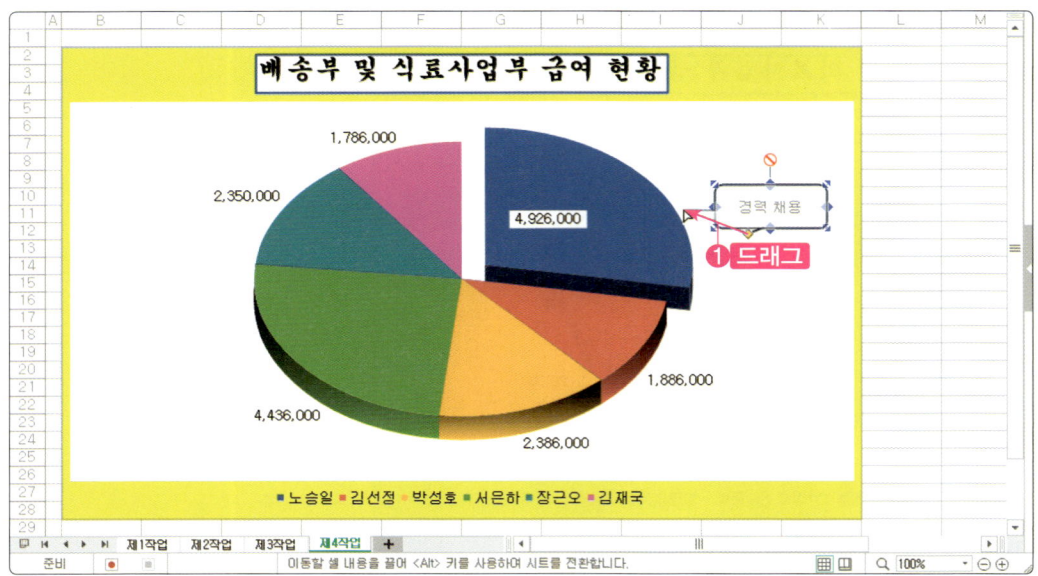

6 도형의 모양이 조정되면 눈금 선을 숨기기 위해 [보기] 탭에서 **[눈금 선]을 선택 해제**합니다.

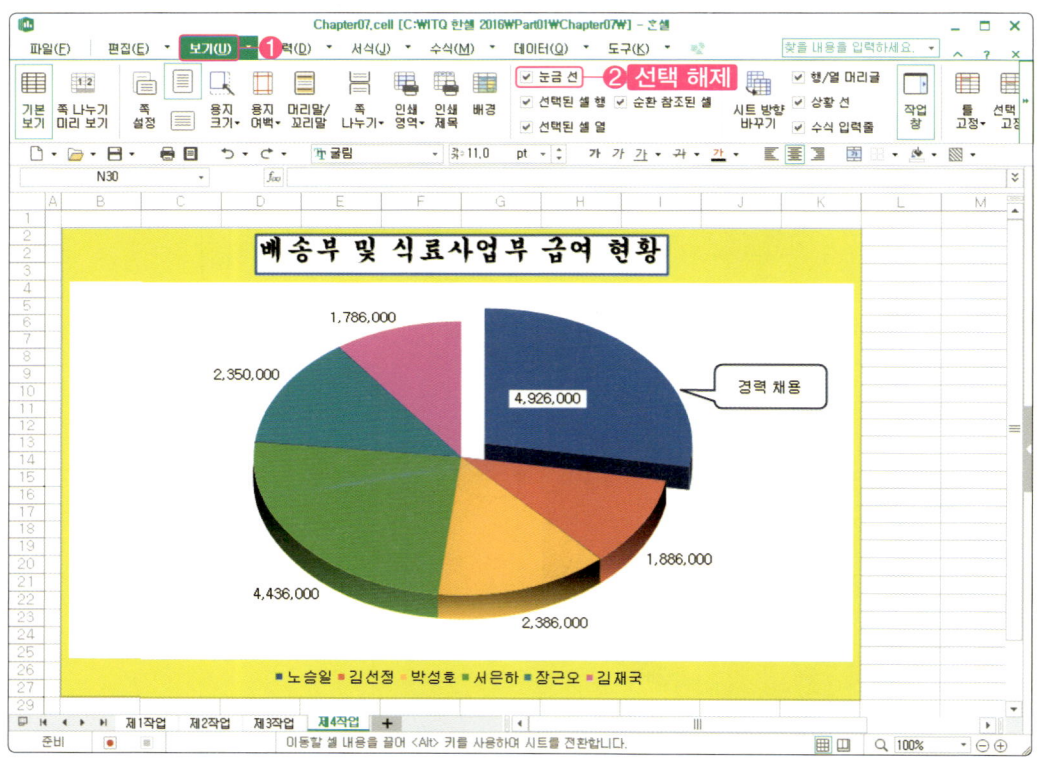

7 눈금 선이 숨겨집니다.

문제유형 001   그래프

☞ "제1작업" 시트를 이용하여 "제4작업" 시트에 ≪출력형태≫와 같이 작업하시오.

≪조건≫

(1) 차트 종류 ⇒ 〈3차원 원형〉으로 작업하시오.
(2) 데이터 범위 ⇒ "제1작업" 시트의 내용을 이용하여 작업하시오.
(3) 차트 위치 ⇒ 「B2:K28」 영역에 배치하여 ≪출력형태≫와 같이 작업하시오.
(4) 차트 스타일 ⇒ 레이아웃6, 스타일3을 적용하시오.
(5) 배경 서식 ⇒ 전체 영역(노랑), 그림 영역(하양), 전체 글꼴(굴림, 11pt)을 적용하여 작업하시오.
(6) 제목 서식 ⇒ 글꼴(궁서, 20pt, 진하게), 채우기(하양), 선 모양 실선(굵기 2pt)
(7) 속성 ⇒ 계열 : 하마 조각을 쪼개진 요소 20%로 지정하여 분리하고 ≪출력형태≫와 같이 표시하시오.
　　　　　레이블 : 값을 표시하고, 위치 및 채우기 색(하양)은 ≪출력형태≫와 같이 표시하시오.
(8) 범례 ⇒ ≪출력형태≫를 참조하시오.
(9) 도형 ⇒ '타원형 설명선'을 삽입한 후 내용을 입력하시오.
(10) 나머지 사항은 ≪출력형태≫에 맞게 작성하시오.

≪출력형태≫

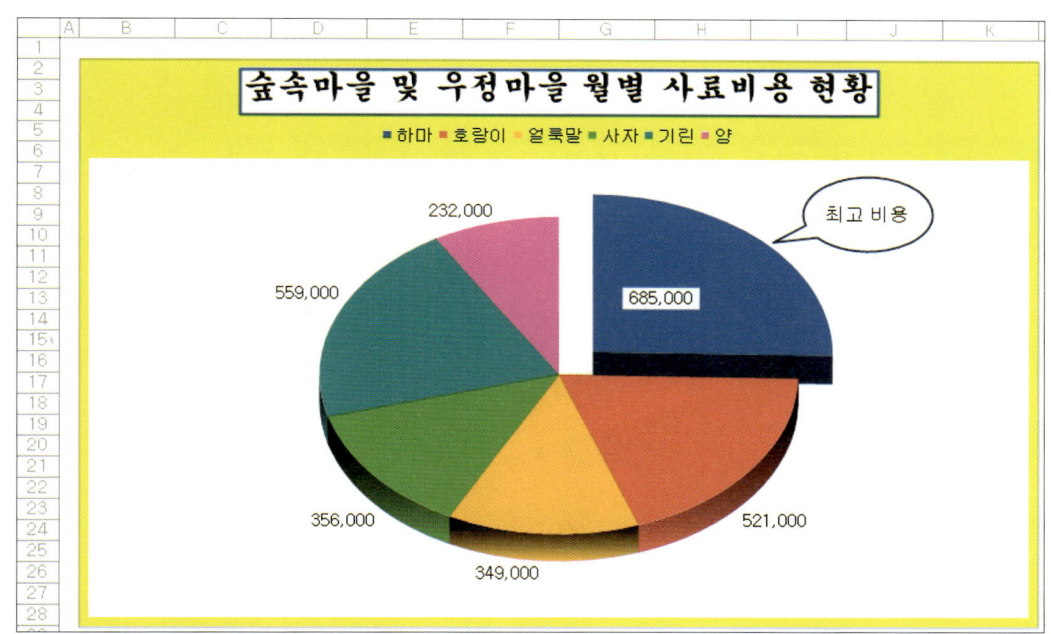

주의 ☞ 시트명 순서가 차례대로 "제1작업", "제2작업", "제3작업", "제4작업"이 되도록 할 것.

Hint

범례 위치 변경 : 범례를 선택한 후 [차트 디자인] 정황 탭에서 [차트 구성 추가]를 클릭한 다음 [범례]-[위쪽]을 클릭

Chapter 07 · 그래프 **109**

문제유형 002 — 그래프

☞ "제1작업" 시트를 이용하여 "제4작업" 시트에 ≪출력형태≫와 같이 작업하시오.

≪조건≫

(1) 차트 종류 ⇒ 〈3차원 원형〉으로 작업하시오.
(2) 데이터 범위 ⇒ "제1작업" 시트의 내용을 이용하여 작업하시오.
(3) 차트 위치 ⇒ 「B2:K28」 영역에 배치하여 ≪출력형태≫와 같이 작업하시오.
(4) 차트 스타일 ⇒ 레이아웃3, 스타일1을 적용하시오.
(5) 배경 서식 ⇒ 전체 영역(밝은 연두색), 그림 영역(하양), 전체 글꼴(맑은 고딕, 11pt)을 적용하여 작업하시오.
(6) 제목 서식 ⇒ 글꼴(굴림, 20pt, 진하게), 채우기(하양), 선 모양 실선(굵기 1pt)
(7) 속성 ⇒ 계열 : 생활지원 조각을 쪼개진 요소 15%로 지정하여 분리하고 ≪출력형태≫와 같이 표시하시오.
       레이블 : 항목 이름과 값을 표시하고, 위치 및 채우기 색(하양)은 ≪출력형태≫와 같이 표시하시오.
(8) 범례 ⇒ ≪출력형태≫를 참조하시오.
(9) 도형 ⇒ '사각형 설명선'을 삽입한 후 내용을 입력하시오.
(10) 나머지 사항은 ≪출력형태≫에 맞게 작성하시오.

≪출력형태≫

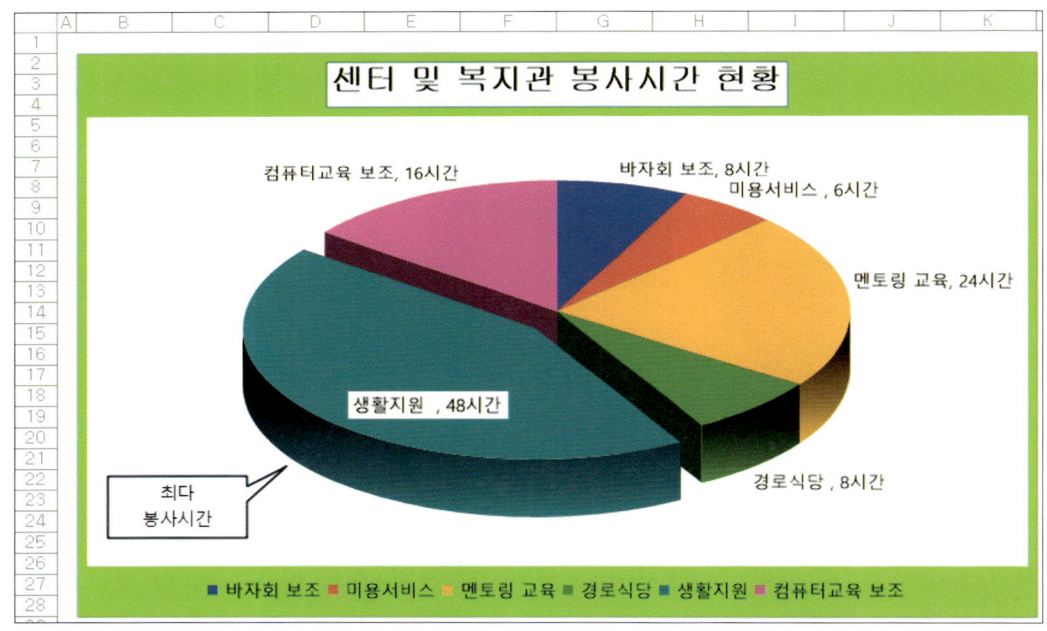

주의 ☞ 시트명 순서가 차례대로 "제1작업", "제2작업", "제3작업", "제4작업"이 되도록 할 것.

Hint

데이터 레이블 속성 지정 : 데이터 레이블의 바로 가기 메뉴에서 [데이터 레이블 속성]을 클릭 → [개체 속성] 대화상자의 [데이터 레이블] 탭에서 레이블 내용(항목 이름, 값), 레이블 위치(바깥쪽 끝에), 구분 기호(, (쉼표))를 선택한 후 [채우기] 탭을 클릭, 그런 다음 [개체 속성] 대화상자의 [채우기] 탭에서 [단색]을 선택한 후 색(하양)을 선택한 다음 [설정] 단추를 클릭 → '생활지원' 데이터 레이블을 선택한 후 '생활지원' 데이터 레이블의 바로 가기 메뉴에서 [데이터 레이블 속성]을 클릭 → [개체 속성] 대화상자의 [데이터 레이블] 탭에서 레이블 위치(가운데)를 선택한 후 [설정] 단추를 클릭

| 문제유형 **003** | 그래프 | Ch07_문제유형003.cell |

☞ "제1작업" 시트를 이용하여 "제4작업" 시트에 ≪출력형태≫와 같이 작업하시오.

≪조건≫

(1) 차트 종류 ⇒ 〈3차원 원형〉으로 작업하시오.
(2) 데이터 범위 ⇒ "제1작업" 시트의 내용을 이용하여 작업하시오.
(3) 차트 위치 ⇒ 「B2:K28」 영역에 배치하여 ≪출력형태≫와 같이 작업하시오.
(4) 차트 스타일 ⇒ 레이아웃6, 스타일3을 적용하시오.
(5) 배경 서식 ⇒ 전체 영역(시안), 그림 영역(하양), 전체 글꼴(돋움, 11pt)을 적용하여 작업하시오.
(6) 제목 서식 ⇒ 글꼴(돋움, 20pt, 진하게), 채우기(하양), 선 모양 실선(굵기 2pt)
(7) 속성 ⇒ 계열 : M597K 조각을 쪼개진 요소 20%로 지정하여 분리하고 ≪출력형태≫와 같이 표시하시오.
     레이블 : 값을 표시하고, 위치 및 채우기 색(하양)은 ≪출력형태≫와 같이 표시하시오.
(8) 범례 ⇒ ≪출력형태≫를 참조하시오.
(9) 도형 ⇒ '모서리가 둥근 사각형 설명선'을 삽입한 후 내용을 입력하시오.
(10) 나머지 사항은 ≪출력형태≫에 맞게 작성하시오.

≪출력형태≫

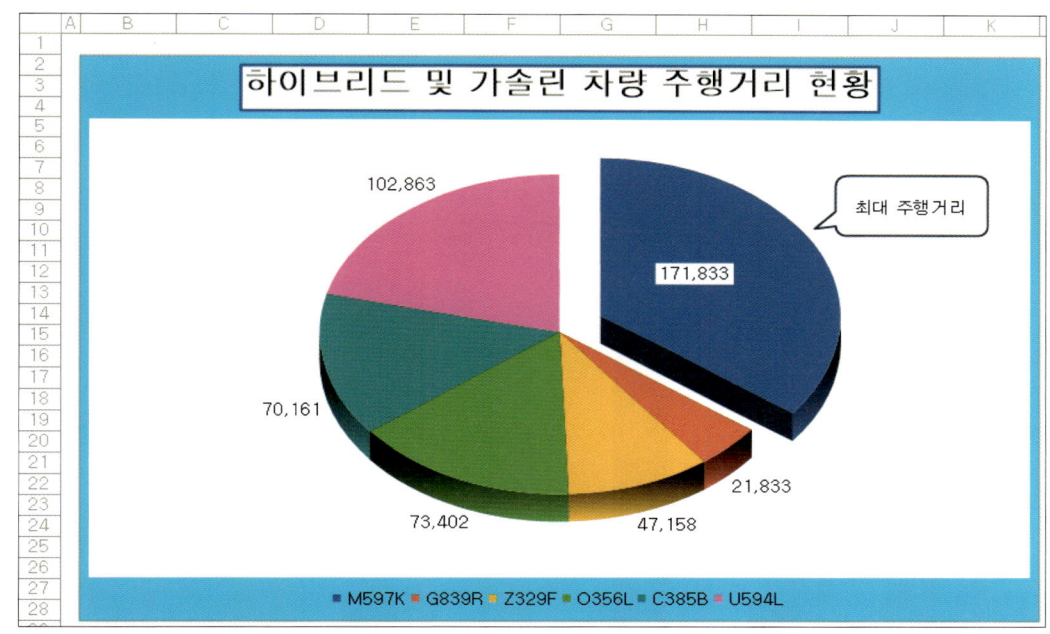

주의 ☞ 시트명 순서가 차례대로 "제1작업", "제2작업", "제3작업", "제4작업"이 되도록 할 것.

문제유형 004   그래프

 Ch07_문제유형004.cell

☞ "제1작업" 시트를 이용하여 "제4작업" 시트에 ≪출력형태≫와 같이 작업하시오.

≪조건≫

(1) 차트 종류 ⇒ 〈묶은 세로 막대형〉으로 작업하시오.
(2) 데이터 범위 ⇒ "제1작업" 시트의 내용을 이용하여 작업하시오.
(3) 차트 위치 ⇒ 「B2:K28」 영역에 배치하여 ≪출력형태≫와 같이 작업하시오.
(4) 차트 스타일 ⇒ 레이아웃2, 스타일1을 적용하시오.
(5) 배경 서식 ⇒ 전체 영역(노랑), 그림 영역(하양), 전체 글꼴(굴림, 11pt)을 적용하여 작업하시오.
(6) 제목 서식 ⇒ 글꼴(굴림, 20pt, 진하게), 채우기(하양), 선 모양 실선(굵기 2pt)
(7) 속성 ⇒ 최저가격 계열의 차트 종류를 〈표식이 있는 꺾은선형〉으로 변경한 후 보조 축으로 지정하시오.
           계열 : 최저가격 계열의 표식은 다이아몬드 모양, 10pt로 적용하시오.
           레이블 : 평균가격(원) 계열의 판피린큐 자료점 값을 표시하고, 위치는 ≪출력형태≫와 같이 표시하시오.
           축 모양 : 주 격자선(선 스타일 - 파선)을 적용하고 ≪출력형태≫를 참조하시오.
(8) 범례 ⇒ ≪출력형태≫를 참조하시오.
(9) 도형 ⇒ '위쪽 리본'을 삽입한 후 내용을 입력하시오.
(10) 나머지 사항은 ≪출력형태≫에 맞게 작성하시오.

≪출력형태≫

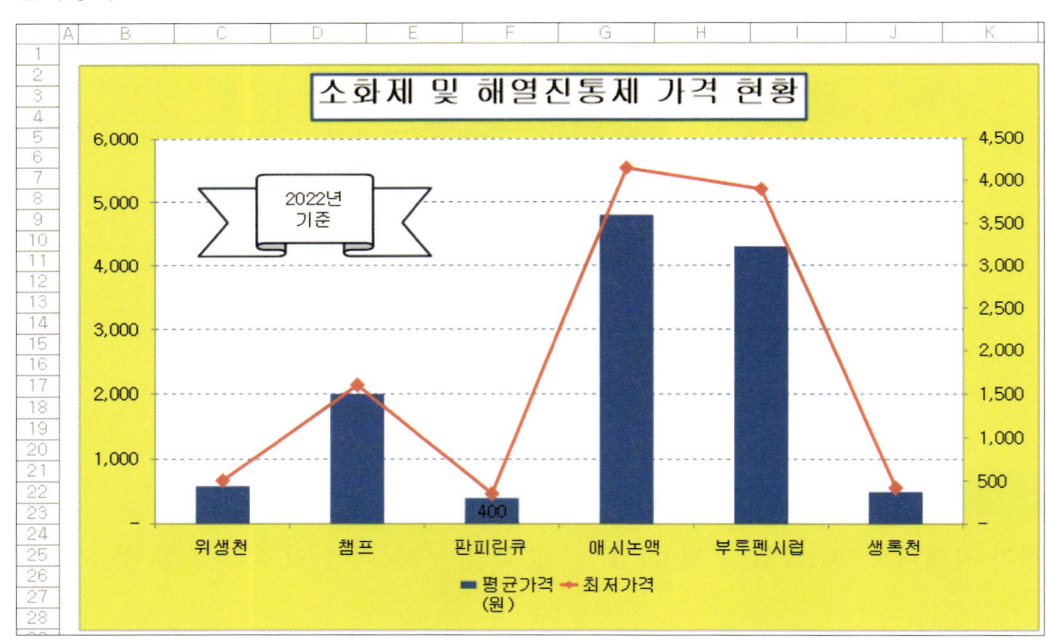

주의 ☞ 시트명 순서가 차례대로 "제1작업", "제2작업", "제3작업", "제4작업"이 되도록 할 것.

Hint

- **차트 종류 변경** : '최저가격' 데이터 계열을 선택한 후 [차트 디자인] 정황 탭에서 [차트 종류 변경]을 클릭한 다음 [표식이 있는 꺾은선형]을 클릭
- **보조 축 지정** → '최저가격' 데이터 계열의 바로 가기 메뉴에서 [데이터 계열] 속성을 클릭 → [개체 속성] 대화 상자의 [계열] 탭에서 데이터 계열 지정(보조 축)을 선택한 후 [설정] 단추를 클릭

ITQ Hancell 2016(NEO)

실전모의고사

제 01 회   실전모의고사
제 02 회   실전모의고사
제 03 회   실전모의고사
제 04 회   실전모의고사
제 05 회   실전모의고사
제 06 회   실전모의고사
제 07 회   실전모의고사
제 08 회   실전모의고사
제 09 회   실전모의고사
제 10 회   실전모의고사
제 11 회   실전모의고사
제 12 회   실전모의고사
제 13 회   실전모의고사
제 14 회   실전모의고사
제 15 회   실전모의고사

제01회 ITQ 실전모의고사

과목	코드	문제유형	시험시간	수험번호	성명
한셀	1121	A	60분		

수험자 유의사항

- 수험자는 문제지를 받는 즉시 문제지와 수험표상의 시험과목(프로그램)이 동일한지 반드시 확인하여야 합니다.
- 파일명은 본인의 "수험번호-성명"으로 입력하여 답안폴더(내 PC₩문서₩ITQ)에 하나의 파일로 저장해야 하며, 답안문서 파일명이 "수험번호-성명"과 일치하지 않거나, 답안파일을 전송하지 않아 미제출로 처리될 경우 실격 처리합니다(예:12345678-홍길동.cell).
- 답안 작성을 마치면 파일을 저장하고, '답안 전송' 버튼을 선택하여 감독위원 PC로 답안을 전송하십시오. 수험생 정보와 저장한 파일명이 다를 경우 전송되지 않으므로 주의하시기 바랍니다.
- 답안 작성 중에도 주기적으로 저장하고, '답안 전송'하여야 문제 발생을 줄일 수 있습니다. 작업한 내용을 저장하지 않고 전송할 경우 이전에 저장된 내용이 전송되오니 이점 유의하시기 바랍니다.
- 답안문서는 지정된 경로 외의 다른 보조기억장치에 저장하는 경우, 지정된 시험 시간 외에 작성된 파일을 활용할 경우, 기타 통신수단(이메일, 메신저, 네트워크 등)을 이용하여 타인에게 전달 또는 외부 반출하는 경우는 부정 처리합니다.
- 시험 중 부주의 또는 고의로 시스템을 파손한 경우는 수험자가 변상해야 하며, 〈수험자 유의사항〉에 기재된 방법대로 이행하지 않아 생기는 불이익은 수험생 당사자의 책임임을 알려 드립니다.
- 문제의 조건은 한컴오피스 NEO(2016)버전으로 설정되어 있으니 유의하시기 바랍니다.
- 시험을 완료한 수험자는 답안파일이 전송되었는지 확인한 후 감독위원의 지시에 따라 문제지를 제출하고 퇴실합니다.

답안 작성요령

- 온라인 답안 작성 절차
  수험자 등록 ⇒ 시험 시작 ⇒ 답안파일 저장 ⇒ 답안 전송 ⇒ 시험 종료
- 문제는 총 4단계, 즉 제1작업부터 제4작업까지 구성되어 있으며 반드시 제1작업부터 순서대로 작성하고 조건대로 작업하시오.
- 모든 작업시트의 A열은 열 너비 '1'로, 나머지 열은 적당하게 조절하시오.
- 모든 작업시트의 테두리는 ≪출력형태≫와 같이 작업하시오.
- 해당 작업란에서는 각각 제시된 조건에 따라 ≪출력형태≫와 같이 작업하시오.
- 답안 시트 이름은 "제1작업", "제2작업", "제3작업", "제4작업"이어야 하며 답안 시트 이외의 것은 감점 처리됩니다.
- 각 시트를 파일로 나누어 작업해서 저장할 경우 실격 처리됩니다.

kpc 한국생산성본부

[제1작업] 표 서식 작성 및 값 계산   (240점)

☞ 다음은 '한국 상사 인턴 사원 현황'에 대한 자료이다. 자료를 입력하고 조건에 맞도록 작업하시오.

≪출력형태≫

	A	B	C	D	E	F	G	H	I	J
1								결재	담당	팀장	부장
2			한국 상사 인턴 사원 현황								
3											
4		사원번호	학교명	학과명	이름	부서명	일일 근무시간	근무 시작일	분류	총급여
5		A-121	한국 대학교	경영학과	김정미	기획부	8	2023-07-02	(1)	(2)
6		B-222	서남 대학교	컴퓨터공학과	이영자	개발부	7	2023-07-10	(1)	(2)
7		A-131	동부 대학교	회계학과	오경수	총무부	6	2023-08-03	(1)	(2)
8		B-232	한국 대학교	영문학과	정민호	기획부	8	2023-08-04	(1)	(2)
9		C-123	서남 대학교	전기공학과	심상민	개발부	7	2023-09-05	(1)	(2)
10		B-522	동부 대학교	전자공학과	김길동	개발부	7	2023-09-15	(1)	(2)
11		A-421	한국 대학교	무역학과	박대국	총무부	5	2023-10-06	(1)	(2)
12		A-271	한국 대학교	무역학과	강민주	기획부	8	2023-10-10	(1)	(2)
13		기획부의 일일 근무시간 합계			(3)			최대 일일 근무시간			(5)
14		한국 대학교의 지원자 수			(4)			이름	김정미	부서명	(6)

≪조건≫

○ 모든 데이터의 서식에는 글꼴(굴림, 11pt), 정렬은 숫자 및 회계 서식은 오른쪽 정렬, 나머지 서식은 가운데 정렬로 작성하며 예외적인 것은 ≪출력형태≫를 참조하시오.
○ 제 목 ⇒ '모서리가 둥근 직사각형' 도형과 '바깥쪽 대각선 오른쪽 아래 그림자'를 이용하여 작성하고 "한국 상사 인턴 사원 현황"을 입력한 후 다음 서식을 적용하시오
(글꼴-굴림, 24pt, 검정, 진하게, 채우기-노랑).
○ 임의의 셀에 결재란을 만들고 '그림으로 복사하기' 기능을 이용하여 작성하시오(단, 원본 삭제).
○ 「B4:J4, G14, I14」 영역은 '노랑'으로 채우기 하시오.
○ 유효성 검사를 이용하여 「H14」 셀에 이름(「E5:E12」 영역)이 선택 표시되도록 하시오.
○ 셀 서식 ⇒ 「G5:G12」 영역에 셀 서식을 이용하여 숫자 뒤에 '시간'을 표시하시오(예 : 5 → 5시간).
○ 「F5:F12」 영역에 대해 '부서명'으로 이름정의를 하시오.

● (1)~(6) 셀은 반드시 **주어진 함수를 이용**하여 값을 구하시오(결과값을 직접 입력하면 해당 셀은 0점 처리됨).

(1) 분류 ⇒ 사원번호 마지막 1글자가 '1'이면 '정규 전환', '2'이면 '산학 협력', '3'이면 '계약 전환'으로 표시하시오(CHOOSE, RIGHT 함수).
(2) 총급여 ⇒ 「일일 근무시간×60×시간당 급여」로 구하시오. 단, 시간당 급여는 부서명이 '개발부'이면 11,000, 아니면 8,000으로 계산하시오(IF 함수).
(3) 기획부의 일일 근무시간 합계 ⇒ 정의된 이름(부서명)을 이용하여 구한 결과값에 '시간'을 붙이시오 (SUMIF 함수, & 연산자)(예 : 1시간).
(4) 한국 대학교의 지원자 수 ⇒ 조건은 입력데이터를 이용하시오(DCOUNTA 함수).
(5) 최대 일일 근무시간 ⇒ (MAX 함수)
(6) 부서명 ⇒ 「H14」 셀에서 선택한 이름의 부서명을 구하시오(VLOOKUP 함수).
(7) 조건부 서식의 수식을 이용하여 일일 근무시간이 '8'시간인 행 전체에 다음의 서식을 적용하시오
(글꼴 : 빨강, 진하게).

[제2작업] 목표값 찾기 및 필터 (80점)

☞ "제1작업" 시트의 「B4:H12」 영역을 복사하여 "제2작업" 시트의 「B2」 셀부터 모두 붙여넣기를 한 후 다음의 조건과 같이 작업하시오.

≪조건≫

(1) 목표값 찾기 - 「B11:G11」 셀을 병합하여 "일일 근무시간 전체 합계"를 입력한 후 「H11」 셀에 일일 근무시간 전체 합계를 구하시오(SUM 함수, 테두리, 가운데 맞춤).
 - '일일 근무시간 전체 합계'가 '58'시간이 되려면 한국 대학교 강민주의 일일 근무시간이 얼마가 되어야 하는지 목표값을 구하시오.

(2) 고급필터 - 학교명이 '한국 대학교'이면서, 일일 근무시간이 '7'시간 이하인 자료의 데이터만 추출하시오.
 - 찾을 조건 범위 : 「B13」 셀부터 입력하시오.
 - 복사 위치 : 「B18」 셀부터 나타나도록 하시오.

[제3작업] 피벗 테이블 (80점)

☞ "제1작업" 시트를 이용하여 "제3작업" 시트에 조건에 따라 ≪출력형태≫와 같이 작업하시오.

≪조건≫

(1) 근무시작일 및 부서명별 일일 근무시간의 평균과 부서명의 개수를 구하시오.
(2) 근무시작일을 그룹화하고, 보고서 레이아웃은 개요 형식으로 설정하시오.
(3) 부서명을 ≪출력형태≫와 같이 정렬하고, 빈 셀은 '**'로 표시하시오.
(4) 행의 총합계를 지우고, 나머지 사항은 ≪출력형태≫에 맞게 작성하시오.

≪출력형태≫

A	B	C	D	E	F	G	H
1							
2		부서명	▼데이터 ▼				
3		총무부		기획부		개발부	
4	근무시작일 ▼	평균 : 일일 근무시간	개수 : 부서명	평균 : 일일 근무시간	개수 : 부서명	평균 : 일일 근무시간	개수 : 부서명
5	7월	**	**	8	1	7	1
6	8월	6	1	8	1	**	**
7	9월	**	**	**	**	7	2
8	10월	5	1	8	1	**	**
9	총 합계	6	2	8	3	7	3

[제4작업] 그래프 (100점)

☞ "제1작업" 시트를 이용하여 "제4작업" 시트에 ≪출력형태≫와 같이 작업하시오.

≪조건≫

(1) 차트 종류 ⇒ 〈3차원 원형〉으로 작업하시오.
(2) 데이터 범위 ⇒ "제1작업" 시트의 내용을 이용하여 작업하시오.
(3) 차트 위치 ⇒ 「B2:K28」 영역에 배치하여 ≪출력형태≫와 같이 작업하시오.
(4) 차트 스타일 ⇒ 레이아웃6, 스타일3을 적용하시오.
(5) 배경 서식 ⇒ 전체 영역(노랑), 그림 영역(하양), 전체 글꼴(돋움, 11pt)을 적용하여 작업하시오.
(6) 제목 서식 ⇒ 글꼴(돋움, 20pt, 진하게), 채우기(하양), 선 모양 실선(굵기 2pt)
(7) 속성 ⇒ 계열 : 박대국 조각을 쪼개진 요소 15%로 지정하여 분리하고 ≪출력형태≫와 같이 표시하시오.
　　　　　　레이블 : 항목 이름과 값을 표시하고, 위치 및 채우기 색(하양)은 ≪출력형태≫와 같이 표시하시오.
(8) 범례 ⇒ ≪출력형태≫를 참조하시오.
(9) 도형 ⇒ '모서리가 둥근 사각형 설명선'을 삽입한 후 내용을 입력하시오.
(10) 나머지 사항은 ≪출력형태≫에 맞게 작성하시오.

≪출력형태≫

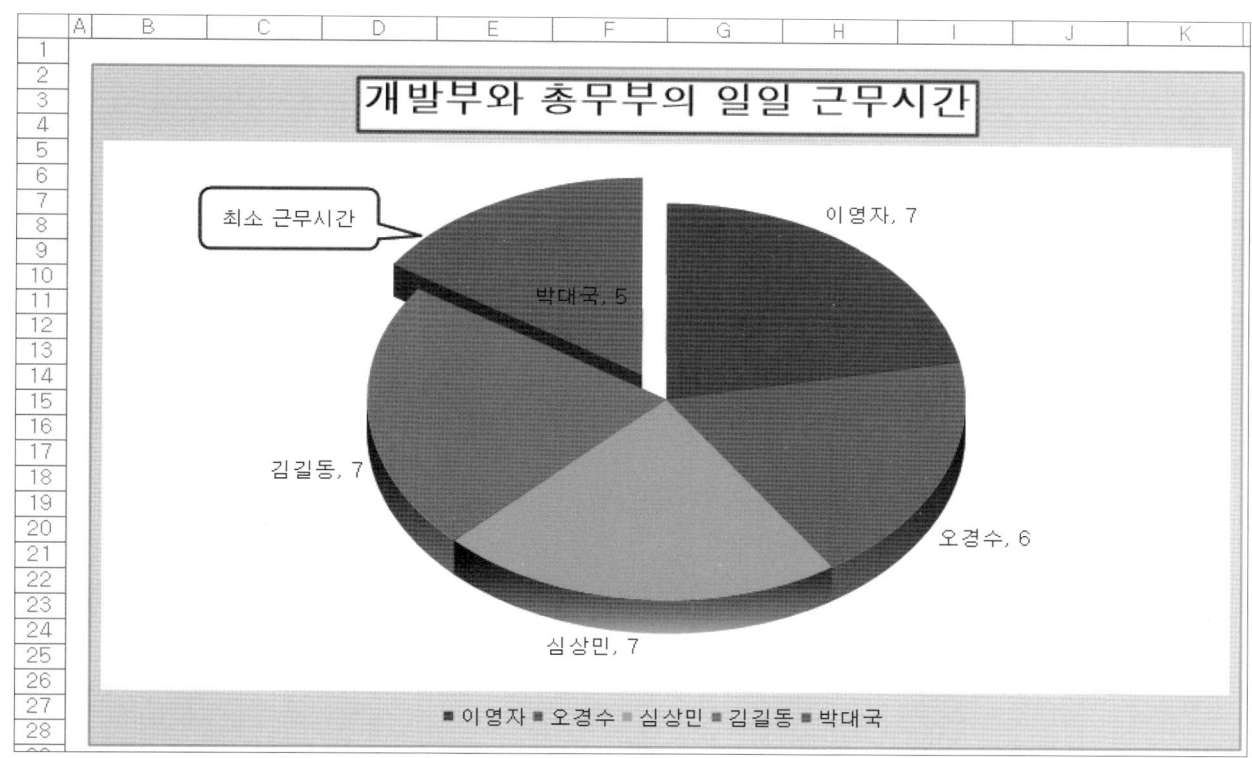

주의 ☞ 시트명 순서가 차례대로 "제1작업", "제2작업", "제3작업", "제4작업"이 되도록 할 것.

제02회 ITQ 실전모의고사

과목	코드	문제유형	시험시간	수험번호	성명
한셀	1121	B	60분		

수험자 유의사항

- 수험자는 문제지를 받는 즉시 문제지와 <u>수험표상의 시험과목(프로그램)이 동일한지 반드시 확인</u>하여야 합니다.
- 파일명은 본인의 "수험번호-성명"으로 입력하여 답안폴더(내 PC₩문서₩ITQ)에 하나의 파일로 저장해야 하며, 답안문서 파일명이 "수험번호-성명"과 일치하지 않거나, 답안파일을 전송하지 않아 미제출로 처리될 경우 실격 처리합니다(예:12345678-홍길동.cell).
- 답안 작성을 마치면 파일을 저장하고, '답안 전송' 버튼을 선택하여 감독위원 PC로 답안을 전송하십시오. 수험생 정보와 저장한 파일명이 다를 경우 전송되지 않으므로 주의하시기 바랍니다.
- 답안 작성 중에도 <u>주기적으로 저장하고, '답안 전송'</u>하여야 문제 발생을 줄일 수 있습니다. 작업한 내용을 저장하지 않고 전송할 경우 이전에 저장된 내용이 전송되오니 이점 유의하시기 바랍니다.
- 답안문서는 지정된 경로 외의 다른 보조기억장치에 저장하는 경우, 지정된 시험 시간 외에 작성된 파일을 활용할 경우, 기타 통신수단(이메일, 메신저, 네트워크 등)을 이용하여 타인에게 전달 또는 외부 반출하는 경우는 부정 처리합니다.
- 시험 중 부주의 또는 고의로 시스템을 파손한 경우는 수험자가 변상해야 하며, 〈수험자 유의사항〉에 기재된 방법대로 이행하지 않아 생기는 불이익은 수험생 당사자의 책임임을 알려 드립니다.
- 문제의 조건은 한컴오피스 NEO(2016)버전으로 설정되어 있으니 유의하시기 바랍니다.
- 시험을 완료한 수험자는 답안파일이 전송되었는지 확인한 후 감독위원의 지시에 따라 문제지를 제출하고 퇴실합니다.

답안 작성요령

- 온라인 답안 작성 절차
  수험자 등록 ⇒ 시험 시작 ⇒ 답안파일 저장 ⇒ 답안 전송 ⇒ 시험 종료
- 문제는 총 4단계, 즉 제1작업부터 제4작업까지 구성되어 있으며 반드시 제1작업부터 순서대로 작성하고 조건대로 작업하시오.
- 모든 작업시트의 A열은 열 너비 '1'로, 나머지 열은 적당하게 조절하시오.
- 모든 작업시트의 테두리는 ≪출력형태≫와 같이 작업하시오.
- 해당 작업란에서는 각각 제시된 조건에 따라 ≪출력형태≫와 같이 작업하시오.
- 답안 시트 이름은 "제1작업", "제2작업", "제3작업", "제4작업"이어야 하며 답안 시트 이외의 것은 감점 처리됩니다.
- 각 시트를 파일로 나누어 작업해서 저장할 경우 실격 처리됩니다.

kpc 한국생산성본부

[제1작업] 표 서식 작성 및 값 계산 (240점)

☞ 다음은 '3월 방과후학교 모집 현황'에 대한 자료이다. 자료를 입력하고 조건에 맞도록 작업하시오.

≪출력형태≫

강사명	강좌명	분류	시간	모집정원(명)	모집인원(명)	수강료(단위:원)	모집률	비고
신순영	창의마술	창의	주 2회	180	180	₩ 85,000	(1)	(2)
김명희	우쿨렐레	음악	주 3회	200	200	₩ 75,000	(1)	(2)
김종화	만화그리기	미술	주 3회	120	113	₩ 85,000	(1)	(2)
고은정	종이접기	미술	주 2회	80	75	₩ 60,000	(1)	(2)
송선아	바이올린	음악	주 3회	200	200	₩ 150,000	(1)	(2)
윤재영	창의논술	창의	주 4회	80	75	₩ 75,000	(1)	(2)
안희경	플룻	음악	주 3회	150	142	₩ 140,000	(1)	(2)
정유정	POP예쁜글씨	미술	주 3회	60	55	₩ 65,000	(1)	(2)
수강료가 중간값 이상인 강좌의 모집인원 합계			(3)		수강료 합계		강좌명	수강료
창의교실 모집인원 평균			(4)		(5)		창의마술	(6)

제목 위에는 '배지' 도형과 결재란(담당/팀장/부장)이 있습니다.

≪조건≫

○ 모든 데이터의 서식에는 글꼴(굴림, 11pt), 정렬은 숫자 및 회계 서식은 오른쪽 정렬, 나머지 서식은 가운데 정렬로 작성하며 예외적인 것은 ≪출력형태≫를 참조하시오.
○ 제 목 ⇒ '배지' 도형과 '바깥쪽 대각선 오른쪽 위 그림자'를 이용하여 작성하고
 "3월 방과후학교 모집 현황"을 입력한 후 다음 서식을 적용하시오
 (글꼴-궁서, 24pt, 검정, 진하게, 채우기-노랑).
○ 임의의 셀에 결재란을 만들고 '그림으로 복사하기' 기능을 이용하여 작성하시오(단, 원본 삭제).
○ 「B4:J4, I13:J13」 영역은 '노랑'으로 채우기 하시오.
○ 유효성 검사를 이용하여 「I14」 셀에 강좌명(「C5:C12」 영역)이 선택 표시되도록 하시오.
○ 셀 서식 ⇒ 「D5:D12」 영역에 셀 서식을 이용하여 예와 같이 '교실'을 표시하시오
 (예 : 창의 → 창의교실).
○ 「B4:H12」 영역에 대해 'DB'로 이름정의를 하시오.

● (1)~(6) 셀은 반드시 **주어진 함수를 이용**하여 값을 구하시오(결과값을 직접 입력하면 해당 셀은 0점 처리됨).

(1) 모집률 ⇒ 「모집인원(명)÷모집정원(명)」으로 구한 값을 반올림하여 소수 2자리까지 표시하시오
 (ROUND 함수)(예 : 1.234 → 1.23).
(2) 비고 ⇒ 모집인원(명)이 150 이상이면 '인기강좌', 그 외에는 공백으로 구하시오(IF 함수).
(3) 수강료가 중간값 이상인 강좌의 모집인원 합계 ⇒ 결과값 뒤에 '명'을 붙이시오
 (SUMIF, MEDIAN 함수, & 연산자)(예 : 1명).
(4) 창의교실 모집인원 평균 ⇒ 정의된 이름(DB)을 이용하여 창의교실 강좌의 모집인원(명) 평균을
 내림하여 정수로 구하시오. 단, 조건은 입력데이터를 이용하시오
 (ROUNDDOWN, DAVERAGE 함수)(예 : 104.5 → 104).
(5) 수강료 합계 ⇒ 「모집인원(명)×수강료(단위:원)」의 합계로 구하시오(SUMPRODUCT 함수).
(6) 수강료 ⇒ 「I14」 셀에서 선택한 '강좌명'에 대한 '수강료(단위:원)'를 표시하시오(VLOOKUP 함수).
(7) 조건부 서식의 수식을 이용하여 모집인원(명)이 '100' 미만인 행 전체에 다음의 서식을 적용하시오
 (글꼴 : 초록, 진하게).

[제2작업] 목표값 찾기 및 필터 (80점)

☞ **"제1작업"** 시트의 「B4:H12」 영역을 복사하여 **"제2작업"** 시트의 「B2」 셀부터 모두 붙여넣기를 한 후 다음의 조건과 같이 작업하시오.

≪조건≫

(1) 목표값 찾기 – 「B11:G11」 셀을 병합하여 "모집인원(명) 전체 평균"을 입력한 후 「H11」 셀에 모집인원(명) 전체 평균을 구하시오(AVERAGE 함수, 테두리, 가운데 맞춤).
– '모집인원(명) 전체 평균'이 '125'명이 되려면 김명희 강사의 모집인원(명)이 몇 명이 되어야 하는지 목표값을 구하시오.

(2) 고급필터 – 분류가 '창의'이거나, 모집인원(명)이 '150' 이상인 자료의 강사명, 강좌명, 분류, 모집인원(명) 데이터만 추출하시오.
– 찾을 조건 범위 : 「B13」 셀부터 입력하시오.
– 복사 위치 : 「B18」 셀부터 나타나도록 하시오.

[제3작업] 정렬 및 부분합 (80점)

☞ **"제1작업"** 시트의 「B4:H12」 영역을 복사하여 **"제3작업"** 시트의 「B2」 셀부터 모두 붙여넣기를 한 후 다음의 조건과 같이 작업하시오.

≪조건≫

(1) 부분합 – ≪출력형태≫처럼 정렬하고, 강좌명의 개수와 모집인원(명)의 평균을 구하시오.
(2) 윤곽 – 지우시오.
(3) 나머지 사항은 ≪출력형태≫에 맞게 작성하시오.

≪출력형태≫

A	B	C	D	E	F	G	H
1							
2	강사명	강좌명	분류	시간	모집정원(원)	모집인원(원)	수강료(단위:원)
3	윤재영	창의논술	창의교실	주 4회	80	75	₩ 75,000
4				주 4회 평균		75	
5		1		주 4회 개수			
6	김명희	우쿨렐레	음악교실	주 3회	200	200	₩ 75,000
7	김종화	만화그리기	미술교실	주 3회	120	113	₩ 85,000
8	송선아	바이올린	음악교실	주 3회	200	200	₩ 150,000
9	안희경	플룻	음악교실	주 3회	150	142	₩ 140,000
10	정유정	POP예쁜글씨	미술교실	주 3회	60	55	₩ 65,000
11				주 3회 평균		142	
12		5		주 3회 개수			
13	신순영	창의마술	창의교실	주 2회	180	180	₩ 85,000
14	고은정	종이접기	미술교실	주 2회	80	75	₩ 60,000
15				주 2회 평균		127.5	
16		2		주 2회 개수			
17		8		전체 개수			
18				전체 평균		130	

[제4작업] 그래프 (100점)

☞ "제1작업" 시트를 이용하여 "제4작업" 시트에 ≪출력형태≫와 같이 작업하시오.

≪조건≫

(1) 차트 종류 ⇒ 〈3차원 원형〉으로 작업하시오.
(2) 데이터 범위 ⇒ "제1작업" 시트의 내용을 이용하여 작업하시오.
(3) 차트 위치 ⇒ 「B2:K28」 영역에 배치하여 ≪출력형태≫와 같이 작업하시오.
(4) 차트 스타일 ⇒ 레이아웃6, 스타일3을 적용하시오.
(5) 배경 서식 ⇒ 전체 영역(노랑), 그림 영역(하양), 전체 글꼴(굴림, 11pt)을 적용하여 작업하시오.
(6) 제목 서식 ⇒ 글꼴(궁서, 20pt, 진하게), 채우기(하양), 선 모양 실선(굵기 2pt)
(7) 속성 ⇒ 계열 : 창의마술 조각을 쪼개진 요소 15%로 지정하여 분리하고 ≪출력형태≫와 같이 표시하시오.
　　　　　레이블 : 값을 표시하고, 위치 및 채우기 색(하양)은 ≪출력형태≫와 같이 표시하시오.
(8) 범례 ⇒ ≪출력형태≫를 참조하시오.
(9) 도형 ⇒ '타원형 설명선'을 삽입한 후 내용을 입력하시오.
(10) 나머지 사항은 ≪출력형태≫에 맞게 작성하시오.

≪출력형태≫

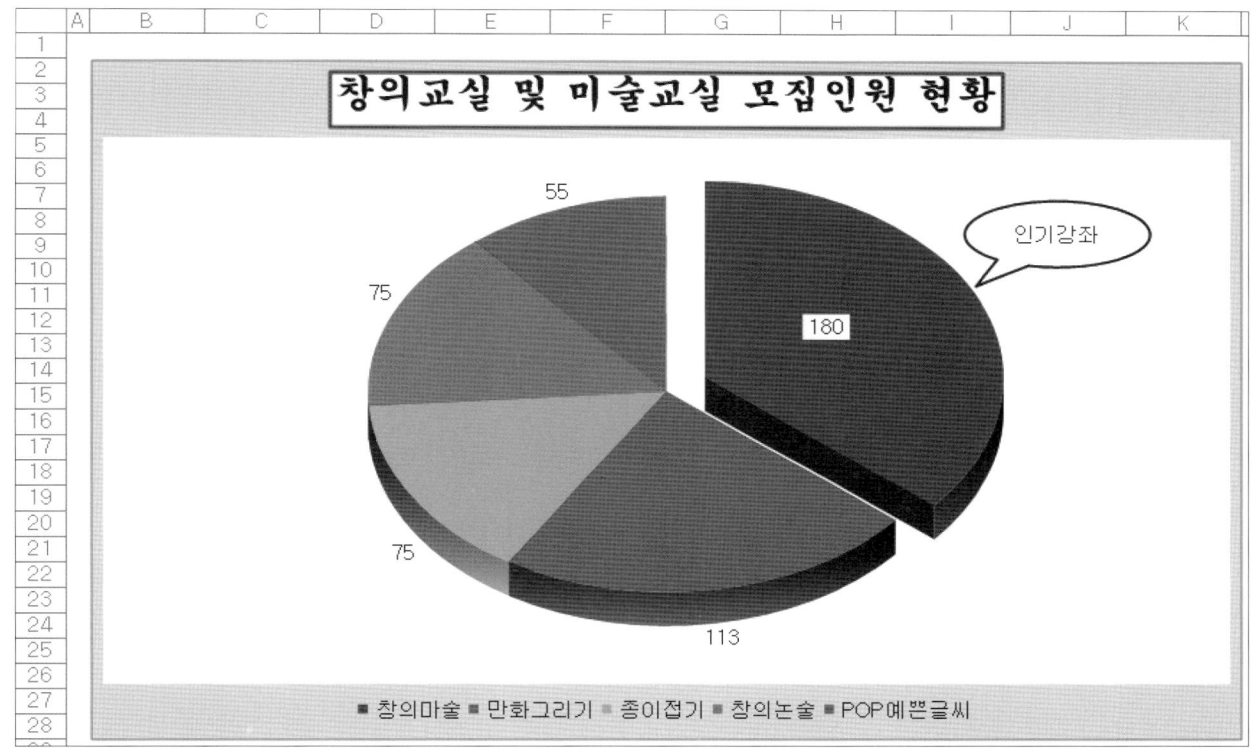

주의 ☞ 시트명 순서가 차례대로 "제1작업", "제2작업", "제3작업", "제4작업"이 되도록 할 것.

제 03 회 ITQ 실전모의고사

과목	코드	문제유형	시험시간	수험번호	성명
한셀	1121	C	60분		

수험자 유의사항

- 수험자는 문제지를 받는 즉시 문제지와 <u>수험표상의 시험과목(프로그램)이 동일한지 반드시 확인</u>하여야 합니다.
- 파일명은 본인의 "수험번호-성명"으로 입력하여 답안폴더(내 PC\문서\ITQ)에 하나의 파일로 저장해야 하며, 답안문서 파일명이 "수험번호-성명"과 일치하지 않거나, 답안파일을 전송하지 않아 미제출로 처리될 경우 실격 처리합니다(예:12345678-홍길동.cell).
- 답안 작성을 마치면 파일을 저장하고, '답안 전송' 버튼을 선택하여 감독위원 PC로 답안을 전송하십시오. 수험생 정보와 저장한 파일명이 다를 경우 전송되지 않으므로 주의하시기 바랍니다.
- 답안 작성 중에도 <u>주기적으로 저장하고, '답안 전송'</u>하여야 문제 발생을 줄일 수 있습니다. 작업한 내용을 저장하지 않고 전송할 경우 이전에 저장된 내용이 전송되오니 이점 유의하시기 바랍니다.
- 답안문서는 지정된 경로 외의 다른 보조기억장치에 저장하는 경우, 지정된 시험 시간 외에 작성된 파일을 활용할 경우, 기타 통신수단(이메일, 메신저, 네트워크 등)을 이용하여 타인에게 전달 또는 외부 반출하는 경우는 부정 처리합니다.
- 시험 중 부주의 또는 고의로 시스템을 파손한 경우는 수험자가 변상해야 하며, 〈수험자 유의사항〉에 기재된 방법대로 이행하지 않아 생기는 불이익은 수험생 당사자의 책임임을 알려 드립니다.
- 문제의 조건은 한컴오피스 NEO(2016)버전으로 설정되어 있으니 유의하시기 바랍니다.
- 시험을 완료한 수험자는 답안파일이 전송되었는지 확인한 후 감독위원의 지시에 따라 문제지를 제출하고 퇴실합니다.

답안 작성요령

- 온라인 답안 작성 절차
  수험자 등록 ⇒ 시험 시작 ⇒ 답안파일 저장 ⇒ 답안 전송 ⇒ 시험 종료
- 문제는 총 4단계, 즉 제1작업부터 제4작업까지 구성되어 있으며 반드시 제1작업부터 순서대로 작성하고 조건대로 작업하시오.
- 모든 작업시트의 A열은 열 너비 '1'로, 나머지 열은 적당하게 조절하시오.
- 모든 작업시트의 테두리는 ≪출력형태≫와 같이 작업하시오.
- 해당 작업란에서는 각각 제시된 조건에 따라 ≪출력형태≫와 같이 작업하시오.
- 답안 시트 이름은 "제1작업", "제2작업", "제3작업", "제4작업"이어야 하며 답안 시트 이외의 것은 감점 처리됩니다.
- 각 시트를 파일로 나누어 작업해서 저장할 경우 실격 처리됩니다.

kpc 한국생산성본부

[제1작업] 표 서식 작성 및 값 계산 (240점)

☞ 다음은 '오디션 프로그램 현황'에 대한 자료이다. 자료를 입력하고 조건에 맞도록 작업하시오.

≪출력형태≫

	프로그램	장르	방송시작	방송종료	우승상금 (백만원)	시청률	개최 횟수	방송여부	방송사
								담당	팀장	부장

오디션 프로그램 현황

프로그램	장르	방송시작	방송종료	우승상금(백만원)	시청률	개최횟수	방송여부	방송사
슈퍼스타K 2016-2	음악	2016-09-22	2021-12-08	500,000,000	2.00%	5	(1)	(2)
국민가수-3	음악	2017-10-07	2021-12-23	300,000,000	18.80%	5	(1)	(2)
김연아의 키스&크라이-1	피겨	2018-05-22	2018-08-21		0.90%	1	(1)	(2)
기적의 오디션-1	연기	2018-06-24	2018-10-14		8.20%	1	(1)	(2)
K팝스타-1	음악	2018-11-20	2021-04-09	300,000,000	17.10%	6	(1)	(2)
미스터트롯-3	음악	2020-01-02	2021-03-12	100,000,000	35.70%	1	(1)	(2)
스트릿 우먼 파이터-2	댄싱	2020-08-24	2021-10-26	50,000,000	2.90%	1	(1)	(2)
패션왕코리아-1	패션	2020-08-16	2021-10-25		3.60%	2	(1)	(2)
방영 중인 프로그램 개수			(3)			총 오디션 금액		(5)
최고 시청률과 최저 시청률 차이			(4)		프로그램	슈퍼스타K 2016-2	장르	(6)

≪조건≫

- 모든 데이터의 서식에는 글꼴(맑은 고딕, 11pt), 정렬은 숫자 및 회계 서식은 오른쪽 정렬, 나머지 서식은 가운데 정렬로 작성하며 예외적인 것은 ≪출력형태≫를 참조하시오.
- 제 목 ⇒ '모서리가 둥근 직사각형' 도형과 '바깥쪽 대각선 오른쪽 아래 그림자'를 이용하여 작성하고 "오디션 프로그램 현황"을 입력한 후 다음 서식을 적용하시오
  (글꼴-맑은 고딕, 24pt, 검정, 진하게, 채우기-노랑).
- 임의의 셀에 결재란을 만들고 '그림으로 복사하기' 기능을 이용하여 작성하시오(단, 원본 삭제).
- 「B4:J4, B13:D14, G13:I13, G14, I14」 영역은 '노랑'으로 채우기 하시오.
- 유효성 검사를 이용하여 「H14」 셀에 프로그램(「B5:B12」 영역)이 선택 표시되도록 하시오.
- 셀 서식 ⇒ 「F5:F12」 영역에 셀 서식을 이용하여 백만 단위를 절사하여 표시하시오
  (예 : 300,000,000 → 300).
- 「B5:B12」 영역에 대해 '프로그램'으로 이름정의를 하시오.

● (1)~(6) 셀은 반드시 **주어진 함수를 이용**하여 값을 구하시오(결과값을 직접 입력하면 해당 셀은 0점 처리됨).

  (1) 방송여부 ⇒ 방송종료가 '2021-07-31' 이전(해당일자 포함)이면 '방송종료', 그렇지 않으면 공백으로 표시하시오(IF, DATE 함수).
  (2) 방송사 ⇒ 정의된 이름(프로그램)을 이용하여 마지막 한 글자가 1이면 'SBS', 2이면 'Mnet', 3이면 'TV조선'으로 표시하시오(CHOOSE, RIGHT 함수).
  (3) 방영 중인 프로그램 개수 ⇒ 방송종료가 '2021-08-01' 이후(해당일자 포함)인 자료의 개수를 구한 결과값에 '개'를 붙이시오(COUNTIF 함수, & 연산자)(예 : 1개).
  (4) 최고 시청률과 최저 시청률 차이 ⇒ 최고 시청률과 최저 시청률의 차이를 구하시오
    (MAX, MIN 함수).
  (5) 총 오디션 금액 ⇒ 「우승상금(백만원)×개최횟수」로 구하시오(SUMPRODUCT 함수).
  (6) 장르 ⇒ 「H14」 셀에서 선택한 프로그램의 장르를 구하시오(VLOOKUP 함수).
  (7) 조건부 서식의 수식을 이용하여 시청률이 '10%' 이상인 행 전체에 다음의 서식을 적용하시오
    (글꼴 : 주황, 기울임).

[제2작업] 목표값 찾기 및 필터 (80점)

☞ **"제1작업"** 시트의 「B4:H12」 영역을 복사하여 **"제2작업"** 시트의 「B2」 셀부터 모두 붙여넣기를 한 후 다음의 조건과 같이 작업하시오.

≪조건≫

(1) 목표값 찾기 – 「B11:G11」 셀을 병합하여 "개최횟수 전체 평균"을 입력한 후 「H11」 셀에 개최횟수 전체 평균을 구하시오(AVERAGE 함수, 테두리, 가운데 맞춤).
– '개최횟수 전체 평균'이 '3'이 되려면 스트릿 우먼 파이터-2의 개최횟수가 얼마가 되어야 하는지 목표값을 구하시오.

(2) 고급필터 – 방송시작이 '2018-01-01' 이후(해당일자 포함)이면서, 우승상금(백만원)이 '300,000,000' 이상인 자료의 프로그램, 장르, 우승상금(백만원), 시청률 데이터만 추출하시오.
– 찾을 조건 범위 : 「B14」 셀부터 입력하시오.
– 복사 위치 : 「B18」 셀부터 나타나도록 하시오.

[제3작업] 피벗 테이블 (80점)

☞ **"제1작업"** 시트를 이용하여 **"제3작업"** 시트에 조건에 따라 ≪출력형태≫와 같이 작업하시오.

≪조건≫

(1) 장르 및 방송종료별 프로그램의 개수와 시청률의 평균을 구하시오.
(2) 방송종료를 그룹화하고, 보고서 레이아웃은 개요 형식으로 설정하시오.
(3) 장르를 ≪출력형태≫와 같이 정렬하고, 빈 셀은 '**'로 표시하시오.
(4) 행의 총합계를 지우고, 나머지 사항은 ≪출력형태≫에 맞게 작성하시오.

≪출력형태≫

	A	B	C	D	E	F
1						
2		방송종료	▼데이터	▼		
3			2018년		2021년	
4		장르 ▼	개수 : 프로그램	평균 : 시청률	개수 : 프로그램	평균 : 시청률
5		피겨	1	1%	**	**
6		패션	**	**	1	4%
7		음악	**	**	4	18%
8		연기	1	8%	**	**
9		댄싱	**	**	1	3%
10		총 합계	2	5%	6	13%

[제4작업] 그래프 (100점)

☞ "제1작업" 시트를 이용하여 "제4작업" 시트에 ≪출력형태≫와 같이 작업하시오.

≪조건≫

(1) 차트 종류 ⇒ 〈3차원 원형〉으로 작업하시오.
(2) 데이터 범위 ⇒ "제1작업" 시트의 내용을 이용하여 작업하시오.
(3) 차트 위치 ⇒ 「B2:K23」 영역에 배치하여 ≪출력형태≫와 같이 작업하시오.
(4) 차트 스타일 ⇒ 레이아웃6, 스타일3을 적용하시오.
(5) 배경 서식 ⇒ 전체 영역(노랑), 그림 영역(하양), 전체 글꼴(맑은 고딕, 11pt)을 적용하여 작업하시오.
(6) 제목 서식 ⇒ 글꼴(맑은 고딕, 20pt, 진하게), 채우기(하양), 선 모양 실선(굵기 2pt)
(7) 속성 ⇒ 계열 : K팝스타-1 조각을 쪼개진 요소 20%로 지정하여 분리하고 ≪출력형태≫와 같이 표시하시오.
　　　　　 레이블 : 백분율을 표시하고, 위치 및 채우기 색(하양)은 ≪출력형태≫와 같이 표시하시오.
(8) 범례 ⇒ ≪출력형태≫를 참조하시오.
(9) 도형 ⇒ '모서리가 둥근 사각형 설명선'을 삽입한 후 내용을 입력하시오.
(10) 나머지 사항은 ≪출력형태≫에 맞게 작성하시오.

≪출력형태≫

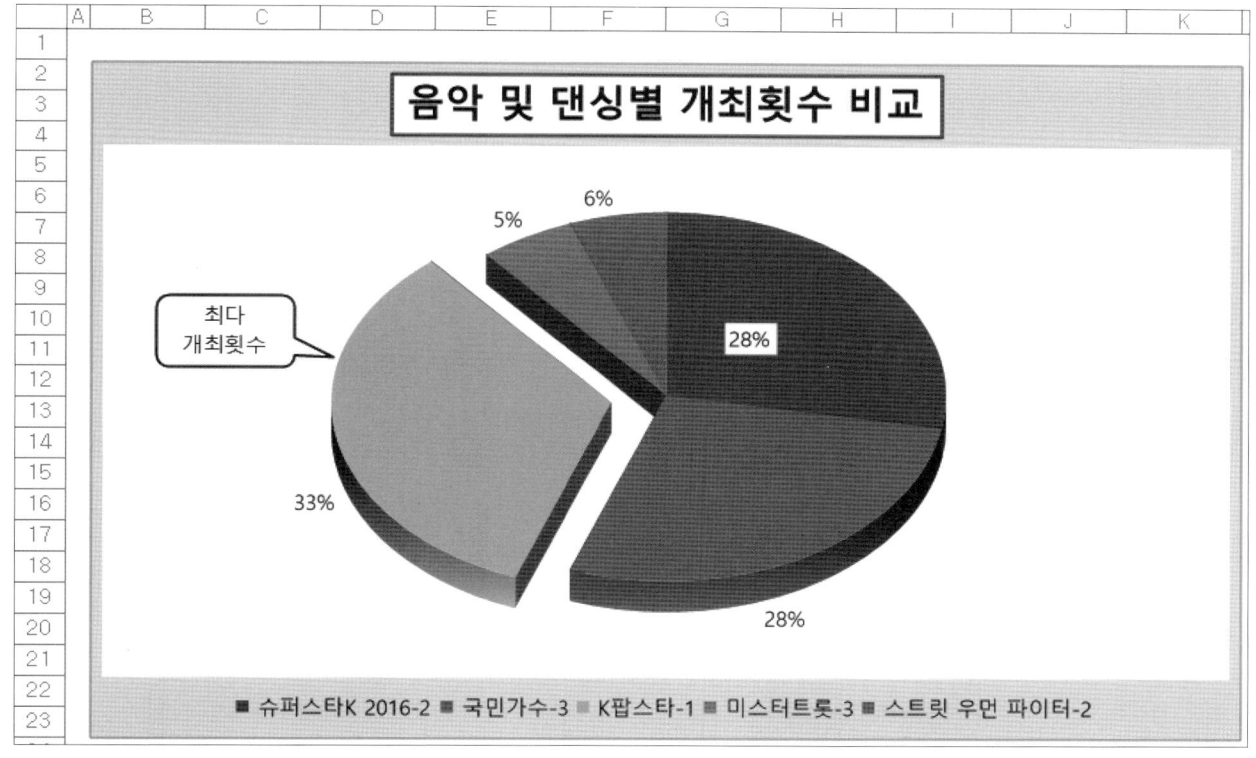

주의 ☞ 시트명 순서가 차례대로 "제1작업", "제2작업", "제3작업", "제4작업"이 되도록 할 것.

제04회 ITQ 실전모의고사

과목	코드	문제유형	시험시간	수험번호	성명
한셀	1121	D	60분		

수험자 유의사항

- 수험자는 문제지를 받는 즉시 문제지와 <u>수험표상의 시험과목(프로그램)이 동일한지 반드시 확인</u>하여야 합니다.
- 파일명은 본인의 "수험번호-성명"으로 입력하여 답안폴더(내 PC\문서\ITQ)에 하나의 파일로 저장해야 하며, 답안문서 파일명이 "수험번호-성명"과 일치하지 않거나, 답안파일을 전송하지 않아 미제출로 처리될 경우 실격 처리합니다(예:12345678-홍길동.cell).
- 답안 작성을 마치면 파일을 저장하고, '답안 전송' 버튼을 선택하여 감독위원 PC로 답안을 전송하십시오. 수험생 정보와 저장한 파일명이 다를 경우 전송되지 않으므로 주의하시기 바랍니다.
- 답안 작성 중에도 <u>주기적으로 저장하고, '답안 전송'</u>하여야 문제 발생을 줄일 수 있습니다. 작업한 내용을 저장하지 않고 전송할 경우 이전에 저장된 내용이 전송되오니 이점 유의하시기 바랍니다.
- 답안문서는 지정된 경로 외의 다른 보조기억장치에 저장하는 경우, 지정된 시험 시간 외에 작성된 파일을 활용할 경우, 기타 통신수단(이메일, 메신저, 네트워크 등)을 이용하여 타인에게 전달 또는 외부 반출하는 경우는 부정 처리합니다.
- 시험 중 부주의 또는 고의로 시스템을 파손한 경우는 수험자가 변상해야 하며, 〈수험자 유의사항〉에 기재된 방법대로 이행하지 않아 생기는 불이익은 수험생 당사자의 책임임을 알려 드립니다.
- 문제의 조건은 한컴오피스 NEO(2016)버전으로 설정되어 있으니 유의하시기 바랍니다.
- 시험을 완료한 수험자는 답안파일이 전송되었는지 확인한 후 감독위원의 지시에 따라 문제지를 제출하고 퇴실합니다.

답안 작성요령

- 온라인 답안 작성 절차
  수험자 등록 ⇒ 시험 시작 ⇒ 답안파일 저장 ⇒ 답안 전송 ⇒ 시험 종료
- 문제는 총 4단계, 즉 제1작업부터 제4작업까지 구성되어 있으며 반드시 제1작업부터 순서대로 작성하고 조건대로 작업하시오.
- 모든 작업시트의 A열은 열 너비 '1'로, 나머지 열은 적당하게 조절하시오.
- 모든 작업시트의 테두리는 ≪출력형태≫와 같이 작업하시오.
- 해당 작업란에서는 각각 제시된 조건에 따라 ≪출력형태≫와 같이 작업하시오.
- 답안 시트 이름은 "제1작업", "제2작업", "제3작업", "제4작업"이어야 하며 답안 시트 이외의 것은 감점 처리됩니다.
- 각 시트를 파일로 나누어 작업해서 저장할 경우 실격 처리됩니다.

kpc 한국생산성본부

[제1작업] 표 서식 작성 및 값 계산 (240점)

☞ 다음은 '건강식품 판매 현황'에 대한 자료이다. 자료를 입력하고 조건에 맞도록 작업하시오.

≪출력형태≫

코드번호	제품명	생산구분	분류	2021년 판매액	2022년 판매액	2023년 판매액	증가율	2023년 판매액 구성비
B-302	효모	제조	기초	184	179	126	(1)	(2)
S-742	오메가3	제조/수입	스페셜	153	270	434	(1)	(2)
H-262	식이섬유	제조	헬퍼	159	145	192	(1)	(2)
S-421	홍삼	제조	스페셜	3,444	3,184	3,090	(1)	(2)
S-134	글루코사민	제조/수입	스페셜	275	202	166	(1)	(2)
S-023	알로에	제조/수입	스페셜	657	639	600	(1)	(2)
B-321	비타민/무기질	제조	기초	602	531	760	(1)	(2)
H-561	프로바이오틱스	제조/수입	헬퍼	174	179	254	(1)	(2)
제조 제품의 평균 2023년 판매액			(3)		2023년 최고 판매액과 최저 판매액의 차이		제품명	2023년 판매액
기초 제품 2023년 판매액 평균			(4)		(5)		효모	(6)

≪조건≫

- 모든 데이터의 서식에는 글꼴(굴림, 11pt), 정렬은 숫자 및 회계 서식은 오른쪽 정렬, 나머지 서식은 가운데 정렬로 작성하며 예외적인 것은 ≪출력형태≫를 참조하시오.
- 제 목 ⇒ '팔각형' 도형과 '바깥쪽 가운데 그림자'를 이용하여 작성하고 "건강식품 판매현황"을 입력한 후 다음 서식을 적용하시오(글꼴-굴림, 24pt, 검정, 진하게, 채우기-주황 60% 밝게).
- 임의의 셀에 결재란을 만들고 '그림으로 복사하기' 기능을 이용하여 작성하시오(단, 원본 삭제).
- 「B4:J4, G13:J13」 영역은 '주황 60% 밝게'로 채우기 하시오.
- 유효성 검사를 이용하여 「I14」 셀에 제품명(「C5:C12」 영역)이 선택 표시되도록 하시오.
- 셀 서식 ⇒ 「F5:H12」 영역에 셀 서식을 이용하여 숫자 뒤에 '억원'을 표시하시오
  (예 : 3,444 → 3,444억원).
- 「D5:D12」 영역에 대해 '생산구분'으로 이름정의를 하시오.

● (1)~(6) 셀은 반드시 **주어진 함수를 이용**하여 값을 구하시오(결과값을 직접 입력하면 해당 셀은 0점 처리됨).

(1) 증가율 ⇒ 「2023년 판매액÷2022년 판매액」을 반올림하여 소수 이하 2자리까지 구하시오
 (ROUND 함수)(예 : 1.253 → 1.25).

(2) 2023년 판매액 구성비 ⇒ 「2023년 판매액÷2023 판매액 전체 합계」로 구하고, 백분율(소수 이하 1자리)로 표시하시오(SUM 함수)(예 : 12.3%).

(3) 제조 제품의 평균 2023년 판매액 ⇒ 정의된 이름(생산구분)을 이용하여 구하시오
 (SUMIF, COUNTIF 함수)(예 : 1,024억원).

(4) 기초 제품 2023년 판매액 평균 ⇒ 조건은 입력데이터를 이용하시오
 (DAVERAGE 함수)(예 : 1,089억원).

(5) 2023년 최고 판매액과 최저 판매액의 차이 ⇒ (MAX, MIN 함수)

(6) 2023년 판매액 ⇒ 「I14」 셀에서 선택한 제품의 2023년 판매액을 표시하시오
 (VLOOKUP 함수)(예 : 1,077억원).

(7) 조건부 서식의 수식을 이용하여 분류가 '기초'인 행 전체에 다음의 서식을 적용하시오
 (글꼴 : 파랑, 진하게).

[제2작업] 목표값 찾기 및 필터   (80점)

☞ "제1작업" 시트의 「B4:H12」 영역을 복사하여 "제2작업" 시트의 「B2」 셀부터 모두 붙여넣기를 한 후 다음의 조건과 같이 작업하시오.

≪조건≫

(1) 목표값 찾기 – 「B11:G11」 셀을 병합하여 "2021년 판매액 전체 합계"를 입력한 후 「H11」 셀에 2021년 판매액 전체 합계를 구하시오(SUM 함수, 테두리, 가운데 맞춤).
 – '2021년 판매액 전체 합계'가 '6,000'억원이 되려면 효모의 2021년 판매액이 얼마가 되어야 하는지 목표값을 구하시오.

(2) 고급필터 – 분류가 '헬퍼'이거나, 2023년 판매액이 '1,000'억원 이상인 자료의 제품명, 생산구분, 분류, 2023년 판매액 데이터만 추출하시오.
 – 찾을 조건 범위 : 「B14」 셀부터 입력하시오.
 – 복사 위치 : 「B18」 셀부터 나타나도록 하시오.

[제3작업] 정렬 및 부분합   (80점)

☞ "제1작업" 시트의 「B4:H12」 영역을 복사하여 "제3작업" 시트의 「B2」 셀부터 모두 붙여넣기를 한 후 다음의 조건과 같이 작업하시오.

≪조건≫

(1) 부분합 – ≪출력형태≫처럼 정렬하고, 제품명의 개수와 2023년 판매액의 최댓값을 구하시오.
(2) 윤곽 – 지우시오.
(3) 나머지 사항은 ≪출력형태≫에 맞게 작성하시오.

≪출력형태≫

A	B	C	D	E	F	G	H
1							
2	코드번호	제품명	생산구분	분류	2021년 판매액	2022년 판매액	2023년 판매액
3	S-742	오메가3	제조/수입	스페셜	153억원	270억원	434억원
4	S-134	글루코사민	제조/수입	스페셜	275억원	202억원	166억원
5	S-023	알로에	제조/수입	스페셜	657억원	639억원	600억원
6	H-561	프로바이오틱스	제조/수입	헬퍼	174억원	179억원	254억원
7			제조/수입 최댓값				600억원
8		4	제조/수입 개수				
9	B-302	효모	제조	기초	184억원	179억원	126억원
10	H-262	식이섬유	제조	헬퍼	159억원	145억원	192억원
11	S-421	홍삼	제조	스페셜	3,444억원	3,184억원	3,090억원
12	B-321	비타민/무기질	제조	기초	602억원	531억원	760억원
13			제조 최댓값				3,090억원
14		4	제조 개수				
15		8	전체 개수				
16			전체 최댓값				3,090억원

[제4작업] 그래프 (100점)

☞ "제1작업" 시트를 이용하여 "제4작업" 시트에 ≪출력형태≫와 같이 작업하시오.

≪조건≫

(1) 차트 종류 ⇒ 〈3차원 원형〉으로 작업하시오.
(2) 데이터 범위 ⇒ "제1작업" 시트의 내용을 이용하여 작업하시오.
(3) 차트 위치 ⇒ 「B2:K28」 영역에 배치하여 ≪출력형태≫와 같이 작업하시오.
(4) 차트 스타일 ⇒ 레이아웃6, 스타일4를 적용하시오.
(5) 배경 서식 ⇒ 전체 영역(밝은 연두색), 그림 영역(하양), 전체 글꼴(굴림, 11pt)을 적용하여 작업하시오.
(6) 제목 서식 ⇒ 글꼴(굴림, 20pt, 진하게), 채우기(하양), 선 모양 실선(굵기 3pt)
(7) 속성 ⇒ 계열 : 홍삼 조각을 쪼개진 요소 20%로 지정하여 분리하고 ≪출력형태≫와 같이 표시하시오.
　　　　　 레이블 : 값을 표시하고, 위치 및 채우기 색(하양)은 ≪출력형태≫와 같이 표시하시오.
(8) 범례 ⇒ ≪출력형태≫를 참조하시오.
(9) 도형 ⇒ '타원형 설명선'을 삽입한 후 내용을 입력하시오.
(10) 나머지 사항은 ≪출력형태≫에 맞게 작성하시오.

≪출력형태≫

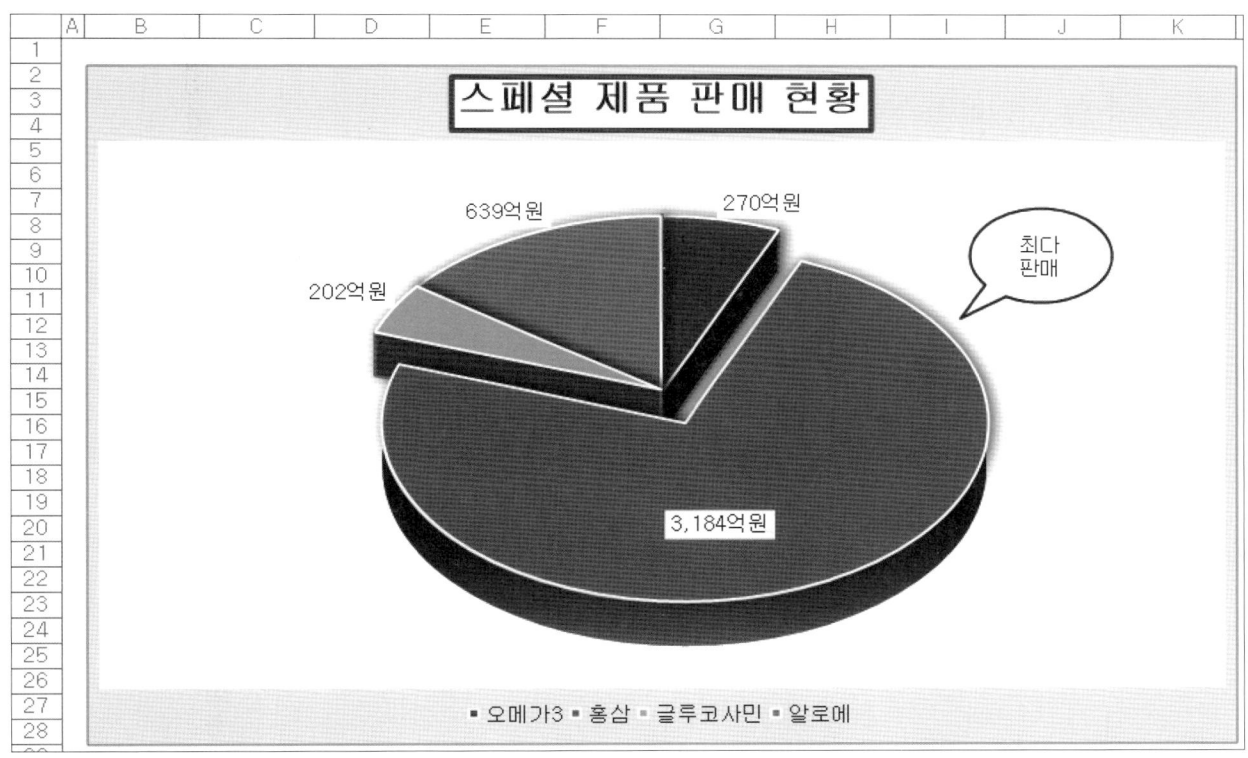

주의 ☞ 시트명 순서가 차례대로 "제1작업", "제2작업", "제3작업", "제4작업"이 되도록 할 것.

제05회 ITQ 실전모의고사

과목	코드	문제유형	시험시간	수험번호	성명
한셀	1121	E	60분		

수험자 유의사항

- 수험자는 문제지를 받는 즉시 문제지와 <u>수험표상의 시험과목(프로그램)이 동일한지 반드시 확인</u>하여야 합니다.
- 파일명은 본인의 "수험번호-성명"으로 입력하여 답안폴더(내 PC\문서\ITQ)에 하나의 파일로 저장해야 하며, 답안문서 파일명이 "수험번호-성명"과 일치하지 않거나, 답안파일을 전송하지 않아 미제출로 처리될 경우 실격 처리합니다(예:12345678-홍길동.cell).
- 답안 작성을 마치면 파일을 저장하고, '답안 전송' 버튼을 선택하여 감독위원 PC로 답안을 전송하십시오. 수험생 정보와 저장한 파일명이 다를 경우 전송되지 않으므로 주의하시기 바랍니다.
- 답안 작성 중에도 <u>주기적으로 저장하고, '답안 전송'</u>하여야 문제 발생을 줄일 수 있습니다. 작업한 내용을 저장하지 않고 전송할 경우 이전에 저장된 내용이 전송되오니 이점 유의하시기 바랍니다.
- 답안문서는 지정된 경로 외의 다른 보조기억장치에 저장하는 경우, 지정된 시험 시간 외에 작성된 파일을 활용할 경우, 기타 통신수단(이메일, 메신저, 네트워크 등)을 이용하여 타인에게 전달 또는 외부 반출하는 경우는 부정 처리합니다.
- 시험 중 부주의 또는 고의로 시스템을 파손한 경우는 수험자가 변상해야 하며, 〈수험자 유의사항〉에 기재된 방법대로 이행하지 않아 생기는 불이익은 수험생 당사자의 책임임을 알려 드립니다.
- 문제의 조건은 한컴오피스 NEO(2016)버전으로 설정되어 있으니 유의하시기 바랍니다.
- 시험을 완료한 수험자는 답안파일이 전송되었는지 확인한 후 감독위원의 지시에 따라 문제지를 제출하고 퇴실합니다.

답안 작성요령

- 온라인 답안 작성 절차
  수험자 등록 ⇒ 시험 시작 ⇒ 답안파일 저장 ⇒ 답안 전송 ⇒ 시험 종료
- 문제는 총 4단계, 즉 제1작업부터 제4작업까지 구성되어 있으며 반드시 제1작업부터 순서대로 작성하고 조건대로 작업하시오.
- 모든 작업시트의 A열은 열 너비 '1'로, 나머지 열은 적당하게 조절하시오.
- 모든 작업시트의 테두리는 ≪출력형태≫와 같이 작업하시오.
- 해당 작업란에서는 각각 제시된 조건에 따라 ≪출력형태≫와 같이 작업하시오.
- 답안 시트 이름은 "제1작업", "제2작업", "제3작업", "제4작업"이어야 하며 답안 시트 이외의 것은 감점 처리됩니다.
- 각 시트를 파일로 나누어 작업해서 저장할 경우 실격 처리됩니다.

kpc 한국생산성본부

[제1작업] 표 서식 작성 및 값 계산 (240점)

☞ 다음은 '과자별 빈 공간 비율 조사'에 대한 자료이다. 자료를 입력하고 조건에 맞도록 작업하시오.

≪출력형태≫

	A	B	C	D	E	F	G	H	I	J
1								결재	담당	과장	차장
2		과자별 빈 공간 비율 조사									
3											
4		분류코드	업체명	제품명	개수	총길이	빈 공간 길이	빈 공간 비율	구분	비고
5		A-121	명왕성	참악어빵	8	18	6	33.3%	(1)	(2)
6		B-222	명왕성	마켓 브라오니	7	19.5	5.5	28.2%	(1)	(2)
7		A-131	키토제과	키키디스	18	19	5	26.3%	(1)	(2)
8		B-232	명왕성	초코칩쿠키	2	18.5	4.5	24.3%	(1)	(2)
9		C-123	키토제과	가토블랙	10	18.5	4	80.7%	(1)	(2)
10		B-522	해달제과	후렌치애플	15	24	5	20.8%	(1)	(2)
11		A-421	해달제과	연양왕팥	1	15	3	20.0%	(1)	(2)
12		A-271	키토제과	칙칙촉크	12	21	3	14.2%	(1)	(2)
13		명왕성 업체 제품의 개수			(3)			최대 빈 공간 비율(단위:%)		(5)
14		명왕성 업체 제품의 빈 공간 비율 평균			(4)			제품명	참악어빵	빈 공간 비율	(6)

≪조건≫

○ 모든 데이터의 서식에는 글꼴(돋움, 11pt), 정렬은 숫자 및 회계 서식은 오른쪽 정렬, 나머지 서식은 가운데 정렬로 작성하며 예외적인 것은 ≪출력형태≫를 참조하시오.
○ 제 목 ⇒ '빗면' 도형과 '바깥쪽 오른쪽 그림자'를 이용하여 작성하고 "과자별 빈 공간 비율 조사"를 입력한 후 다음 서식을 적용하시오
  (글꼴-돋움, 24pt, 검정, 진하게, 채우기-파랑 60% 밝게).
○ 임의의 셀에 결재란을 만들고 '그림으로 복사하기' 기능을 이용하여 작성하시오(단, 원본 삭제).
○ 「B4:J4, G14, I14」 영역은 '파랑 80% 밝게'로 채우기 하시오.
○ 유효성 검사를 이용하여 「H14」 셀에 제품명(「D5:D12」 영역)이 선택 표시되도록 하시오.
○ 셀 서식 ⇒ 「F5:G12」 영역에 셀 서식을 이용하여 숫자 뒤에 'cm'를 표시하시오(예 : 6 → 6.0cm).
○ 「C5:C12」 영역에 대해 '업체명'으로 이름정의를 하시오.

● (1)~(6) 셀은 반드시 **주어진 함수를 이용**하여 값을 구하시오(결과값을 직접 입력하면 해당 셀은 0점 처리됨).

(1) 구분 ⇒ 분류코드의 마지막 글자가 1이면 '신제품', 2이면 '기존제품', 3이면 '변경제품'으로 표시하시오(CHOOSE, RIGHT 함수).
(2) 비고 ⇒ 빈 공간 비율의 내림차순 순위가 1, 2, 3일 경우 '시정조치', 그 외에는 공백으로 구하시오 (IF, RANK.EQ 함수).
(3) 명왕성 업체 제품의 개수 ⇒ 정의된 이름(업체명)을 이용하여 구한 결과값에 '제품'을 붙이시오 (COUNTIF 함수, & 연산자)(예 : 6제품).
(4) 명왕성 업체 제품의 빈 공간 비율 평균 ⇒ 조건은 입력데이터를 이용하시오 (DAVERAGE 함수)(예 : 28.6%).
(5) 최대 빈 공간 비율(단위 : %) ⇒ (MAX 함수)
(6) 빈 공간 비율 ⇒ 「H14」 셀에서 선택한 제품명의 빈 공간 비율을 구하시오 (VLOOKUP 함수)(예 : 33.3%).
(7) 조건부 서식의 수식을 이용하여 빈 공간 길이가 '5'cm 이상인 행 전체에 다음의 서식을 적용하시오 (글꼴 : 빨강).

[제2작업] 목표값 찾기 및 필터 (80점)

☞ **"제1작업"** 시트의 「B4:H12」 영역을 복사하여 **"제2작업"** 시트의 「B2」 셀부터 모두 붙여넣기를 한 후 다음의 조건과 같이 작업하시오.

≪조건≫

(1) 목표값 찾기 – 「B11:G11」 셀을 병합하여 "개수 전체 평균"을 입력한 후 「H11」 셀에 개수 전체 평균을 구하시오(AVERAGE 함수, 테두리, 가운데 맞춤).
  – '개수 전체 평균'이 '11'이 되려면 칙칙촉크의 개수가 얼마가 되어야 하는지 목표값을 구하시오.

(2) 고급필터 – 업체명이 '명왕성'이거나, 총길이가 '20' 이상인 자료의 업체명, 제품명, 개수, 총길이 데이터만 추출하시오.
  – 찾을 조건 범위 : 「B14」 셀부터 입력하시오.
  – 복사 위치 : 「B18」 셀부터 나타나도록 하시오.

[제3작업] 정렬 및 부분합 (80점)

☞ **"제1작업"** 시트의 「B4:H12」 영역을 복사하여 **"제3작업"** 시트의 「B2」 셀부터 모두 붙여넣기를 한 후 다음의 조건과 같이 작업하시오.

≪조건≫

(1) 부분합 – ≪출력형태≫처럼 정렬하고, 제품명의 개수와 총길이의 최댓값을 구하시오.
(2) 윤곽 – 지우시오.
(3) 나머지 사항은 ≪출력형태≫에 맞게 작성하시오.

≪출력형태≫

	A	B	C	D	E	F	G	H
1								
2		분류코드	업체명	제품명	개수	총길이	빈 공간 길이	빈 공간 비율
3		B-522	해달제과	후렌치애플	15	24.0cm	5.0cm	20.8%
4		A-421	해달제과	연양왕팥	1	15.0cm	3.0cm	20.0%
5			해달제과 최댓값			24.0cm		
6			해달제과 개수		2			
7		A-131	키토제과	키키디스	18	19.0cm	5.0cm	26.3%
8		C-123	키토제과	가토블랙	10	18.5cm	4.0cm	80.7%
9		A-271	키토제과	칙칙촉크	12	21.0cm	3.0cm	14.2%
10			키토제과 최댓값			21.0cm		
11			키토제과 개수		3			
12		A-121	명왕성	참악어빵	8	18.0cm	6.0cm	33.3%
13		B-222	명왕성	마켓 브라오니	7	19.5cm	5.5cm	28.2%
14		B-232	명왕성	초코칩쿠키	2	18.5cm	4.5cm	24.3%
15			명왕성 최댓값			19.5cm		
16			명왕성 개수		3			
17			전체 개수		8			
18			전체 최댓값			24.0cm		

[제4작업] 그래프 (100점)

☞ "제1작업" 시트를 이용하여 "제4작업" 시트에 ≪출력형태≫와 같이 작업하시오.

≪조건≫

(1) 차트 종류 ⇒ 〈3차원 원형〉으로 작업하시오.
(2) 데이터 범위 ⇒ "제1작업" 시트의 내용을 이용하여 작업하시오.
(3) 차트 위치 ⇒ 「B2:K28」 영역에 배치하여 ≪출력형태≫와 같이 작업하시오.
(4) 차트 스타일 ⇒ 레이아웃6, 스타일3을 적용하시오.
(5) 배경 서식 ⇒ 전체 영역(노랑), 그림 영역(하양), 전체 글꼴(굴림, 11pt)을 적용하여 작업하시오.
(6) 제목 서식 ⇒ 글꼴(궁서, 20pt, 진하게), 채우기(하양), 선 모양 실선(굵기 2pt)
(7) 속성 ⇒ 계열 : 키키디스 조각을 쪼개진 요소 15%로 지정하여 분리하고 ≪출력형태≫와 같이 표시하시오.
   레이블 : 값을 표시하고, 위치 및 채우기 색(하양)은 ≪출력형태≫와 같이 표시하시오.
(8) 범례 ⇒ ≪출력형태≫를 참조하시오.
(9) 도형 ⇒ '모서리가 둥근 사각형 설명선'을 삽입한 후 내용을 입력하시오.
(10) 나머지 사항은 ≪출력형태≫에 맞게 작성하시오.

≪출력형태≫

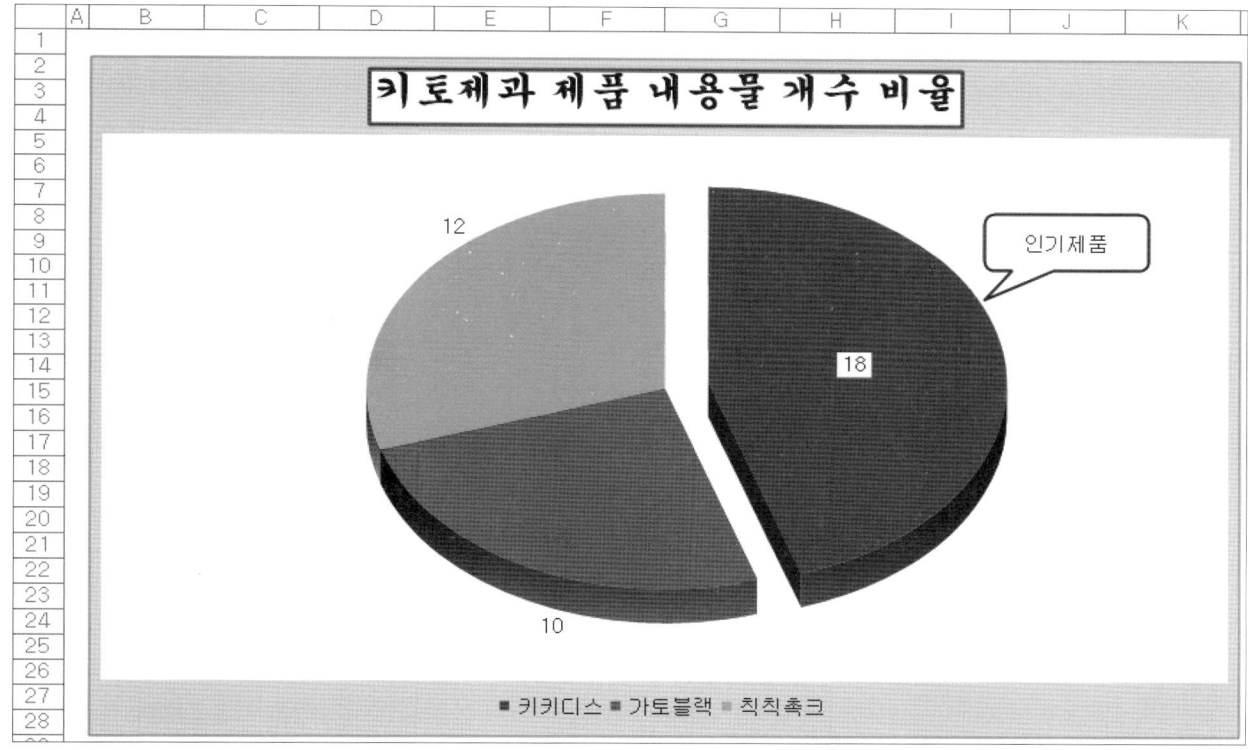

주의 ☞ 시트명 순서가 차례대로 "제1작업", "제2작업", "제3작업", "제4작업"이 되도록 할 것.

제 06 회 ITQ 실전모의고사

과목	코드	문제유형	시험시간	수험번호	성명
한셀	1121	A	60분		

수험자 유의사항

- 수험자는 문제지를 받는 즉시 문제지와 <u>수험표상의 시험과목(프로그램)이 동일한지 반드시 확인</u>하여야 합니다.
- 파일명은 본인의 "수험번호-성명"으로 입력하여 답안폴더(내 PC₩문서₩ITQ)에 하나의 파일로 저장해야 하며, 답안문서 파일명이 "수험번호-성명"과 일치하지 않거나, 답안파일을 전송하지 않아 미제출로 처리될 경우 실격 처리합니다(예:12345678-홍길동.cell).
- 답안 작성을 마치면 파일을 저장하고, '답안 전송' 버튼을 선택하여 감독위원 PC로 답안을 전송하십시오. 수험생 정보와 저장한 파일명이 다를 경우 전송되지 않으므로 주의하시기 바랍니다.
- 답안 작성 중에도 <u>주기적으로 저장하고, '답안 전송'</u>하여야 문제 발생을 줄일 수 있습니다. 작업한 내용을 저장하지 않고 전송할 경우 이전에 저장된 내용이 전송되오니 이점 유의하시기 바랍니다.
- 답안문서는 지정된 경로 외의 다른 보조기억장치에 저장하는 경우, 지정된 시험 시간 외에 작성된 파일을 활용할 경우, 기타 통신수단(이메일, 메신저, 네트워크 등)을 이용하여 타인에게 전달 또는 외부 반출하는 경우는 부정 처리합니다.
- 시험 중 부주의 또는 고의로 시스템을 파손한 경우는 수험자가 변상해야 하며, 〈수험자 유의사항〉에 기재된 방법대로 이행하지 않아 생기는 불이익은 수험생 당사자의 책임임을 알려 드립니다.
- 문제의 조건은 한컴오피스 NEO(2016)버전으로 설정되어 있으니 유의하시기 바랍니다.
- 시험을 완료한 수험자는 답안파일이 전송되었는지 확인한 후 감독위원의 지시에 따라 문제지를 제출하고 퇴실합니다.

답안 작성요령

- 온라인 답안 작성 절차
  수험자 등록 ⇒ 시험 시작 ⇒ 답안파일 저장 ⇒ 답안 전송 ⇒ 시험 종료
- 문제는 총 4단계, 즉 제1작업부터 제4작업까지 구성되어 있으며 반드시 제1작업부터 순서대로 작성하고 조건대로 작업하시오.
- 모든 작업시트의 A열은 열 너비 '1'로, 나머지 열은 적당하게 조절하시오.
- 모든 작업시트의 테두리는 ≪출력형태≫와 같이 작업하시오.
- 해당 작업란에서는 각각 제시된 조건에 따라 ≪출력형태≫와 같이 작업하시오.
- 답안 시트 이름은 "제1작업", "제2작업", "제3작업", "제4작업"이어야 하며 답안 시트 이외의 것은 감점 처리됩니다.
- 각 시트를 파일로 나누어 작업해서 저장할 경우 실격 처리됩니다.

kpc 한국생산성본부

[제1작업] 표 서식 작성 및 값 계산 (240점)

☞ 다음은 'HJ백화점 임대확정 보고'에 대한 자료이다. 자료를 입력하고 조건에 맞도록 작업하시오.

≪출력형태≫

매장코드	매장위치	매장종류	보증금 (단위:천원)	분양금액 (단위:천원)	실투자금 (단위:천원)	연수익 (단위:천원)	월소득 계산 (단위:천원)	구분
ACB-132	3	영캐주얼	3,600	119,100	72,200	10,900	(1)	(2)
BDC-391	1	화장품	1,300	64,600	39,800	5,900	(1)	(2)
ACE-043	3	영캐주얼	2,600	150,200	93,000	13,800	(1)	(2)
BSB-899	1	화장품	2,200	115,000	78,300	10,500	(1)	(2)
ASE-908	3	진캐주얼	2,700	93,400	56,800	8,500	(1)	(2)
CMB-075	6	골프웨어	2,700	92,500	56,200	8,500	(1)	(2)
BDC-046	1	화장품	1,600	91,300	56,500	8,200	(1)	(2)
CZB-035	6	골프웨어	2,500	85,500	52,000	7,900	(1)	(2)
영캐주얼 매장 보증금(단위:천원) 합계			(3)			최저 실투자금(단위:천원)		(5)
화장품 매장의 연수익(단위:천원) 평균			(4)			매장코드	ACB-132	연수익(천원)	(6)

≪조건≫

○ 모든 데이터의 서식에는 글꼴(굴림, 11pt), 정렬은 숫자 및 회계 서식은 오른쪽 정렬, 나머지 서식은 가운데 정렬로 작성하며 예외적인 것은 ≪출력형태≫를 참조하시오.
○ 제 목 ⇒ '모서리가 둥근 직사각형' 도형과 '바깥쪽 대각선 오른쪽 아래 그림자'를 이용하여 작성하고 "HJ백화점 임대확정 보고"를 입력한 후 다음 서식을 적용하시오
(글꼴-맑은 고딕, 24pt, 검정, 진하게, 채우기-노랑).
○ 임의의 셀에 결재란을 만들고 '그림으로 복사하기' 기능을 이용하여 작성하시오(단, 원본 삭제).
○ 「B4:J4, G14, I14」 영역은 '노랑'으로 채우기 하시오.
○ 유효성 검사를 이용하여 「H14」 셀에 매장코드(「B5:B12」 영역)가 선택 표시되도록 하시오.
○ 셀 서식 ⇒ 「C5:C12」 영역에 셀 서식을 이용하여 숫자 뒤에 '층'을 표시하시오(예 : 3층).
○ 「G5:G12」 영역에 대해 '실투자금'으로 이름정의를 하시오.

● (1)~(6) 셀은 반드시 **주어진 함수를 이용**하여 값을 구하시오(결과값을 직접 입력하면 해당 셀은 0점 처리됨).

(1) 월소득 계산(단위:천원) ⇒ 「연수익(단위:천원)÷12」로 계산한 후 올림하여 예와 같이 구하시오(ROUNDUP 함수)(예 : 1,112.3 → 1,112).
(2) 구분 ⇒ 매장코드의 첫 글자가 A이면 '캐주얼의류', B이면 '화장품', 그 외에는 '전문관'으로 구하시오(IF, LEFT 함수).
(3) 영캐주얼 매장 보증금(단위:천원) 합계 ⇒ 조건은 입력데이터를 이용하시오(DSUM 함수).
(4) 화장품 매장의 연수익(단위:천원) 평균 ⇒ (SUMIF, COUNTIF 함수)
(5) 최저 실투자금(단위:천원) ⇒ 정의된 이름(실투자금)을 이용하여 구하시오(MIN 함수).
(6) 연수익(천원) ⇒ 「H14」 셀에서 선택한 매장코드에 대한 연수익(단위:천원)을 구한 결과값에 '천원'을 붙이시오(VLOOKUP 함수, & 연산자)(예 : 12300천원).
(7) 조건부 서식의 수식을 이용하여 연수익(단위:천원)이 '10,000' 이상인 행 전체에 다음의 서식을 적용하시오(글꼴 : 보라).

[제2작업] 목표값 찾기 및 필터 (80점)

☞ "제1작업" 시트의 「B4:H12」 영역을 복사하여 "제2작업" 시트의 「B2」 셀부터 모두 붙여넣기를 한 후 다음의 조건과 같이 작업하시오.

≪조건≫

(1) 목표값 찾기 – 「B11:G11」 셀을 병합하여 "연수익(단위:천원) 전체 합계"를 입력한 후 「H11」 셀에 연수익(단위:천원) 전체 합계를 구하시오(SUM 함수, 테두리, 가운데 맞춤).
  – '연수익(단위:천원) 전체 합계'가 '80,000'이 되려면 BDC-391의 연수익(단위:천원)이 얼마가 되어야 하는지 목표값을 구하시오.

(2) 고급필터 – 보증금(단위:천원)이 '2,000' 이하이거나, 실투자금(단위:천원)이 '90,000' 이상인 자료의 데이터만 추출하시오.
  – 찾을 조건 범위 : 「B14」 셀부터 입력하시오.
  – 복사 위치 : 「B18」 셀부터 나타나도록 하시오.

[제3작업] 정렬 및 부분합 (80점)

☞ "제1작업" 시트의 「B4:H12」 영역을 복사하여 "제3작업" 시트의 「B2」 셀부터 모두 붙여넣기를 한 후 다음의 조건과 같이 작업하시오.

≪조건≫

(1) 부분합 – ≪출력형태≫처럼 정렬하고, 매장코드의 개수와 실투자금(단위:천원)의 최댓값을 구하시오.
(2) 윤곽 – 지우시오.
(3) 나머지 사항은 ≪출력형태≫에 맞게 작성하시오.

≪출력형태≫

A	B	C	D	E	F	G	H
1							
2	매장코드	매장위치	매장종류	보증금(단위:천원)	분양금액(단위:천원)	실투자금(단위:천원)	연수익(단위:천원)
3	BDC-391	1층	화장품	1,300	64,600	39,800	5,900
4	BSB-899	1층	화장품	2,200	115,000	78,300	10,500
5	BDC-046	1층	화장품	1,600	91,300	56,500	8,200
6			화장품 최댓값			78,300	
7	3		화장품 개수				
8	ASE-908	3층	진캐주얼	2,700	93,400	56,800	8,500
9			진캐주얼 최댓값			56,800	
10	1		진캐주얼 개수				
11	ACB-132	3층	영캐주얼	3,600	119,100	72,200	10,900
12	ACE-043	3층	영캐주얼	2,600	150,200	93,000	13,800
13			영캐주얼 최댓값			93,000	
14	2		영캐주얼 개수				
15	CMB-075	6층	골프웨어	2,700	92,500	56,200	8,500
16	CZB-035	6층	골프웨어	2,500	85,500	52,000	7,900
17			골프웨어 최댓값			56,200	
18	2		골프웨어 개수				
19	8		전체 개수				
20			전체 최댓값			93,000	

[제4작업] 그래프 (100점)

☞ "제1작업" 시트를 이용하여 "제4작업" 시트에 ≪출력형태≫와 같이 작업하시오.

≪조건≫

(1) 차트 종류 ⇒ 〈묶은 세로 막대형〉으로 작업하시오.
(2) 데이터 범위 ⇒ "제1작업" 시트의 내용을 이용하여 작업하시오.
(3) 차트 위치 ⇒ 「B2:K28」 영역에 배치하여 ≪출력형태≫와 같이 작업하시오.
(4) 차트 스타일 ⇒ 레이아웃2, 스타일9를 적용하시오.
(5) 배경 서식 ⇒ 전체 영역(노랑), 그림 영역(하양), 전체 글꼴(돋움, 11pt)을 적용하여 작업하시오.
(6) 제목 서식 ⇒ 글꼴(돋움, 20pt, 진하게), 채우기(하양), 선 모양 실선(굵기 2pt)
(7) 속성 ⇒ 연수익(단위:천원) 계열의 차트 종류를 〈표식이 있는 꺾은선형〉으로 변경한 후 보조 축으로 지정하시오.
　　　　계열 : 연수익(단위:천원) 계열의 표식은 별 모양, 10pt로 적용하시오.
　　　　레이블 : 분양금액(단위:천원) 계열의 ACE-043 자료점 값을 표시하고,
　　　　　　　　위치 및 채우기 색(하양)은 ≪출력형태≫와 같이 표시하시오.
　　　　축 모양 : 주 격자선(선 스타일 - 파선)을 적용하고 ≪출력형태≫를 참조하시오.
(8) 범례 ⇒ ≪출력형태≫를 참조하시오.
(9) 도형 ⇒ '모서리가 둥근 사각형 설명선'을 삽입한 후 내용을 입력하시오.
(10) 나머지 사항은 ≪출력형태≫에 맞게 작성하시오.

≪출력형태≫

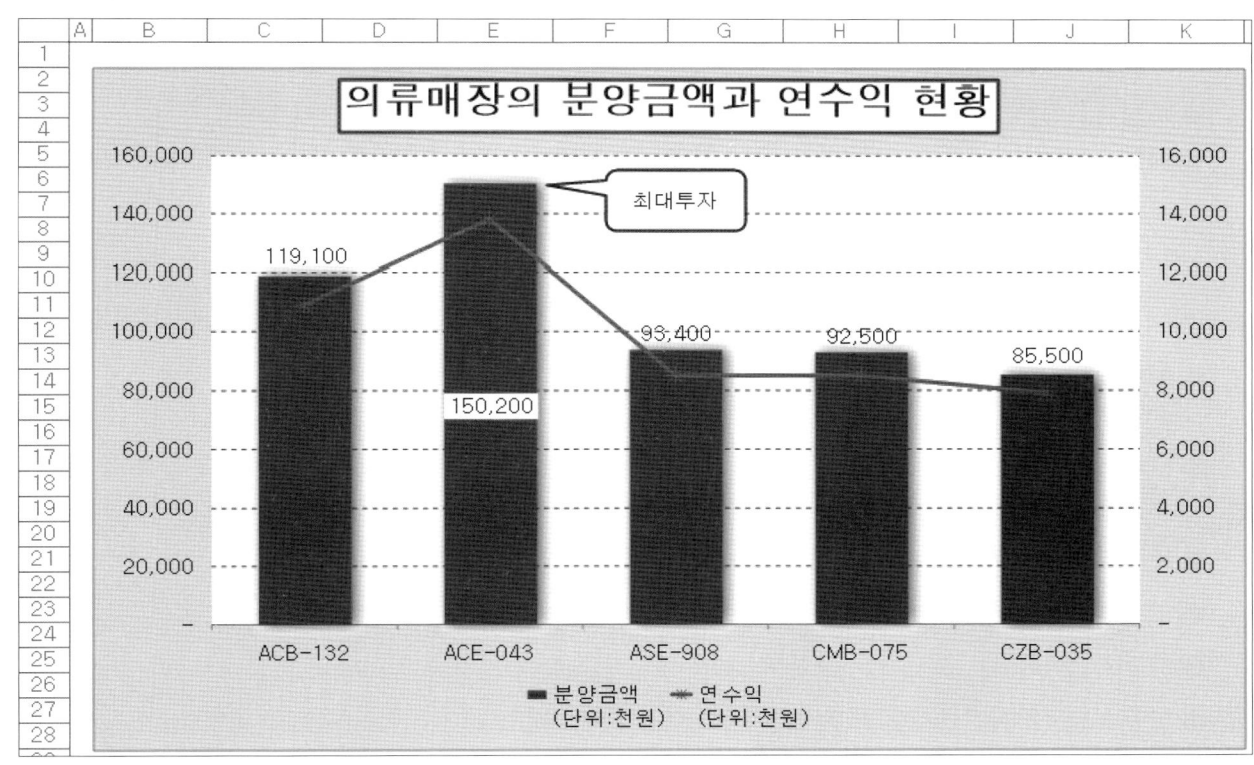

주의 ☞ 시트명 순서가 차례대로 "제1작업", "제2작업", "제3작업", "제4작업"이 되도록 할 것.

제 07 회 ITQ 실전모의고사

과목	코드	문제유형	시험시간	수험번호	성명
한셀	1121	B	60분		

수험자 유의사항

- 수험자는 문제지를 받는 즉시 문제지와 <u>수험표상의 시험과목(프로그램)이 동일한지 반드시 확인</u>하여야 합니다.
- 파일명은 본인의 "수험번호-성명"으로 입력하여 답안폴더(내 PC₩문서₩ITQ)에 하나의 파일로 저장해야 하며, 답안문서 파일명이 "수험번호-성명"과 일치하지 않거나, 답안파일을 전송하지 않아 미제출로 처리될 경우 실격 처리합니다(예:12345678-홍길동.cell).
- 답안 작성을 마치면 파일을 저장하고, '답안 전송' 버튼을 선택하여 감독위원 PC로 답안을 전송하십시오. 수험생 정보와 저장한 파일명이 다를 경우 전송되지 않으므로 주의하시기 바랍니다.
- 답안 작성 중에도 <u>주기적으로 저장하고, '답안 전송'</u>하여야 문제 발생을 줄일 수 있습니다. 작업한 내용을 저장하지 않고 전송할 경우 이전에 저장된 내용이 전송되오니 이점 유의하시기 바랍니다.
- 답안문서는 지정된 경로 외의 다른 보조기억장치에 저장하는 경우, 지정된 시험 시간 외에 작성된 파일을 활용할 경우, 기타 통신수단(이메일, 메신저, 네트워크 등)을 이용하여 타인에게 전달 또는 외부 반출하는 경우는 부정 처리합니다.
- 시험 중 부주의 또는 고의로 시스템을 파손한 경우는 수험자가 변상해야 하며, 〈수험자 유의사항〉에 기재된 방법대로 이행하지 않아 생기는 불이익은 수험생 당사자의 책임임을 알려 드립니다.
- 문제의 조건은 한컴오피스 NEO(2016)버전으로 설정되어 있으니 유의하시기 바랍니다.
- 시험을 완료한 수험자는 답안파일이 전송되었는지 확인한 후 감독위원의 지시에 따라 문제지를 제출하고 퇴실합니다.

답안 작성요령

- 온라인 답안 작성 절차
  수험자 등록 ⇒ 시험 시작 ⇒ 답안파일 저장 ⇒ 답안 전송 ⇒ 시험 종료
- 문제는 총 4단계, 즉 제1작업부터 제4작업까지 구성되어 있으며 반드시 제1작업부터 순서대로 작성하고 조건대로 작업하시오.
- 모든 작업시트의 A열은 열 너비 '1'로, 나머지 열은 적당하게 조절하시오.
- 모든 작업시트의 테두리는 ≪출력형태≫와 같이 작업하시오.
- 해당 작업란에서는 각각 제시된 조건에 따라 ≪출력형태≫와 같이 작업하시오.
- 답안 시트 이름은 "제1작업", "제2작업", "제3작업", "제4작업"이어야 하며 답안 시트 이외의 것은 감점 처리됩니다.
- 각 시트를 파일로 나누어 작업해서 저장할 경우 실격 처리됩니다.

kpc 한국생산성본부

[제1작업] 표 서식 작성 및 값 계산 (240점)

☞ 다음은 '신발나라 온라인 판매 현황'에 대한 자료이다. 자료를 입력하고 조건에 맞도록 작업하시오.

≪출력형태≫

상품코드	상품명	구분	소비자가	회원가	전월 판매량	당월 판매량	판매량 순위	포인트
B1-06	코브라 209	등산화	210,000	168,000	1,270	1,360	(1)	(2)
H2-81	멜란지그레이	부츠	35,000	28,500	1,050	1,470	(1)	(2)
S4-32	심플 워커	워커	42,000	34,000	1,690	1,870	(1)	(2)
B3-08	블랙스톰	등산화	232,500	186,000	910	977	(1)	(2)
S3-67	르베르니	워커	59,400	47,500	1,880	2,013	(1)	(2)
S1-17	나이트 워커	워커	45,300	36,200	2,280	2,220	(1)	(2)
S2-42	팀버랜드	워커	189,000	152,000	976	1,060	(1)	(2)
H1-26	레이첼콕스	부츠	235,000	186,500	2,050	1,962	(1)	(2)
최소 전월 판매량			(3)		보고일		2023-11-29	(5)
워커 상품 수			(4)		상품명	코브라 209	회원가	(6)

제목: 신발나라 온라인 판매 현황

결재 / 담당 / 과장 / 차장

≪조건≫

○ 모든 데이터의 서식에는 글꼴(굴림, 11pt), 정렬은 숫자 및 회계 서식은 오른쪽 정렬, 나머지 서식은 가운데 정렬로 작성하며 예외적인 것은 ≪출력형태≫를 참조하시오.
○ 제 목 ⇒ '오각형' 도형과 '바깥쪽 위쪽 그림자'를 이용하여 작성하고 "신발나라 온라인 판매 현황"을 입력한 후 다음 서식을 적용하시오
  (글꼴-궁서, 22pt, 검정, 진하게, 채우기-주황 60% 밝게).
○ 임의의 셀에 결재란을 만들고 '그림으로 복사하기' 기능을 이용하여 작성하시오(단, 원본 삭제).
○ 「B4:J4, G14, I14」 영역은 '주황 60% 밝게'로 채우기 하시오.
○ 유효성 검사를 이용하여 「H14」 셀에 상품명(「C5:C12」 영역)이 선택 표시되도록 하시오.
○ 셀 서식 ⇒ 「G5:H12」 영역에 셀 서식을 이용하여 숫자 뒤에 'EA'를 표시하시오
  (예 : 1,270 → 1,270EA).
○ 「G5:G12」 영역에 대해 '전월판매량'으로 이름정의를 하시오.

● (1)~(6) 셀은 반드시 **주어진 함수를 이용**하여 값을 구하시오(결과값을 직접 입력하면 해당 셀은 0점 처리됨).

  (1) 판매량 순위 ⇒ 당월 판매량의 내림차순 순위를 구한 결과값에 '위'를 붙이시오
      (RANK.EQ 함수, & 연산자)(예 : 1위).
  (2) 포인트 ⇒ 「회원가×환산점수」로 구하되, 환산점수는 상품코드 2번째 자리 숫자가 1이면 0.05, 2이면 0.07, 3이면 0.09, 4이면 0.1로 계산하시오(CHOOSE, MID 함수).
  (3) 최소 전월 판매량 ⇒ 정의된 이름(전월판매량)을 이용하여 구하시오(MIN 함수).
  (4) 워커 상품 수 ⇒ (COUNTIF 함수)
  (5) 보고일 ⇒ 「I13」 셀의 요일을 '월요일, 화요일…'의 형태로 구하시오(CHOOSE, WEEKDAY 함수).
  (6) 회원가 ⇒ 「H14」 셀에서 선택한 상품명에 대한 회원가를 표시하시오(VLOOKUP 함수).
  (7) 조건부 서식의 수식을 이용하여 당월 판매량이 '1,500' 이하인 행 전체에 다음의 서식을 적용하시오
      (글꼴 : 파랑, 진하게).

[제2작업] 목표값 찾기 및 필터 (80점)

☞ **"제1작업"** 시트의 「B4:H12」 영역을 복사하여 **"제2작업"** 시트의 「B2」 셀부터 모두 붙여넣기를 한 후 다음의 조건과 같이 작업하시오.

≪조건≫

(1) 목표값 찾기 – 「B11:G11」 셀을 병합하여 "전월 판매량 전체 평균"을 입력한 후 「H11」 셀에 전월 판매량 전체 평균을 구하시오(AVERAGE 함수, 테두리, 가운데 맞춤).
　　　　　　 – '전월 판매량 전체 평균'이 '1,600'이 되려면 블랙스톰의 전월 판매량이 얼마가 되어야 하는지 목표값을 구하시오.

(2) 고급필터 – 구분이 '부츠'이거나, 당월 판매량이 '2,000' 이상인 자료의 상품명, 구분, 전월 판매량, 당월 판매량 데이터만 추출하시오.
　　　　　　 – 찾을 조건 범위 : 「B14」 셀부터 입력하시오.
　　　　　　 – 복사 위치 : 「B18」 셀부터 나타나도록 하시오.

[제3작업] 피벗 테이블 (80점)

☞ **"제1작업"** 시트를 이용하여 **"제3작업"** 시트에 조건에 따라 ≪출력형태≫와 같이 작업하시오.

≪조건≫

(1) 구분 및 회원가별 상품명의 개수와 당월 판매량의 평균을 구하시오.
(2) 회원가를 그룹화하고, 보고서 레이아웃은 테이블 형식으로 설정하시오.
(3) 구분을 ≪출력형태≫와 같이 정렬하고, 빈 셀은 '***'로 표시하시오.
(4) 행의 총합계를 지우고, 나머지 사항은 ≪출력형태≫에 맞게 작성하시오.

≪출력형태≫

	A	B	C	D	E	F
1						
2			회원가 ▼	데이터 ▼		
3			0-99999		100000-200000	
4		구분 ▼	개수 : 상품명	평균 : 당월 판매량	개수 : 상품명	평균 : 당월 판매량
5		워커	3	2,034	1	1,060
6		부츠	1	1,470	1	1,962
7		등산화	***	***	2	1,169
8		총 합계	4	1,893	4	1,340

[제4작업] 그래프 (100점)

☞ "제1작업" 시트를 이용하여 "제4작업" 시트에 ≪출력형태≫와 같이 작업하시오.

≪조건≫

(1) 차트 종류 ⇒ 〈3차원 원형〉으로 작업하시오.
(2) 데이터 범위 ⇒ "제1작업" 시트의 내용을 이용하여 작업하시오.
(3) 차트 위치 ⇒ 「B2:K28」 영역에 배치하여 ≪출력형태≫와 같이 작업하시오.
(4) 차트 스타일 ⇒ 레이아웃6, 스타일3을 적용하시오.
(5) 배경 서식 ⇒ 전체 영역(주황), 그림 영역(하양), 전체 글꼴(굴림, 11pt)을 적용하여 작업하시오.
(6) 제목 서식 ⇒ 글꼴(바탕, 22pt, 진하게), 채우기(하양), 선 모양 실선(굵기 3pt)
(7) 속성 ⇒ 계열 : 나이트 워커 조각을 쪼개진 요소 20%로 지정하여 분리하고 ≪출력형태≫와 같이 표시하시오.
　　　　　　 레이블 : 값을 표시하고, 위치 및 채우기 색(하양)은 ≪출력형태≫와 같이 표시하시오.
(8) 범례 ⇒ ≪출력형태≫를 참조하시오.
(9) 도형 ⇒ '모서리가 둥근 사각형 설명선'을 삽입한 후 내용을 입력하시오.
(10) 나머지 사항은 ≪출력형태≫에 맞게 작성하시오.

≪출력형태≫

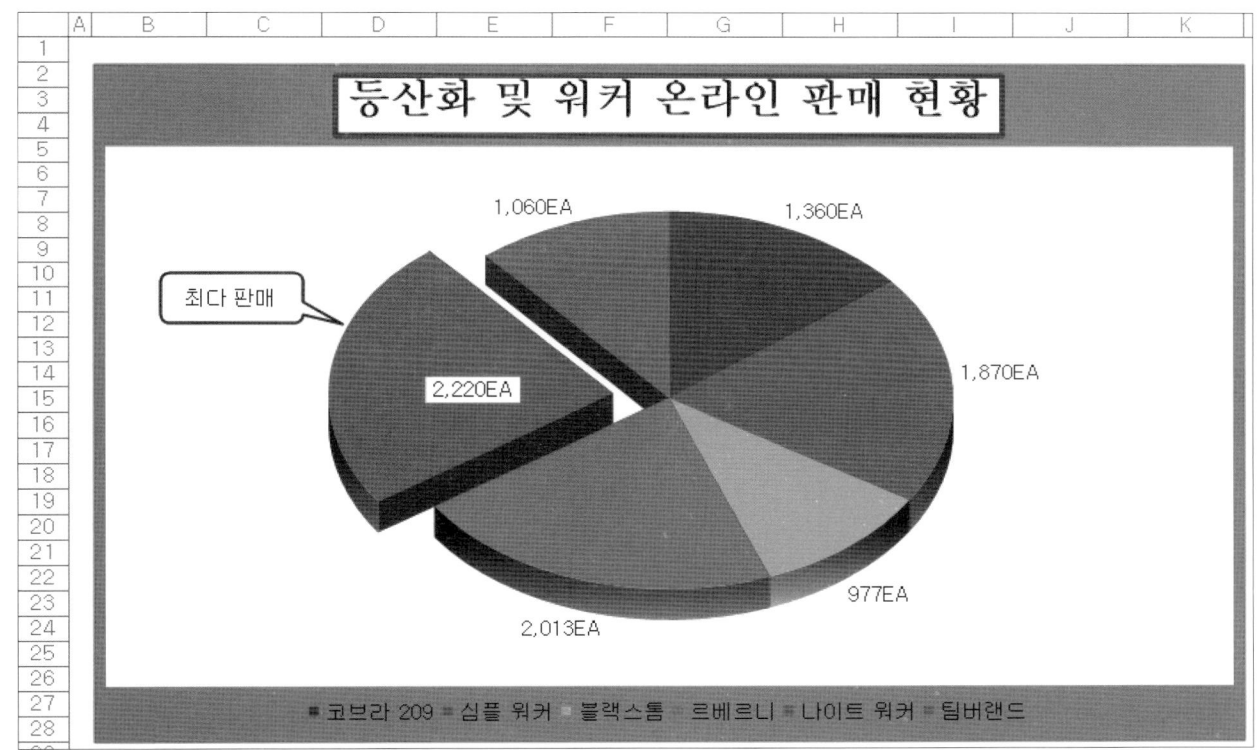

주의 ☞ 시트명 순서가 차례대로 "제1작업", "제2작업", "제3작업", "제4작업"이 되도록 할 것.

제08회 ITQ 실전모의고사

과목	코드	문제유형	시험시간	수험번호	성명
한셀	1121	C	60분		

수험자 유의사항

- 수험자는 문제지를 받는 즉시 문제지와 <u>수험표상의 시험과목(프로그램)이 동일한지 반드시 확인</u>하여야 합니다.
- 파일명은 본인의 "수험번호-성명"으로 입력하여 답안폴더(내 PC₩문서₩ITQ)에 하나의 파일로 저장해야 하며, 답안문서 파일명이 "수험번호-성명"과 일치하지 않거나, 답안파일을 전송하지 않아 미제출로 처리될 경우 실격 처리합니다(예:12345678-홍길동.cell).
- 답안 작성을 마치면 파일을 저장하고, '답안 전송' 버튼을 선택하여 감독위원 PC로 답안을 전송하십시오. 수험생 정보와 저장한 파일명이 다를 경우 전송되지 않으므로 주의하시기 바랍니다.
- 답안 작성 중에도 <u>주기적으로 저장하고, '답안 전송'</u>하여야 문제 발생을 줄일 수 있습니다. 작업한 내용을 저장하지 않고 전송할 경우 이전에 저장된 내용이 전송되오니 이점 유의하시기 바랍니다.
- 답안문서는 지정된 경로 외의 다른 보조기억장치에 저장하는 경우, 지정된 시험 시간 외에 작성된 파일을 활용할 경우, 기타 통신수단(이메일, 메신저, 네트워크 등)을 이용하여 타인에게 전달 또는 외부 반출하는 경우는 부정 처리합니다.
- 시험 중 부주의 또는 고의로 시스템을 파손한 경우는 수험자가 변상해야 하며, 〈수험자 유의사항〉에 기재된 방법대로 이행하지 않아 생기는 불이익은 수험생 당사자의 책임임을 알려 드립니다.
- 문제의 조건은 한컴오피스 NEO(2016)버전으로 설정되어 있으니 유의하시기 바랍니다.
- 시험을 완료한 수험자는 답안파일이 전송되었는지 확인한 후 감독위원의 지시에 따라 문제지를 제출하고 퇴실합니다.

답안 작성요령

- 온라인 답안 작성 절차
  수험자 등록 ⇒ 시험 시작 ⇒ 답안파일 저장 ⇒ 답안 전송 ⇒ 시험 종료
- 문제는 총 4단계, 즉 제1작업부터 제4작업까지 구성되어 있으며 반드시 제1작업부터 순서대로 작성하고 조건대로 작업하시오.
- 모든 작업시트의 A열은 열 너비 '1'로, 나머지 열은 적당하게 조절하시오.
- 모든 작업시트의 테두리는 ≪출력형태≫와 같이 작업하시오.
- 해당 작업란에서는 각각 제시된 조건에 따라 ≪출력형태≫와 같이 작업하시오.
- 답안 시트 이름은 "제1작업", "제2작업", "제3작업", "제4작업"이어야 하며 답안 시트 이외의 것은 감점 처리됩니다.
- 각 시트를 파일로 나누어 작업해서 저장할 경우 실격 처리됩니다.

kpc 한국생산성본부

[제1작업] 표 서식 작성 및 값 계산 (240점)

☞ 다음은 '남성 아우터 판매실적 현황'에 대한 자료이다. 자료를 입력하고 조건에 맞도록 작업하시오.

≪출력형태≫

상품코드	분류	상품명	담당자	3분기목표 (단위:천원)	3분기실적 (단위:천원)	반품건수	협찬	반품순위
MS-02S	무스탕	벨크로	한지인	67,740	52,830	13	(1)	(2)
FE-32A	코트	솔리드 이중 차이나	안정수	43,030	30,430	8	(1)	(2)
EX-36B	코트	스노우 배색 더블	성윤하	21,770	19,830	24	(1)	(2)
VS-21S	무스탕	모던라이프 크렉 사선	김유경	22,730	30,130	24	(1)	(2)
MS-37A	무스탕	커스텀 포켓	정유수	15,730	15,030	23	(1)	(2)
CA-34S	코트	클래식 금장 더블 하프	홍은지	61,330	91,790	18	(1)	(2)
FS-11S	가디건	케브 클래식 숄카라	배강열	31,130	41,190	35	(1)	(2)
CE-89B	가디건	W 배색포인트	전미라	10,180	10,300	5	(1)	(2)
3분기실적(단위:천원) 평균			(3)			무스탕 3분기실적(단위:천원) 합계		(5)
최대 반품건수			(4)			상품코드	MS-02S	반품건수	(6)

제목 영역에 "남성 아우터 판매실적 현황"이 표시되며, H1:J3 영역에 결재란(담당, 팀장, 부장)이 있음.

≪조건≫

○ 모든 데이터의 서식에는 글꼴(굴림, 11pt), 정렬은 숫자 및 회계 서식은 오른쪽 정렬, 나머지 서식은 가운데 정렬로 작성하며 예외적인 것은 ≪출력형태≫를 참조하시오.
○ 제 목 ⇒ '십자형' 도형과 '바깥쪽 대각선 오른쪽 아래 그림자'를 이용하여 작성하고
　　　　　 "남성 아우터 판매실적 현황"을 입력한 후 다음 서식을 적용하시오
　　　　　 (글꼴-굴림, 24pt, 검정, 진하게, 채우기-노랑).
○ 임의의 셀에 결재란을 만들고 '그림으로 복사하기' 기능을 이용하여 작성하시오(단, 원본 삭제).
○ 「B4:J4, G14, I14」 영역은 '노랑'으로 채우기 하시오.
○ 유효성 검사를 이용하여 「H14」 셀에 상품코드(「B5:B12」 영역)가 선택 표시되도록 하시오.
○ 셀 서식 ⇒ 「H5:H12」 영역에 셀 서식을 이용하여 숫자 뒤에 '건'을 표시하시오(예 : 13 → 13건).
○ 「H5:H12」 영역에 대해 '반품건수'로 이름정의를 하시오.

● (1)~(6) 셀은 반드시 **주어진 함수를 이용**하여 값을 구하시오(결과값을 직접 입력하면 해당 셀은 0점 처리됨).

(1) 협찬 ⇒ 상품코드의 마지막 글자가 S이면 '연예인 협찬', 그 외에는 공백으로 구하시오
　　　　　 (IF, RIGHT 함수).
(2) 반품순위 ⇒ 반품건수의 내림차순 순위를 구하시오(RANK.EQ 함수).
(3) 3분기실적(단위:천원) 평균 ⇒ 3분기실적(단위:천원)의 평균을 내림하여 백원 단위로 구하시오
　　　　　 (ROUNDDOWN, AVERAGE 함수)(예 : 12,365 → 12,300).
(4) 최대 반품건수 ⇒ 정의된 이름(반품건수)을 이용하여 구한 결과값 뒤에 '건'을 붙이시오
　　　　　 (MAX 함수, & 연산자)(예 : 1건).
(5) 무스탕 3분기실적(단위:천원) 합계 ⇒ 조건은 입력데이터를 이용하시오(DSUM 함수).
(6) 반품건수 ⇒ 「H14」 셀에서 선택한 상품코드에 대한 반품건수를 표시하시오(VLOOKUP 함수).
(7) 조건부 서식의 수식을 이용하여 3분기실적(단위:천원)이 '40,000' 이상인 행 전체에 다음의 서식을 적용하시오(글꼴 : 주황, 진하게).

[제2작업] 목표값 찾기 및 필터 (80점)

☞ **"제1작업"** 시트의 「B4:H12」 영역을 복사하여 **"제2작업"** 시트의 「B2」 셀부터 모두 붙여넣기를 한 후 다음의 조건과 같이 작업하시오.

≪조건≫

(1) 목표값 찾기 – 「B11:G11」 셀을 병합하여 "3분기실적(단위:천원) 전체 평균"을 입력한 후 「H11」 셀에
 3분기실적(단위:천원) 전체 평균을 구하시오(AVERAGE 함수, 테두리, 가운데 맞춤).
 – '3분기실적(단위:천원) 전체 평균'이 '40,000'이 되려면 MS-37A의
 3분기실적(단위:천원)이 얼마가 되어야 하는지 목표값을 구하시오.

(2) 고급필터 – 분류가 '가디건'이거나, 반품건수가 '10' 이하인 자료의 분류, 상품명, 담당자, 반품건수
 데이터만 추출하시오.
 – 찾을 조건 범위 : 「B14」 셀부터 입력하시오.
 – 복사 위치 : 「B18」 셀부터 나타나도록 하시오.

[제3작업] 피벗 테이블 (80점)

☞ **"제1작업"** 시트를 이용하여 **"제3작업"** 시트에 조건에 따라 ≪출력형태≫와 같이 작업하시오.

≪조건≫

(1) 분류 및 3분기목표(단위:천원)별 상품명의 개수와 3분기실적(단위:천원)의 평균을 구하시오.
(2) 3분기목표(단위:천원)를 그룹화하고, 보고서 레이아웃은 개요 형식으로 설정하시오.
(3) 분류를 ≪출력형태≫와 같이 정렬하고, 빈 셀은 '##'으로 표시하시오.
(4) 행의 총합계를 지우고, 나머지 사항은 ≪출력형태≫에 맞게 작성하시오.

≪출력형태≫

	A	B	C	D	E	F
1						
2			3분기목표(단위:천원)	▼데이터	▼	
3			0-44999		45000-90000	
4		분류 ▼	개수 : 상품명	평균 : 3분기실적(단위:천원)	개수 : 상품명	평균 : 3분기실적(단위:천원)
5		코트	2	25,130	1	91,790
6		무스탕	2	22,580	1	52,830
7		가디건	2	25,745	##	##
8		총 합계	6	24,485	2	72,310

[제4작업] 그래프 (100점)

☞ "제1작업" 시트를 이용하여 "제4작업" 시트에 ≪출력형태≫와 같이 작업하시오.

≪조건≫

(1) 차트 종류 ⇒ 〈3차원 원형〉으로 작업하시오.
(2) 데이터 범위 ⇒ "제1작업" 시트의 내용을 이용하여 작업하시오.
(3) 차트 위치 ⇒ 「B2:K28」 영역에 배치하여 ≪출력형태≫와 같이 작업하시오.
(4) 차트 스타일 ⇒ 레이아웃3, 스타일1을 적용하시오.
(5) 배경 서식 ⇒ 전체 영역(밝은 연두색), 그림 영역(하양), 전체 글꼴(맑은 고딕, 11pt)을 적용하여 작업하시오.
(6) 제목 서식 ⇒ 글꼴(궁서, 20pt, 진하게), 채우기(하양), 선 모양 실선(굵기 1pt)
(7) 속성 ⇒ 계열 : 클래식 금장 더블 하프 조각을 쪼개진 요소 20%로 지정하여 분리하고 ≪출력형태≫와 같이 표시하시오.
　　　　　　레이블 : 항목 이름과 값을 표시하고, 위치 및 채우기 색(하양)은 ≪출력형태≫와 같이 표시하시오.
(8) 범례 ⇒ ≪출력형태≫를 참조하시오.
(9) 도형 ⇒ '사각형 설명선'을 삽입한 후 내용을 입력하시오.
(10) 나머지 사항은 ≪출력형태≫에 맞게 작성하시오.

≪출력형태≫

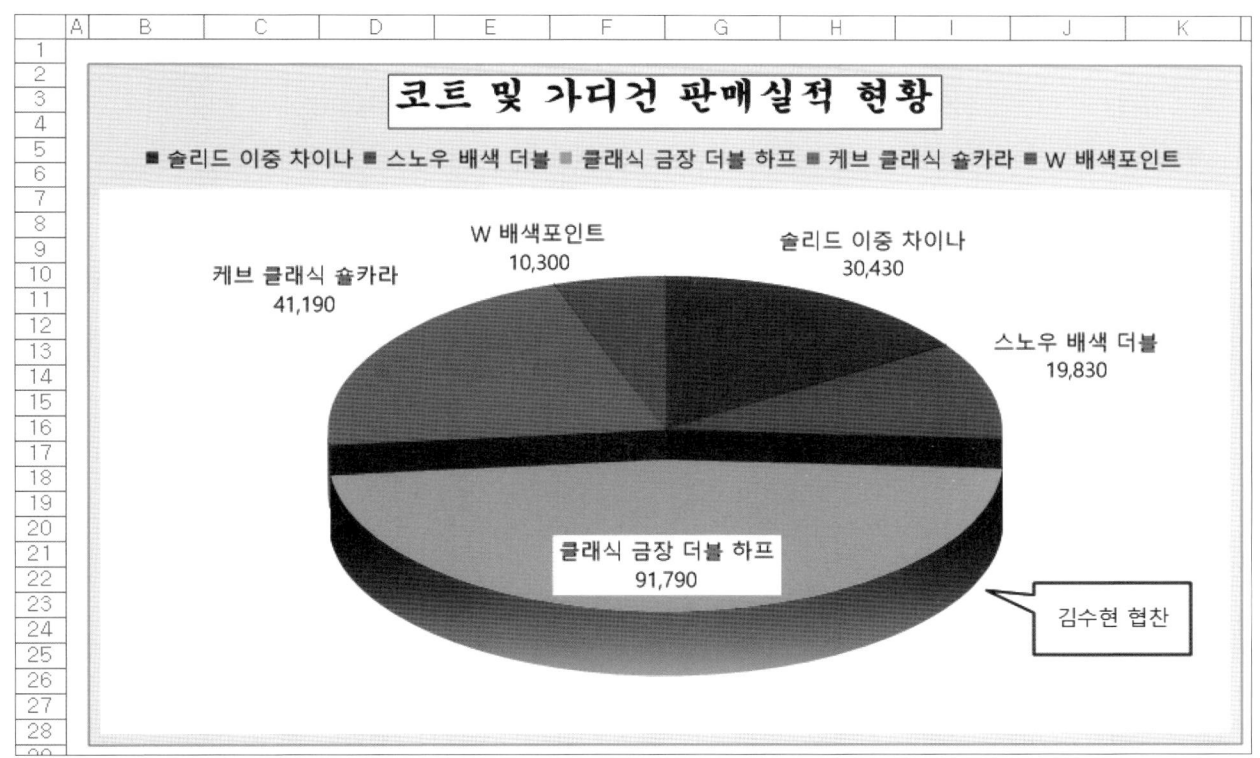

주의 ☞ 시트명 순서가 차례대로 "제1작업", "제2작업", "제3작업", "제4작업"이 되도록 할 것.

제09회 ITQ 실전모의고사

과목	코드	문제유형	시험시간	수험번호	성명
한셀	1121	D	60분		

수험자 유의사항

- 수험자는 문제지를 받는 즉시 문제지와 <u>수험표상의 시험과목(프로그램)이 동일한지 반드시 확인</u>하여야 합니다.
- 파일명은 본인의 "수험번호-성명"으로 입력하여 답안폴더(내 PC₩문서₩ITQ)에 하나의 파일로 저장해야 하며, 답안문서 파일명이 "수험번호-성명"과 일치하지 않거나, 답안파일을 전송하지 않아 미제출로 처리될 경우 실격 처리합니다(예:12345678-홍길동.cell).
- 답안 작성을 마치면 파일을 저장하고, '답안 전송' 버튼을 선택하여 감독위원 PC로 답안을 전송하십시오. 수험생 정보와 저장한 파일명이 다를 경우 전송되지 않으므로 주의하시기 바랍니다.
- 답안 작성 중에도 <u>주기적으로 저장하고, '답안 전송'</u>하여야 문제 발생을 줄일 수 있습니다. 작업한 내용을 저장하지 않고 전송할 경우 이전에 저장된 내용이 전송되오니 이점 유의하시기 바랍니다.
- 답안문서는 지정된 경로 외의 다른 보조기억장치에 저장하는 경우, 지정된 시험 시간 외에 작성된 파일을 활용할 경우, 기타 통신수단(이메일, 메신저, 네트워크 등)을 이용하여 타인에게 전달 또는 외부 반출하는 경우는 부정 처리합니다.
- 시험 중 부주의 또는 고의로 시스템을 파손한 경우는 수험자가 변상해야 하며, 〈수험자 유의사항〉에 기재된 방법대로 이행하지 않아 생기는 불이익은 수험생 당사자의 책임임을 알려 드립니다.
- 문제의 조건은 한컴오피스 NEO(2016)버전으로 설정되어 있으니 유의하시기 바랍니다.
- 시험을 완료한 수험자는 답안파일이 전송되었는지 확인한 후 감독위원의 지시에 따라 문제지를 제출하고 퇴실합니다.

답안 작성요령

- 온라인 답안 작성 절차
  수험자 등록 ⇒ 시험 시작 ⇒ 답안파일 저장 ⇒ 답안 전송 ⇒ 시험 종료
- 문제는 총 4단계, 즉 제1작업부터 제4작업까지 구성되어 있으며 반드시 제1작업부터 순서대로 작성하고 조건대로 작업하시오.
- 모든 작업시트의 A열은 열 너비 '1'로, 나머지 열은 적당하게 조절하시오.
- 모든 작업시트의 테두리는 ≪출력형태≫와 같이 작업하시오.
- 해당 작업란에서는 각각 제시된 조건에 따라 ≪출력형태≫와 같이 작업하시오.
- 답안 시트 이름은 "제1작업", "제2작업", "제3작업", "제4작업"이어야 하며 답안 시트 이외의 것은 감점 처리됩니다.
- 각 시트를 파일로 나누어 작업해서 저장할 경우 실격 처리됩니다.

kpc 한국생산성본부

[제1작업] 표 서식 작성 및 값 계산 (240점)

☞ 다음은 'S-net 사원 SNS 이용 실태'에 대한 자료이다. 자료를 입력하고 조건에 맞도록 작업하시오.

≪출력형태≫

기기코드	성명	SNS 종류	활용형태	가입날짜	기기 구입비 (단위:원)	앱 구입비 (단위:원)	사용도구	가입요일
S-232	김정훈	페이스북	소통	2022-10-05	350,000	6,500	(1)	(2)
S-213	이미영	트위터	소통	2023-02-06	480,000	12,000	(1)	(2)
T-432	정미진	페이스북	교육	2023-01-22	380,000	10,500	(1)	(2)
P-321	박명수	블로그	교육	2021-08-19	520,000	14,500	(1)	(2)
S-121	이기영	트위터	소통	2022-12-16	320,000	6,500	(1)	(2)
T-214	김호진	페이스북	취미	2023-01-12	490,000	14,500	(1)	(2)
P-321	박진수	트위터	교육	2023-02-24	485,000	18,000	(1)	(2)
P-412	이익숙	블로그	취미	2022-11-23	680,000	10,500	(1)	(2)
활용형태 교육 인원수			(3)		최대 앱 구입비			(5)
페이스북 사용자 평균 앱 구입비			(4)		성명	김정훈	가입날짜	(6)

결재: 담당 팀장 부장

≪조건≫

○ 모든 데이터의 서식에는 글꼴(굴림, 11pt), 정렬은 숫자 및 회계 서식은 오른쪽 정렬, 나머지 서식은 가운데 정렬로 작성하며 예외적인 것은 ≪출력형태≫를 참조하시오.
○ 제 목 ⇒ '모서리가 둥근 직사각형' 도형과 '바깥쪽 가운데 그림자'를 이용하여 작성하고 "S-net 사원 SNS 이용 실태"를 입력한 후 다음 서식을 적용하시오 (글꼴-맑은 고딕, 24pt, 검정, 진하게, 채우기-파랑 60% 밝게).
○ 임의의 셀에 결재란을 만들고 '그림으로 복사하기' 기능을 이용하여 작성하시오(단, 원본 삭제).
○ 「B4:J4, G14, I14」 영역은 '파랑 80% 밝게'로 채우기 하시오.
○ 유효성 검사를 이용하여 「H14」 셀에 성명(「C5:C12」 영역)이 선택 표시되도록 하시오.
○ 셀 서식 ⇒ 「G5:H12」 영역에 셀 서식을 이용하여 숫자 뒤에 '원'을 표시하시오 (예 : 350,000 → 350,000원).
○ 「E5:E12」 영역에 대해 '활용형태'로 이름정의를 하시오.

● (1)~(6) 셀은 반드시 **주어진 함수를 이용**하여 값을 구하시오(결과값을 직접 입력하면 해당 셀은 0점 처리됨).

(1) 사용도구 ⇒ 기기코드 첫 글자가 S이면 '스마트폰', P이면 'PC', 나머지는 '태블릿 PC'로 표시하시오 (IF, LEFT 함수).
(2) 가입요일 ⇒ 가입날짜의 요일을 구하시오(CHOOSE, WEEKDAY 함수)(예 : 월요일).
(3) 활용형태 교육 인원수 ⇒ 정의된 이름(활용형태)을 이용하여 구한 결과값에 '명'을 붙이시오 (COUNTIF 함수, & 연산자)(예 : 5명).
(4) 페이스북 사용자 평균 앱 구입비 ⇒ 조건은 입력데이터를 이용하여 구하시오(DAVERAGE 함수).
(5) 최대 앱 구입비 ⇒ (MAX 함수)
(6) 가입날짜 ⇒ 「H14」 셀에서 선택한 성명의 가입날짜를 구하시오 (VLOOKUP 함수)(예 : 2022-03-01).
(7) 조건부 서식의 수식을 이용하여 앱 구입비(단위:원)가 '14,000' 이상인 행 전체에 다음의 서식을 적용하시오(글꼴 : 파랑, 진하게).

[제2작업] 목표값 찾기 및 필터 (80점)

☞ "제1작업" 시트의 「B4:H12」 영역을 복사하여 "제2작업" 시트의 「B2」 셀부터 모두 붙여넣기를 한 후 다음의 조건과 같이 작업하시오.

≪조건≫

(1) 목표값 찾기 - 「B11:G11」 셀을 병합하여 "앱 구입비(단위:원) 전체 평균"을 입력한 후 「H11」 셀에 앱 구입비(단위:원) 전체 평균을 구하시오(AVERAGE 함수, 테두리, 가운데 맞춤).
   - '앱 구입비(단위:원) 전체 평균'이 '12,000'이 되려면 김정훈의 앱 구입비(단위:원)가 얼마가 되어야 하는지 목표값을 구하시오.

(2) 고급필터 - SNS 종류가 '블로그'이거나, 가입날짜가 '2023-02-01' 이후(해당일 포함)인 자료의 성명, SNS 종류, 활용형태, 가입날짜 데이터만 추출하시오.
   - 찾을 조건 범위 : 「B14」 셀부터 입력하시오.
   - 복사 위치 : 「B18」 셀부터 나타나도록 하시오.

[제3작업] 피벗 테이블 (80점)

☞ "제1작업" 시트를 이용하여 "제3작업" 시트에 조건에 따라 ≪출력형태≫와 같이 작업하시오.

≪조건≫

(1) 가입날짜 및 SNS 종류별 기기코드의 개수와 앱 구입비(단위:원)의 평균을 구하시오.
(2) 가입날짜를 그룹화하고, 보고서 레이아웃은 테이블 형식으로 설정하시오.
(3) SNS 종류를 ≪출력형태≫와 같이 정렬하고, 빈 셀은 '***'로 표시하시오.
(4) 행의 총합계를 지우고, 나머지 사항은 ≪출력형태≫에 맞게 작성하시오.

≪출력형태≫

	A	B	C	D	E	F	G	H
1								
2			SNS 종류 ▼	데이터 ▼				
3			페이스북		트위터		블로그	
4		가입날짜 ▼	개수 : 기기코드	평균 : 앱 구입비(단위:원)	개수 : 기기코드	평균 : 앱 구입비(단위:원)	개수 : 기기코드	평균 : 앱 구입비(단위:원)
5		2021년	***	***	***	***	1	₩14,500
6		2022년	1	₩6,500	1	₩6,500	1	₩10,500
7		2023년	2	₩12,500	2	₩15,000	***	***
8		총 합계	3	₩10,500	3	₩12,167	2	₩12,500

[제4작업] 그래프 (100점)

☞ "제1작업" 시트를 이용하여 "제4작업" 시트에 ≪출력형태≫와 같이 작업하시오.

≪조건≫

(1) 차트 종류 ⇒ 〈3차원 원형〉으로 작업하시오.
(2) 데이터 범위 ⇒ "제1작업" 시트의 내용을 이용하여 작업하시오.
(3) 차트 위치 ⇒ 「B2:K28」 영역에 배치하여 ≪출력형태≫와 같이 작업하시오.
(4) 차트 스타일 ⇒ 레이아웃6, 스타일3을 적용하시오.
(5) 배경 서식 ⇒ 전체 영역(시안), 그림 영역(하양), 전체 글꼴(굴림, 11pt)을 적용하여 작업하시오.
(6) 제목 서식 ⇒ 글꼴(굴림, 20pt, 진하게), 채우기(하양), 선 모양 실선(굵기 1pt)
(7) 속성 ⇒ 계열 : 박진수 조각을 쪼개진 요소 20%로 지정하여 분리하고 ≪출력형태≫와 같이 표시하시오.
　　　　　　레이블 : 항목 이름과 값을 표시하고, 위치 및 채우기 색(하양)은 ≪출력형태≫와 같이 표시하시오.
(8) 범례 ⇒ ≪출력형태≫를 참조하시오.
(9) 도형 ⇒ '모서리가 둥근 사각형 설명선'을 삽입한 후 내용을 입력하시오.
(10) 나머지 사항은 ≪출력형태≫에 맞게 작성하시오.

≪출력형태≫

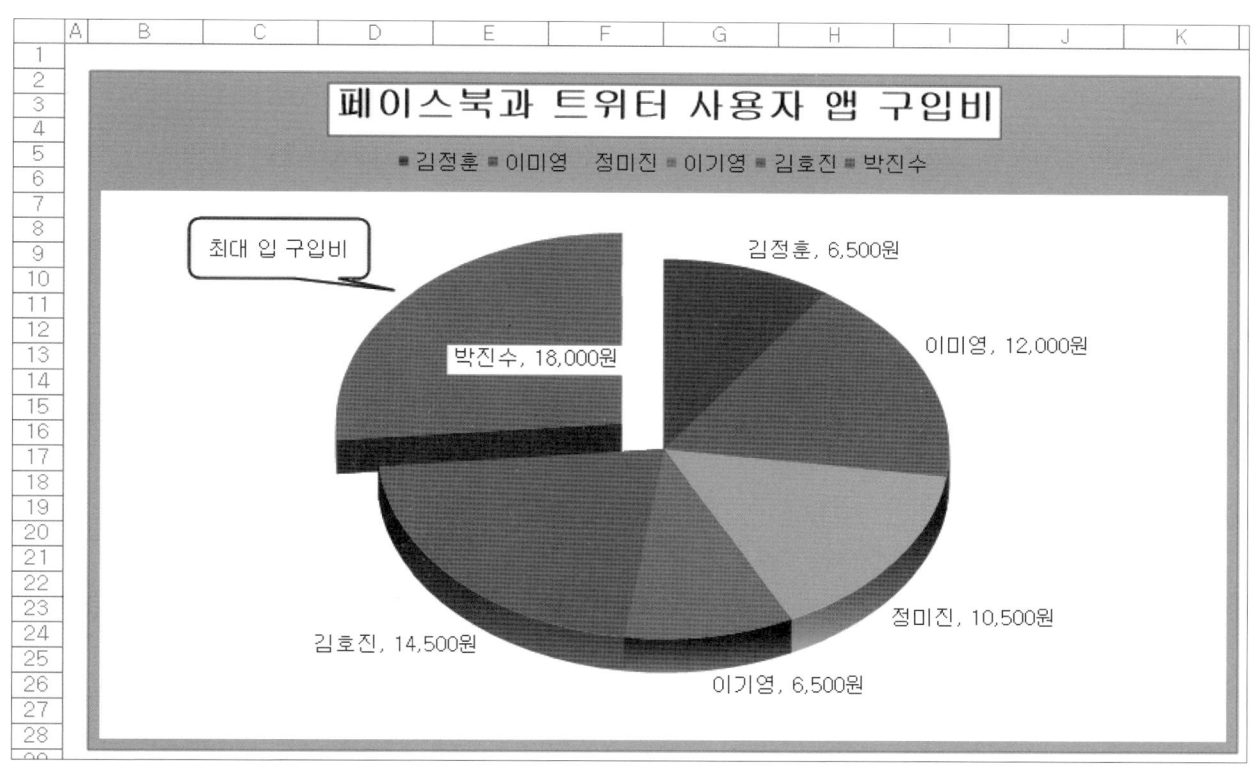

주의 ☞ 시트명 순서가 차례대로 "제1작업", "제2작업", "제3작업", "제4작업"이 되도록 할 것.

제10회 ITQ 실전모의고사

과목	코드	문제유형	시험시간	수험번호	성명
한셀	1121	E	60분		

수험자 유의사항

- 수험자는 문제지를 받는 즉시 문제지와 <u>수험표상의 시험과목(프로그램)이 동일한지 반드시 확인</u>하여야 합니다.
- 파일명은 본인의 "수험번호-성명"으로 입력하여 답안폴더(내 PC₩문서₩ITQ)에 하나의 파일로 저장해야 하며, 답안문서 파일명이 "수험번호-성명"과 일치하지 않거나, 답안파일을 전송하지 않아 미제출로 처리될 경우 실격 처리합니다(예:12345678-홍길동.cell).
- 답안 작성을 마치면 파일을 저장하고, '답안 전송' 버튼을 선택하여 감독위원 PC로 답안을 전송하십시오. 수험생 정보와 저장한 파일명이 다를 경우 전송되지 않으므로 주의하시기 바랍니다.
- 답안 작성 중에도 <u>주기적으로 저장하고, '답안 전송'</u>하여야 문제 발생을 줄일 수 있습니다. 작업한 내용을 저장하지 않고 전송할 경우 이전에 저장된 내용이 전송되오니 이점 유의하시기 바랍니다.
- 답안문서는 지정된 경로 외의 다른 보조기억장치에 저장하는 경우, 지정된 시험 시간 외에 작성된 파일을 활용할 경우, 기타 통신수단(이메일, 메신저, 네트워크 등)을 이용하여 타인에게 전달 또는 외부 반출하는 경우는 부정 처리합니다.
- 시험 중 부주의 또는 고의로 시스템을 파손한 경우는 수험자가 변상해야 하며, 〈수험자 유의사항〉에 기재된 방법대로 이행하지 않아 생기는 불이익은 수험생 당사자의 책임임을 알려 드립니다.
- 문제의 조건은 한컴오피스 NEO(2016)버전으로 설정되어 있으니 유의하시기 바랍니다.
- 시험을 완료한 수험자는 답안파일이 전송되었는지 확인한 후 감독위원의 지시에 따라 문제지를 제출하고 퇴실합니다.

답안 작성요령

- 온라인 답안 작성 절차
  수험자 등록 ⇒ 시험 시작 ⇒ 답안파일 저장 ⇒ 답안 전송 ⇒ 시험 종료
- 문제는 총 4단계, 즉 제1작업부터 제4작업까지 구성되어 있으며 반드시 제1작업부터 순서대로 작성하고 조건대로 작업하시오.
- 모든 작업시트의 A열은 열 너비 '1'로, 나머지 열은 적당하게 조절하시오.
- 모든 작업시트의 테두리는 ≪출력형태≫와 같이 작업하시오.
- 해당 작업란에서는 각각 제시된 조건에 따라 ≪출력형태≫와 같이 작업하시오.
- 답안 시트 이름은 "제1작업", "제2작업", "제3작업", "제4작업"이어야 하며 답안 시트 이외의 것은 감점 처리됩니다.
- 각 시트를 파일로 나누어 작업해서 저장할 경우 실격 처리됩니다.

kpc 한국생산성본부

[제1작업] 표 서식 작성 및 값 계산 (240점)

☞ 다음은 '주요 국내외 NGO 현황'에 대한 자료이다. 자료를 입력하고 조건에 맞도록 작업하시오.

≪출력형태≫

코드	기관명	설립연도	전화번호	설립국	국내 직원수 (2024년)	활동 국가 (2024년)	설립 햇수	NGO 분류
CP-2	코피온	1999	999-7777	한국	40	143	(1)	(2)
CP-3	한국컴패션	1952	999-8888	미국	110	26	(1)	(2)
GN-1	굿네이버스	1991	999-5555	한국	800	35	(1)	(2)
GP-1	굿피플	1999	999-4444	한국	50	17	(1)	(2)
MF-3	국경없는의사회	1971	999-2222	프랑스	13	70	(1)	(2)
SC-1	세이브더칠드런	1919	999-1111	영국	380	30	(1)	(2)
UC-1	유니세프	1946	999-6666	UN	46	190	(1)	(2)
WV-1	월드비전	1950	999-3333	미국	700	47	(1)	(2)
해외 기관의 국내 직원 수 합계			(3)			최대 활동 국가 수		(5)
설립국이 한국인 기관 수			(4)		기관명	코피온	전화번호	(6)

제목: 주요 국내외 NGO 현황

결재란: 담당 / 대리 / 과장

≪조건≫

○ 모든 데이터의 서식에는 글꼴(돋움, 11pt), 정렬은 숫자 및 회계 서식은 오른쪽 정렬, 나머지 서식은 가운데 정렬로 작성하며 예외적인 것은 ≪출력형태≫를 참조하시오.
○ 제 목 ⇒ '모서리가 둥근 직사각형' 도형과 '바깥쪽 대각선 오른쪽 아래 그림자'를 이용하여 작성하고 "주요 국내외 NGO 현황"을 입력한 후 다음 서식을 적용하시오
(글꼴-맑은 고딕, 24pt, 검정, 진하게, 채우기-노랑).
○ 임의의 셀에 결재란을 만들고 '그림으로 복사하기' 기능을 이용하여 작성하시오(단, 원본 삭제).
○ 「B4:J4, G14, I14」 영역은 '노랑'으로 채우기 하시오.
○ 유효성 검사를 이용하여 「H14」 셀에 기관명(「C5:C12」 영역)이 선택 표시되도록 하시오.
○ 셀 서식 ⇒ 「H5:H12」 영역에 셀 서식을 이용하여 글자 앞, 뒤에 '약'과 '개국'을 표시하시오
(예 : 약 143개국).
○ 「F5:F12」 영역에 대해 '설립국'으로 이름정의를 하시오.

● (1)~(6) 셀은 반드시 **주어진 함수를 이용**하여 값을 구하시오(결과값을 직접 입력하면 해당 셀은 0점 처리됨).

(1) 설립 햇수 ⇒ 「시스템 날짜의 연도-설립연도+1」로 구한 결과값에 '년차'를 붙이시오 (TODAY, YEAR 함수, & 연산자)(예 : 10년차).
(2) NGO 분류 ⇒ 코드 마지막 글자가 1이면 '국제구호개발', 2이면 'NGO 인력파견', 3이면 '기타'로 표시하시오(CHOOSE, RIGHT 함수).
(3) 해외 기관의 국내 직원 수 합계 ⇒ 설립국이 '한국'이 아닌 기관의 국내 직원수(2024년) 합계를 정의된 이름(설립국)을 이용하여 구하시오(SUMIF 함수).
(4) 설립국이 한국인 기관 수 ⇒ 조건은 입력데이터를 이용하시오(DCOUNTA 함수).
(5) 최대 활동 국가 수 ⇒ (MAX 함수)
(6) 전화번호 ⇒ 「H14」 셀에서 선택한 기관명의 전화번호를 구하시오(VLOOKUP 함수).
(7) 조건부 서식의 수식을 이용하여 활동국가(2024년)가 '50' 이상인 행 전체에 다음의 서식을 적용 하시오(글꼴 : 초록, 진하게).

[제2작업] 목표값 찾기 및 필터 (80점)

☞ "제1작업" 시트의 「B4:H12」 영역을 복사하여 "제2작업" 시트의 「B2」 셀부터 모두 붙여넣기를 한 후 다음의 조건과 같이 작업하시오.

≪조건≫

(1) 목표값 찾기 – 「B11:G11」 셀을 병합하여 "국내 직원수(2024년) 전체 평균"을 입력한 후 「H11」 셀에 국내 직원수(2024년) 전체 평균을 구하시오(AVERAGE 함수, 테두리, 가운데 맞춤).
– '국내 직원수(2024년) 전체 평균'이 '270'이 되려면 국경없는의사회의 국내 직원수(2024년)가 얼마가 되어야 하는지 목표값을 구하시오.

(2) 고급필터 – 설립연도가 '1950' 이하이거나, 설립국이 '프랑스'인 자료의 기관명, 설립연도, 설립국, 국내 직원수(2024년) 데이터만 추출하시오.
– 찾을 조건 범위 : 「B14」 셀부터 입력하시오.
– 복사 위치 : 「B18」 셀부터 나타나도록 하시오.

[제3작업] 피벗 테이블 (80점)

☞ "제1작업" 시트를 이용하여 "제3작업" 시트에 조건에 따라 ≪출력형태≫와 같이 작업하시오.

≪조건≫

(1) 설립국 및 설립연도별 기관명의 개수와 활동 국가(2024년)의 평균을 구하시오.
(2) 설립연도를 그룹화하고, 보고서 레이아웃은 개요 형식으로 설정하시오.
(3) 설립국을 ≪출력형태≫와 같이 정렬하고, 빈 셀은 '***'로 표시하시오.
(4) 행의 총합계를 지우고, 나머지 사항은 ≪출력형태≫에 맞게 작성하시오.

≪출력형태≫

설립국	설립연도				
	1900-1949		1950-2000		
	개수 : 기관명	평균 : 활동 국가(2024년)	개수 : 기관명	평균 : 활동 국가(2024년)	
한국	***	***	3	65	
프랑스	***	***	1	70	
영국	1	30	***	***	
미국	***	***	2	37	
UN	1	190	***	***	
총 합계	2	110	6	56	

[제4작업] 그래프 (100점)

☞ "제1작업" 시트를 이용하여 "제4작업" 시트에 ≪출력형태≫와 같이 작업하시오.

≪조건≫

(1) 차트 종류 ⇒ 〈묶은 세로 막대형〉으로 작업하시오.
(2) 데이터 범위 ⇒ "제1작업" 시트의 내용을 이용하여 작업하시오.
(3) 차트 위치 ⇒ 「B2:K28」 영역에 배치하여 ≪출력형태≫와 같이 작업하시오.
(4) 차트 스타일 ⇒ 레이아웃2, 스타일9를 적용하시오.
(5) 배경 서식 ⇒ 전체 영역(밝은 연두색), 그림 영역(하양), 전체 글꼴(굴림, 11pt)을 적용하여 작업하시오.
(6) 제목 서식 ⇒ 글꼴(굴림, 20pt, 진하게), 채우기(하양), 선 모양 실선(굵기 2pt)
(7) 속성 ⇒ 활동 국가(2024년) 계열의 차트 종류를 〈표식이 있는 꺾은선형〉으로 변경한 후
　　　　　보조 축으로 지정하시오.
　　　　계열 : 활동 국가(2024년) 계열의 표식은 다이아몬드 모양, 15pt로 적용하시오.
　　　　레이블 : 국내 직원수(2024년) 계열의 세이브더칠드런 자료점 값을 표시하고,
　　　　　　　　위치 및 채우기 색(하양)은 ≪출력형태≫와 같이 표시하시오.
　　　　축 모양 : 주 격자선(선 스타일 – 파선)을 적용하고 ≪출력형태≫를 참조하시오.
(8) 범례 ⇒ ≪출력형태≫를 참조하시오.
(9) 도형 ⇒ '위쪽 리본'을 삽입한 후 내용을 입력하시오.
(10) 나머지 사항은 ≪출력형태≫에 맞게 작성하시오.

≪출력형태≫

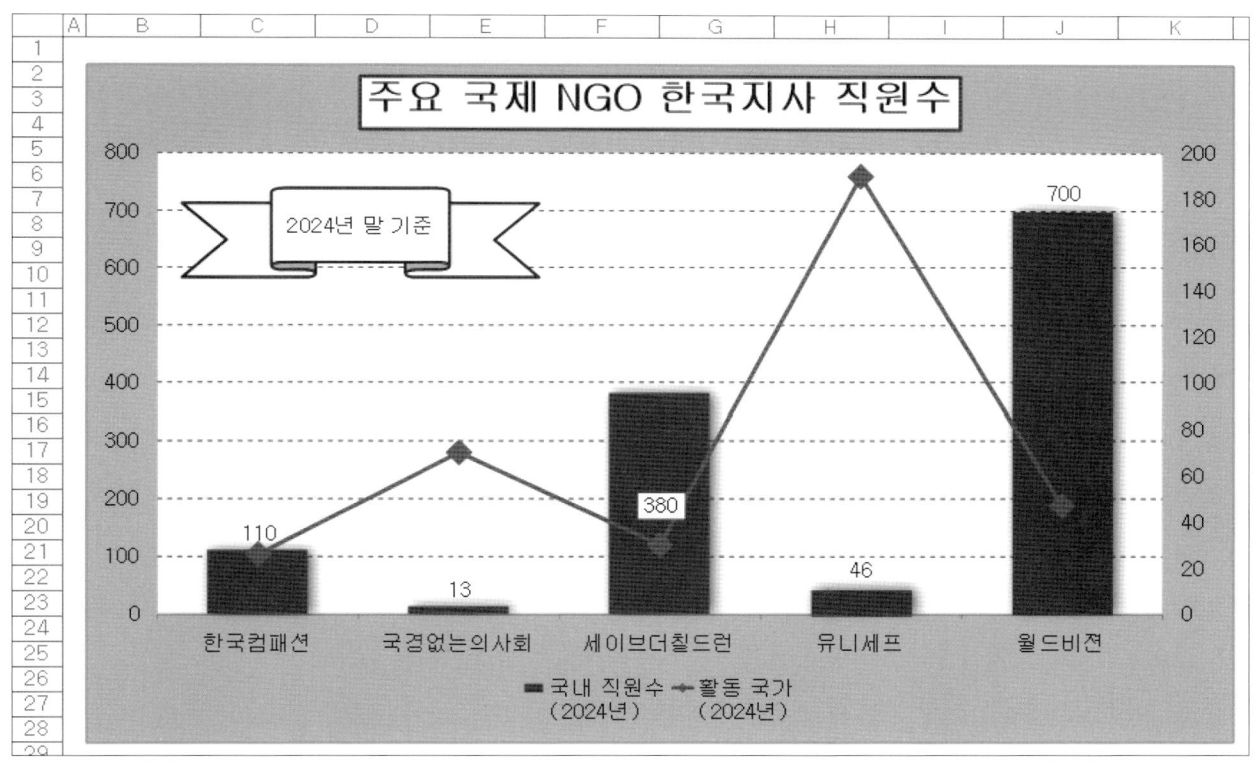

주의 ☞ 시트명 순서가 차례대로 "제1작업", "제2작업", "제3작업", "제4작업"이 되도록 할 것.

제11회 ITQ 실전모의고사

과목	코드	문제유형	시험시간	수험번호	성명
한셀	1121	A	60분		

수험자 유의사항

- 수험자는 문제지를 받는 즉시 문제지와 <u>수험표상의 시험과목(프로그램)이 동일한지 반드시 확인</u>하여야 합니다.
- 파일명은 본인의 "수험번호-성명"으로 입력하여 답안폴더(내 PC₩문서₩ITQ)에 하나의 파일로 저장해야 하며, 답안문서 파일명이 "수험번호-성명"과 일치하지 않거나, 답안파일을 전송하지 않아 미제출로 처리될 경우 실격 처리합니다(예:12345678-홍길동.cell).
- 답안 작성을 마치면 파일을 저장하고, '답안 전송' 버튼을 선택하여 감독위원 PC로 답안을 전송하십시오. 수험생 정보와 저장한 파일명이 다를 경우 전송되지 않으므로 주의하시기 바랍니다.
- 답안 작성 중에도 <u>주기적으로 저장하고, '답안 전송'</u>하여야 문제 발생을 줄일 수 있습니다. 작업한 내용을 저장하지 않고 전송할 경우 이전에 저장된 내용이 전송되오니 이점 유의하시기 바랍니다.
- 답안문서는 지정된 경로 외의 다른 보조기억장치에 저장하는 경우, 지정된 시험 시간 외에 작성된 파일을 활용할 경우, 기타 통신수단(이메일, 메신저, 네트워크 등)을 이용하여 타인에게 전달 또는 외부 반출하는 경우는 부정 처리합니다.
- 시험 중 부주의 또는 고의로 시스템을 파손한 경우는 수험자가 변상해야 하며, 〈수험자 유의사항〉에 기재된 방법대로 이행하지 않아 생기는 불이익은 수험생 당사자의 책임임을 알려 드립니다.
- 문제의 조건은 한컴오피스 NEO(2016)버전으로 설정되어 있으니 유의하시기 바랍니다.
- 시험을 완료한 수험자는 답안파일이 전송되었는지 확인한 후 감독위원의 지시에 따라 문제지를 제출하고 퇴실합니다.

답안 작성요령

- 온라인 답안 작성 절차
  수험자 등록 ⇒ 시험 시작 ⇒ 답안파일 저장 ⇒ 답안 전송 ⇒ 시험 종료
- 문제는 총 4단계, 즉 제1작업부터 제4작업까지 구성되어 있으며 반드시 제1작업부터 순서대로 작성하고 조건대로 작업하시오.
- 모든 작업시트의 A열은 열 너비 '1'로, 나머지 열은 적당하게 조절하시오.
- 모든 작업시트의 테두리는 ≪출력형태≫와 같이 작업하시오.
- 해당 작업란에서는 각각 제시된 조건에 따라 ≪출력형태≫와 같이 작업하시오.
- 답안 시트 이름은 "제1작업", "제2작업", "제3작업", "제4작업"이어야 하며 답안 시트 이외의 것은 감점 처리됩니다.
- 각 시트를 파일로 나누어 작업해서 저장할 경우 실격 처리됩니다.

kpc 한국생산성본부

[제1작업] 표 서식 작성 및 값 계산 (240점)

☞ 다음은 '한가위 베스트 상품 현황'에 대한 자료이다. 자료를 입력하고 조건에 맞도록 작업하시오.

≪출력형태≫

	A	B	C	D	E	F	G	H	I	J
1								결재	담당	팀장	부장
2				한가위 베스트 상품 현황							
3											
4		생산지코드	생산자	판매상품명	생산지	제조일자	판매단가(단위:원)	판매개수	분류	판매순위
5		P-241	박지훈	맑은향기 배	나주	2023-09-15	38,500	1,300	(1)	(2)
6		G-133	장명수	명산지 멸치	통영	2023-08-01	35,000	2,500	(1)	(2)
7		P-434	이수진	한우갈비 세트	상주	2023-09-23	180,000	850	(1)	(2)
8		P-351	정구인	맛깔스런 사과	청송	2023-09-20	55,000	3,800	(1)	(2)
9		C-252	김경호	담양한과 세트	담양	2023-09-24	40,000	2,367	(1)	(2)
10		G-243	김진국	조미김 세트	통영	2023-09-23	18,000	3,980	(1)	(2)
11		P-261	박민수	유기농 배	나주	2023-09-19	49,500	1,540	(1)	(2)
12		B-211	이영동	곶감 명품세트	상주	2023-09-21	95,000	1,290	(1)	(2)
13		나주 생산지 상품의 판매개수 평균			(3)			최소 판매단가		(5)	
14		세트상품의 수			(4)			판매상품명	맑은향기 배	제조일자	(6)

≪조건≫

○ 모든 데이터의 서식에는 글꼴(굴림, 11pt), 정렬은 숫자 및 회계 서식은 오른쪽 정렬, 나머지 서식은 가운데 정렬로 작성하며 예외적인 것은 ≪출력형태≫를 참조하시오.
○ 제 목 ⇒ '모서리가 둥근 직사각형' 도형과 '바깥쪽 대각선 오른쪽 아래 그림자'를 이용하여 작성하고 "한가위 베스트 상품 현황"을 입력한 후 다음 서식을 적용하시오
(글꼴-궁서, 24pt, 검정, 진하게, 채우기-주황 40% 밝게).
○ 임의의 셀에 결재란을 만들고 '그림으로 복사하기' 기능을 이용하여 작성하시오(단, 원본 삭제).
○ 「B4:J4, G14, I14」 영역은 '보라 80% 밝게'로 채우기 하시오.
○ 유효성 검사를 이용하여 「H14」 셀에 판매상품명(「D5:D12」 영역)이 선택 표시되도록 하시오.
○ 셀 서식 ⇒ 「H5:H12」 영역에 셀 서식을 이용하여 숫자 뒤에 '개'를 표시하시오(예 : 1,300개).
○ 「G5:G12」 영역에 대해 '판매단가'로 이름정의를 하시오.

● (1)~(6) 셀은 반드시 **주어진 함수를 이용**하여 값을 구하시오(결과값을 직접 입력하면 해당 셀은 0점 처리됨).

(1) 분류 ⇒ 생산지코드의 마지막 글자가 1이면 '과일류', 2이면 '과자류', 3이면 '수산물', 4이면 '고기류'로 표시하시오(CHOOSE, RIGHT 함수).
(2) 판매순위 ⇒ 판매개수의 내림차순 순위를 구한 후 결과값에 '위'를 붙이시오
(RANK.EQ 함수, & 연산자)(예 : 1위).
(3) 나주 생산지 상품의 판매개수 평균 ⇒ 조건은 입력데이터를 이용하고, 반올림하여 백 단위로 구하시오.
(ROUND, DAVERAGE 함수)(예 : 1,525 → 1,500).
(4) 세트상품의 수 ⇒ 판매상품명 중 세트상품의 수를 구하시오(COUNTIF 함수).
(5) 최소 판매단가 ⇒ 정의된 이름(판매단가)을 이용하여 구하시오(MIN 함수).
(6) 제조일자 ⇒ 「H14」 셀에서 선택한 판매상품명의 제조일자를 구하시오
(VLOOKUP 함수)(예 : 2023-01-01).
(7) 조건부 서식의 수식을 이용하여 판매단가(단위:원)가 '50,000' 이상인 행 전체에 다음의 서식을 적용하시오(글꼴 : 주황, 진하게).

[제2작업] 목표값 찾기 및 필터 (80점)

☞ "**제1작업**" 시트의 「B4:H12」 영역을 복사하여 "**제2작업**" 시트의 「B2」 셀부터 모두 붙여넣기를 한 후 다음의 조건과 같이 작업하시오.

≪조건≫

(1) 목표값 찾기 – 「B11:G11」 셀을 병합하여 "나주 생산지 판매개수 전체 평균"을 입력한 후 「H11」 셀에 나주 생산지 판매개수 전체 평균을 구하시오. 단, 조건은 입력데이터를 이용하시오 (DAVERAGE 함수, 테두리, 가운데 맞춤).
– '나주 생산지 판매개수 전체 평균'이 '1,500'이 되려면 맑은향기 배의 판매개수가 얼마가 되어야 하는지 목표값을 구하시오.

(2) 고급필터 – 생산지코드가 'P'로 시작하면서, 판매개수가 '1,500' 이상인 자료의 데이터만 추출하시오.
– 찾을 조건 범위 : 「B14」 셀부터 입력하시오.
– 복사 위치 : 「B18」 셀부터 나타나도록 하시오.

[제3작업] 정렬 및 부분합 (80점)

☞ "**제1작업**" 시트의 「B4:H12」 영역을 복사하여 "**제3작업**" 시트의 「B2」 셀부터 모두 붙여넣기를 한 후 다음의 조건과 같이 작업하시오.

≪조건≫

(1) 부분합 – ≪출력형태≫처럼 정렬하고, 판매상품명의 개수와 판매개수의 평균을 구하시오.
(2) 윤곽 – 지우시오.
(3) 나머지 사항은 ≪출력형태≫에 맞게 작성하시오.

≪출력형태≫

	A	B	C	D	E	F	G	H
1								
2		생산지코드	생산자	판매상품명	생산지	제조일자	판매단가 (단위:원)	판매개수
3		G-133	장명수	명산지 멸치	통영	2023-08-01	35,000	2,500개
4		G-243	김진국	조미김 세트	통영	2023-09-23	18,000	3,980개
5					통영 평균			3,240개
6				2	통영 개수			
7		P-351	정구인	맛깔스런 사과	청송	2023-09-20	55,000	3,800개
8					청송 평균			3,800개
9				1	청송 개수			
10		P-434	이수진	한우갈비 세트	상주	2023-09-23	180,000	850개
11		B-211	이영동	곶감 명품세트	상주	2023-09-21	95,000	1,290개
12					상주 평균			1,070개
13				2	상주 개수			
14		C-252	김경호	담양한과 세트	담양	2023-09-24	40,000	2,367개
15					담양 평균			2,367개
16				1	담양 개수			
17		P-241	박지훈	맑은향기 배	나주	2023-09-15	38,500	1,300개
18		P-261	박민수	유기농 배	나주	2023-09-19	49,500	1,540개
19					나주 평균			1,420개
20				2	나주 개수			
21				8	전체 개수			
22					전체 평균			2,203개

[제4작업] 그래프 (100점)

☞ "제1작업" 시트를 이용하여 "제4작업" 시트에 ≪출력형태≫와 같이 작업하시오.

≪조건≫

(1) 차트 종류 ⇒ 〈3차원 원형〉으로 작업하시오.
(2) 데이터 범위 ⇒ "제1작업" 시트의 내용을 이용하여 작업하시오.
(3) 차트 위치 ⇒ 「B2:K28」 영역에 배치하여 ≪출력형태≫와 같이 작업하시오.
(4) 차트 스타일 ⇒ 레이아웃6, 스타일3을 적용하시오.
(5) 배경 서식 ⇒ 전체 영역(밝은 연두색), 그림 영역(하양), 전체 글꼴(굴림, 11pt)을 적용하여 작업하시오.
(6) 제목 서식 ⇒ 글꼴(맑은 고딕, 20pt, 진하게), 채우기(하양), 선 모양 실선(굵기 2pt)
(7) 속성 ⇒ 계열 : 조미김 세트 조각을 쪼개진 요소 15%로 지정하여 분리하고 ≪출력형태≫와 같이 표시하시오.
　　　　　레이블 : 값과 백분율을 표시하고, 위치 및 채우기 색(하양)은 ≪출력형태≫와 같이 표시하시오.
(8) 범례 ⇒ ≪출력형태≫를 참조하시오.
(9) 도형 ⇒ '모서리가 둥근 사각형 설명선'을 삽입한 후 내용을 입력하시오.
(10) 나머지 사항은 ≪출력형태≫에 맞게 작성하시오.

≪출력형태≫

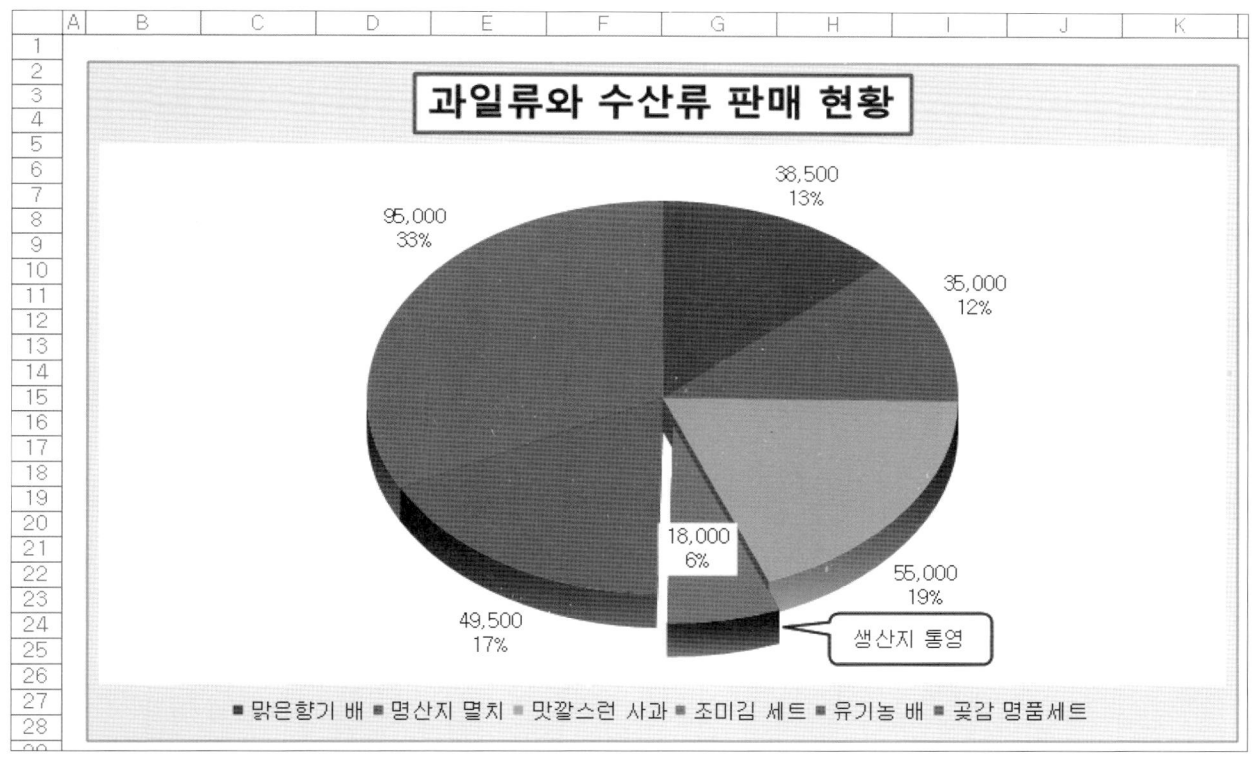

주의 ☞ 시트명 순서가 차례대로 "제1작업", "제2작업", "제3작업", "제4작업"이 되도록 할 것.

제12회 ITQ 실전모의고사

과목	코드	문제유형	시험시간	수험번호	성명
한셀	1121	B	60분		

수험자 유의사항

- 수험자는 문제지를 받는 즉시 문제지와 <u>수험표상의 시험과목(프로그램)이 동일한지 반드시 확인</u>하여야 합니다.
- 파일명은 본인의 "수험번호-성명"으로 입력하여 답안폴더(내 PC₩문서₩ITQ)에 하나의 파일로 저장해야 하며, 답안문서 파일명이 "수험번호-성명"과 일치하지 않거나, 답안파일을 전송하지 않아 미제출로 처리될 경우 실격 처리합니다(예:12345678-홍길동.cell).
- 답안 작성을 마치면 파일을 저장하고, '답안 전송' 버튼을 선택하여 감독위원 PC로 답안을 전송하십시오. 수험생 정보와 저장한 파일명이 다를 경우 전송되지 않으므로 주의하시기 바랍니다.
- 답안 작성 중에도 <u>주기적으로 저장하고, '답안 전송'</u>하여야 문제 발생을 줄일 수 있습니다. 작업한 내용을 저장하지 않고 전송할 경우 이전에 저장된 내용이 전송되오니 이점 유의하시기 바랍니다.
- 답안문서는 지정된 경로 외의 다른 보조기억장치에 저장하는 경우, 지정된 시험 시간 외에 작성된 파일을 활용할 경우, 기타 통신수단(이메일, 메신저, 네트워크 등)을 이용하여 타인에게 전달 또는 외부 반출하는 경우는 부정 처리합니다.
- 시험 중 부주의 또는 고의로 시스템을 파손한 경우는 수험자가 변상해야 하며, 〈수험자 유의사항〉에 기재된 방법대로 이행하지 않아 생기는 불이익은 수험생 당사자의 책임임을 알려 드립니다.
- 문제의 조건은 한컴오피스 NEO(2016)버전으로 설정되어 있으니 유의하시기 바랍니다.
- 시험을 완료한 수험자는 답안파일이 전송되었는지 확인한 후 감독위원의 지시에 따라 문제지를 제출하고 퇴실합니다.

답안 작성요령

- 온라인 답안 작성 절차
  수험자 등록 ⇒ 시험 시작 ⇒ 답안파일 저장 ⇒ 답안 전송 ⇒ 시험 종료
- 문제는 총 4단계, 즉 제1작업부터 제4작업까지 구성되어 있으며 반드시 제1작업부터 순서대로 작성하고 조건대로 작업하시오.
- 모든 작업시트의 A열은 열 너비 '1'로, 나머지 열은 적당하게 조절하시오.
- 모든 작업시트의 테두리는 ≪출력형태≫와 같이 작업하시오.
- 해당 작업란에서는 각각 제시된 조건에 따라 ≪출력형태≫와 같이 작업하시오.
- 답안 시트 이름은 "제1작업", "제2작업", "제3작업", "제4작업"이어야 하며 답안 시트 이외의 것은 감점 처리됩니다.
- 각 시트를 파일로 나누어 작업해서 저장할 경우 실격 처리됩니다.

[제1작업] 표 서식 작성 및 값 계산 (240점)

☞ 다음은 '토이나라 제품관리 현황'에 대한 자료이다. 자료를 입력하고 조건에 맞도록 작업하시오.

≪출력형태≫

제품코드	분류	제품명	제조사	판매가격 (단위:원)	출시일	월납품수량	가격순위	원산지
CA1-01	승용완구	헬로붕붕카	영토이스	69,000	2022-12-10	200	(1)	(2)
RP2-01	역할놀이	운전놀이	하나통상	55,000	2022-08-08	150	(1)	(2)
ED1-01	교육완구	도미노월드	미래완구	63,000	2023-01-10	80	(1)	(2)
RP1-02	역할놀이	공구가방	영토이스	43,000	2021-12-15	100	(1)	(2)
CA2-02	승용완구	우리씽씽이	미래완구	51,000	2022-09-12	170	(1)	(2)
CA1-03	승용완구	파란흔들말	하나통상	48,000	2023-02-10	120	(1)	(2)
RP1-03	역할놀이	왕소꼽놀이	미래완구	52,000	2022-11-10	250	(1)	(2)
ED2-02	교육완구	지능구슬	영토이스	33,000	2023-01-15	180	(1)	(2)
최고 월납품수량			(3)		승용완구 월납품수량의 평균			(5)
출시일이 2022-10-01 이후인 제품수			(4)		제품명	헬로붕붕카	판매가격(원)	(6)

≪조건≫

○ 모든 데이터의 서식에는 글꼴(굴림, 11pt), 정렬은 숫자 및 회계 서식은 오른쪽 정렬, 나머지 서식은 가운데 정렬로 작성하며 예외적인 것은 ≪출력형태≫를 참조하시오.
○ 제 목 ⇒ '배지' 도형과 '바깥쪽 대각선 오른쪽 아래 그림자'를 이용하여 작성하고 "토이나라 제품관리 현황"을 입력한 후 다음 서식을 적용하시오 (글꼴-굴림, 24pt, 검정, 진하게, 채우기-노랑).
○ 임의의 셀에 결재란을 만들고 '그림으로 복사하기' 기능을 이용하여 작성하시오(단, 원본 삭제).
○ 「B4:J4, G14, I14」 영역은 '노랑'으로 채우기 하시오.
○ 유효성 검사를 이용하여 「H14」 셀에 제품명(「D5:D12」 영역)이 선택 표시되도록 하시오.
○ 셀 서식 ⇒ 「H5:H12」 영역에 셀 서식을 이용하여 숫자 뒤에 '개'를 표시하시오(예 : 200 → 200개).
○ 「F5:F12」 영역에 대해 '판매가격'으로 이름정의를 하시오.

● (1)~(6) 셀은 반드시 **주어진 함수를 이용**하여 값을 구하시오(결과값을 직접 입력하면 해당 셀은 0점 처리됨).

(1) 가격순위 ⇒ 정의된 이름(판매가격)을 이용하여 내림차순 순위를 구하시오(RANK.EQ 함수).
(2) 원산지 ⇒ 제품코드 세 번째 글자가 1이면 '국내', 그 외에는 '중국'으로 구하시오(IF, MID 함수).
(3) 최고 월납품수량 ⇒ (MAX 함수)
(4) 출시일이 2022-10-01 이후인 제품수 ⇒ 결과값 뒤에 '개'를 붙이시오 (COUNTIF 함수, & 연산자)(예 : 5개).
(5) 승용완구 월납품수량의 평균 ⇒ 조건은 입력데이터를 이용하고, 반올림하여 정수로 구하시오 (ROUND, DAVERAGE 함수)(예 : 123.4 → 123).
(6) 판매가격(원) ⇒ 「H14」 셀에서 선택한 제품명의 판매가격(단위:원)을 구하시오(VLOOKUP 함수).
(7) 조건부 서식의 수식을 이용하여 월납품수량이 '200' 이상인 행 전체에 다음의 서식을 적용하시오 (글꼴 : 파랑, 진하게).

[제2작업] 목표값 찾기 및 필터 (80점)

☞ **"제1작업"** 시트의 「B4:H12」 영역을 복사하여 **"제2작업"** 시트의 「B2」 셀부터 모두 붙여넣기를 한 후 다음의 조건과 같이 작업하시오.

≪조건≫

(1) 목표값 찾기 – 「B11:G11」 셀을 병합하여 "월납품수량 전체 평균"을 입력한 후 「H11」 셀에 월납품수량 전체 평균을 구하시오(AVERAGE 함수, 테두리, 가운데 맞춤).
　　　　　　　 – '월납품수량 전체 평균'이 '200'이 되려면 도미노월드의 월납품수량이 얼마가 되어야 하는지 목표값을 구하시오.

(2) 고급필터 – 분류가 '승용완구'이거나, 분류가 '역할놀이'이면서, 판매가격(단위:원)이 '50,000' 이하인 자료의 데이터만 추출하시오.
　　　　　　 – 찾을 조건 범위 : 「B14」 셀부터 입력하시오.
　　　　　　 – 복사 위치 : 「B18」 셀부터 나타나도록 하시오.

[제3작업] 피벗 테이블 (80점)

☞ **"제1작업"** 시트를 이용하여 **"제3작업"** 시트에 조건에 따라 ≪출력형태≫와 같이 작업하시오.

≪조건≫

(1) 출시일 및 분류별 제품명의 개수와 판매가격(단위:원)의 평균을 구하시오.
(2) 출시일을 그룹화하고, 보고서 레이아웃은 개요 형식으로 설정하시오.
(3) 분류를 ≪출력형태≫와 같이 정렬하고, 빈 셀은 '--'로 표시하시오.
(4) 행의 총합계를 지우고, 나머지 사항은 ≪출력형태≫에 맞게 작성하시오.

≪출력형태≫

	A	B	C	D	E	F	G	H
1								
2		분류 ▼	데이터 ▼					
3			역할놀이		승용완구		교육완구	
4		출시일 ▼	개수 : 제품명	평균 : 판매가격(단위:원)	개수 : 제품명	평균 : 판매가격(단위:원)	개수 : 제품명	평균 : 판매가격(단위:원)
5		2021년	1	43,000	--	--	--	--
6		2022년	2	53,500	2	60,000	--	--
7		2023년	--	--	1	48,000	2	48,000
8		총 합계	3	50,000	3	56,000	2	48,000

[제4작업] 그래프 (100점)

☞ "제1작업" 시트를 이용하여 "제4작업" 시트에 ≪출력형태≫와 같이 작업하시오.

≪조건≫

(1) 차트 종류 ⇒ 〈3차원 원형〉으로 작업하시오.
(2) 데이터 범위 ⇒ "제1작업" 시트의 내용을 이용하여 작업하시오.
(3) 차트 위치 ⇒ 「B2:K28」 영역에 배치하여 ≪출력형태≫와 같이 작업하시오.
(4) 차트 스타일 ⇒ 레이아웃6, 스타일3을 적용하시오.
(5) 배경 서식 ⇒ 전체 영역(노랑), 그림 영역(하양), 전체 글꼴(돋움, 11pt)을 적용하여 작업하시오.
(6) 제목 서식 ⇒ 글꼴(돋움, 20pt, 진하게), 채우기(하양), 선 모양 실선(굵기 2pt)
(7) 속성 ⇒ 계열 : 공구가방 조각을 쪼개진 요소 15%로 지정하여 분리하고 ≪출력형태≫와 같이 표시하시오.
    레이블 : 값을 표시하고, 위치 및 채우기 색(하양)은 ≪출력형태≫와 같이 표시하시오.
(8) 범례 ⇒ ≪출력형태≫를 참조하시오.
(9) 도형 ⇒ '모서리가 둥근 사각형 설명선'을 삽입한 후 내용을 입력하시오.
(10) 나머지 사항은 ≪출력형태≫에 맞게 작성하시오.

≪출력형태≫

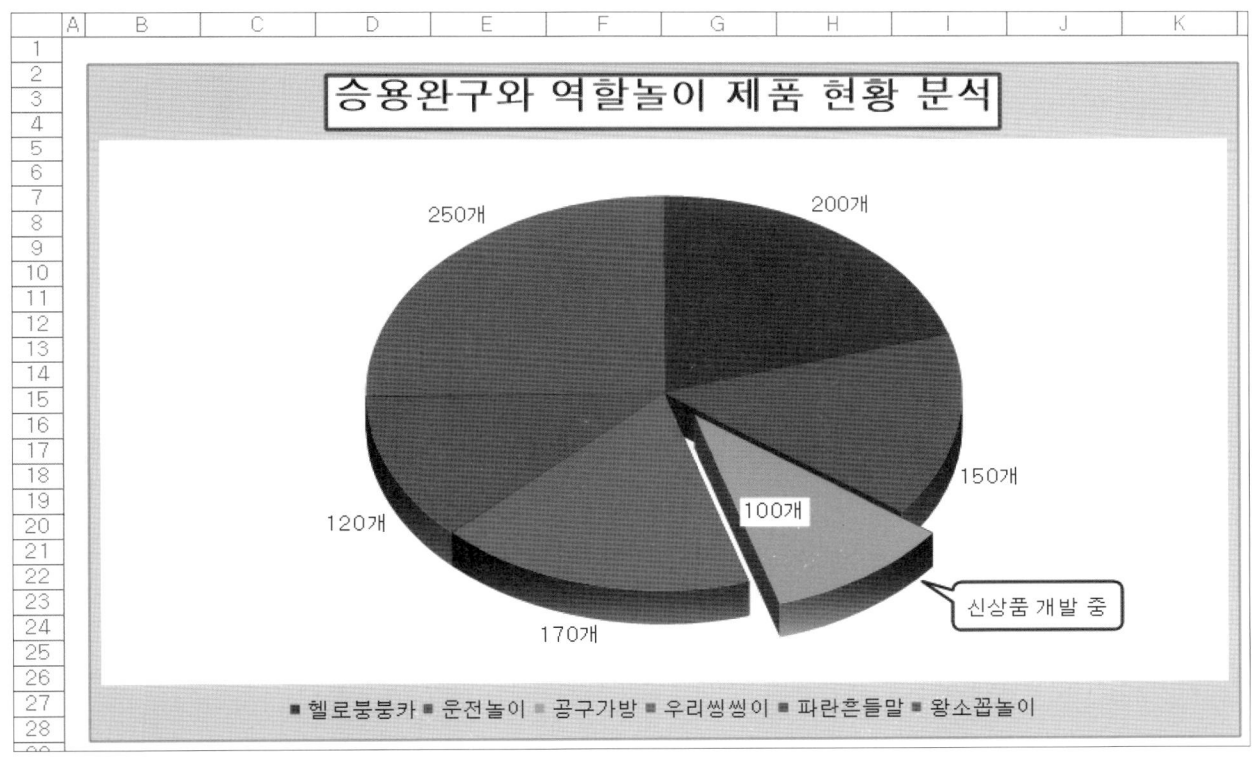

주의 ☞ 시트명 순서가 차례대로 "제1작업", "제2작업", "제3작업", "제4작업"이 되도록 할 것.

제13회 ITQ 실전모의고사

과목	코드	문제유형	시험시간	수험번호	성명
한셀	1121	C	60분		

수험자 유의사항

- 수험자는 문제지를 받는 즉시 문제지와 수험표상의 시험과목(프로그램)이 동일한지 반드시 확인하여야 합니다.
- 파일명은 본인의 "수험번호-성명"으로 입력하여 답안폴더(내 PC₩문서₩ITQ)에 하나의 파일로 저장해야 하며, 답안문서 파일명이 "수험번호-성명"과 일치하지 않거나, 답안파일을 전송하지 않아 미제출로 처리될 경우 실격 처리합니다(예:12345678-홍길동.cell).
- 답안 작성을 마치면 파일을 저장하고, '답안 전송' 버튼을 선택하여 감독위원 PC로 답안을 전송하십시오. 수험생 정보와 저장한 파일명이 다를 경우 전송되지 않으므로 주의하시기 바랍니다.
- 답안 작성 중에도 주기적으로 저장하고, '답안 전송'하여야 문제 발생을 줄일 수 있습니다. 작업한 내용을 저장하지 않고 전송할 경우 이전에 저장된 내용이 전송되오니 이점 유의하시기 바랍니다.
- 답안문서는 지정된 경로 외의 다른 보조기억장치에 저장하는 경우, 지정된 시험 시간 외에 작성된 파일을 활용할 경우, 기타 통신수단(이메일, 메신저, 네트워크 등)을 이용하여 타인에게 전달 또는 외부 반출하는 경우는 부정 처리합니다.
- 시험 중 부주의 또는 고의로 시스템을 파손한 경우는 수험자가 변상해야 하며, 〈수험자 유의사항〉에 기재된 방법대로 이행하지 않아 생기는 불이익은 수험생 당사자의 책임임을 알려 드립니다.
- 문제의 조건은 한컴오피스 NEO(2016)버전으로 설정되어 있으니 유의하시기 바랍니다.
- 시험을 완료한 수험자는 답안파일이 전송되었는지 확인한 후 감독위원의 지시에 따라 문제지를 제출하고 퇴실합니다.

답안 작성요령

- 온라인 답안 작성 절차
  수험자 등록 ⇒ 시험 시작 ⇒ 답안파일 저장 ⇒ 답안 전송 ⇒ 시험 종료
- 문제는 총 4단계, 즉 제1작업부터 제4작업까지 구성되어 있으며 반드시 제1작업부터 순서대로 작성하고 조건대로 작업하시오.
- 모든 작업시트의 A열은 열 너비 '1'로, 나머지 열은 적당하게 조절하시오.
- 모든 작업시트의 테두리는 ≪출력형태≫와 같이 작업하시오.
- 해당 작업란에서는 각각 제시된 조건에 따라 ≪출력형태≫와 같이 작업하시오.
- 답안 시트 이름은 "제1작업", "제2작업", "제3작업", "제4작업"이어야 하며 답안 시트 이외의 것은 감점 처리됩니다.
- 각 시트를 파일로 나누어 작업해서 저장할 경우 실격 처리됩니다.

kpc 한국생산성본부

[제1작업] 표 서식 작성 및 값 계산 (240점)

☞ 다음은 '양재천 수목터널 조성 헌수 운동'에 대한 자료이다. 자료를 입력하고 조건에 맞도록 작업하시오.

≪출력형태≫

	B	C	D	E	F	G	H	I	J
1							결재	담당	팀장	부장
2		양재천 수목터널 조성 헌수 운동								
3										
4	관리코드	나무종류	회원구분	식재일	후원금액(단위:원)	수량(단위:그루)	나무두께	나무위치	식재연도
5	La-100-T	왕벚나무	단체	2020-03-31	300,000	30	10	(1)	(2)
6	Rb-101-B	물푸레나무	기업	2023-04-26	10,500,000	150	12	(1)	(2)
7	Ca-201-T	느릅나무	주민	2024-04-05	250,000	5	18	(1)	(2)
8	Lb-312-T	왕벚나무	단체	2020-10-20	4,000,000	40	15	(1)	(2)
9	Ra-120-T	물푸레나무	기업	2024-11-15	4,200,000	60	12	(1)	(2)
10	Cb-201-B	느릅나무	단체	2023-10-26	2,500,000	50	12	(1)	(2)
11	La-202-T	왕벚나무	기업	2024-10-05	10,000,000	100	15	(1)	(2)
12	Ra-301-B	물푸레나무	주민	2023-04-26	140,000	2	12	(1)	(2)
13	두 번째로 큰 후원금액(단위:원)			(3)			단체 회원의 수량(단위:그루) 합계		(5)
14	나무두께가 평균 이상인 수량(단위:그루)의 합계			(4)			관리코드	La-100-T	수량(그루)	(6)

≪조건≫

○ 모든 데이터의 서식에는 글꼴(굴림, 11pt), 정렬은 숫자 및 회계 서식은 오른쪽 정렬, 나머지 서식은 가운데 정렬로 작성하며 예외적인 것은 ≪출력형태≫를 참조하시오.
○ 제 목 ⇒ '모서리가 둥근 직사각형' 도형과 '바깥쪽 가운데 그림자'를 이용하여 작성하고
　　　　　 "양재천 수목터널 조성 헌수 운동"을 입력한 후 다음 서식을 적용하시오
　　　　　 (글꼴-굴림, 24pt, 검정, 진하게, 채우기-노랑).
○ 임의의 셀에 결재란을 만들고 '그림으로 복사하기' 기능을 이용하여 작성하시오(단, 원본 삭제).
○「B4:J4, G14, I14」영역은 '노랑'으로 채우기 하시오.
○ 유효성 검사를 이용하여「H14」셀에 관리코드(「B5:B12」영역)가 선택 표시되도록 하시오.
○ 셀 서식 ⇒「H5:H12」영역에 셀 서식을 이용하여 숫자 뒤에 'cm'를 표시하시오(예 : 10cm).
○「F5:F12」영역에 대해 '후원금액'으로 이름정의를 하시오.

● (1)~(6) 셀은 반드시 **주어진 함수를 이용**하여 값을 구하시오(결과값을 직접 입력하면 해당 셀은 0점 처리됨).

　(1) 나무위치 ⇒ 관리코드의 첫 번째 문자가 'L'이면 '좌안', 'R'이면 '우안', 그 외에는 공백으로 구하시오
　　　(IF, LEFT 함수).
　(2) 식재연도 ⇒ 식재일의 연도를 구하시오(YEAR 함수)(예 : 2020).
　(3) 두 번째로 큰 후원금액(단위:원) ⇒ 정의된 이름(후원금액)을 이용하여 구하시오(LARGE 함수).
　(4) 나무두께가 평균 이상인 수량(단위:그루)의 합계 ⇒ 결과값 뒤에 '개'를 붙이시오
　　　　　　　　　　　　　　　　　　　　(SUMIF, AVERAGE 함수, & 연산자)(예 : 100개).
　(5) 단체 회원의 수량(단위:그루) 합계 ⇒ 조건은 입력데이터를 이용하시오(DSUM 함수).
　(6) 수량(그루) ⇒「H14」셀에서 선택한 관리코드에 대한 수량(단위:그루)을 구하시오(VLOOKUP 함수).
　(7) 조건부 서식의 수식을 이용하여 후원금액(단위:원)이 '10,000,000' 이상인 행 전체에 다음의 서식을 적용하시오(글꼴 : 파랑, 진하게).

[제2작업] 목표값 찾기 및 필터 (80점)

☞ **"제1작업"** 시트의 「B4:H12」 영역을 복사하여 **"제2작업"** 시트의 「B2」 셀부터 모두 붙여넣기를 한 후 다음의 조건과 같이 작업하시오.

≪조건≫

(1) 목표값 찾기 － 「B11:G11」 셀을 병합하여 "후원금액(단위:원) 전체 평균"을 입력한 후 「H11」 셀에 후원금액(단위:원) 전체 평균을 구하시오(AVERAGE 함수, 테두리, 가운데 맞춤).
－ '후원금액(단위:원) 전체 평균'이 '4,000,000'이 되려면 La-100-T의 후원금액(단위:원)이 얼마가 되어야 하는지 목표값을 구하시오.

(2) 고급필터 － 나무종류가 '느릅나무'이거나, 수량(단위:그루)이 '100' 이상인 자료의 관리코드, 나무종류, 식재일, 수량(단위:그루) 데이터만 추출하시오.
－ 찾을 조건 범위 : 「B13」 셀부터 입력하시오.
－ 복사 위치 : 「B18」 셀부터 나타나도록 하시오.

[제3작업] 피벗 테이블 (80점)

☞ **"제1작업"** 시트를 이용하여 **"제3작업"** 시트에 조건에 따라 ≪출력형태≫와 같이 작업하시오.

≪조건≫

(1) 식재일 및 회원구분별 후원금액(단위:원)의 최댓값과 수량(단위:그루)의 평균을 구하시오.
(2) 식재일을 그룹화하고, 보고서 레이아웃은 개요 형식으로 설정하시오.
(3) 회원구분을 ≪출력형태≫와 같이 정렬하고, 빈 셀은 '*'로 표시하시오.
(4) 행의 총합계를 지우고, 나머지 사항은 ≪출력형태≫에 맞게 작성하시오.

≪출력형태≫

	A	B	C	D	E	F	G	H
1								
2			회원구분 ▼	데이터 ▼				
3			주민		단체		기업	
4		식재일 ▼	최댓값 : 후원금액	평균 : 수량	최댓값 : 후원금액	평균 : 수량	최댓값 : 후원금액	평균 : 수량
5		3월	*	*	300,000	30	*	*
6		4월	250,000	4	*	*	10,500,000	150
7		10월	*	*	4,000,000	45	10,000,000	100
8		11월	*	*	*	*	4,200,000	60
9		총 합계	250,000	4	4,000,000	40	10,500,000	103

[제4작업] 그래프 (100점)

☞ "제1작업" 시트를 이용하여 "제4작업" 시트에 ≪출력형태≫와 같이 작업하시오.

≪조건≫

(1) 차트 종류 ⇒ 〈3차원 원형〉으로 작업하시오.
(2) 데이터 범위 ⇒ "제1작업" 시트의 내용을 이용하여 작업하시오.
(3) 차트 위치 ⇒ 「B2:K28」 영역에 배치하여 ≪출력형태≫와 같이 작업하시오.
(4) 차트 스타일 ⇒ 레이아웃6, 스타일3을 적용하시오.
(5) 배경 서식 ⇒ 전체 영역(노랑), 그림 영역(하양), 전체 글꼴(돋움, 11pt)을 적용하여 작업하시오.
(6) 제목 서식 ⇒ 글꼴(궁서, 20pt, 진하게), 채우기(하양), 선 모양 실선(굵기 1pt)
(7) 속성 ⇒ 계열 : La-202-T 조각을 쪼개진 요소 15%로 지정하여 분리하고 ≪출력형태≫와 같이 표시하시오.
  레이블 : 항목 이름과 값을 표시하고, 위치 및 채우기 색(하양)은 ≪출력형태≫와 같이 표시하시오.
(8) 범례 ⇒ ≪출력형태≫를 참조하시오.
(9) 도형 ⇒ '사각형 설명선'을 삽입한 후 내용을 입력하시오.
(10) 나머지 사항은 ≪출력형태≫에 맞게 작성하시오.

≪출력형태≫

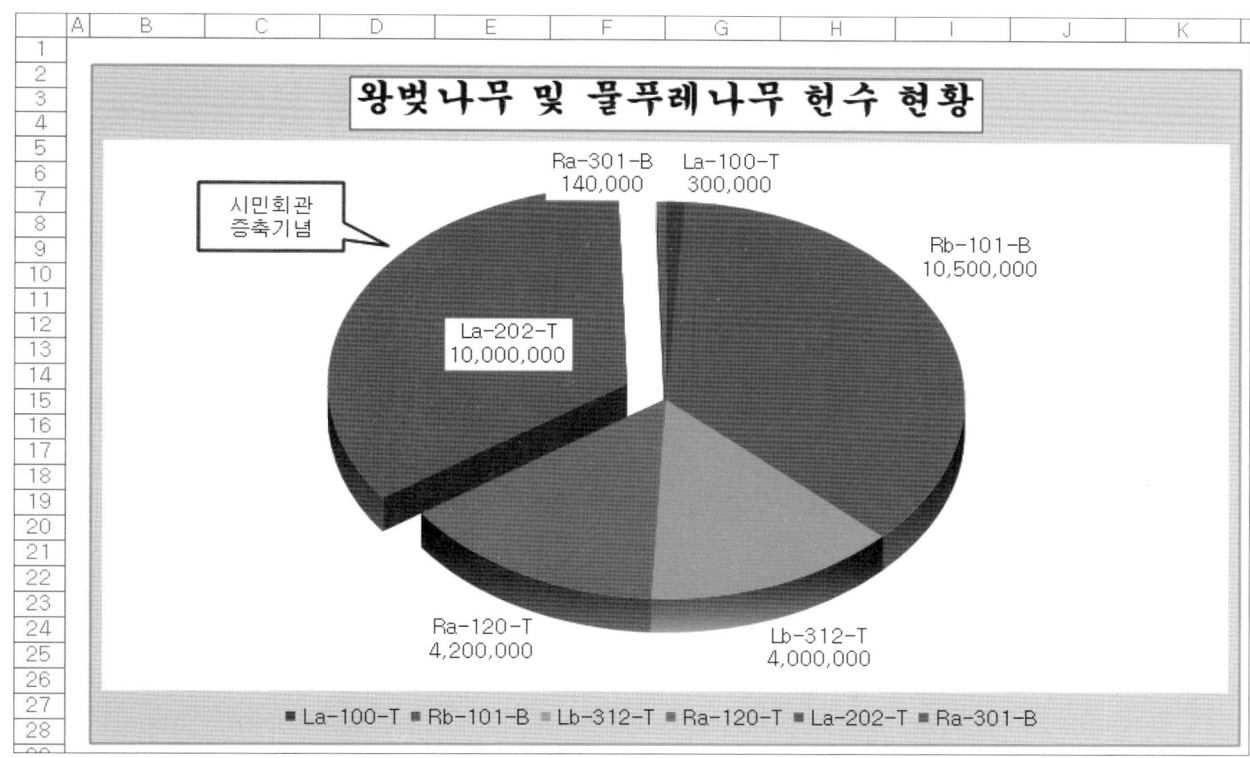

주의 ☞ 시트명 순서가 차례대로 "제1작업", "제2작업", "제3작업", "제4작업"이 되도록 할 것.

제14회 ITQ 실전모의고사

과목	코드	문제유형	시험시간	수험번호	성명
한셀	1121	D	60분		

수험자 유의사항

- 수험자는 문제지를 받는 즉시 문제지와 수험표상의 시험과목(프로그램)이 동일한지 반드시 확인하여야 합니다.
- 파일명은 본인의 "수험번호-성명"으로 입력하여 답안폴더(내 PC₩문서₩ITQ)에 하나의 파일로 저장해야 하며, 답안문서 파일명이 "수험번호-성명"과 일치하지 않거나, 답안파일을 전송하지 않아 미제출로 처리될 경우 실격 처리합니다(예:12345678-홍길동.cell).
- 답안 작성을 마치면 파일을 저장하고, '답안 전송' 버튼을 선택하여 감독위원 PC로 답안을 전송하십시오. 수험생 정보와 저장한 파일명이 다를 경우 전송되지 않으므로 주의하시기 바랍니다.
- 답안 작성 중에도 주기적으로 저장하고, '답안 전송'하여야 문제 발생을 줄일 수 있습니다. 작업한 내용을 저장하지 않고 전송할 경우 이전에 저장된 내용이 전송되오니 이점 유의하시기 바랍니다.
- 답안문서는 지정된 경로 외의 다른 보조기억장치에 저장하는 경우, 지정된 시험 시간 외에 작성된 파일을 활용할 경우, 기타 통신수단(이메일, 메신저, 네트워크 등)을 이용하여 타인에게 전달 또는 외부 반출하는 경우는 부정 처리합니다.
- 시험 중 부주의 또는 고의로 시스템을 파손한 경우는 수험자가 변상해야 하며, 〈수험자 유의사항〉에 기재된 방법대로 이행하지 않아 생기는 불이익은 수험생 당사자의 책임임을 알려 드립니다.
- 문제의 조건은 한컴오피스 NEO(2016)버전으로 설정되어 있으니 유의하시기 바랍니다.
- 시험을 완료한 수험자는 답안파일이 전송되었는지 확인한 후 감독위원의 지시에 따라 문제지를 제출하고 퇴실합니다.

답안 작성요령

- 온라인 답안 작성 절차
  수험자 등록 ⇒ 시험 시작 ⇒ 답안파일 저장 ⇒ 답안 전송 ⇒ 시험 종료
- 문제는 총 4단계, 즉 제1작업부터 제4작업까지 구성되어 있으며 반드시 제1작업부터 순서대로 작성하고 조건대로 작업하시오.
- 모든 작업시트의 A열은 열 너비 '1'로, 나머지 열은 적당하게 조절하시오.
- 모든 작업시트의 테두리는 ≪출력형태≫와 같이 작업하시오.
- 해당 작업란에서는 각각 제시된 조건에 따라 ≪출력형태≫와 같이 작업하시오.
- 답안 시트 이름은 "제1작업", "제2작업", "제3작업", "제4작업"이어야 하며 답안 시트 이외의 것은 감점 처리됩니다.
- 각 시트를 파일로 나누어 작업해서 저장할 경우 실격 처리됩니다.

kpc 한국생산성본부

[제1작업] 표 서식 작성 및 값 계산 (240점)

☞ 다음은 '온라인 핵심강좌 개설 현황'에 대한 자료이다. 자료를 입력하고 조건에 맞도록 작업하시오.

≪출력형태≫

	A	B	C	D	E	F	G	H	I	J
1								결재	담당	과장	차장
2			온라인 핵심강좌 개설 현황								
3											
4		강좌코드	강좌명	분류	목차	누적 수강인원	수강료 (단위:원)	오픈일자	개설 순서	개설 단위
5		OA-001-1	비법전수 한셀	OA	16	1,505	69,300	2020-12-05	(1)	(2)
6		DS-201-2	웹디자인 실무	디자인	18	152	350,000	2022-02-05	(1)	(2)
7		LC-301-2	ITQ Master	OA	16	1,700	70,000	2023-01-10	(1)	(2)
8		OA-002-1	비법전수 PT	OA	16	1,302	69,300	2021-03-02	(1)	(2)
9		IA-105-3	정보보안 실무	정보분석	15	240	150,000	2022-06-05	(1)	(2)
10		DS-209-3	인포그래픽 활용	디자인	16	250	200,000	2021-12-05	(1)	(2)
11		IA-100-6	빅데이터 분석	정보분석	30	350	200,000	2022-06-01	(1)	(2)
12		LC-310-3	GTQ	디자인	12	900	50,000	2022-12-20	(1)	(2)
13		디자인 강좌의 누적 수강인원 평균			(3)			두 번째로 큰 강좌 목차		(5)
14		OA 강좌 누적 수강인원 합계			(4)			강좌명	비법전수 한셀	수강료(원)	(6)

≪조건≫

○ 모든 데이터의 서식에는 글꼴(굴림, 11pt), 정렬은 숫자 및 회계 서식은 오른쪽 정렬, 나머지 서식은 가운데 정렬로 작성하며 예외적인 것은 ≪출력형태≫를 참조하시오.
○ 제 목 ⇒ '모서리가 둥근 직사각형' 도형과 '원근감 대각선 오른쪽 위 그림자'를 이용하여 작성하고 "온라인 핵심강좌 개설 현황"을 입력한 후 다음 서식을 적용하시오
(글꼴-굴림, 24pt, 검정, 진하게, 채우기-노랑).
○ 임의의 셀에 결재란을 만들고 '그림으로 복사하기' 기능을 이용하여 작성하시오(단, 원본 삭제).
○ 「B4:J4, G14, I14」 영역은 '노랑'으로 채우기 하시오.
○ 유효성 검사를 이용하여 「H14」 셀에 강좌명(「C5:C12」 영역)이 선택 표시되도록 하시오.
○ 셀 서식 ⇒ 「F5:F12」 영역에 셀 서식을 이용하여 숫자 뒤에 '명'을 표시하시오(예 : 1,505명).
○ 「E5:E12」 영역에 대해 '목차'로 이름정의를 하시오.

● (1)~(6) 셀은 반드시 **주어진 함수를 이용**하여 값을 구하시오(결과값을 직접 입력하면 해당 셀은 0점 처리됨).

(1) 개설 순서 ⇒ 오픈일자를 기준으로 오름차순 순위를 구하시오(RANK.EQ 함수).
(2) 개설 단위 ⇒ 강좌코드의 마지막 글자가 3이면 '분기별', 6이면 '반기별', 그 외에는 마지막 글자 뒤에 '개월'을 붙여 구하시오(IF, RIGHT 함수, & 연산자)(예 : OA-001-1 → 1개월).
(3) 디자인 강좌의 누적 수강인원 평균 ⇒ (SUMIF, COUNTIF 함수)
(4) OA 강좌 누적 수강인원 합계 ⇒ 분류가 OA인 강좌의 누적 수강인원 합계를 구하시오. 단, 조건은 입력데이터를 이용하시오(DSUM 함수).
(5) 두 번째로 큰 강좌 목차 ⇒ 정의된 이름(목차)을 이용하여 구하시오(LARGE 함수).
(6) 수강료(원) ⇒ 「H14」 셀에서 선택한 강좌명에 대한 수강료(단위:원)를 구하시오(VLOOKUP 함수).
(7) 조건부 서식의 수식을 이용하여 수강료(단위:원)가 '200,000' 이상인 행 전체에 다음의 서식을 적용하시오(글꼴 : 파랑, 진하게).

[제2작업] 목표값 찾기 및 필터 (80점)

☞ "제1작업" 시트의 「B4:H12」 영역을 복사하여 "제2작업" 시트의 「B2」 셀부터 모두 붙여넣기를 한 후 다음의 조건과 같이 작업하시오.

≪조건≫

(1) 목표값 찾기 - 「B11:G11」 셀을 병합하여 "수강료(단위:원) 전체 평균"을 입력한 후 「H11」 셀에 수강료(단위:원) 전체 평균을 구하시오(AVERAGE 함수, 테두리, 가운데 맞춤).
  - '수강료(단위:원) 전체 평균'이 '144,900'이 되려면 비법전수 한셀의 수강료(단위:원)가 얼마가 되어야 하는지 목표값을 구하시오.

(2) 고급필터 - 누적 수강인원이 '1,500' 이상이거나, 오픈일자가 '2021-12-31' 이전(해당일 포함)인 자료의 강좌명, 분류, 누적 수강인원, 오픈일자 데이터만 추출하시오.
  - 찾을 조건 범위 : 「B14」 셀부터 입력하시오.
  - 복사 위치 : 「B18」 셀부터 나타나도록 하시오.

[제3작업] 정렬 및 부분합 (80점)

☞ "제1작업" 시트의 「B4:H12」 영역을 복사하여 "제3작업" 시트의 「B2」 셀부터 모두 붙여넣기를 한 후 다음의 조건과 같이 작업하시오.

≪조건≫

(1) 부분합 - ≪출력형태≫처럼 정렬하고, 강좌명의 개수와 누적 수강인원의 평균을 구하시오.
(2) 윤곽 - 지우시오.
(3) 나머지 사항은 ≪출력형태≫에 맞게 작성하시오.

≪출력형태≫

	B	C	D	E	F	G	H
2	강좌코드	강좌명	분류	목차	누적 수강인원	수강료 (단위:원)	오픈일자
3	IA-105-3	정보보안 실무	정보분석	15	240명	150,000	2022-06-05
4	IA-100-6	빅데이터 분석	정보분석	30	350명	200,000	2022-06-01
5			정보분석 평균		295명		
6		2	정보분석 개수				
7	DS-201-2	웹디자인 실무	디자인	18	152명	350,000	2022-02-05
8	DS-209-3	인포그래픽 활용	디자인	16	250명	200,000	2021-12-05
9	LC-310-3	GTQ	디자인	12	900명	50,000	2022-12-20
10			디자인 평균		434명		
11		3	디자인 개수				
12	OA-001-1	비법전수 한셀	OA	16	1,505명	69,300	2020-12-05
13	LC-301-2	ITQ Master	OA	16	1,700명	70,000	2023-01-10
14	OA-002-1	비법전수 PT	OA	16	1,302명	69,300	2021-03-02
15			OA 평균		1,502명		
16		3	OA 개수				
17		8	전체 개수				
18			전체 평균		800명		

[제4작업] 그래프 (100점)

☞ "제1작업" 시트를 이용하여 "제4작업" 시트에 ≪출력형태≫와 같이 작업하시오.

≪조건≫

(1) 차트 종류 ⇒ 〈3차원 원형〉으로 작업하시오.
(2) 데이터 범위 ⇒ "제1작업" 시트의 내용을 이용하여 작업하시오.
(3) 차트 위치 ⇒ 「B2:K28」 영역에 배치하여 ≪출력형태≫와 같이 작업하시오.
(4) 차트 스타일 ⇒ 레이아웃6, 스타일3을 적용하시오.
(5) 배경 서식 ⇒ 전체 영역(노랑), 그림 영역(하양), 전체 글꼴(굴림, 11pt)을 적용하여 작업하시오.
(6) 제목 서식 ⇒ 글꼴(궁서, 20pt, 진하게), 채우기(하양), 선 모양 실선(굵기 2pt)
(7) 속성 ⇒ 계열 : ITQ Master 조각을 쪼개진 요소 15%로 지정하여 분리하고 ≪출력형태≫와 같이 표시하시오.
  레이블 : 값을 표시하고, 위치 및 채우기 색(하양)은 ≪출력형태≫와 같이 표시하시오.
(8) 범례 ⇒ ≪출력형태≫를 참조하시오.
(9) 도형 ⇒ '모서리가 둥근 사각형 설명선'을 삽입한 후 내용을 입력하시오.
(10) 나머지 사항은 ≪출력형태≫에 맞게 작성하시오.

≪출력형태≫

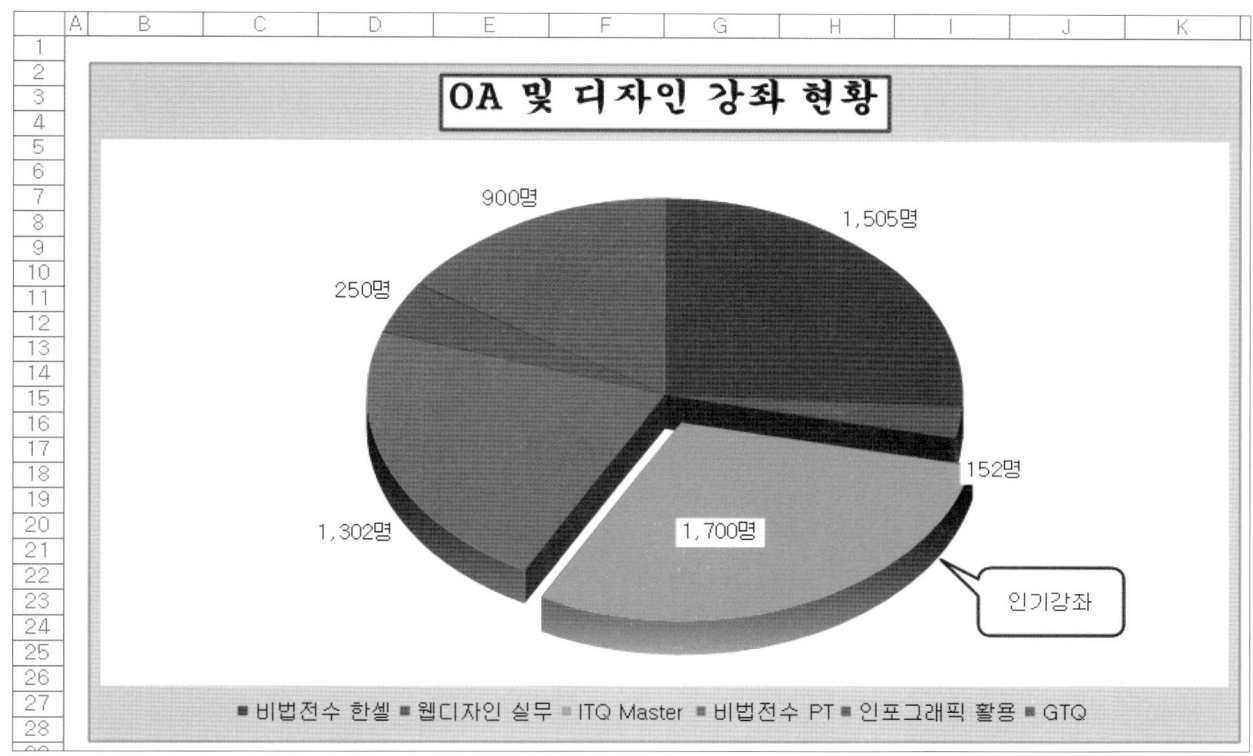

주의 ☞ 시트명 순서가 차례대로 "제1작업", "제2작업", "제3작업", "제4작업"이 되도록 할 것.

제15회 ITQ 실전모의고사

과목	코드	문제유형	시험시간	수험번호	성명
한셀	1121	E	60분		

수험자 유의사항

- 수험자는 문제지를 받는 즉시 문제지와 <u>수험표상의 시험과목(프로그램)이 동일한지 반드시 확인</u>하여야 합니다.
- 파일명은 본인의 "수험번호-성명"으로 입력하여 답안폴더(내 PC\문서\ITQ)에 하나의 파일로 저장해야 하며, 답안문서 파일명이 "수험번호-성명"과 일치하지 않거나, 답안파일을 전송하지 않아 미제출로 처리될 경우 실격 처리합니다(예:12345678-홍길동.cell).
- 답안 작성을 마치면 파일을 저장하고, '답안 전송' 버튼을 선택하여 감독위원 PC로 답안을 전송하십시오. 수험생 정보와 저장한 파일명이 다를 경우 전송되지 않으므로 주의하시기 바랍니다.
- 답안 작성 중에도 **주기적으로 저장하고, '답안 전송'**하여야 문제 발생을 줄일 수 있습니다. 작업한 내용을 저장하지 않고 전송할 경우 이전에 저장된 내용이 전송되오니 이점 유의하시기 바랍니다.
- 답안문서는 지정된 경로 외의 다른 보조기억장치에 저장하는 경우, 지정된 시험 시간 외에 작성된 파일을 활용할 경우, 기타 통신수단(이메일, 메신저, 네트워크 등)을 이용하여 타인에게 전달 또는 외부 반출하는 경우는 부정 처리합니다.
- 시험 중 부주의 또는 고의로 시스템을 파손한 경우는 수험자가 변상해야 하며, 〈수험자 유의사항〉에 기재된 방법대로 이행하지 않아 생기는 불이익은 수험생 당사자의 책임임을 알려 드립니다.
- 문제의 조건은 한컴오피스 NEO(2016)버전으로 설정되어 있으니 유의하시기 바랍니다.
- 시험을 완료한 수험자는 답안파일이 전송되었는지 확인한 후 감독위원의 지시에 따라 문제지를 제출하고 퇴실합니다.

답안 작성요령

- 온라인 답안 작성 절차
  수험자 등록 ⇒ 시험 시작 ⇒ 답안파일 저장 ⇒ 답안 전송 ⇒ 시험 종료
- 문제는 총 4단계, 즉 제1작업부터 제4작업까지 구성되어 있으며 반드시 제1작업부터 순서대로 작성하고 조건대로 작업하시오.
- 모든 작업시트의 A열은 열 너비 '1'로, 나머지 열은 적당하게 조절하시오.
- 모든 작업시트의 테두리는 ≪출력형태≫와 같이 작업하시오.
- 해당 작업란에서는 각각 제시된 조건에 따라 ≪출력형태≫와 같이 작업하시오.
- 답안 시트 이름은 "제1작업", "제2작업", "제3작업", "제4작업"이어야 하며 답안 시트 이외의 것은 감점 처리됩니다.
- 각 시트를 파일로 나누어 작업해서 저장할 경우 실격 처리됩니다.

kpc 한국생산성본부

[제1작업] 표 서식 작성 및 값 계산 (240점)

☞ 다음은 '패션 신발 온라인 판매 현황'에 대한 자료이다. 자료를 입력하고 조건에 맞도록 작업하시오.

≪출력형태≫

						결	MD	팀장	본부장
		패션 신발 온라인 판매 현황				재			
판매코드	제품명	분류	등록일	판매금액	판매수량(켤레)	사용자 평점(5점 만점)	카테고리	비고
SN-105-M	루키 벨크로	스니커즈	2024-11-02	56,000	30	5	(1)	(2)
SN-101-W	빈드너 투밴딩	스니커즈	2021-12-05	45,000	150	4	(1)	(2)
WK-150-U	에어맥스 검회	운동화	2022-12-05	92,000	5	3	(1)	(2)
SP-312-U	울트라 오레오	운동화	2023-10-20	125,000	40	2	(1)	(2)
PP-120-W	매니쉬 옥스포드	정장구두	2022-11-15	250,000	60	4	(1)	(2)
PP-201-M	스톰비 가보시	정장구두	2021-10-26	156,000	50	5	(1)	(2)
WK-202-M	에어 페가수스	운동화	2023-10-20	99,000	100	4	(1)	(2)
FS-301-W	스웨이드 윙팁	스니커즈	2024-11-01	141,000	2	4	(1)	(2)
두 번째로 큰 판매금액			(3)			스니커즈 판매수량(켤레) 평균		(5)
운동화 제품 개수			(4)		판매코드	SN-105-M	판매수량(켤레)	(6)

≪조건≫

○ 모든 데이터의 서식에는 글꼴(돋움, 11pt), 정렬은 숫자 및 회계 서식은 오른쪽 정렬, 나머지 서식은 가운데 정렬로 작성하며 예외적인 것은 ≪출력형태≫를 참조하시오.
○ 제 목 ⇒ '양쪽 모서리가 잘린 사각형' 도형과 '바깥쪽 대각선 오른쪽 아래 그림자'를 이용하여 작성하고 "패션 신발 온라인 판매 현황"을 입력한 후 다음 서식을 적용하시오
  (글꼴-굴림, 24pt, 검정, 진하게, 채우기-노랑).
○ 임의의 셀에 결재란을 만들고 '그림으로 복사하기' 기능을 이용하여 작성하시오(단, 원본 삭제).
○ 「B4:J4, G14, I14」 영역은 '노랑'으로 채우기 하시오.
○ 유효성 검사를 이용하여 「H14」 셀에 판매코드(「B5:B12」 영역)가 선택 표시되도록 하시오.
○ 셀 서식 ⇒ 「F5:F12」 영역에 셀 서식을 이용하여 숫자 뒤에 '원'을 표시하시오(예 : 56,000원).
○ 「F5:F12」 영역에 대해 '판매금액'으로 이름정의를 하시오.

● (1)~(6) 셀은 반드시 **주어진 함수를 이용**하여 값을 구하시오(결과값을 직접 입력하면 해당 셀은 0점 처리됨).

(1) 카테고리 ⇒ 판매코드의 마지막 문자가 M이면 '남성용', W이면 '여성용', 그 외에는 공백으로 나타내시오(IF, RIGHT 함수).
(2) 비고 ⇒ 사용자 평점(5점 만점)의 숫자만큼 '★'문자를 반복한 값의 뒤에 '(5-사용자 평점)'만큼 '☆'문자가 반복되도록 표시하시오(REPT 함수, & 연산자)(예 : 4 → ★★★★☆).
(3) 두 번째로 큰 판매금액 ⇒ 정의된 이름(판매금액)을 이용하여 구하시오(LARGE 함수).
(4) 운동화 제품 개수 ⇒ (COUNTIF 함수)
(5) 스니커즈 판매수량(켤레) 평균 ⇒ 반올림하여 정수로 구하시오. 단, 조건은 입력데이터를 이용하시오 (ROUND, DAVERAGE 함수).
(6) 판매수량(켤레) ⇒ 「H14」 셀에서 선택한 판매코드에 대한 판매수량(켤레)을 구하시오 (VLOOKUP 함수).
(7) 조건부 서식의 수식을 이용하여 판매수량(켤레)이 '100' 이상인 행 전체에 다음의 서식을 적용하시오(글꼴 : 파랑, 진하게).

[제2작업] 목표값 찾기 및 필터 (80점)

☞ "제1작업" 시트의 「B4:H12」 영역을 복사하여 "제2작업" 시트의 「B2」 셀부터 모두 붙여넣기를 한 후 다음의 조건과 같이 작업하시오.

≪조건≫

(1) 목표값 찾기 – 「B11:G11」 셀을 병합하여 "판매금액 전체 평균"을 입력한 후 「H11」 셀에
    판매금액 전체 평균을 구하시오(AVERAGE 함수, 테두리, 가운데 맞춤).
  – '판매금액 전체 평균'이 '130,000'이 되려면 루키 벨크로 제품의 판매금액이 얼마가
    되어야 하는지 목표값을 구하시오.

(2) 고급필터 – 판매코드가 'M'으로 끝나고, 판매수량(켤레)이 '60' 미만인 자료의 판매코드, 제품명,
    분류, 판매수량(켤레) 데이터만 추출하시오.
  – 찾을 조건 범위 : 「B14」 셀부터 입력하시오.
  – 복사 위치 : 「B18」 셀부터 나타나도록 하시오.

[제3작업] 피벗 테이블 (80점)

☞ "제1작업" 시트를 이용하여 "제3작업" 시트에 조건에 따라 ≪출력형태≫와 같이 작업하시오.

≪조건≫

(1) 등록일 및 분류별 제품명의 개수와 판매금액의 평균을 구하시오.
(2) 등록일을 그룹화하고, 보고서 레이아웃은 개요 형식으로 설정하시오.
(3) 분류를 ≪출력형태≫와 같이 정렬하고, 빈 셀은 '*'로 표시하시오.
(4) 행의 총합계를 지우고, 나머지 사항은 ≪출력형태≫에 맞게 작성하시오.

≪출력형태≫

등록일	분류	정장구두		운동화		스니커즈	
		개수:제품명	평균:판매금액	개수:제품명	평균:판매금액	개수:제품명	평균:판매금액
2021년		1	156,000	*	*	1	45,000
2022년		1	250,000	1	92,000	*	*
2023년		*	*	2	112,000	*	*
2024년		*	*	*	*	2	98,500
총 합계		2	203,000	3	105,333	3	80,667

[제4작업] 그래프 (100점)

☞ "제1작업" 시트를 이용하여 "제4작업" 시트에 ≪출력형태≫와 같이 작업하시오.

≪조건≫

(1) 차트 종류 ⇒ 〈3차원 원형〉으로 작업하시오.
(2) 데이터 범위 ⇒ "제1작업" 시트의 내용을 이용하여 작업하시오.
(3) 차트 위치 ⇒ 「B2:K28」 영역에 배치하여 ≪출력형태≫와 같이 작업하시오.
(4) 차트 스타일 ⇒ 레이아웃6, 스타일4를 적용하시오.
(5) 배경 서식 ⇒ 전체 영역(밝은 연두색), 그림 영역(하양), 전체 글꼴(굴림, 11pt)을 적용하여 작업하시오.
(6) 제목 서식 ⇒ 글꼴(굴림, 20pt, 진하게), 채우기(하양), 선 모양 실선(굵기 1pt)
(7) 속성 ⇒ 계열 : 빈드너 투밴딩 조각을 쪼개진 요소 20%로 지정하여 분리하고 ≪출력형태≫와 같이 표시하시오.
    레이블 : 값을 표시하고, 위치 및 채우기 색(하양)은 ≪출력형태≫와 같이 표시하시오.
(8) 범례 ⇒ ≪출력형태≫를 참조하시오.
(9) 도형 ⇒ '타원형 설명선'을 삽입한 후 내용을 입력하시오.
(10) 나머지 사항은 ≪출력형태≫에 맞게 작성하시오.

≪출력형태≫

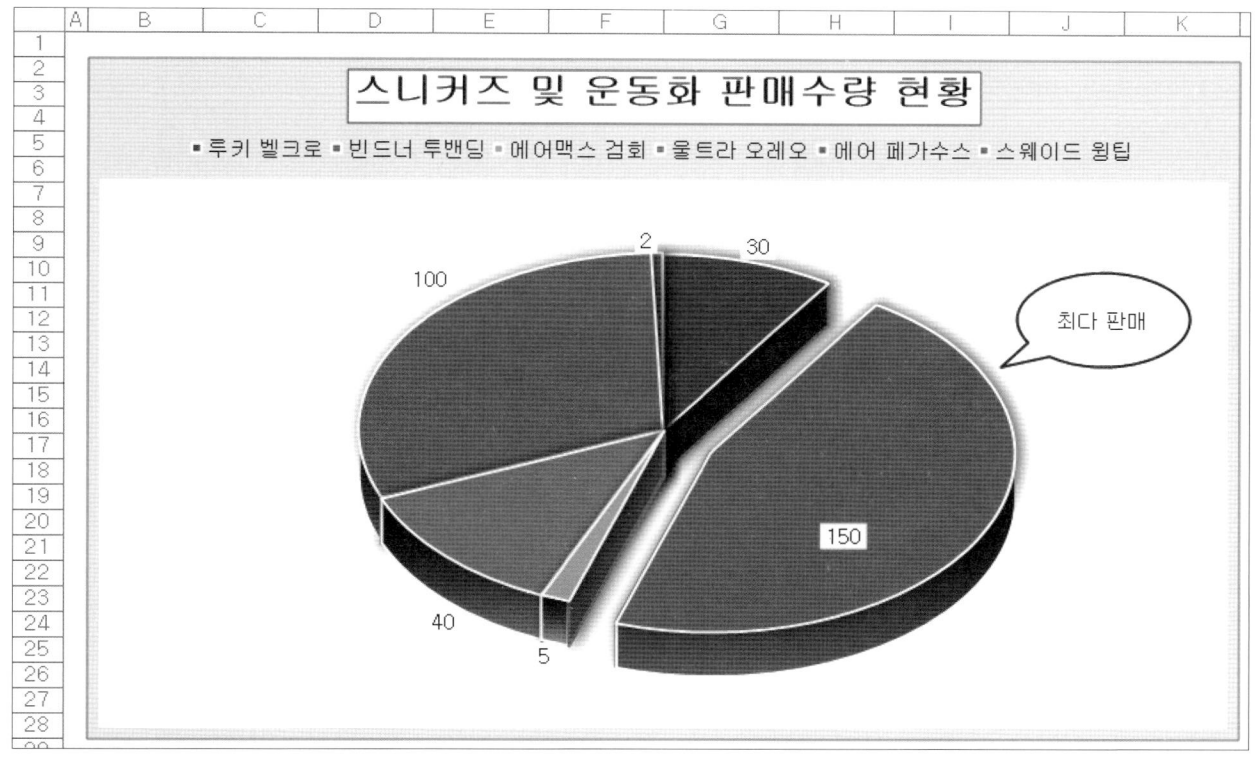

주의 ☞ 시트명 순서가 차례대로 "제1작업", "제2작업", "제3작업", "제4작업"이 되도록 할 것.

실전모의고사 | 정답(값 계산) 한셀 2016(NEO)

제01회 실전모의고사
(1) =CHOOSE(RIGHT(B5,1),"정규 전환","산학 협력","계약 전환")
(2) =G5*60*IF(F5="개발부",11000,8000)
(3) =SUMIF(부서명,"기획부",G5:G12)&"시간"
(4) =DCOUNTA(B4:H12,E4,C4:C5)
(5) =MAX(G5:G12)
(6) =VLOOKUP(H14,E5:H12,2,FALSE)

제02회 실전모의고사
(1) =ROUND(G5/F5,2)
(2) =IF(G5>=150,"인기강좌","")
(3) =SUMIF(H5:H12,">="&MEDIAN(H5:H12),G5:G12)&"명"
(4) =ROUNDDOWN(DAVERAGE(DB,G4,D4:D5),0)
(5) =SUMPRODUCT(G5:G12,H5:H12)
(6) =VLOOKUP(I14,C5:H12,6,FALSE)

제03회 실전모의고사
(1) =IF(E5<=DATE(2021,7,31),"방송종료","")
(2) =CHOOSE(RIGHT(프로그램,1),"SBS","Mnet","TV조선")
(3) =COUNTIF(E5:E12,">=2021-08-01")&"개"
(4) =MAX(G5:G12)-MIN(G5:G12)
(5) =SUMPRODUCT(F5:F12,H5:H12)
(6) =VLOOKUP(H14,B5:H12,2,FALSE)

제04회 실전모의고사
(1) =ROUND(H5/G5,2)
(2) =H5/SUM($H$5:$H$12)
(3) =SUMIF(생산구분,"제조",H5:H12)/COUNTIF(생산구분,"제조")
(4) =DAVERAGE(B4:H12,H4,E4:E5)
(5) =MAX(H5:H12)-MIN(H5:H12)
(6) =VLOOKUP(I14,C5:H12,6,FALSE)

제05회 실전모의고사
(1) =CHOOSE(RIGHT(B5,1),"신제품","기존제품","변경제품")
(2) =IF(RANK.EQ(H5,$H$5:$H$12,0)<=3,"시정조치","")
(3) =COUNTIF(업체명,"명왕성")&"제품"
(4) =DAVERAGE(B4:H12,H4,C4:C5)
(5) =MAX(H5:H12)
(6) =VLOOKUP(H14,D5:H12,5,FALSE)

제06회 실전모의고사
(1) =ROUNDUP(H5/12,0)
(2) =IF(LEFT(B5,1)="A","캐주얼의류",IF(LEFT(B5,1)="B","화장품","전문관"))
(3) =DSUM(B4:H12,E4,D4:D5)
(4) =SUMIF(D5:D12,"화장품",H5:H12)/COUNTIF(D5:D12,"화장품")
(5) =MIN(실투자금)
(6) =VLOOKUP(H14,B5:H12,7,FALSE)&"천원"

제07회 실전모의고사
(1) =RANK.EQ(H5,$H$5:$H$12,0)&"위"
(2) =CHOOSE(MID(B5,2,1),0.05,0.07,0.09,0.1)*F5
(3) =MIN(전월판매량)
(4) =COUNTIF(D5:D12,"워커")
(5) =CHOOSE(WEEKDAY(I13,2),"월요일","화요일","수요일","목요일","금요일","토요일","일요일")
(6) =VLOOKUP(H14,C5:H12,4,FALSE)

제08회 실전모의고사
(1) =IF(RIGHT(B5,1)="S","연예인 협찬","")
(2) =RANK.EQ(H5,$H$5:$H$12,0)
(3) =ROUNDDOWN(AVERAGE(G5:G12),-2)
(4) =MAX(반품건수)&"건"
(5) =DSUM(B4:H12,G4,C4:C5)
(6) =VLOOKUP(H14,B5:H12,7,FALSE)

제09회 실전모의고사
(1) =IF(LEFT(B5,1)="S","스마트폰",IF(LEFT(B5,1)="P","PC","태블릿 PC"))
(2) =CHOOSE(WEEKDAY(F5,2),"월요일","화요일","수요일","목요일","금요일","토요일","일요일")
(3) =COUNTIF(활용형태,"교육")&"명"
(4) =DAVERAGE(B4:H12,H4,D4:D5)
(5) =MAX(H5:H12)
(6) =VLOOKUP(H14,C5:H12,4,FALSE)

제10회 실전모의고사
(1) =YEAR(TODAY())-D5+1&"년차"
(2) =CHOOSE(RIGHT(B5,1),"국제구호개발","NGO 인력파견","기타")
(3) =SUMIF(설립국,"<>한국",G5:G12)
(4) =DCOUNTA(B4:H12,C4,F4:F5)
(5) =MAX(H5:H12)
(6) =VLOOKUP(H14,C5:H12,3,FALSE)

제11회 실전모의고사
(1) =CHOOSE(RIGHT(B5,1),"과일류","과자류","수산물","고기류")
(2) =RANK.EQ(H5,$H$5:$H$12,0)&"위"
(3) =ROUND(DAVERAGE(B4:H12,H4,E4:E5),-2)
(4) =COUNTIF(D5:D12,"*세트")
(5) =MIN(판매단가)
(6) =VLOOKUP(H14,D5:H12,3,FALSE)

제12회 실전모의고사
(1) =RANK.EQ(F5,판매가격)
(2) =IF(MID(B5,3,1)="1","국내","중국")
(3) =MAX(H5:H12)
(4) =COUNTIF(G5:G12,">=2022-10-01")&"개"
(5) =ROUND(DAVERAGE(B4:H12,H4,C4:C5),0)
(6) =VLOOKUP(H14,D5:H12,3,FALSE)

제13회 실전모의고사
(1) =IF(LEFT(B5,1)="L","좌안",IF(LEFT(B5,1)="R","우안",""))
(2) =YEAR(E5)
(3) =LARGE(후원금액,2)
(4) =SUMIF(H5:H12,">="&AVERAGE(H5:H12),G5:G12)&"개"
(5) =DSUM(B4:J12,G4,D4:D5)
(6) =VLOOKUP(H14,B5:H12,6,FALSE)

제14회 실전모의고사
(1) =RANK.EQ(H5,$H$5:$H$12,1)
(2) =IF(RIGHT(B5)="3","분기별",IF(RIGHT(B5)="6","반기별",RIGHT(B5)&"개월"))
(3) =SUMIF(D5:D12,"디자인",F5:F12)/COUNTIF(D5:D12,"디자인")
(4) =DSUM(B4:H12,F4,D4:D5)
(5) =LARGE(목차,2)
(6) =VLOOKUP(H14,C5:H12,5,FALSE)

제15회 실전모의고사
(1) =IF(RIGHT(B5,1)="M","남성용",IF(RIGHT(B5,1)="W","여성용",""))
(2) =REPT("★",H5)&REPT("☆",5-H5)
(3) =LARGE(판매금액,2)
(4) =COUNTIF(D5:D12,"운동화")
(5) =ROUND(DAVERAGE(B4:H12,G4,D4:D5),0)
(6) =VLOOKUP(H14,B5:H12,6,FALSE)

ITQ Hancell 2016(NEO)

기출예상문제

제 **01** 회　기출예상문제
제 **02** 회　기출예상문제
제 **03** 회　기출예상문제
제 **04** 회　기출예상문제
제 **05** 회　기출예상문제
제 **06** 회　기출예상문제
제 **07** 회　기출예상문제
제 **08** 회　기출예상문제
제 **09** 회　기출예상문제
제 **10** 회　기출예상문제

제01회 정보기술자격(ITQ) 시험

과목	코드	문제유형	시험시간	수험번호	성명
한셀	1121	A	60분		

수험자 유의사항

- 수험자는 문제지를 받는 즉시 문제지와 <u>수험표상의 시험과목(프로그램)이 동일한지 반드시 확인</u>하여야 합니다.
- 파일명은 본인의 "수험번호-성명"으로 입력하여 답안폴더(내 PC\문서\ITQ)에 하나의 파일로 저장해야 하며, 답안문서 파일명이 "수험번호-성명"과 일치하지 않거나, 답안파일을 전송하지 않아 미제출로 처리될 경우 실격 처리합니다(예:12345678-홍길동.cell).
- 답안 작성을 마치면 파일을 저장하고, '답안 전송' 버튼을 선택하여 감독위원 PC로 답안을 전송하십시오. 수험생 정보와 저장한 파일명이 다를 경우 전송되지 않으므로 주의하시기 바랍니다.
- 답안 작성 중에도 <u>주기적으로 저장하고, '답안 전송'</u>하여야 문제 발생을 줄일 수 있습니다. 작업한 내용을 저장하지 않고 전송할 경우 이전에 저장된 내용이 전송되오니 이점 유의하시기 바랍니다.
- 답안문서는 지정된 경로 외의 다른 보조기억장치에 저장하는 경우, 지정된 시험 시간 외에 작성된 파일을 활용할 경우, 기타 통신수단(이메일, 메신저, 네트워크 등)을 이용하여 타인에게 전달 또는 외부 반출하는 경우는 부정 처리합니다.
- 시험 중 부주의 또는 고의로 시스템을 파손한 경우는 수험자가 변상해야 하며, 〈수험자 유의사항〉에 기재된 방법대로 이행하지 않아 생기는 불이익은 수험생 당사자의 책임임을 알려 드립니다.
- 문제의 조건은 한컴오피스 NEO(2016)버전으로 설정되어 있으니 유의하시기 바랍니다.
- 시험을 완료한 수험자는 답안파일이 전송되었는지 확인한 후 감독위원의 지시에 따라 문제지를 제출하고 퇴실합니다.

답안 작성요령

- 온라인 답안 작성 절차
  수험자 등록 ⇒ 시험 시작 ⇒ 답안파일 저장 ⇒ 답안 전송 ⇒ 시험 종료
- 문제는 총 4단계, 즉 제1작업부터 제4작업까지 구성되어 있으며 반드시 제1작업부터 순서대로 작성하고 조건대로 작업하시오.
- 모든 작업시트의 A열은 열 너비 '1'로, 나머지 열은 적당하게 조절하시오.
- 모든 작업시트의 테두리는 ≪출력형태≫와 같이 작업하시오.
- 해당 작업란에서는 각각 제시된 조건에 따라 ≪출력형태≫와 같이 작업하시오.
- 답안 시트 이름은 "제1작업", "제2작업", "제3작업", "제4작업"이어야 하며 답안 시트 이외의 것은 감점 처리됩니다.
- 각 시트를 파일로 나누어 작업해서 저장할 경우 실격 처리됩니다.

kpc 한국생산성본부

[제1작업] 표 서식 작성 및 값 계산 (240점)

☞ 다음은 '보람인테리어 관리 현황'에 대한 자료이다. 자료를 입력하고 조건에 맞도록 작업하시오.

≪출력형태≫

	A	B	C	D	E	F	G	H	I	J
1								확인	담당	대리	과장
2			보람인테리어 관리 현황							
3										
4		관리번호	고객명	분류	시공면적	시공시작일	시공기간(일)	시공비용(만원)	선수금(만원)	지역
5		AF-152	고은영	사무실	102	2021-11-10	15	5,150	(1)	(2)
6		AL-113	최은정	주거공간	49	2021-11-20	7	2,050	(1)	(2)
7		FF-451	정창근	사무실	50	2021-10-25	16	3,560	(1)	(2)
8		HS-321	변수영	식당/매장	88	2021-12-03	20	4,050	(1)	(2)
9		HL-121	주희라	주거공간	28	2021-12-10	4	950	(1)	(2)
10		AL-543	김정희	주거공간	33	2021-12-15	5	1,120	(1)	(2)
11		DF-122	장은호	사무실	45	2021-11-10	13	3,300	(1)	(2)
12		SS-652	여범석	식당/매장	55	2021-10-05	10	3,900	(1)	(2)
13		2021-12-01 이후 시공건수			(3)			사무실 시공기간(일) 평균		(5)
14		최대 시공비용(만원)			(4)			관리번호	AF-152	시공면적	(6)

≪조건≫

○ 모든 데이터의 서식에는 글꼴(굴림, 11pt), 정렬은 숫자 및 회계 서식은 오른쪽 정렬, 나머지 서식은 가운데 정렬로 작성하며 예외적인 것은 ≪출력형태≫를 참조하시오.
○ 제 목 ⇒ '순서도: 지연' 도형과 '바깥쪽 대각선 오른쪽 위 그림자'를 이용하여 작성하고
   "보람인테리어 관리 현황"을 입력한 후 다음 서식을 적용하시오
   (글꼴-굴림, 24pt, 검정, 진하게, 채우기-노랑).
○ 임의의 셀에 결재란을 만들고 '그림으로 복사하기' 기능을 이용하여 작성하시오(단, 원본 삭제).
○ 「B4:J4, G14, I14」 영역은 '노랑'으로 채우기 하시오.
○ 유효성 검사를 이용하여 「H14」 셀에 관리번호(「B5:B12」 영역)가 선택 표시되도록 하시오.
○ 셀 서식 ⇒ 「E5:E12」 영역에 셀 서식을 이용하여 숫자 뒤에 '평'을 표시하시오(예 : 102평).
○ 「H5:H12」 영역에 대해 '시공비용'으로 이름정의를 하시오.

● (1)~(6) 셀은 반드시 **주어진 함수를 이용**하여 값을 구하시오(결과값을 직접 입력하면 해당 셀은 0점 처리됨).

(1) 선수금(만원) ⇒ 「시공비용(만원)×비율」로 구하되, 비율은 분류가 '주거공간'이면 '0.5', 그 외에는
    '0.4'로 계산하시오(IF 함수).
(2) 지역 ⇒ 관리번호의 마지막 글자가 '1'이면 '서울', '2'이면 '경기', '3'이면 '인천'으로 구하시오
    (CHOOSE, RIGHT 함수).
(3) 2023-12-01 이후 시공건수 ⇒ 시공시작일이 '2021-12-01' 이후(해당일 포함)인 시공건수를 구하고,
    결과값 뒤에 '건'을 붙이시오(COUNTIF 함수, & 연산자)(예 : 1건).
(4) 최대 시공비용(만원) ⇒ 정의된 이름(시공비용)을 이용하여 구하시오(MAX 함수).
(5) 사무실 시공기간(일) 평균 ⇒ 분류가 '사무실'인 시공기간(일)의 평균을 반올림하여 정수로 구하시오.
    단, 조건은 입력데이터를 이용하시오
    (ROUND, DAVERAGE 함수)(예 : 10.6 → 11).
(6) 시공면적 ⇒ 「H14」 셀에서 선택한 관리번호에 대한 시공면적을 구하시오(VLOOKUP 함수).
(7) 조건부 서식의 수식을 이용하여 시공기간(일)이 '7' 이하인 행 전체에 다음의 서식을 적용하시오
    (글꼴 : 파랑, 진하게).

[제2작업] 목표값 찾기 및 필터 (80점)

☞ "**제1작업**" 시트의 「B4:H12」 영역을 복사하여 "**제2작업**" 시트의 「B2」 셀부터 모두 붙여넣기를 한 후 다음의 조건과 같이 작업하시오.

≪조건≫

(1) 목표값 찾기 – 「B11:G11」 셀을 병합하여 "시공비용(만원) 전체 합계"를 입력한 후 「H11」 셀에 시공비용(만원) 전체 합계를 구하시오(SUM 함수, 테두리, 가운데 맞춤).
– '시공비용(만원) 전체 합계'가 '24,000'이 되려면 고은영 고객의 시공비용(만원)이 얼마가 되어야 하는지 목표값을 구하시오.

(2) 고급필터 – 관리번호가 'H'로 시작하거나, 시공비용(만원)이 '2,000' 이하인 자료의 고객명, 시공면적, 시공기간(일), 시공비용(만원) 데이터만 추출하시오.
– 찾을 조건 범위 : 「B14」 셀부터 입력하시오.
– 복사 위치 : 「B18」 셀부터 나타나도록 하시오.

[제3작업] 피벗 테이블 (80점)

☞ "**제1작업**" 시트를 이용하여 "**제3작업**" 시트에 조건에 따라 ≪출력형태≫와 같이 작업하시오.

≪조건≫

(1) 시공면적 및 분류별 고객명의 개수와 시공비용(만원)의 평균을 구하시오.
(2) 시공면적을 그룹화하고, 보고서 레이아웃은 개요 형식으로 설정하시오.
(3) 분류를 ≪출력형태≫와 같이 정렬하고, 빈 셀은 '**'로 표시하시오.
(4) 행의 총합계를 지우고, 나머지 사항은 ≪출력형태≫에 맞게 작성하시오.

≪출력형태≫

시공면적	분류	주거공간		식당/매장		사무실	
		개수 : 고객명	평균 : 시공비용(만원)	개수 : 고객명	평균 : 시공비용(만원)	개수 : 고객명	평균 : 시공비용(만원)
21-50		3	1,373	**	**	2	3,430
51-80		**	**	1	3,900	**	**
81-110		**	**	1	4,050	1	5,150
총 합계		3	1,373	2	3,975	3	4,003

[제4작업] 그래프 (100점)

☞ "제1작업" 시트를 이용하여 "제4작업" 시트에 ≪출력형태≫와 같이 작업하시오.

≪조건≫

  (1) 차트 종류 ⇒ 〈3차원 원형〉으로 작업하시오.
  (2) 데이터 범위 ⇒ "제1작업" 시트의 내용을 이용하여 작업하시오.
  (3) 차트 위치 ⇒ 「B2:K28」 영역에 배치하여 ≪출력형태≫와 같이 작업하시오.
  (4) 차트 스타일 ⇒ 레이아웃6, 스타일3을 적용하시오.
  (5) 배경 서식 ⇒ 전체 영역(노랑), 그림 영역(하양), 전체 글꼴(굴림, 11pt)을 적용하여 작업하시오.
  (6) 제목 서식 ⇒ 글꼴(궁서, 20pt, 진하게), 채우기(하양), 선 모양 실선(굵기 2pt)
  (7) 속성 ⇒ 계열 : AF-152 조각을 쪼개진 요소 15%로 지정하여 분리하고 ≪출력형태≫와 같이 표시
     하시오.
     레이블 : 값을 표시하고, 위치 및 채우기 색(하양)은 ≪출력형태≫와 같이 표시하시오.
  (8) 범례 ⇒ ≪출력형태≫를 참조하시오.
  (9) 도형 ⇒ '모서리가 둥근 사각형 설명선'을 삽입한 후 내용을 입력하시오.
  (10) 나머지 사항은 ≪출력형태≫에 맞게 작성하시오.

≪출력형태≫

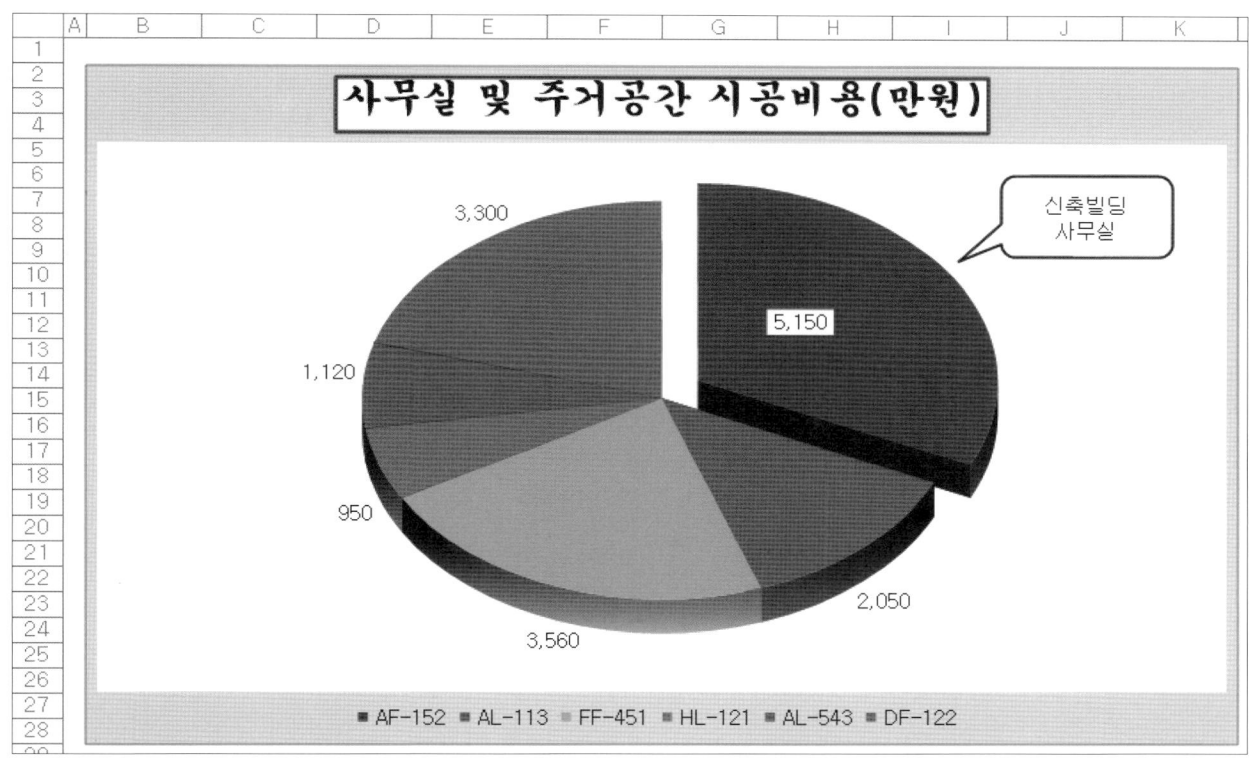

주의 ☞ 시트명 순서가 차례대로 "제1작업", "제2작업", "제3작업", "제4작업"이 되도록 할 것.

제02회 정보기술자격(ITQ) 시험

과목	코드	문제유형	시험시간	수험번호	성명
한셀	1121	B	60분		

수험자 유의사항

- 수험자는 문제지를 받는 즉시 문제지와 수험표상의 시험과목(프로그램)이 동일한지 반드시 확인하여야 합니다.
- 파일명은 본인의 "수험번호-성명"으로 입력하여 답안폴더(내 PC₩문서₩ITQ)에 하나의 파일로 저장해야 하며, 답안문서 파일명이 "수험번호-성명"과 일치하지 않거나, 답안파일을 전송하지 않아 미제출로 처리될 경우 실격 처리합니다(예:12345678-홍길동.cell).
- 답안 작성을 마치면 파일을 저장하고, '답안 전송' 버튼을 선택하여 감독위원 PC로 답안을 전송하십시오. 수험생 정보와 저장한 파일명이 다를 경우 전송되지 않으므로 주의하시기 바랍니다.
- 답안 작성 중에도 주기적으로 저장하고, '답안 전송'하여야 문제 발생을 줄일 수 있습니다. 작업한 내용을 저장하지 않고 전송할 경우 이전에 저장된 내용이 전송되오니 이점 유의하시기 바랍니다.
- 답안문서는 지정된 경로 외의 다른 보조기억장치에 저장하는 경우, 지정된 시험 시간 외에 작성된 파일을 활용할 경우, 기타 통신수단(이메일, 메신저, 네트워크 등)을 이용하여 타인에게 전달 또는 외부 반출하는 경우는 부정 처리합니다.
- 시험 중 부주의 또는 고의로 시스템을 파손한 경우는 수험자가 변상해야 하며, 〈수험자 유의사항〉에 기재된 방법대로 이행하지 않아 생기는 불이익은 수험생 당사자의 책임임을 알려 드립니다.
- 문제의 조건은 한컴오피스 NEO(2016)버전으로 설정되어 있으니 유의하시기 바랍니다.
- 시험을 완료한 수험자는 답안파일이 전송되었는지 확인한 후 감독위원의 지시에 따라 문제지를 제출하고 퇴실합니다.

답안 작성요령

- 온라인 답안 작성 절차
  수험자 등록 ⇒ 시험 시작 ⇒ 답안파일 저장 ⇒ 답안 전송 ⇒ 시험 종료
- 문제는 총 4단계, 즉 제1작업부터 제4작업까지 구성되어 있으며 반드시 제1작업부터 순서대로 작성하고 조건대로 작업하시오.
- 모든 작업시트의 A열은 열 너비 '1'로, 나머지 열은 적당하게 조절하시오.
- 모든 작업시트의 테두리는 ≪출력형태≫와 같이 작업하시오.
- 해당 작업란에서는 각각 제시된 조건에 따라 ≪출력형태≫와 같이 작업하시오.
- 답안 시트 이름은 "제1작업", "제2작업", "제3작업", "제4작업"이어야 하며 답안 시트 이외의 것은 감점 처리됩니다.
- 각 시트를 파일로 나누어 작업해서 저장할 경우 실격 처리됩니다.

kpc 한국생산성본부

[제1작업] 표 서식 작성 및 값 계산 (240점)

☞ 다음은 '지역 특산품 홈쇼핑 판매 현황'에 대한 자료이다. 자료를 입력하고 조건에 맞도록 작업하시오.

≪출력형태≫

상품코드	방송일	구분	상품명	판매가격 (단위:원)	판매수량	상품평 (단위:건)	지역	비고
R25-01	2022-07-04	농산물	녹차현미쌀	47,900	2,887	887	(1)	(2)
S37-02	2022-08-10	수산물	먼바다돌미역	17,000	1,824	824	(1)	(2)
R14-03	2022-09-13	농산물	대봉흙곶감	65,000	3,121	1,121	(1)	(2)
K19-01	2022-07-01	축산물	자연유정란	15,000	3,892	1,892	(1)	(2)
R20-03	2022-08-23	농산물	돌산갓김치	23,000	1,926	926	(1)	(2)
K29-02	2022-09-12	축산물	우리떡갈비	45,000	3,168	2,168	(1)	(2)
R15-03	2022-08-25	농산물	황토고구마	35,000	2,121	1,582	(1)	(2)
S32-03	2022-09-10	수산물	황금빛돌게	60,000	1,523	903	(1)	(2)
축산물 상품의 개수			(3)			최다 상품평(단위:건)		(5)
수산물의 판매수량 합계			(4)		상품명	녹차현미쌀	판매수량	(6)

≪조건≫

○ 모든 데이터의 서식에는 글꼴(굴림, 11pt), 정렬은 숫자 및 회계 서식은 오른쪽 정렬, 나머지 서식은 가운데 정렬로 작성하며 예외적인 것은 ≪출력형태≫를 참조하시오.
○ 제 목 ⇒ '이중 물결' 도형과 '바깥쪽 대각선 오른쪽 아래 그림자'를 이용하여 작성하고
"지역 특산품 홈쇼핑 판매 현황"을 입력한 후 다음 서식을 적용하시오
(글꼴-굴림, 24pt, 검정, 진하게, 채우기-노랑).
○ 임의의 셀에 결재란을 만들고 '그림으로 복사하기' 기능을 이용하여 작성하시오(단, 원본 삭제).
○ 「B4:J4, G14, I14」 영역은 '노랑'으로 채우기 하시오.
○ 유효성 검사를 이용하여 「H14」 셀에 상품명(「E5:E12」 영역)이 선택 표시되도록 하시오.
○ 셀 서식 ⇒ 「G5:G12」 영역에 셀 서식을 이용하여 숫자 뒤에 '개'를 표시하시오(예 : 2,887개).
○ 「H5:H12」 영역에 대해 '상품평'으로 이름정의를 하시오.

● (1)~(6) 셀은 반드시 **주어진 함수를 이용**하여 값을 구하시오(결과값을 직접 입력하면 해당 셀은 0점 처리됨).

(1) 지역 ⇒ 상품코드의 마지막 글자가 1이면 '충청', 2이면 '경상', 3이면 '전라'로 구하시오
(CHOOSE, RIGHT 함수).
(2) 비고 ⇒ 판매수량의 내림차순 순위를 1~3까지 구하고, 그 외에는 공백으로 표시하시오
(IF, RANK.EQ 함수).
(3) 축산물 상품의 개수 ⇒ 결과값에 '개'를 붙이시오(COUNTIF 함수, & 연산자)(예 : 1개).
(4) 수산물의 판매수량 합계 ⇒ (SUMIF 함수)
(5) 최다 상품평(단위:건) ⇒ 정의된 이름(상품평)을 이용하여 구하시오(MAX 함수).
(6) 판매수량 ⇒ 「H14」 셀에서 선택한 상품명에 대한 판매수량을 구하시오(VLOOKUP 함수)
(7) 조건부 서식의 수식을 이용하여 판매수량이 '3,000' 이상인 행 전체에 다음의 서식을 적용하시오
(글꼴 : 파랑, 진하게).

[제2작업] 목표값 찾기 및 필터 (80점)

☞ "제1작업" 시트의 「B4:H12」 영역을 복사하여 "제2작업" 시트의 「B2」 셀부터 모두 붙여넣기를 한 후 다음의 조건과 같이 작업하시오.

≪조건≫

(1) 목표값 찾기 - 「B11:G11」 셀을 병합하여 "농산물의 판매가격(단위:원) 평균"을 입력한 후 「H11」 셀에 농산물의 판매가격(단위:원) 평균을 구하시오. 단, 조건은 입력데이터를 이용하시오 (DAVERAGE 함수, 테두리, 가운데 맞춤).
- '농산물의 판매가격(단위:원) 평균'이 '42,800'이 되려면 녹차현미쌀의 판매가격(단위:원)이 얼마가 되어야 하는지 목표값을 구하시오.

(2) 고급필터 - 구분이 '농산물'이면서, 판매수량이 '2,500' 이하인 자료의 데이터만 추출하시오.
- 찾을 조건 범위 : 「B14」 셀부터 입력하시오.
- 복사 위치 : 「B18」 셀부터 나타나도록 하시오.

[제3작업] 정렬 및 부분합 (80점)

☞ "제1작업" 시트의 「B4:H12」 영역을 복사하여 "제3작업" 시트의 「B2」 셀부터 모두 붙여넣기를 한 후 다음의 조건과 같이 작업하시오.

≪조건≫

(1) 부분합 - ≪출력형태≫처럼 정렬하고, 상품명의 개수와 판매수량의 평균을 구하시오.
(2) 윤곽 - 지우시오.
(3) 나머지 사항은 ≪출력형태≫에 맞게 작성하시오.

≪출력형태≫

	A	B	C	D	E	F	G	H
1								
2		상품코드	발송일	구분	상품명	판매가격(단위:원)	판매수량	상품평(단위:건)
3		R25-01	2022-07-04	농산물	녹차현미쌀	47,900	2,887개	887
4		R14-03	2022-09-13	농산물	대봉흙곶감	65,000	3,121개	1,121
5		R20-03	2022-08-23	농산물	돌산갓김치	23,000	1,926개	926
6		R15-03	2022-08-25	농산물	황토고구마	35,000	2,121개	1,582
7				농산물 평균			2,514개	
8				농산물 개수	4			
9		S37-02	2022-08-10	수산물	먼바다돌미역	17,000	1,824개	824
10		S32-03	2022-09-10	수산물	황금빛돌게	60,000	1,523개	903
11				수산물 평균			1,674개	
12				수산물 개수	2			
13		K19-01	2022-07-01	축산물	자연유정란	15,000	3,892개	1,892
14		K29-02	2022-09-12	축산물	우리떡갈비	45,000	3,168개	2,168
15				축산물 평균			3,530개	
16				축산물 개수	2			
17				전체 개수	8			
18				전체 평균			2,558개	

[제4작업] 그래프 (100점)

☞ "제1작업" 시트를 이용하여 "제4작업" 시트에 ≪출력형태≫와 같이 작업하시오.

≪조건≫

(1) 차트 종류 ⇒ 〈3차원 원형〉으로 작업하시오.
(2) 데이터 범위 ⇒ "제1작업" 시트의 내용을 이용하여 작업하시오.
(3) 차트 위치 ⇒ 「B2:K28」 영역에 배치하여 ≪출력형태≫와 같이 작업하시오.
(4) 차트 스타일 ⇒ 레이아웃6, 스타일3을 적용하시오.
(5) 배경 서식 ⇒ 전체 영역(노랑), 그림 영역(하양), 전체 글꼴(굴림, 11pt)을 적용하여 작업하시오.
(6) 제목 서식 ⇒ 글꼴(궁서, 20pt, 진하게), 채우기(하양), 선 모양 실선(굵기 2pt)
(7) 속성 ⇒ 계열 : 돌산갓김치 조각을 쪼개진 요소 15%로 지정하여 분리하고 ≪출력형태≫와 같이 표시하시오.
　　　　　레이블 : 값을 표시하고, 위치 및 채우기 색(하양)은 ≪출력형태≫와 같이 표시하시오.
(8) 범례 ⇒ ≪출력형태≫를 참조하시오.
(9) 도형 ⇒ '타원형 설명선'을 삽입한 후 내용을 입력하시오.
(10) 나머지 사항은 ≪출력형태≫에 맞게 작성하시오.

≪출력형태≫

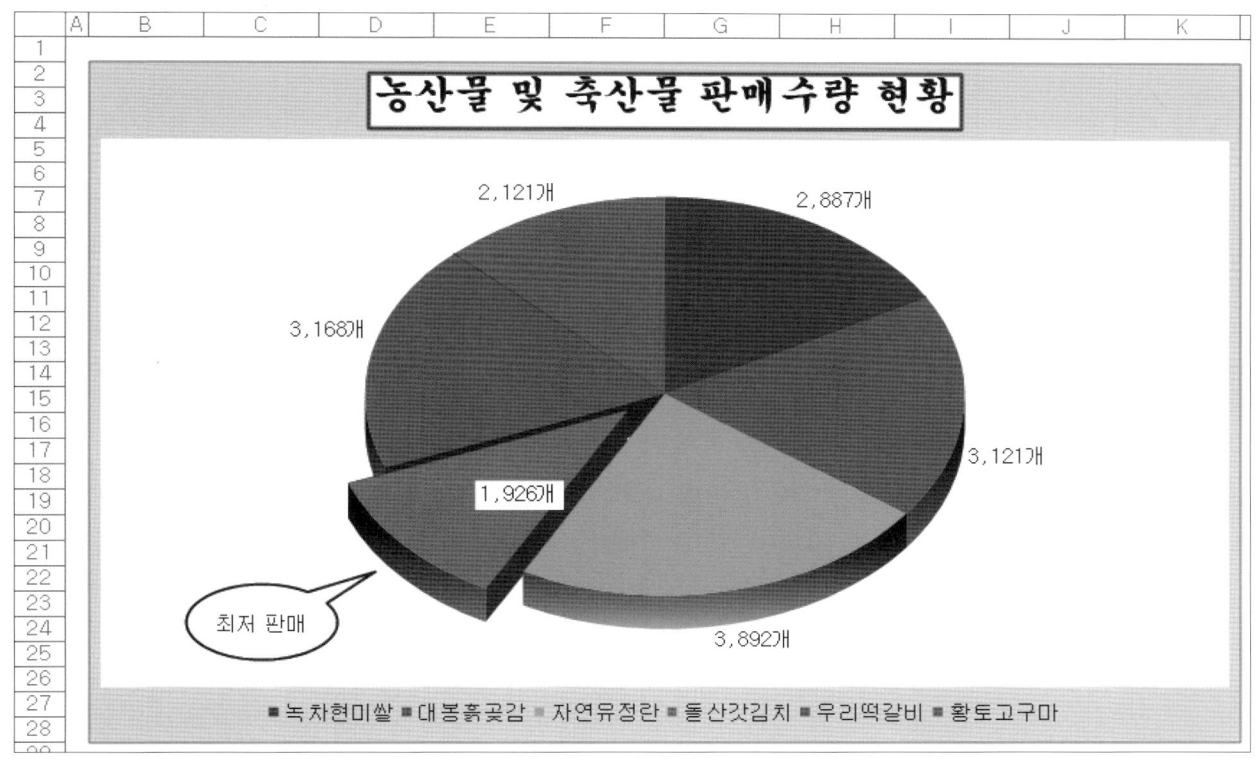

주의 ☞ 시트명 순서가 차례대로 "제1작업", "제2작업", "제3작업", "제4작업"이 되도록 할 것.

제03회 정보기술자격(ITQ) 시험

과목	코드	문제유형	시험시간	수험번호	성명
한셀	1121	C	60분		

수험자 유의사항

- 수험자는 문제지를 받는 즉시 문제지와 <u>수험표상의 시험과목(프로그램)이 동일한지 반드시 확인</u>하여야 합니다.
- 파일명은 본인의 "수험번호-성명"으로 입력하여 답안폴더(내 PC₩문서₩ITQ)에 하나의 파일로 저장해야 하며, 답안문서 파일명이 "수험번호-성명"과 일치하지 않거나, 답안파일을 전송하지 않아 미제출로 처리될 경우 실격 처리합니다(예:12345678-홍길동.cell).
- 답안 작성을 마치면 파일을 저장하고, '답안 전송' 버튼을 선택하여 감독위원 PC로 답안을 전송하십시오. 수험생 정보와 저장한 파일명이 다를 경우 전송되지 않으므로 주의하시기 바랍니다.
- 답안 작성 중에도 <u>주기적으로 저장하고, '답안 전송'</u>하여야 문제 발생을 줄일 수 있습니다. 작업한 내용을 저장하지 않고 전송할 경우 이전에 저장된 내용이 전송되오니 이점 유의하시기 바랍니다.
- 답안문서는 지정된 경로 외의 다른 보조기억장치에 저장하는 경우, 지정된 시험 시간 외에 작성된 파일을 활용할 경우, 기타 통신수단(이메일, 메신저, 네트워크 등)을 이용하여 타인에게 전달 또는 외부 반출하는 경우는 부정 처리합니다.
- 시험 중 부주의 또는 고의로 시스템을 파손한 경우는 수험자가 변상해야 하며, 〈수험자 유의사항〉에 기재된 방법대로 이행하지 않아 생기는 불이익은 수험생 당사자의 책임임을 알려 드립니다.
- 문제의 조건은 한컴오피스 NEO(2016)버전으로 설정되어 있으니 유의하시기 바랍니다.
- 시험을 완료한 수험자는 답안파일이 전송되었는지 확인한 후 감독위원의 지시에 따라 문제지를 제출하고 퇴실합니다.

답안 작성요령

- 온라인 답안 작성 절차
  수험자 등록 ⇒ 시험 시작 ⇒ 답안파일 저장 ⇒ 답안 전송 ⇒ 시험 종료
- 문제는 총 4단계, 즉 제1작업부터 제4작업까지 구성되어 있으며 반드시 제1작업부터 순서대로 작성하고 조건대로 작업하시오.
- 모든 작업시트의 A열은 열 너비 '1'로, 나머지 열은 적당하게 조절하시오.
- 모든 작업시트의 테두리는 ≪출력형태≫와 같이 작업하시오.
- 해당 작업란에서는 각각 제시된 조건에 따라 ≪출력형태≫와 같이 작업하시오.
- 답안 시트 이름은 "제1작업", "제2작업", "제3작업", "제4작업"이어야 하며 답안 시트 이외의 것은 감점 처리됩니다.
- 각 시트를 파일로 나누어 작업해서 저장할 경우 실격 처리됩니다.

kpc 한국생산성본부

[제1작업] 표 서식 작성 및 값 계산 (240점)

☞ 다음은 '한가위 상품 판매 현황'에 대한 자료이다. 자료를 입력하고 조건에 맞도록 작업하시오.

≪출력형태≫

상품코드	상품명	생산자	생산지	판매단가	전월 판매량 (단위:개)	10월 판매량 (단위:개)	분류	판매순위
B211	곶감 명품 세트	이선빈	나주	95,000	74	81	(1)	(2)
C252	담양한과 세트	박재희	담양	40,000	248	237	(1)	(2)
P261	유기농 배	박민아	나주	75,000	157	140	(1)	(2)
G133	명산지 멸치	장웅빈	통영	35,000	217	250	(1)	(2)
G243	조미김 세트	김현수	통영	18,000	231	380	(1)	(2)
P432	죽순빵	차수영	담양	16,000	103	85	(1)	(2)
P241	맑은향기 배	송기영	나주	38,500	162	130	(1)	(2)
P352	통영꿀빵	윤채린	통영	26,000	297	374	(1)	(2)
나주 생산지 상품의 10월 판매량(단위:개) 평균			(3)		최소 판매단가			(5)
세트 상품의 수			(4)		상품명	곶감 명품 세트	생산지	(6)

제목: 한가위 상품 판매 현황

확인 / 사원 / 대리 / 과장

≪조건≫

- 모든 데이터의 서식에는 글꼴(굴림, 11pt), 정렬은 숫자 및 회계 서식은 오른쪽 정렬, 나머지 서식은 가운데 정렬로 작성하며 예외적인 것은 ≪출력형태≫를 참조하시오.
- 제 목 ⇒ '순서도: 데이터' 도형과 '바깥쪽 대각선 오른쪽 아래 그림자'를 이용하여 작성하고 "한가위 상품 판매 현황"을 입력한 후 다음 서식을 적용하시오 (글꼴-굴림, 24pt, 검정, 진하게, 채우기-노랑).
- 임의의 셀에 결재란을 만들고 '그림으로 복사하기' 기능을 이용하여 작성하시오(단, 원본 삭제).
- 「B4:J4, G14, I14」 영역은 '노랑'으로 채우기 하시오.
- 유효성 검사를 이용하여 「H14」 셀에 상품명(「C5:C12」 영역)이 선택 표시되도록 하시오.
- 셀 서식 ⇒ 「F5:F12」 영역에 셀 서식을 이용하여 숫자 뒤에 '원'을 표시하시오(예 : 95,000원).
- 「F5:F12」 영역에 대해 '판매단가'로 이름정의를 하시오.

● (1)~(6) 셀은 반드시 **주어진 함수를 이용**하여 값을 구하시오(결과값을 직접 입력하면 해당 셀은 0점 처리됨).

(1) 분류 ⇒ 상품코드의 마지막 글자가 1이면 '과일류', 2이면 '과자류', 3이면 '수산물'로 표시하시오 (CHOOSE, RIGHT 함수).

(2) 판매순위 ⇒ 10월 판매량(단위:개)의 내림차순 순위를 1~3까지 구하고, 그 외에는 공백으로 표시하시오(IF, RANK.EQ 함수).

(3) 나주 생산지 상품의 10월 판매량(단위:개) 평균 ⇒ 조건은 입력데이터를 이용하시오 (DAVERAGE 함수).

(4) 세트 상품의 수 ⇒ 상품명이 세트로 끝나는 상품의 수를 구한 결과값에 '개'를 붙이시오 (COUNTIF 함수, & 연산자)(예 : 1개).

(5) 최소 판매단가 ⇒ 정의된 이름(판매단가)을 이용하여 구하시오(MIN 함수).

(6) 생산지 ⇒ 「H14」 셀에서 선택한 상품명에 대한 생산지를 구하시오(VLOOKUP 함수).

(7) 조건부 서식의 수식을 이용하여 판매단가가 '75,000' 이상인 행 전체에 다음의 서식을 적용하시오 (글꼴 : 파랑, 진하게).

[제2작업] 목표값 찾기 및 필터 (80점)

☞ "제1작업" 시트의 「B4:H12」 영역을 복사하여 "제2작업" 시트의 「B2」 셀부터 모두 붙여넣기를 한 후 다음의 조건과 같이 작업하시오.

≪조건≫

(1) 목표값 찾기 – 「B11:G11」 셀을 병합하여 "전월 판매량(단위:개) 전체 합계"를 입력한 후 「H11」 셀에 전월 판매량(단위:개) 전체 합계를 구하시오(SUM 함수, 테두리, 가운데 맞춤).
– '전월 판매량(단위:개) 전체 합계'가 '1,500'이 되려면 곶감 명품 세트의 전월 판매량(단위:개)이 얼마가 되어야 하는지 목표값을 구하시오.

(2) 고급필터 – 상품코드가 'B'로 시작하거나, 10월 판매량(단위:개)이 '300' 이상인 자료의 상품코드, 상품명, 판매단가, 10월 판매량(단위:개) 데이터만 추출하시오.
– 찾을 조건 범위 : 「B14」 셀부터 입력하시오.
– 복사 위치 : 「B18」 셀부터 나타나도록 하시오.

[제3작업] 피벗 테이블 (80점)

☞ "제1작업" 시트를 이용하여 "제3작업" 시트에 조건에 따라 ≪출력형태≫와 같이 작업하시오.

≪조건≫

(1) 판매단가 및 생산지별 상품명의 개수와 10월 판매량(단위:개)의 평균을 구하시오.
(2) 판매단가를 그룹화하고, 보고서 레이아웃은 개요 형식으로 설정하시오.
(3) 생산지를 ≪출력형태≫와 같이 정렬하고, 빈 셀은 '**'로 표시하시오.
(4) 행의 총합계를 지우고, 나머지 사항은 ≪출력형태≫에 맞게 작성하시오.

≪출력형태≫

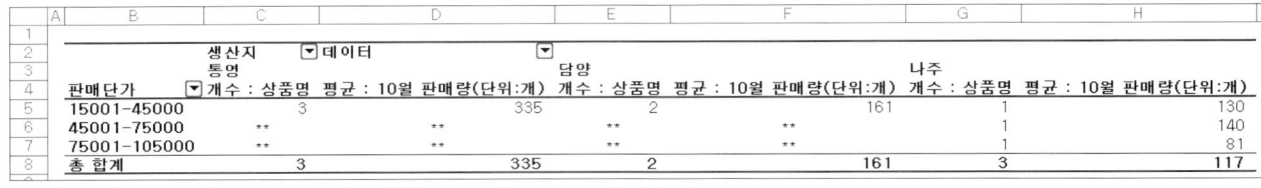

[제4작업] 그래프 (100점)

☞ "제1작업" 시트를 이용하여 "제4작업" 시트에 ≪출력형태≫와 같이 작업하시오.

≪조건≫

(1) 차트 종류 ⇒ 〈3차원 원형〉으로 작업하시오.
(2) 데이터 범위 ⇒ "제1작업" 시트의 내용을 이용하여 작업하시오.
(3) 차트 위치 ⇒ 「B2:K28」 영역에 배치하여 ≪출력형태≫와 같이 작업하시오.
(4) 차트 스타일 ⇒ 레이아웃6, 스타일3을 적용하시오.
(5) 배경 서식 ⇒ 전체 영역(노랑), 그림 영역(하양), 전체 글꼴(맑은 고딕, 11pt)을 적용하여 작업하시오.
(6) 제목 서식 ⇒ 글꼴(궁서, 20pt, 진하게), 채우기(하양), 선 모양 실선(굵기 2pt)
(7) 속성 ⇒ 계열 : 조미김 세트 조각을 쪼개진 요소 30%로 지정하여 분리하고 ≪출력형태≫와 같이 표시하시오.
　　　　　　레이블 : 값을 표시하고, 위치 및 채우기 색(하양)은 ≪출력형태≫와 같이 표시하시오.
(8) 범례 ⇒ ≪출력형태≫를 참조하시오.
(9) 도형 ⇒ '모서리가 둥근 사각형 설명선'을 삽입한 후 내용을 입력하시오.
(10) 나머지 사항은 ≪출력형태≫에 맞게 작성하시오.

≪출력형태≫

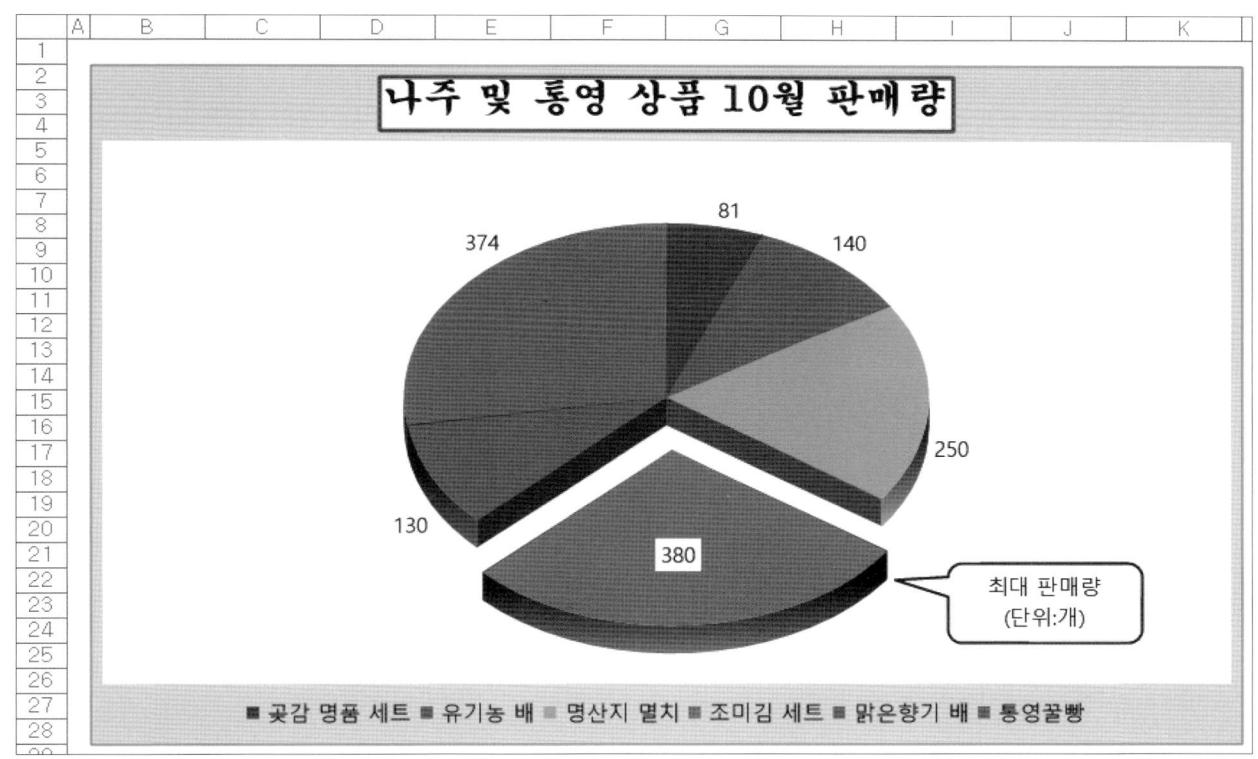

주의 ☞ 시트명 순서가 차례대로 "제1작업", "제2작업", "제3작업", "제4작업"이 되도록 할 것.

제04회 정보기술자격(ITQ) 시험

과목	코드	문제유형	시험시간	수험번호	성명
한셀	1121	D	60분		

수험자 유의사항

- 수험자는 문제지를 받는 즉시 문제지와 <u>수험표상의 시험과목(프로그램)이 동일한지 반드시 확인</u>하여야 합니다.
- 파일명은 본인의 "수험번호-성명"으로 입력하여 답안폴더(내 PC₩문서₩ITQ)에 하나의 파일로 저장해야 하며, 답안문서 파일명이 "수험번호-성명"과 일치하지 않거나, 답안파일을 전송하지 않아 미제출로 처리될 경우 실격 처리합니다(예:12345678-홍길동.cell).
- 답안 작성을 마치면 파일을 저장하고, '답안 전송' 버튼을 선택하여 감독위원 PC로 답안을 전송하십시오. 수험생 정보와 저장한 파일명이 다를 경우 전송되지 않으므로 주의하시기 바랍니다.
- 답안 작성 중에도 <u>주기적으로 저장하고, '답안 전송'</u>하여야 문제 발생을 줄일 수 있습니다. 작업한 내용을 저장하지 않고 전송할 경우 이전에 저장된 내용이 전송되오니 이점 유의하시기 바랍니다.
- 답안문서는 지정된 경로 외의 다른 보조기억장치에 저장하는 경우, 지정된 시험 시간 외에 작성된 파일을 활용할 경우, 기타 통신수단(이메일, 메신저, 네트워크 등)을 이용하여 타인에게 전달 또는 외부 반출하는 경우는 부정 처리합니다.
- 시험 중 부주의 또는 고의로 시스템을 파손한 경우는 수험자가 변상해야 하며, 〈수험자 유의사항〉에 기재된 방법대로 이행하지 않아 생기는 불이익은 수험생 당사자의 책임임을 알려 드립니다.
- 문제의 조건은 한컴오피스 NEO(2016)버전으로 설정되어 있으니 유의하시기 바랍니다.
- 시험을 완료한 수험자는 답안파일이 전송되었는지 확인한 후 감독위원의 지시에 따라 문제지를 제출하고 퇴실합니다.

답안 작성요령

- 온라인 답안 작성 절차
  수험자 등록 ⇒ 시험 시작 ⇒ 답안파일 저장 ⇒ 답안 전송 ⇒ 시험 종료
- 문제는 총 4단계, 즉 제1작업부터 제4작업까지 구성되어 있으며 반드시 제1작업부터 순서대로 작성하고 조건대로 작업하시오.
- 모든 작업시트의 A열은 열 너비 '1'로, 나머지 열은 적당하게 조절하시오.
- 모든 작업시트의 테두리는 ≪출력형태≫와 같이 작업하시오.
- 해당 작업란에서는 각각 제시된 조건에 따라 ≪출력형태≫와 같이 작업하시오.
- 답안 시트 이름은 "제1작업", "제2작업", "제3작업", "제4작업"이어야 하며 답안 시트 이외의 것은 감점 처리됩니다.
- 각 시트를 파일로 나누어 작업해서 저장할 경우 실격 처리됩니다.

kpc 한국생산성본부

[제1작업] 표 서식 작성 및 값 계산 (240점)

☞ **다음은 '꽃배달 서비스 매출 현황'에 대한 자료이다. 자료를 입력하고 조건에 맞도록 작업하시오.**

≪출력형태≫

	A	B	C	D	E	F	G	H	I	J
1							확인	사원	팀장	센터장
2		꽃배달 서비스 매출 현황								
3										
4		상품코드	상품명	구분	분류	판매가 (단위:원)	주문수량	전월 매출 (단위:원)	사이즈	순위
5		S125	러브 블라썸	꽃상자	기념	50,000	125	6,130,000	(1)	(2)
6		L455	순간	분재	인테리어	225,000	35	7,245,000	(1)	(2)
7		M652	비앙카	화분	공기정화	75,000	94	7,020,000	(1)	(2)
8		L154	첫사랑	화분	공기정화	37,000	79	2,813,000	(1)	(2)
9		S889	행복데이	꽃상자	기념	50,000	91	4,025,000	(1)	(2)
10		L142	하이라이트	분재	개업	145,000	81	11,105,000	(1)	(2)
11		L328	빛이나	분재	개업	100,000	64	6,140,000	(1)	(2)
12		M964	비올레타	화분	인테리어	80,000	102	7,460,000	(1)	(2)
13		공기정화 상품의 전월 매출(단위:원) 합계			(3)		꽃상자 상품의 개수			(5)
14		최대 주문수량			(4)		상품명	러브 블라썸	주문수량	(6)

≪조건≫

- ○ 모든 데이터의 서식에는 글꼴(굴림, 11pt), 정렬은 숫자 및 회계 서식은 오른쪽 정렬, 나머지 서식은 가운데 정렬로 작성하며 예외적인 것은 ≪출력형태≫를 참조하시오.
- ○ 제 목 ⇒ '순서도: 지연' 도형과 '바깥쪽 대각선 오른쪽 위 그림자'를 이용하여 작성하고 "꽃배달 서비스 매출 현황"을 입력한 후 다음 서식을 적용하시오 (글꼴–굴림, 24pt, 검정, 진하게, 채우기–노랑).
- ○ 임의의 셀에 결재란을 만들고 '그림으로 복사하기' 기능을 이용하여 작성하시오(단, 원본 삭제).
- ○「B4:J4, G14, I14」 영역은 '노랑'으로 채우기 하시오.
- ○ 유효성 검사를 이용하여 「H14」 셀에 상품명(「C5:C12」 영역)이 선택 표시되도록 하시오.
- ○ 셀 서식 ⇒「G5:G12」 영역에 셀 서식을 이용하여 숫자 뒤에 '개'를 표시하시오(예 : 125개).
- ○「H5:H12」 영역에 대해 '전월매출'로 이름정의를 하시오.

◉ (1)~(6) 셀은 반드시 <u>주어진 함수를 이용</u>하여 값을 구하시오(결과값을 직접 입력하면 해당 셀은 0점 처리됨).

(1) 사이즈 ⇒ 상품코드의 첫 글자가 L이면 '대', M이면 '중', 그 외에는 '소'로 표시하시오 (IF, LEFT 함수).

(2) 순위 ⇒ 주문수량의 내림차순 순위를 구한 결과값에 '위'를 붙이시오 (RANK.EQ 함수, & 연산자)(예 : 1위).

(3) 공기정화 상품의 전월 매출(단위:원) 합계 ⇒ 정의된 이름(전월매출)을 이용하고, 반올림하여 십만 원 단위까지 구하시오 (ROUND, SUMIF 함수)(예 : 1,894,500 → 1,900,000).

(4) 최대 주문수량 ⇒ (MAX 함수)

(5) 꽃상자 상품의 개수 ⇒ 조건은 입력데이터를 이용하시오(DCOUNTA 함수).

(6) 주문수량 ⇒「H14」 셀에서 선택한 상품명에 대한 주문수량을 표시하시오(VLOOKUP 함수).

(7) 조건부 서식의 수식을 이용하여 주문수량이 '100' 이상인 행 전체에 다음의 서식을 적용하시오 (글꼴 : 파랑, 진하게).

[제2작업] 목표값 찾기 및 필터 (80점)

☞ **"제1작업"** 시트의 「B4:H12」 영역을 복사하여 **"제2작업"** 시트의 「B2」 셀부터 모두 붙여넣기를 한 후 다음의 조건과 같이 작업하시오.

≪조건≫

(1) 목표값 찾기 - 「B11:G11」 셀을 병합하여 "꽃상자의 주문수량 평균"을 입력한 후 「H11」 셀에
꽃상자의 주문수량 평균을 구하시오. 단, 조건은 입력데이터를 이용하시오
(DAVERAGE 함수, 테두리, 가운데 맞춤).
- '꽃상자의 주문수량 평균'이 '110'이 되려면 러브 블라썸의 주문수량이 얼마가 되어야
하는지 목표값을 구하시오.

(2) 고급필터 - 상품코드가 'M'으로 시작하거나, 전월 매출(단위:원)이 '5,000,000' 이하인 자료의
상품명, 구분, 주문수량, 전월 매출(단위:원) 데이터만 추출하시오.
- 찾을 찾을 조건 범위 : 「B14」 셀부터 입력하시오.
- 복사 위치 : 「B18」 셀부터 나타나도록 하시오.

[제3작업] 정렬 및 부분합 (80점)

☞ **"제1작업"** 시트의 「B4:H12」 영역을 복사하여 **"제3작업"** 시트의 「B2」 셀부터 모두 붙여넣기를 한 후 다음의 조건과 같이 작업하시오.

≪조건≫

(1) 부분합 - ≪출력형태≫처럼 정렬하고, 상품명의 개수와 전월 매출(단위:원)의 평균을 구하시오.
(2) 윤곽 - 지우시오.
(3) 나머지 사항은 ≪출력형태≫에 맞게 작성하시오.

≪출력형태≫

A	B	C	D	E	F	G	H
1							
2	상품코드	상품명	구분	분류	판매가 (단위:원)	주문수량	전월 매출 (단위:원)
3	M652	비앙카	화분	공기정화	75,000	94개	7,020,000
4	L154	첫사랑	화분	공기정화	37,000	79개	2,813,000
5	M964	비올레타	화분	인테리어	80,000	102개	7,460,000
6			화분 평균				5,764,333
7		3	화분 개수				
8	L455	순간	분재	인테리어	225,000	35개	7,245,000
9	L142	하이라이트	분재	개업	145,000	81개	11,105,000
10	L328	빛이나	분재	개업	100,000	64개	6,140,000
11			분재 평균				8,163,333
12		3	분재 개수				
13	S125	러브 블라썸	꽃상자	기념	50,000	125개	6,130,000
14	S889	행복데이	꽃상자	기념	50,000	91개	4,025,000
15			꽃상자 평균				5,077,500
16		2	꽃상자 개수				
17		8	전체 개수				
18			전체 평균				6,492,250

[제4작업] 그래프 (100점)

☞ "제1작업" 시트를 이용하여 "제4작업" 시트에 ≪출력형태≫와 같이 작업하시오.

≪조건≫

(1) 차트 종류 ⇒ 〈3차원 원형〉으로 작업하시오.
(2) 데이터 범위 ⇒ "제1작업" 시트의 내용을 이용하여 작업하시오.
(3) 차트 위치 ⇒ 「B2:K28」 영역에 배치하여 ≪출력형태≫와 같이 작업하시오.
(4) 차트 스타일 ⇒ 레이아웃6, 스타일3을 적용하시오.
(5) 배경 서식 ⇒ 전체 영역(노랑), 그림 영역(하양), 전체 글꼴(굴림, 11pt)을 적용하여 작업하시오.
(6) 제목 서식 ⇒ 글꼴(궁서, 20pt, 진하게), 채우기(하양), 선 모양 실선(굵기 2pt)
(7) 속성 ⇒ 계열 : 순간 조각을 쪼개진 요소 15%로 지정하여 분리하고 ≪출력형태≫와 같이 표시하시오.
　　　　　　레이블 : 값을 표시하고, 위치 및 채우기 색(하양)은 ≪출력형태≫와 같이 표시하시오.
(8) 범례 ⇒ ≪출력형태≫를 참조하시오.
(9) 도형 ⇒ '모서리가 둥근 사각형 설명선'을 삽입한 후 내용을 입력하시오.
(10) 나머지 사항은 ≪출력형태≫에 맞게 작성하시오.

≪출력형태≫

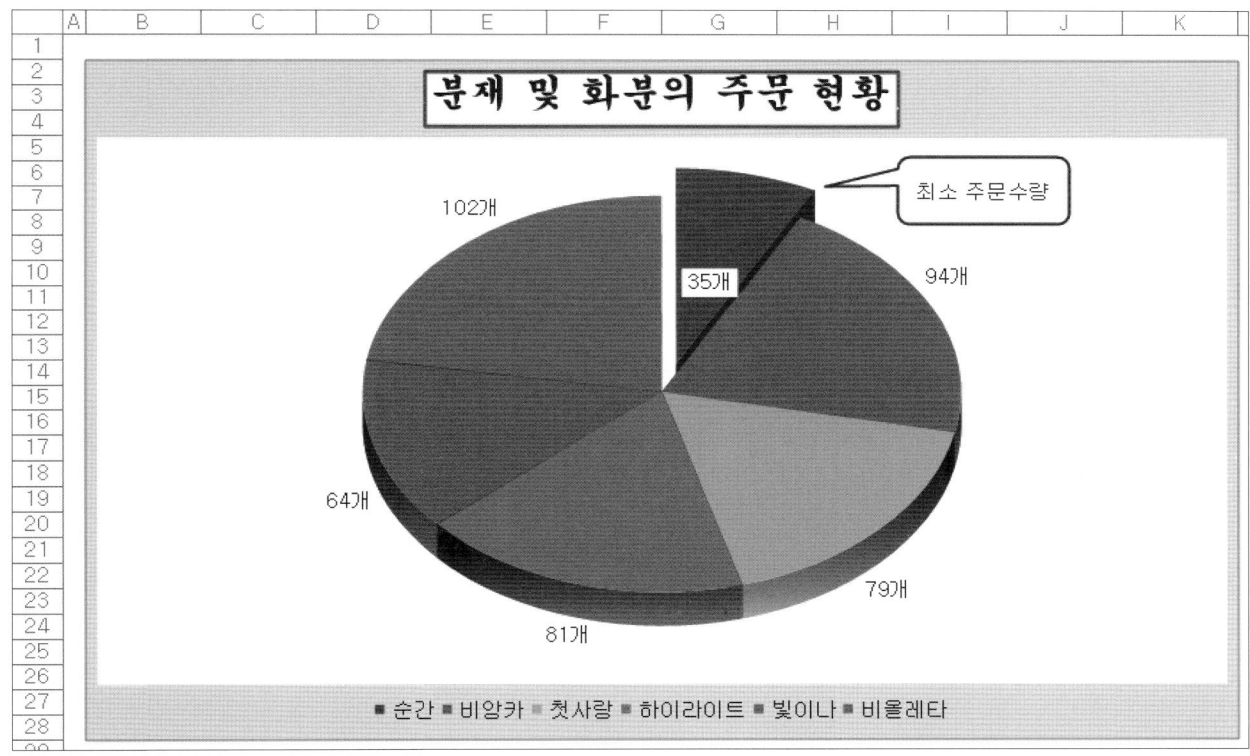

주의 ☞ 시트명 순서가 차례대로 "제1작업", "제2작업", "제3작업", "제4작업"이 되도록 할 것.

제05회 정보기술자격(ITQ) 시험

과목	코드	문제유형	시험시간	수험번호	성명
한셀	1121	E	60분		

수험자 유의사항

- 수험자는 문제지를 받는 즉시 문제지와 수험표상의 시험과목(프로그램)이 동일한지 반드시 확인하여야 합니다.
- 파일명은 본인의 "수험번호-성명"으로 입력하여 답안폴더(내 PC₩문서₩ITQ)에 하나의 파일로 저장해야 하며, 답안문서 파일명이 "수험번호-성명"과 일치하지 않거나, 답안파일을 전송하지 않아 미제출로 처리될 경우 실격 처리합니다(예:12345678-홍길동.cell).
- 답안 작성을 마치면 파일을 저장하고, '답안 전송' 버튼을 선택하여 감독위원 PC로 답안을 전송하십시오. 수험생 정보와 저장한 파일명이 다를 경우 전송되지 않으므로 주의하시기 바랍니다.
- 답안 작성 중에도 주기적으로 저장하고, '답안 전송'하여야 문제 발생을 줄일 수 있습니다. 작업한 내용을 저장하지 않고 전송할 경우 이전에 저장된 내용이 전송되오니 이점 유의하시기 바랍니다.
- 답안문서는 지정된 경로 외의 다른 보조기억장치에 저장하는 경우, 지정된 시험 시간 외에 작성된 파일을 활용할 경우, 기타 통신수단(이메일, 메신저, 네트워크 등)을 이용하여 타인에게 전달 또는 외부 반출하는 경우는 부정 처리합니다.
- 시험 중 부주의 또는 고의로 시스템을 파손한 경우는 수험자가 변상해야 하며, 〈수험자 유의사항〉에 기재된 방법대로 이행하지 않아 생기는 불이익은 수험생 당사자의 책임임을 알려 드립니다.
- 문제의 조건은 한컴오피스 NEO(2016)버전으로 설정되어 있으니 유의하시기 바랍니다.
- 시험을 완료한 수험자는 답안파일이 전송되었는지 확인한 후 감독위원의 지시에 따라 문제지를 제출하고 퇴실합니다.

답안 작성요령

- 온라인 답안 작성 절차
  수험자 등록 ⇒ 시험 시작 ⇒ 답안파일 저장 ⇒ 답안 전송 ⇒ 시험 종료
- 문제는 총 4단계, 즉 제1작업부터 제4작업까지 구성되어 있으며 반드시 제1작업부터 순서대로 작성하고 조건대로 작업하시오.
- 모든 작업시트의 A열은 열 너비 '1'로, 나머지 열은 적당하게 조절하시오.
- 모든 작업시트의 테두리는 ≪출력형태≫와 같이 작업하시오.
- 해당 작업란에서는 각각 제시된 조건에 따라 ≪출력형태≫와 같이 작업하시오.
- 답안 시트 이름은 "제1작업", "제2작업", "제3작업", "제4작업"이어야 하며 답안 시트 이외의 것은 감점 처리됩니다.
- 각 시트를 파일로 나누어 작업해서 저장할 경우 실격 처리됩니다.

kpc 한국생산성본부

[제1작업] 표 서식 작성 및 값 계산 (240점)

☞ 다음은 '체험학습 신청 현황'에 대한 자료이다. 자료를 입력하고 조건에 맞도록 작업하시오.

≪출력형태≫

	A	B	C	D	E	F	G	H	I	J
1								결재	사원	팀장	사장
2				체험학습 신청 현황							
3											
4		체험학습코드	체험학습명	분류	체험시간(분)	신청인원(단위:명)	인당체험비용	체험일	체험순위	체험요일
5		HL-010	스키체험	운동	10	1,005	10,000	2022-08-05	(1)	(2)
6		DS-250	가죽열쇠고리	제작	50	982	15,000	2022-08-18	(1)	(2)
7		ML-110	수제청	음식	10	1,302	7,000	2022-08-22	(1)	(2)
8		GP-030	골프체험	운동	30	350	5,000	2022-08-28	(1)	(2)
9		PZ-140	햄버거김밥	음식	40	152	18,000	2022-08-16	(1)	(2)
10		HC-225	라탄바구니	제작	25	900	12,000	2022-08-30	(1)	(2)
11		CK-130	쌀도우콩피자	음식	30	1,240	13,000	2022-08-24	(1)	(2)
12		SP-245	가죽카드지갑	제작	45	251	8,000	2022-08-25	(1)	(2)
13		제작 체험학습 신청인원(단위:명)의 평균			(3)			최대 인당체험비용			(5)
14		운동 체험학습 신청인원(단위:명)의 합계			(4)			체험학습명	스키체험	인당체험비용	(6)

≪조건≫

○ 모든 데이터의 서식에는 글꼴(굴림, 11pt), 정렬은 숫자 및 회계 서식은 오른쪽 정렬, 나머지 서식은 가운데 정렬로 작성하며 예외적인 것은 ≪출력형태≫를 참조하시오.
○ 제 목 ⇒ '갈매기형 수장' 도형과 '바깥쪽 대각선 오른쪽 위 그림자'를 이용하여 작성하고 "체험학습 신청 현황"을 입력한 후 다음 서식을 적용하시오 (글꼴-굴림, 24pt, 검정, 진하게, 채우기-노랑).
○ 임의의 셀에 결재란을 만들고 '그림으로 복사하기' 기능을 이용하여 작성하시오(단, 원본 삭제).
○ 「B4:J4, G14, I14」 영역은 '노랑'으로 채우기 하시오.
○ 유효성 검사를 이용하여 「H14」 셀에 체험학습명(「C5:C12」 영역)이 선택 표시되도록 하시오.
○ 셀 서식 ⇒ 「G5:G12」 영역에 셀 서식을 이용하여 숫자 뒤에 '원'을 표시하시오(예 : 10,000원).
○ 「F5:F12」 영역에 대해 '신청인원'으로 이름정의를 하시오.

● (1)~(6) 셀은 반드시 **주어진 함수를 이용**하여 값을 구하시오(결과값을 직접 입력하면 해당 셀은 0점 처리됨).

(1) 체험순위 ⇒ 신청인원(단위:명)의 내림차순 순위를 구한 결과값에 '위'를 붙이시오 (RANK.EQ 함수, & 연산자)(예 : 1위).
(2) 체험요일 ⇒ 체험일에 대한 체험요일을 구하시오(CHOOSE, WEEKDAY 함수)(예 : 월요일).
(3) 제작 체험학습 신청인원(단위:명)의 평균 ⇒ 정의된 이름(신청인원)을 이용하여 구하시오 (SUMIF, COUNTIF 함수).
(4) 운동 체험학습 신청인원(단위:명)의 합계 ⇒ 조건은 입력데이터를 이용하시오(DSUM 함수).
(5) 최대 인당체험비용 ⇒ (MAX 함수)
(6) 인당체험비용 ⇒ 「H14」 셀에서 선택한 체험학습명에 대한 인당체험비용을 구하시오 (VLOOKUP 함수).
(7) 조건부 서식의 수식을 이용하여 신청인원(단위:명)이 '1,000' 이상인 행 전체에 다음의 서식을 적용하시오(글꼴 : 빨강, 진하게).

[제2작업] 목표값 찾기 및 필터 (80점)

☞ **"제1작업"** 시트의 「B4:H12」 영역을 복사하여 **"제2작업"** 시트의 「B2」 셀부터 모두 붙여넣기를 한 후 다음의 조건과 같이 작업하시오.

≪조건≫

(1) 목표값 찾기 - 「B11:G11」 셀을 병합하여 "신청인원(단위:명) 전체 평균"을 입력한 후 「H11」 셀에 신청인원(단위:명) 전체 평균을 구하시오(AVERAGE 함수, 테두리, 가운데 맞춤).
 - '신청인원(단위:명) 전체 평균'이 '780'이 되려면 스키체험의 신청인원(단위:명)이 얼마가 되어야 하는지 목표값을 구하시오.

(2) 고급필터 - 분류가 '제작'이거나, 인당체험비용이 '8,000' 이하인 자료의 체험학습명, 분류, 신청인원(단위:명), 체험일 데이터만 추출하시오.
 - 찾을 조건 범위 : 「B14」 셀부터 입력하시오.
 - 복사 위치 : 「B18」 셀부터 나타나도록 하시오.

[제3작업] 정렬 및 부분합 (80점)

☞ **"제1작업"** 시트의 「B4:H12」 영역을 복사하여 **"제3작업"** 시트의 「B2」 셀부터 모두 붙여넣기를 한 후 다음의 조건과 같이 작업하시오.

≪조건≫

(1) 부분합 - ≪출력형태≫처럼 정렬하고, 체험학습명의 개수와 신청인원(단위:명)의 평균을 구하시오.
(2) 윤곽 - 지우시오.
(3) 나머지 사항은 ≪출력형태≫에 맞게 작성하시오.

≪출력형태≫

A	B	C	D	E	F	G	H
1							
2	체험학습코드	체험학습명	분류	체험시간(분)	신청인원(단위:명)	인당체험비용	체험일
3	DS-250	가죽열쇠고리	제작	50	982	15,000원	2022-08-18
4	HC-225	라탄바구니	제작	25	900	12,000원	2022-08-30
5	SP-245	가죽카드지갑	제작	45	251	8,000원	2022-08-25
6			제작 평균		711		
7		3	제작 개수				
8	ML-110	수제청	음식	10	1,302	7,000원	2022-08-22
9	PZ-140	햄버거김밥	음식	40	152	18,000원	2022-08-16
10	CK-130	쌀도우콩피자	음식	30	1,240	13,000원	2022-08-24
11			음식 평균		898		
12		3	음식 개수				
13	HL-010	스키체험	운동	10	1,005	10,000원	2022-08-05
14	GP-030	골프체험	운동	30	350	5,000원	2022-08-28
15			운동 평균		678		
16		2	운동 개수				
17		8	전체 개수				
18			전체 평균		773		

[제4작업] 그래프 (100점)

☞ "제1작업" 시트를 이용하여 "제4작업" 시트에 ≪출력형태≫와 같이 작업하시오.

≪조건≫

(1) 차트 종류 ⇒ 〈3차원 원형〉으로 작업하시오.
(2) 데이터 범위 ⇒ "제1작업" 시트의 내용을 이용하여 작업하시오.
(3) 차트 위치 ⇒ 「B2:K28」 영역에 배치하여 ≪출력형태≫와 같이 작업하시오.
(4) 차트 스타일 ⇒ 레이아웃6, 스타일3을 적용하시오.
(5) 배경 서식 ⇒ 전체 영역(시안), 그림 영역(하양), 전체 글꼴(돋움, 11pt)을 적용하여 작업하시오.
(6) 제목 서식 ⇒ 글꼴(맑은 고딕, 20pt, 진하게), 채우기(하양), 선 모양 실선(굵기 1pt)
(7) 속성 ⇒ 계열 : 햄버거김밥 조각을 쪼개진 요소 20%로 지정하여 분리하고 ≪출력형태≫와 같이 표시하시오.
　　　　　레이블 : 값을 표시하고, 위치 및 채우기 색(하양)은 ≪출력형태≫와 같이 표시하시오.
(8) 범례 ⇒ ≪출력형태≫를 참조하시오.
(9) 도형 ⇒ '사각형 설명선'을 삽입한 후 내용을 입력하시오.
(10) 나머지 사항은 ≪출력형태≫에 맞게 작성하시오.

≪출력형태≫

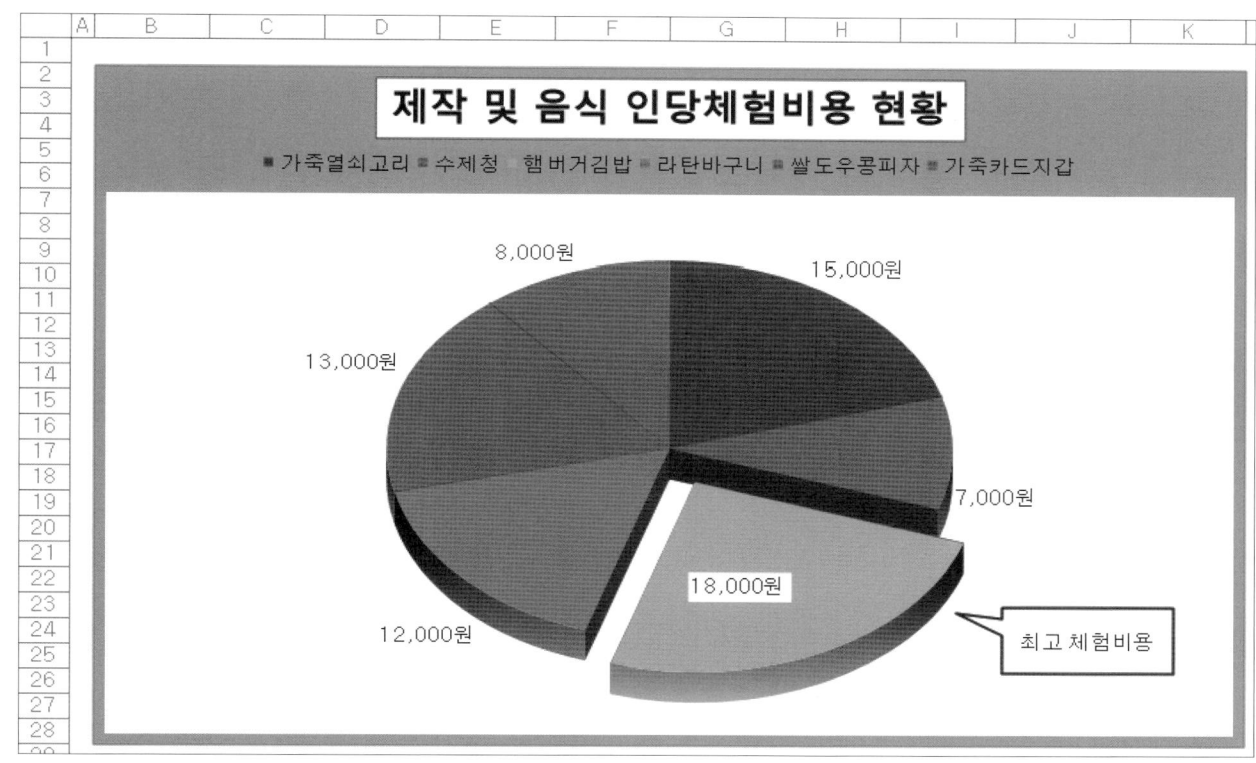

주의 ☞ 시트명 순서가 차례대로 "제1작업", "제2작업", "제3작업", "제4작업"이 되도록 할 것.

제06회 정보기술자격(ITQ) 시험

과목	코드	문제유형	시험시간	수험번호	성명
한셀	1121	A	60분		

수험자 유의사항

- 수험자는 문제지를 받는 즉시 문제지와 <u>수험표상의 시험과목(프로그램)이 동일한지 반드시 확인</u>하여야 합니다.
- 파일명은 본인의 "수험번호-성명"으로 입력하여 답안폴더(내 PC\문서\ITQ)에 하나의 파일로 저장해야 하며, 답안문서 파일명이 "수험번호-성명"과 일치하지 않거나, 답안파일을 전송하지 않아 미제출로 처리될 경우 실격 처리합니다(예:12345678-홍길동.cell).
- 답안 작성을 마치면 파일을 저장하고, '답안 전송' 버튼을 선택하여 감독위원 PC로 답안을 전송하십시오. 수험생 정보와 저장한 파일명이 다를 경우 전송되지 않으므로 주의하시기 바랍니다.
- 답안 작성 중에도 <u>주기적으로 저장하고, '답안 전송'</u>하여야 문제 발생을 줄일 수 있습니다. 작업한 내용을 저장하지 않고 전송할 경우 이전에 저장된 내용이 전송되오니 이점 유의하시기 바랍니다.
- 답안문서는 지정된 경로 외의 다른 보조기억장치에 저장하는 경우, 지정된 시험 시간 외에 작성된 파일을 활용할 경우, 기타 통신수단(이메일, 메신저, 네트워크 등)을 이용하여 타인에게 전달 또는 외부 반출하는 경우는 부정 처리합니다.
- 시험 중 부주의 또는 고의로 시스템을 파손한 경우는 수험자가 변상해야 하며, 〈수험자 유의사항〉에 기재된 방법대로 이행하지 않아 생기는 불이익은 수험생 당사자의 책임임을 알려 드립니다.
- 문제의 조건은 한컴오피스 NEO(2016)버전으로 설정되어 있으니 유의하시기 바랍니다.
- 시험을 완료한 수험자는 답안파일이 전송되었는지 확인한 후 감독위원의 지시에 따라 문제지를 제출하고 퇴실합니다.

답안 작성요령

- 온라인 답안 작성 절차
  수험자 등록 ⇒ 시험 시작 ⇒ 답안파일 저장 ⇒ 답안 전송 ⇒ 시험 종료
- 문제는 총 4단계, 즉 제1작업부터 제4작업까지 구성되어 있으며 반드시 제1작업부터 순서대로 작성하고 조건대로 작업하시오.
- 모든 작업시트의 A열은 열 너비 '1'로, 나머지 열은 적당하게 조절하시오.
- 모든 작업시트의 테두리는 ≪출력형태≫와 같이 작업하시오.
- 해당 작업란에서는 각각 제시된 조건에 따라 ≪출력형태≫와 같이 작업하시오.
- 답안 시트 이름은 "제1작업", "제2작업", "제3작업", "제4작업"이어야 하며 답안 시트 이외의 것은 감점 처리됩니다.
- 각 시트를 파일로 나누어 작업해서 저장할 경우 실격 처리됩니다.

kpc 한국생산성본부

[제1작업] 표 서식 작성 및 값 계산 (240점)

☞ 다음은 '멀티 충전기 판매 현황'에 대한 자료이다. 자료를 입력하고 조건에 맞도록 작업하시오.

≪출력형태≫

	B	C	D	E	F	G	H	I	J
1			멀티 충전기 판매 현황				결재	MD	차장	이사
2										
3										
4	상품코드	상품명	분류	리뷰	사용자 총 평점	가격 (단위:원)	출시일	순위	비고
5	125-PT	이엠듀 QC30C	퀵차지 3.0	1,128	4.7	18,300	2017-04-01	(1)	(2)
6	505-WP	글로벌텐교 TK	초고속	279	4.9	13,900	2018-07-01	(1)	(2)
7	602-QC	이지넷 NEXT62	퀵차지 3.0	1,910	4.6	19,330	2017-06-05	(1)	(2)
8	665-JC	큐브몬 CE타입	차량용	60	4.8	23,600	2019-03-01	(1)	(2)
9	401-UC	알로멀티 UC401	초고속	1,114	4.5	14,900	2017-08-31	(1)	(2)
10	501-QC	대쉬크랩	차량용	1,415	4.3	19,800	2017-08-09	(1)	(2)
11	602-PV	파워스테이션 V2	퀵차지 3.0	1,049	3.8	89,900	2017-08-01	(1)	(2)
12	301-VR	주파집 CAR3	차량용	59	4.6	13,800	2018-11-26	(1)	(2)
13	차량용을 제외한 제품의 평균 리뷰			(3)			퀵차지 3.0 평균 가격(단위:원)		(5)
14	두 번째로 높은 사용자 총 평점			(4)		상품명	이엠듀 QC30C	출시일	(6)

≪조건≫

- 모든 데이터의 서식에는 글꼴(굴림, 11pt), 정렬은 숫자 및 회계 서식은 오른쪽 정렬, 나머지 서식은 가운데 정렬로 작성하며 예외적인 것은 ≪출력형태≫를 참조하시오.
- 제 목 ⇒ '순서도: 데이터' 도형과 '바깥쪽 오른쪽 그림자'를 이용하여 작성하고
  "멀티 충전기 판매 현황"을 입력한 후 다음 서식을 적용하시오
  (글꼴-궁서, 24pt, 검정, 진하게, 채우기-주황 20% 밝게).
- 임의의 셀에 결재란을 만들고 '그림으로 복사하기' 기능을 이용하여 작성하시오(단, 원본 삭제).
- 「B4:J4, G14, I14」 영역은 '주황 60% 밝게'로 채우기 하시오.
- 유효성 검사를 이용하여 「H14」 셀에 상품명(「C5:C12」 영역)이 선택 표시되도록 하시오.
- 셀 서식 ⇒ 「E5:E12」 영역에 셀 서식을 이용하여 숫자 뒤에 '명'을 표시하시오(예 : 1,128명).
- 「F5:F12」 영역에 대해 '평점'으로 이름정의를 하시오.

● (1)~(6) 셀은 반드시 **주어진 함수를 이용**하여 값을 구하시오(결과값을 직접 입력하면 해당 셀은 0점 처리됨).

  (1) 순위 ⇒ 가격(단위:원)을 기준으로 오름차순 순위를 구한 값에 '위'를 붙이시오.
      (RANK.EQ 함수, & 연산자)(예 : 1위).

  (2) 비고 ⇒ 상품코드의 마지막 글자가 C이면 'C타입', P이면 'P타입', 그 외에는 공백으로 구하시오.
      (IF, RIGHT 함수).

  (3) 차량용을 제외한 제품의 평균 리뷰 ⇒ (SUMIF, COUNTIF 함수)

  (4) 두 번째로 높은 사용자 총 평점 ⇒ 정의된 이름(평점)을 이용하여 구하시오(LARGE 함수)(예 : 2.5).

  (5) 퀵차지 3.0 평균 가격(단위:원) ⇒ 분류가 퀵차지 3.0인 상품의 가격(단위:원) 평균을 구하시오.
      단, 조건은 입력데이터를 이용하시오(DAVERAGE 함수).

  (6) 출시일 ⇒ 「H14」 셀에서 선택한 상품명에 대한 출시일을 구하시오
      (VLOOKUP 함수)(예 : 2019-01-01).

  (7) 조건부 서식의 수식을 이용하여 사용자 총 평점이 '4.8' 이상인 자료의 행 전체에 다음의 서식을 적용하시오(글꼴 : 초록, 진하게).

[제2작업] 목표값 찾기 및 필터 (80점)

☞ "제1작업" 시트의 「B4:H12」 영역을 복사하여 "제2작업" 시트의 「B2」 셀부터 모두 붙여넣기를 한 후 다음의 조건과 같이 작업하시오.

≪조건≫

(1) 목표값 찾기 - 「B11:G11」 셀을 병합하여 "가격(단위:원) 전체 평균"을 입력한 후 「H11」 셀에 가격(단위:원) 전체 평균을 구하시오(AVERAGE 함수, 테두리, 가운데 맞춤).
- '가격(단위:원) 전체 평균'이 '26,600'이 되려면 이엠듀 QC30C의 가격(단위:원)이 얼마가 되어야 하는지 목표값을 구하시오.

(2) 고급필터 - 리뷰가 '1,500' 이상이거나 출시일이 '2018-01-01' 이후(해당일 포함)인 자료의 데이터만 추출하시오.
- 찾을 조건 범위 : 「B14」 셀부터 입력하시오.
- 복사 위치 : 「B18」 셀부터 나타나도록 하시오.

[제3작업] 정렬 및 부분합 (80점)

☞ "제1작업" 시트의 「B4:H12」 영역을 복사하여 "제3작업" 시트의 「B2」 셀부터 모두 붙여넣기를 한 후 다음의 조건과 같이 작업하시오.

≪조건≫

(1) 부분합 - ≪출력형태≫처럼 정렬하고, 상품명의 개수와 사용자 총 평점의 최댓값을 구하시오.
(2) 윤곽 - 지우시오.
(3) 나머지 사항은 ≪출력형태≫에 맞게 작성하시오.

≪출력형태≫

A	B	C	D	E	F	G	H
1							
2	상품코드	상품명	분류	리뷰	사용자 총 평점	가격 (단위:원)	출시일
3	125-PT	이엠듀 QC30C	퀵차지 3.0	1,128명	4.7	18,300	2017-04-01
4	602-QC	이지넷 NEXT62	퀵차지 3.0	1,910명	4.6	19,330	2017-06-05
5	602-PV	파워스테이션 V2	퀵차지 3.0	1,049명	3.8	89,900	2017-08-01
6			퀵차지 3.0 최댓값		4.7		
7		3	퀵차지 3.0 개수				
8	505-WP	글로벌텐교 TK	초고속	279명	4.9	13,900	2018-07-01
9	401-UC	알로멀티 UC401	초고속	1,114명	4.5	14,900	2017-08-31
10			초고속 최댓값		4.9		
11		2	초고속 개수				
12	665-JC	큐브몬 C타입	차량용	60명	4.8	23,600	2019-03-01
13	501-QC	대쉬크랩	차량용	1,415명	4.3	19,800	2017-08-09
14	301-VR	주파집 CAR3	차량용	59명	4.6	13,800	2018-11-26
15			차량용 최댓값		4.8		
16		3	차량용 개수				
17		8	전체 개수				
18			전체 최댓값		4.9		

[제4작업] 그래프 (100점)

☞ "제1작업" 시트를 이용하여 "제4작업" 시트에 ≪출력형태≫와 같이 작업하시오.

≪조건≫

(1) 차트 종류 ⇒ 〈묶은 세로 막대형〉으로 작업하시오.
(2) 데이터 범위 ⇒ "제1작업" 시트의 내용을 이용하여 작업하시오.
(3) 차트 위치 ⇒ 「B2:K28」 영역에 배치하여 ≪출력형태≫와 같이 작업하시오.
(4) 차트 스타일 ⇒ 레이아웃2, 스타일9를 적용하시오.
(5) 배경 서식 ⇒ 전체 영역(노랑), 그림 영역(하양), 전체 글꼴(굴림, 11pt)을 적용하여 작업하시오.
(6) 제목 서식 ⇒ 글꼴(궁서, 20pt, 진하게), 채우기(하양), 선 모양 실선(굵기 1pt)
(7) 속성 ⇒ 가격(단위:원) 계열의 차트 종류를 〈표식이 있는 꺾은선형〉으로 변경한 후 보조 축으로 지정하시오.
  계열 : 가격(단위:원) 계열의 표식은 다이아몬드 모양, 15pt로 적용하시오.
  레이블 : 리뷰 계열의 파워스테이션 V2 자료점 값을 표시하고, 위치 및 채우기 색(하양)은 ≪출력형태≫와 같이 표시하시오.
  축 모양 : 주 격자선(선 스타일 – 파선)을 적용하고 ≪출력형태≫를 참조하시오.
(8) 범례 ⇒ ≪출력형태≫를 참조하시오.
(9) 도형 ⇒ '모서리가 둥근 사각형 설명선'을 삽입한 후 내용을 입력하시오.
(10) 나머지 사항은 ≪출력형태≫에 맞게 작성하시오.

≪출력형태≫

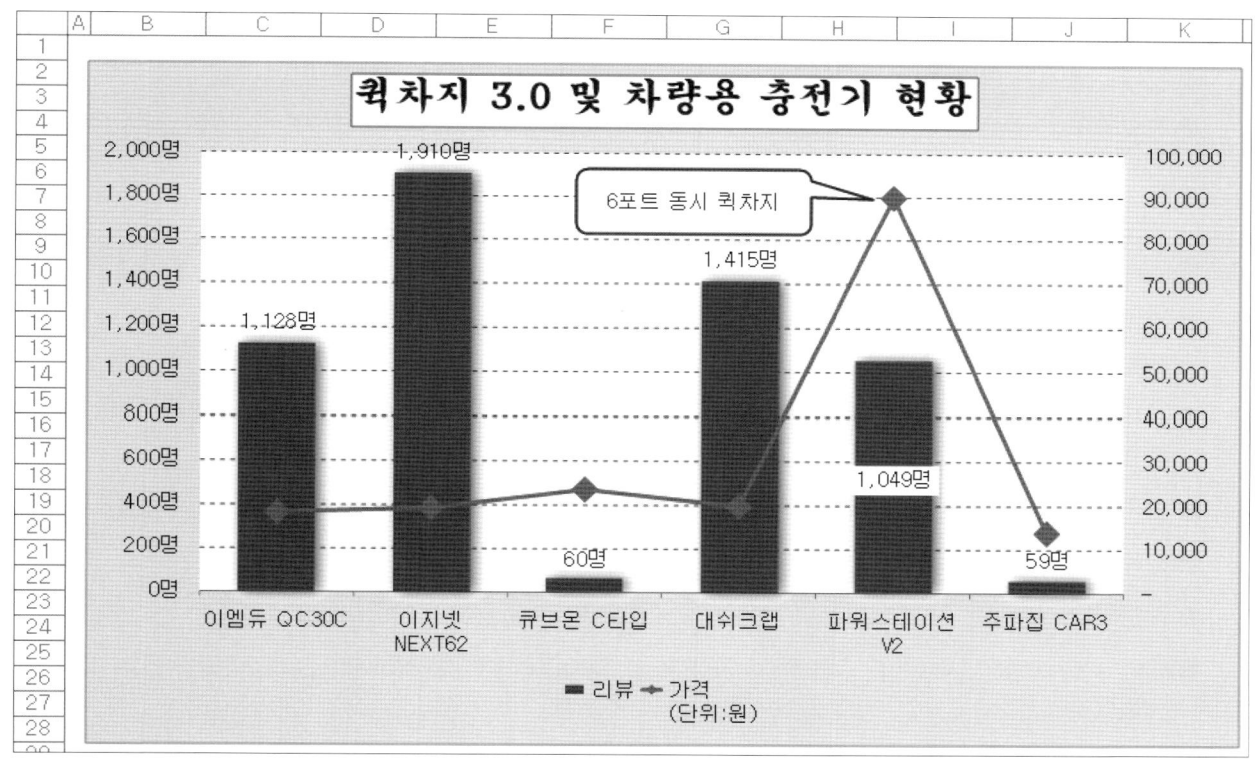

주의 ☞ 시트명 순서가 차례대로 "제1작업", "제2작업", "제3작업", "제4작업"이 되도록 할 것.

제07회 정보기술자격(ITQ) 시험

과목	코드	문제유형	시험시간	수험번호	성명
한셀	1121	B	60분		

수험자 유의사항

- 수험자는 문제지를 받는 즉시 문제지와 **수험표상의 시험과목(프로그램)이 동일한지 반드시 확인**하여야 합니다.
- 파일명은 본인의 "수험번호-성명"으로 입력하여 답안폴더(내 PC₩문서₩ITQ)에 하나의 파일로 저장해야 하며, 답안문서 파일명이 "수험번호-성명"과 일치하지 않거나, 답안파일을 전송하지 않아 미제출로 처리될 경우 실격 처리합니다(예:12345678-홍길동.cell).
- 답안 작성을 마치면 파일을 저장하고, '답안 전송' 버튼을 선택하여 감독위원 PC로 답안을 전송하십시오. 수험생 정보와 저장한 파일명이 다를 경우 전송되지 않으므로 주의하시기 바랍니다.
- 답안 작성 중에도 **주기적으로 저장하고, '답안 전송'**하여야 문제 발생을 줄일 수 있습니다. 작업한 내용을 저장하지 않고 전송할 경우 이전에 저장된 내용이 전송되오니 이점 유의하시기 바랍니다.
- 답안문서는 지정된 경로 외의 다른 보조기억장치에 저장하는 경우, 지정된 시험 시간 외에 작성된 파일을 활용할 경우, 기타 통신수단(이메일, 메신저, 네트워크 등)을 이용하여 타인에게 전달 또는 외부 반출하는 경우는 부정 처리합니다.
- 시험 중 부주의 또는 고의로 시스템을 파손한 경우는 수험자가 변상해야 하며, 〈수험자 유의사항〉에 기재된 방법대로 이행하지 않아 생기는 불이익은 수험생 당사자의 책임임을 알려 드립니다.
- 문제의 조건은 한컴오피스 NEO(2016)버전으로 설정되어 있으니 유의하시기 바랍니다.
- 시험을 완료한 수험자는 답안파일이 전송되었는지 확인한 후 감독위원의 지시에 따라 문제지를 제출하고 퇴실합니다.

답안 작성요령

- 온라인 답안 작성 절차
  수험자 등록 ⇒ 시험 시작 ⇒ 답안파일 저장 ⇒ 답안 전송 ⇒ 시험 종료
- 문제는 총 4단계, 즉 제1작업부터 제4작업까지 구성되어 있으며 반드시 제1작업부터 순서대로 작성하고 조건대로 작업하시오.
- 모든 작업시트의 A열은 열 너비 '1'로, 나머지 열은 적당하게 조절하시오.
- 모든 작업시트의 테두리는 ≪출력형태≫와 같이 작업하시오.
- 해당 작업란에서는 각각 제시된 조건에 따라 ≪출력형태≫와 같이 작업하시오.
- 답안 시트 이름은 "제1작업", "제2작업", "제3작업", "제4작업"이어야 하며 답안 시트 이외의 것은 감점 처리됩니다.
- 각 시트를 파일로 나누어 작업해서 저장할 경우 실격 처리됩니다.

kpc 한국생산성본부

[제1작업] 표 서식 작성 및 값 계산 (240점)

☞ 다음은 '크루즈 여행상품 예약 현황'에 대한 자료이다. 자료를 입력하고 조건에 맞도록 작업하시오.

≪출력형태≫

상품코드	여행지	크루즈 선사명	출발도시	출발날짜	예약인원	상품가격 (항공비 불포함)	항공사	출발요일
CHC-316	홍콩/마카오	밀레니엄호	부산	2022-09-07	158	1,450,000	(1)	(2)
EMC-120	이탈리아/프랑스	빅토리아호	인천	2022-08-31	268	4,490,000	(1)	(2)
ENC-110	노르웨이 피요르드	선 프린세스호	인천	2022-10-01	198	2,750,000	(1)	(2)
ATC-201	대만/오키나와	노티카호	대구	2022-09-10	167	1,200,000	(1)	(2)
EWC-230	영국/스코틀랜드	골든 프린세스호	인천	2022-08-19	236	1,050,000	(1)	(2)
EMC-110	슬로베니아/알바니아	코스타 세레나호	인천	2022-09-19	185	2,540,000	(1)	(2)
CHC-325	심천/나트랑/다낭	오베이션호	대구	2022-08-18	495	1,290,000	(1)	(2)
EWC-230	독일/벨기에/영국	인시그니아호	부산	2022-10-26	168	3,150,000	(1)	(2)
부산 출발 상품가격(항공비 불포함) 평균			(3)			두 번째로 큰 예약인원		(5)
9월 이후 출발하는 여행 상품 수			(4)		여행지	홍콩/마카오	출발날짜	(6)

≪조건≫

○ 모든 데이터의 서식에는 글꼴(굴림, 11pt), 정렬은 숫자 및 회계 서식은 오른쪽 정렬, 나머지 서식은 가운데 정렬로 작성하며 예외적인 것은 ≪출력형태≫를 참조하시오.
○ 제 목 ⇒ '오각형' 도형과 '바깥쪽 대각선 오른쪽 위 그림자'를 이용하여 작성하고
"크루즈 여행상품 예약 현황"을 입력한 후 다음 서식을 적용하시오
(글꼴-굴림, 24pt, 검정, 진하게, 채우기-노랑).
○ 임의의 셀에 결재란을 만들고 '그림으로 복사하기' 기능을 이용하여 작성하시오(단, 원본 삭제).
○「B4:J4, G14, I14」영역은 '노랑'으로 채우기 하시오.
○ 유효성 검사를 이용하여 「H14」셀에 여행지(「C5:C12」영역)가 선택 표시되도록 하시오.
○ 셀 서식 ⇒ 「G5:G12」영역에 셀 서식을 이용하여 숫자 뒤에 '명'을 표시하시오(예 : 158명).
○「G5:G12」영역에 대해 '예약인원'으로 이름정의를 하시오.

● (1)~(6) 셀은 반드시 **주어진 함수를 이용**하여 값을 구하시오(결과값을 직접 입력하면 해당 셀은 0점 처리됨).

(1) 항공사 ⇒ 상품코드 5번째 글자가 1이면 '대한항공', 2이면 '아시아나항공', 그 외에는
'저가항공'으로 구하시오(IF, MID 함수).
(2) 출발요일 ⇒ 출발날짜의 요일을 구하시오(CHOOSE, WEEKDAY 함수)(예 : 월요일).
(3) 부산 출발 상품가격(항공비 불포함) 평균 ⇒ 조건은 입력데이터를 이용하시오(DAVERAGE 함수).
(4) 9월 이후 출발하는 여행 상품 수 ⇒ 출발날짜가 '2022-09-01'(해당일 포함) 이후인 개수를 구한
결과값에 '개'를 붙이시오(COUNTIF 함수, & 연산자)(예 : 1개).
(5) 두 번째로 큰 예약인원 ⇒ 정의된 이름(예약인원)을 이용하여 구하시오(LARGE 함수).
(6) 출발날짜 ⇒ 「H14」셀에서 선택한 여행지에 대한 출발날짜를 구하시오
(VLOOKUP 함수)(예 : 2022-08-10).
(7) 조건부 서식의 수식을 이용하여 상품가격(항공비 불포함)이 '3,000,000' 이상인 자료의 행 전체에
다음의 서식을 적용하시오(글꼴 : 빨강, 진하게).

[제2작업] 목표값 찾기 및 필터 (80점)

☞ "**제1작업**" 시트의 「B4:H12」 영역을 복사하여 "**제2작업**" 시트의 「B2」 셀부터 모두 붙여넣기를 한 후 다음의 조건과 같이 작업하시오.

≪조건≫

(1) 목표값 찾기 – 「B11:G11」 셀을 병합하여 "예약인원 전체 평균"을 입력한 후 「H11」 셀에
   예약인원 전체 평균을 구하시오(AVERAGE 함수, 테두리, 가운데 맞춤).
   – '예약인원 전체 평균'이 '250'이 되려면 홍콩/마카오 여행지의 예약인원이 얼마가
     되어야 하는지 목표값을 구하시오.

(2) 고급필터 – 출발도시가 '대구'이거나, 상품가격(항공비 불포함)이 '4,000,000' 이상인 자료의
   여행지, 크루즈 선사명, 출발도시, 상품가격(항공비 불포함) 데이터만 추출하시오.
   – 찾을 조건 범위 : 「B14」 셀부터 입력하시오.
   – 복사 위치 : 「B18」 셀부터 나타나도록 하시오.

[제3작업] 정렬 및 부분합 (80점)

☞ "**제1작업**" 시트의 「B4:H12」 영역을 복사하여 "**제3작업**" 시트의 「B2」 셀부터 모두 붙여넣기를 한 후 다음의 조건과 같이 작업하시오.

≪조건≫

(1) 부분합 – ≪출력형태≫처럼 정렬하고, 여행지의 개수와 예약인원의 평균을 구하시오.
(2) 윤곽 – 지우시오.
(3) 나머지 사항은 ≪출력형태≫에 맞게 작성하시오.

≪출력형태≫

A	B	C	D	E	F	G	H
1							
2	상품코드	여행지	크루즈 선사명	출발도시	출발날짜	예약인원	상품가격 (항공비 불포함)
3	EMC-120	이탈리아/프랑스	빅토리아호	인천	2022-08-31	268명	4,490,000
4	ENC-110	노르웨이 피요르드	선 프린세스호	인천	2022-10-01	198명	2,750,000
5	EWC-230	영국/스코트랜드	골든 프린세스호	인천	2022-08-19	236명	1,050,000
6	EMC-110	슬로베니아/알바니아	코스타 세레나호	인천	2022-09-19	185명	2,540,000
7				인천 평균		222명	
8		4		인천 개수			
9	CHC-316	홍콩/마카오	밀레니엄호	부산	2022-09-07	158명	1,450,000
10	EWC-230	독일/벨기에/영국	인시그니아호	부산	2022-10-26	168명	3,150,000
11				부산 평균		163명	
12		2		부산 개수			
13	ATC-201	대만/오키나와	노티카호	대구	2022-09-10	167명	1,200,000
14	CHC-325	심천/나트랑/다낭	오베이션호	대구	2022-08-18	495명	1,290,000
15				대구 평균		331명	
16		2		대구 개수			
17		8		전체 개수			
18				전체 평균		234명	

[제4작업] 그래프 (100점)

☞ "제1작업" 시트를 이용하여 "제4작업" 시트에 ≪출력형태≫와 같이 작업하시오.

≪조건≫

(1) 차트 종류 ⇒ 〈3차원 원형〉으로 작업하시오.
(2) 데이터 범위 ⇒ "제1작업" 시트의 내용을 이용하여 작업하시오.
(3) 차트 위치 ⇒ 「B2:K28」 영역에 배치하여 ≪출력형태≫와 같이 작업하시오.
(4) 차트 스타일 ⇒ 레이아웃6, 스타일3을 적용하시오.
(5) 배경 서식 ⇒ 전체 영역(노랑), 그림 영역(하양), 전체 글꼴(굴림, 11pt)을 적용하여 작업하시오.
(6) 제목 서식 ⇒ 글꼴(궁서, 20pt, 진하게), 채우기(하양), 선 모양 실선(굵기 2pt)
(7) 속성 ⇒ 계열 : 빅토리아호 조각을 쪼개진 요소 15%로 지정하여 분리하고 ≪출력형태≫와 같이 표시하시오.
　　　　　레이블 : 값을 표시하고, 위치 및 채우기 색(하양)은 ≪출력형태≫와 같이 표시하시오.
(8) 범례 ⇒ ≪출력형태≫를 참조하시오.
(9) 도형 ⇒ '타원형 설명선'을 삽입한 후 내용을 입력하시오.
(10) 나머지 사항은 ≪출력형태≫에 맞게 작성하시오.

≪출력형태≫

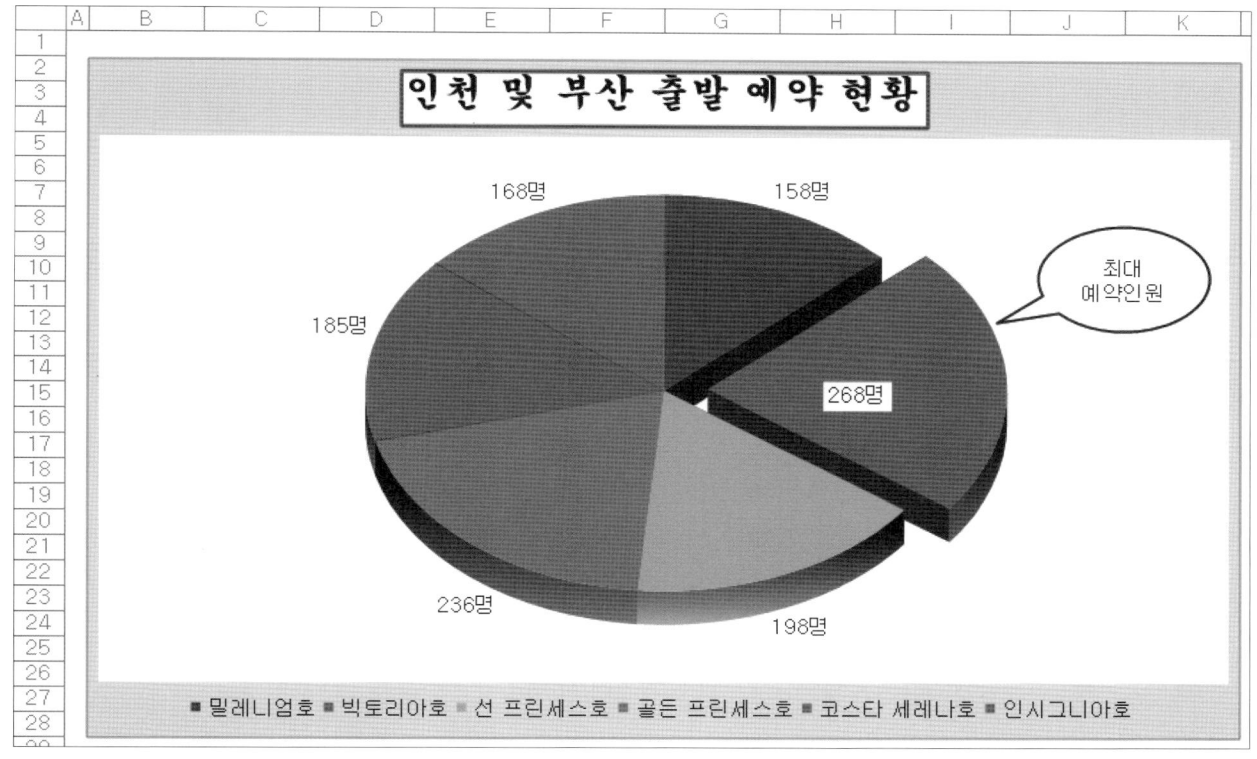

주의 ☞ 시트명 순서가 차례대로 "제1작업", "제2작업", "제3작업", "제4작업"이 되도록 할 것.

제08회 정보기술자격(ITQ) 시험

과목	코드	문제유형	시험시간	수험번호	성명
한셀	1121	C	60분		

수험자 유의사항

- 수험자는 문제지를 받는 즉시 문제지와 <u>수험표상의 시험과목(프로그램)이 동일한지 반드시 확인</u>하여야 합니다.
- 파일명은 본인의 "수험번호-성명"으로 입력하여 답안폴더(내 PC\문서\ITQ)에 하나의 파일로 저장해야 하며, 답안문서 파일명이 "수험번호-성명"과 일치하지 않거나, 답안파일을 전송하지 않아 미제출로 처리될 경우 실격 처리합니다(예:12345678-홍길동.cell).
- 답안 작성을 마치면 파일을 저장하고, '답안 전송' 버튼을 선택하여 감독위원 PC로 답안을 전송하십시오. 수험생 정보와 저장한 파일명이 다를 경우 전송되지 않으므로 주의하시기 바랍니다.
- 답안 작성 중에도 <u>주기적으로 저장하고, '답안 전송'</u>하여야 문제 발생을 줄일 수 있습니다. 작업한 내용을 저장하지 않고 전송할 경우 이전에 저장된 내용이 전송되오니 이점 유의하시기 바랍니다.
- 답안문서는 지정된 경로 외의 다른 보조기억장치에 저장하는 경우, 지정된 시험 시간 외에 작성된 파일을 활용할 경우, 기타 통신수단(이메일, 메신저, 네트워크 등)을 이용하여 타인에게 전달 또는 외부 반출하는 경우는 부정 처리합니다.
- 시험 중 부주의 또는 고의로 시스템을 파손한 경우는 수험자가 변상해야 하며, 〈수험자 유의사항〉에 기재된 방법대로 이행하지 않아 생기는 불이익은 수험생 당사자의 책임임을 알려 드립니다.
- 문제의 조건은 한컴오피스 NEO(2016)버전으로 설정되어 있으니 유의하시기 바랍니다.
- 시험을 완료한 수험자는 답안파일이 전송되었는지 확인한 후 감독위원의 지시에 따라 문제지를 제출하고 퇴실합니다.

답안 작성요령

- 온라인 답안 작성 절차
  수험자 등록 ⇒ 시험 시작 ⇒ 답안파일 저장 ⇒ 답안 전송 ⇒ 시험 종료
- 문제는 총 4단계, 즉 제1작업부터 제4작업까지 구성되어 있으며 반드시 제1작업부터 순서대로 작성하고 조건대로 작업하시오.
- 모든 작업시트의 A열은 열 너비 '1'로, 나머지 열은 적당하게 조절하시오.
- 모든 작업시트의 테두리는 ≪출력형태≫와 같이 작업하시오.
- 해당 작업란에서는 각각 제시된 조건에 따라 ≪출력형태≫와 같이 작업하시오.
- 답안 시트 이름은 "제1작업", "제2작업", "제3작업", "제4작업"이어야 하며 답안 시트 이외의 것은 감점 처리됩니다.
- 각 시트를 파일로 나누어 작업해서 저장할 경우 실격 처리됩니다.

kpc 한국생산성본부

[제1작업] 표 서식 작성 및 값 계산 (240점)

☞ 다음은 '입주자 박람회 이사 계약 현황'에 대한 자료이다. 자료를 입력하고 조건에 맞도록 작업하시오.

≪출력형태≫

	A	B	C	D	E	F	G	H	I	J
1								확인	담당	대리	과장
2			입주자 박람회 이사 계약 현황								
3											
4		계약코드	입주자	이사형태	작업인원	견적금액(단위:원)	사은품	예정물량(톤)	입주동호수	비고
5		AM103-603	김천호	포장이사	4	1,700,000	새집증후군	6.5	(1)	(2)
6		PM106-204	이종로	일반이사	6	2,800,000	입주선물세트	8.0	(1)	(2)
7		AM207-908	원낙원	포장이사	3	1,700,000	입주청소	5.0	(1)	(2)
8		AM103-606	박금호	지방이사	6	2,900,000	새집증후군	8.0	(1)	(2)
9		PA109-508	정한남	포장이사	5	2,500,000	입주선물세트	8.0	(1)	(2)
10		AM111-121	임강남	포장이사	2	1,000,000	입주청소	2.5	(1)	(2)
11		AM102-159	최강북	일반이사	4	1,600,000	새집증후군	6.5	(1)	(2)
12		AM103-610	고양재	지방이사	3	2,650,000	입주선물세트	5.0	(1)	(2)
13		최소 작업인원			(3)		포장이사 계약 건수			(5)
14		포장이사 견적금액(단위:원) 평균			(4)		입주자	김천호	사은품	(6)

≪조건≫

○ 모든 데이터의 서식에는 글꼴(굴림, 11pt), 정렬은 숫자 및 회계 서식은 오른쪽 정렬, 나머지 서식은 가운데 정렬로 작성하며 예외적인 것은 ≪출력형태≫를 참조하시오.
○ 제 목 ⇒ '모서리가 둥근 직사각형' 도형과 '원근감 대각선 오른쪽 위 그림자'를 이용하여 작성하고 "입주자 박람회 이사 계약 현황"을 입력한 후 다음 서식을 적용하시오 (글꼴-굴림, 24pt, 검정, 진하게, 채우기-노랑).
○ 임의의 셀에 결재란을 만들고 '그림으로 복사하기' 기능을 이용하여 작성하시오(단, 원본 삭제).
○ 「B4:J4, G14, I14」 영역은 '노랑'으로 채우기 하시오.
○ 유효성 검사를 이용하여 「H14」 셀에 입주자('C5:C12」 영역)가 선택 표시되도록 하시오.
○ 셀 서식 ⇒ 「E5:E12」 영역에 셀 서식을 이용하여 숫자 뒤에 '명'을 표시하시오(예 : 4명).
○ 「F5:F12」 영역에 대해 '견적금액'으로 이름정의를 하시오.

● (1)~(6) 셀은 반드시 **주어진 함수를 이용**하여 값을 구하시오(결과값을 직접 입력하면 해당 셀은 0점 처리됨).

  (1) 입주 동호수 ⇒ 계약코드의 마지막 '7'개 글자를 구하시오(RIGHT 함수).
  (2) 비고 ⇒ 작업인원이 '4'이상이면서 견적금액(단위:원)이 '2,000,000' 이하이면 '★', 그 외에는 공백으로 나타내시오(IF, AND 함수).
  (3) 최소 작업인원 ⇒ 작업인원의 최소값을 구하시오(MIN 함수).
  (4) 포장이사 견적금액(단위:원) 평균 ⇒ 정의된 이름(견적금액)을 이용하여 구하시오 (SUMIF, COUNTIF 함수).
  (5) 포장이사 계약 건수 ⇒ 단, 조건은 입력데이터를 이용하고, 결과값 뒤에 '건'을 붙이시오 (DCOUNTA 함수, & 연산자)(예 : 2건).
  (6) 사은품 ⇒ 「H14」 셀에서 선택한 입주자에 대한 사은품을 구하시오(VLOOKUP 함수).
  (7) 조건부 서식의 수식을 이용하여 작업인원이 '6' 이상인 행 전체에 다음의 서식을 적용하시오 (글꼴 : 파랑, 진하게).

[제2작업] 목표값 찾기 및 필터 (80점)

☞ "**제1작업**" 시트의 「B4:H12」 영역을 복사하여 "**제2작업**" 시트의 「B2」 셀부터 모두 붙여넣기를 한 후 다음의 조건과 같이 작업하시오.

≪조건≫

(1) 목표값 찾기 - 「B11:G11」 셀을 병합하여 "견적금액(단위:원) 전체 평균"을 입력한 후 「H11」 셀에 견적금액(단위:원) 전체 평균을 구하시오(AVERAGE 함수, 테두리, 가운데 맞춤).
- '견적금액(단위:원) 전체 평균'이 '2,100,000'이 되려면 김천호의 견적금액(단위:원)이 얼마가 되어야 하는지 목표값을 구하시오.

(2) 고급필터 - 이사형태가 '지방이사'이거나, 작업인원이 '6' 이상인 자료의 데이터만 추출하시오.
- 찾을 조건 범위 : 「B14」 셀부터 입력하시오.
- 복사 위치 : 「B18」 셀부터 나타나도록 하시오.

[제3작업] 정렬 및 부분합 (80점)

☞ "**제1작업**" 시트의 「B4:H12」 영역을 복사하여 "**제3작업**" 시트의 「B2」 셀부터 모두 붙여넣기를 한 후 다음의 조건과 같이 작업하시오.

≪조건≫

(1) 부분합 - ≪출력형태≫처럼 정렬하고, 입주자의 개수와 견적금액(단위:원)의 평균을 구하시오.
(2) 윤곽 - 지우시오.
(3) 나머지 사항은 ≪출력형태≫에 맞게 작성하시오.

≪출력형태≫

A	B	C	D	E	F	G	H
1							
2	계약코드	입주자	이사형태	작업인원	견적금액(단위:원)	사은품	예정물량(톤)
3	AM103-603	김천호	포장이사	4명	1,700,000	새집증후군	6.5
4	AM207-908	원낙원	포장이사	3명	1,700,000	입주청소	5.0
5	PA109-508	정한남	포장이사	5명	2,500,000	입주선물세트	8.0
6	AM111-121	임강남	포장이사	2명	1,000,000	입주청소	2.5
7			포장이사 평균		1,725,000		
8		4	포장이사 개수				
9	AM103-606	박금호	지방이사	6명	2,900,000	새집증후군	8.0
10	AM103-610	고양재	지방이사	3명	2,650,000	입주선물세트	5.0
11			지방이사 평균		2,775,000		
12		2	지방이사 개수				
13	PM106-204	이종로	일반이사	6명	2,800,000	입주선물세트	8.0
14	AM102-159	최강북	일반이사	4명	1,600,000	새집증후군	6.5
15			일반이사 평균		2,200,000		
16		2	일반이사 개수				
17		8	전체 개수				
18			전체 평균		2,106,250		

[제4작업] 그래프 (100점)

☞ "제1작업" 시트를 이용하여 "제4작업" 시트에 ≪출력형태≫와 같이 작업하시오.

≪조건≫

(1) 차트 종류 ⇒ 〈3차원 원형〉으로 작업하시오.
(2) 데이터 범위 ⇒ "제1작업" 시트의 내용을 이용하여 작업하시오.
(3) 차트 위치 ⇒ 「B2:K28」 영역에 배치하여 ≪출력형태≫와 같이 작업하시오.
(4) 차트 스타일 ⇒ 레이아웃6, 스타일3을 적용하시오.
(5) 배경 서식 ⇒ 전체 영역(노랑), 그림 영역(하양), 전체 글꼴(굴림, 11pt)을 적용하여 작업하시오.
(6) 제목 서식 ⇒ 글꼴(궁서, 20pt, 진하게), 채우기(하양), 선 모양 실선(굵기 3pt)
(7) 속성 ⇒ 계열 : PM106-204 조각을 쪼개진 요소 20%로 지정하여 분리하고 ≪출력형태≫와 같이 표시하시오.
　　　　　레이블 : 값을 표시하고, 위치 및 채우기 색(하양)은 ≪출력형태≫와 같이 표시하시오.
(8) 범례 ⇒ ≪출력형태≫를 참조하시오.
(9) 도형 ⇒ '타원형 설명선'을 삽입한 후 내용을 입력하시오.
(10) 나머지 사항은 ≪출력형태≫에 맞게 작성하시오.

≪출력형태≫

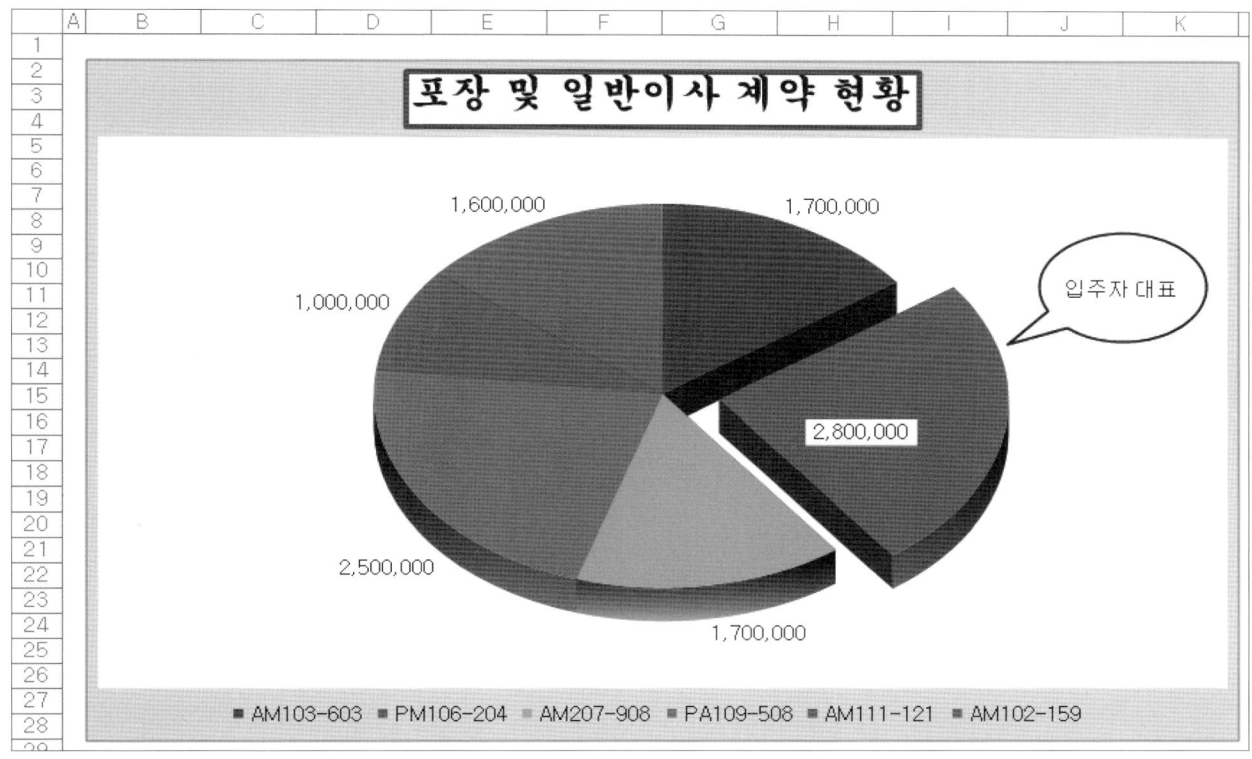

주의 ☞ 시트명 순서가 차례대로 "제1작업", "제2작업", "제3작업", "제4작업"이 되도록 할 것.

제09회 정보기술자격(ITQ) 시험

과목	코드	문제유형	시험시간	수험번호	성명
한셀	1121	D	60분		

수험자 유의사항

- 수험자는 문제지를 받는 즉시 문제지와 <u>수험표상의 시험과목(프로그램)이 동일한지 반드시 확인</u>하여야 합니다.
- 파일명은 본인의 "수험번호-성명"으로 입력하여 답안폴더(내 PC₩문서₩ITQ)에 하나의 파일로 저장해야 하며, 답안문서 파일명이 "수험번호-성명"과 일치하지 않거나, 답안파일을 전송하지 않아 미제출로 처리될 경우 실격 처리합니다(예:12345678-홍길동.cell).
- 답안 작성을 마치면 파일을 저장하고, '답안 전송' 버튼을 선택하여 감독위원 PC로 답안을 전송하십시오. 수험생 정보와 저장한 파일명이 다를 경우 전송되지 않으므로 주의하시기 바랍니다.
- 답안 작성 중에도 <u>주기적으로 저장하고, '답안 전송'</u>하여야 문제 발생을 줄일 수 있습니다. 작업한 내용을 저장하지 않고 전송할 경우 이전에 저장된 내용이 전송되오니 이점 유의하시기 바랍니다.
- 답안문서는 지정된 경로 외의 다른 보조기억장치에 저장하는 경우, 지정된 시험 시간 외에 작성된 파일을 활용할 경우, 기타 통신수단(이메일, 메신저, 네트워크 등)을 이용하여 타인에게 전달 또는 외부 반출하는 경우는 부정 처리합니다.
- 시험 중 부주의 또는 고의로 시스템을 파손한 경우는 수험자가 변상해야 하며, 〈수험자 유의사항〉에 기재된 방법대로 이행하지 않아 생기는 불이익은 수험생 당사자의 책임임을 알려 드립니다.
- 문제의 조건은 한컴오피스 NEO(2016)버전으로 설정되어 있으니 유의하시기 바랍니다.
- 시험을 완료한 수험자는 답안파일이 전송되었는지 확인한 후 감독위원의 지시에 따라 문제지를 제출하고 퇴실합니다.

답안 작성요령

- 온라인 답안 작성 절차
  수험자 등록 ⇒ 시험 시작 ⇒ 답안파일 저장 ⇒ 답안 전송 ⇒ 시험 종료
- 문제는 총 4단계, 즉 제1작업부터 제4작업까지 구성되어 있으며 반드시 제1작업부터 순서대로 작성하고 조건대로 작업하시오.
- 모든 작업시트의 A열은 열 너비 '1'로, 나머지 열은 적당하게 조절하시오.
- 모든 작업시트의 테두리는 ≪출력형태≫와 같이 작업하시오.
- 해당 작업란에서는 각각 제시된 조건에 따라 ≪출력형태≫와 같이 작업하시오.
- 답안 시트 이름은 "제1작업", "제2작업", "제3작업", "제4작업"이어야 하며 답안 시트 이외의 것은 감점 처리됩니다.
- 각 시트를 파일로 나누어 작업해서 저장할 경우 실격 처리됩니다.

kpc 한국생산성본부

[제1작업] 표 서식 작성 및 값 계산 (240점)

☞ 다음은 'A사 소고기 부위별 판매 현황'에 대한 자료이다. 자료를 입력하고 조건에 맞도록 작업하시오.

≪출력형태≫

	B	C	D	E	F	G	H	I	J
1							결재	담당	과장	차장
2		A사 소고기 부위별 판매 현황								
3										
4	품목코드	부위	생산일	구분	kg당 가격	판매량(단위:kg)	납품한 소비시장 수	판매순위	비고
5	E738W	안심	2022-05-24	1++등급	98,000	1,350	32	(1)	(2)
6	F729P	등심	2022-05-24	1등급	79,000	4,820	87	(1)	(2)
7	F839W	앞다리	2022-05-19	1+등급	85,000	1,294	28	(1)	(2)
8	T568K	등심	2022-05-27	2등급	66,000	5,282	98	(1)	(2)
9	S786W	앞다리	2022-05-29	2등급	52,000	4,188	73	(1)	(2)
10	T892P	등심	2022-05-24	1+등급	88,000	3,240	65	(1)	(2)
11	H119M	안심	2022-05-22	1등급	94,000	1,472	38	(1)	(2)
12	O909W	앞다리	2022-05-30	1++등급	70,000	3,765	71	(1)	(2)
13	kg당 최저 가격			(3)		안심 부위 판매량(단위:kg) 합계			(5)
14	구분이 1++등급 비율			(4)		품목코드	E738W	kg당 가격	(6)

≪조건≫

○ 모든 데이터의 서식에는 글꼴(굴림, 11pt), 정렬은 숫자 및 회계 서식은 오른쪽 정렬, 나머지 서식은 가운데 정렬로 작성하며 예외적인 것은 ≪출력형태≫를 참조하시오.
○ 제 목 ⇒ '배지' 도형과 '바깥쪽 대각선 오른쪽 아래 그림자'를 이용하여 작성하고
"A사 소고기 부위별 판매 현황"을 입력한 후 다음 서식을 적용하시오
(글꼴-궁서, 24pt, 검정, 진하게, 채우기-보라 80% 밝게).
○ 임의의 셀에 결재란을 만들고 '그림으로 복사하기' 기능을 이용하여 작성하시오(단, 원본 삭제).
○ 「B4:J4, G14, I14」 영역은 '주황 60% 밝게'로 채우기 하시오.
○ 유효성 검사를 이용하여 「H14」 셀에 품목코드('B5:B12」 영역)가 선택 표시되도록 하시오.
○ 셀 서식 ⇒ 「F5:F12」 영역에 셀 서식을 이용하여 숫자 뒤에 '원'을 표시하시오(예 : 98,000원).
○ 「F5:F12」 영역에 대해 '가격'으로 이름정의를 하시오.

● (1)~(6) 셀은 반드시 **주어진 함수를 이용**하여 값을 구하시오(결과값을 직접 입력하면 해당 셀은 0점 처리됨).

(1) 판매순위 ⇒ 판매량(단위:kg)의 내림차순 순위를 구한 결과값에 '위'를 붙이시오
(RANK.EQ 함수, & 연산자)(예 : 1위).
(2) 비고 ⇒ kg당 가격이 '90,000' 이상이거나 판매량(단위:kg)이 '5,000' 이상이면 '★', 그 외에는
공백으로 구하시오(IF, OR 함수).
(3) kg당 최저 가격 ⇒ 정의된 이름(가격)을 이용하여 구하시오(MIN 함수).
(4) 구분이 1++등급 비율 ⇒ 구분이 '1++등급'인 비율을 구한 후 백분율로 표시하시오
(COUNTIF, COUNTA 함수)(예 : 0.15 → 15%).
(5) 안심 부위 판매량(단위:kg) 합계 ⇒ 조건은 입력데이터를 이용하시오(DSUM 함수).
(6) kg당 가격 ⇒ 「H14」 셀에서 선택한 품목코드에 대한 kg당 가격을 구하시오(VLOOKUP 함수).
(7) 조건부 서식의 수식을 이용하여 판매량(단위:kg)이 '4,000' 이상인 행 전체에 다음의 서식을 적용하시오(글꼴 : 빨강, 진하게).

[제2작업] 목표값 찾기 및 필터 (80점)

☞ **"제1작업"** 시트의 「B4:H12」 영역을 복사하여 **"제2작업"** 시트의 「B2」 셀부터 모두 붙여넣기를 한 후 다음의 조건과 같이 작업하시오.

≪조건≫

(1) 목표값 찾기 – 「B11:G11」 셀을 병합하여 "납품한 소비시장 수 전체 합계"를 입력한 후 「H11」 셀에 납품한 소비시장 수 전체 합계를 구하시오(SUM 함수, 테두리, 가운데 맞춤).
– '납품한 소비시장 수 전체 합계'가 '500'이 되려면 E738W의 납품한 소비시장 수가 얼마가 되어야하는지 목표값을 구하시오.

(2) 고급필터 – 부위가 '안심'이거나, 판매량(단위:kg)이 '5,000' 이상인 자료의 데이터만 추출하시오.
– 찾을 조건 범위 : 「B13」 셀부터 입력하시오.
– 복사 위치 : 「B18」 셀부터 나타나도록 하시오.

[제3작업] 피벗 테이블 (80점)

☞ **"제1작업"** 시트를 이용하여 **"제3작업"** 시트에 조건에 따라 ≪출력형태≫와 같이 작업하시오.

≪조건≫

(1) kg당 가격 및 부위별 품목코드의 개수와 판매량(단위:kg)의 최댓값을 구하시오.
(2) kg당 가격을 그룹화하고, 보고서 레이아웃은 개요형식으로 설정하시오.
(3) 부위를 ≪출력형태≫와 같이 정렬하고, 빈 셀은 '**'로 표시하시오.
(4) 행의 총합계를 지우고, 나머지 사항은 ≪출력형태≫에 맞게 작성하시오.

≪출력형태≫

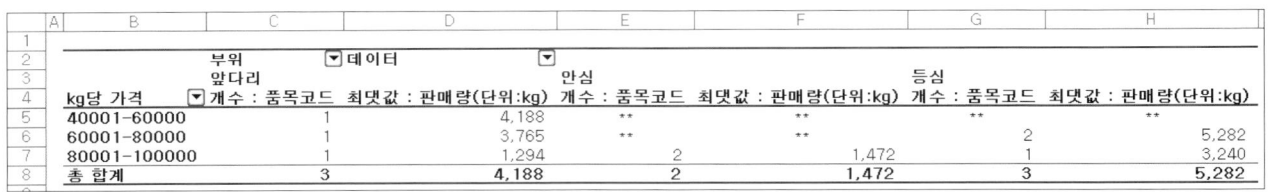

[제4작업] 그래프 (100점)

☞ "제1작업" 시트를 이용하여 "제4작업" 시트에 ≪출력형태≫와 같이 작업하시오.

≪조건≫

(1) 차트 종류 ⇒ 〈3차원 원형〉으로 작업하시오.
(2) 데이터 범위 ⇒ "제1작업" 시트의 내용을 이용하여 작업하시오.
(3) 차트 위치 ⇒ 「B2:K28」 영역에 배치하여 ≪출력형태≫와 같이 작업하시오.
(4) 차트 스타일 ⇒ 레이아웃6, 스타일3을 적용하시오.
(5) 배경 서식 ⇒ 전체 영역(노랑), 그림 영역(하양), 전체 글꼴(돋움, 11pt)을 적용하여 작업하시오.
(6) 제목 서식 ⇒ 글꼴(맑은 고딕, 20pt, 진하게), 채우기(하양), 선 모양 실선(굵기 1pt)
(7) 속성 ⇒ 계열 : T568K 조각을 쪼개진 요소 20%로 지정하여 분리하고 ≪출력형태≫와 같이 표시하시오.
　　　　　　레이블 : 값을 표시하고, 위치 및 채우기 색(하양)은 ≪출력형태≫와 같이 표시하시오.
(8) 범례 ⇒ ≪출력형태≫를 참조하시오.
(9) 도형 ⇒ '사각형 설명선'을 삽입한 후 내용을 입력하시오.
(10) 나머지 사항은 ≪출력형태≫에 맞게 작성하시오.

≪출력형태≫

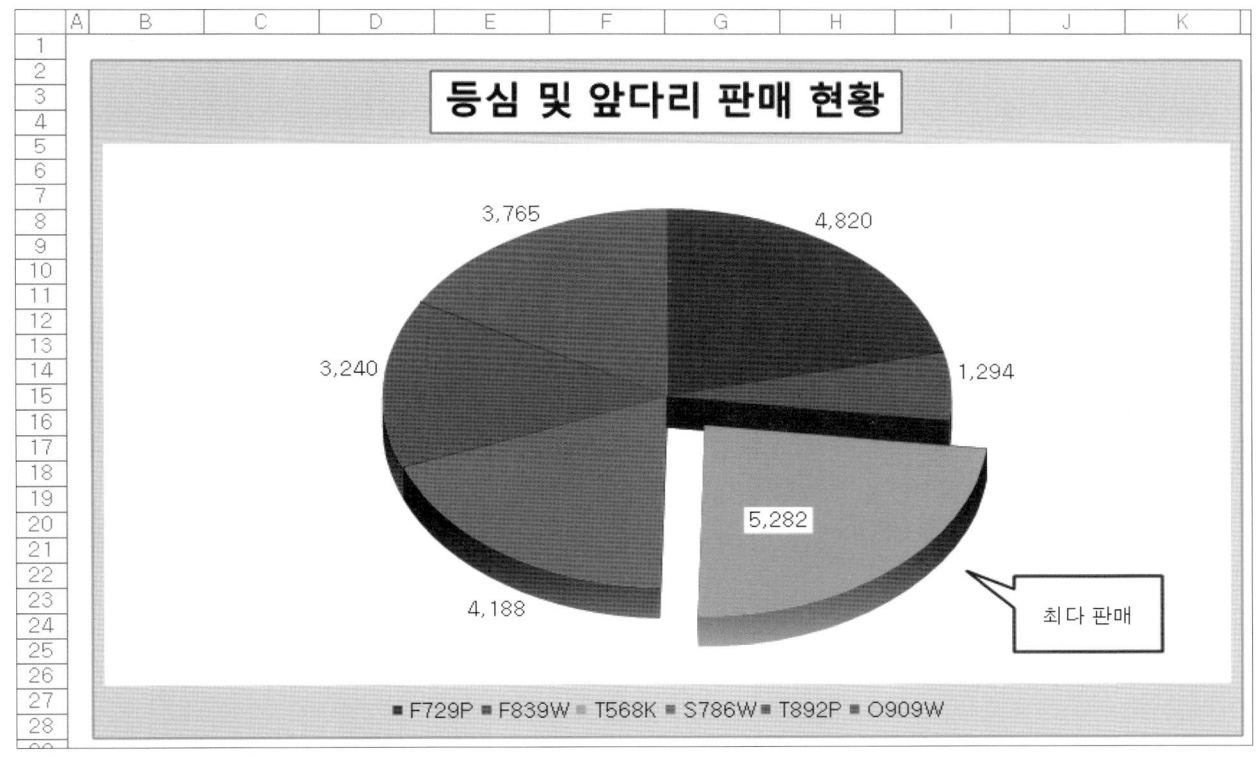

주의 ☞ 시트명 순서가 차례대로 "제1작업", "제2작업", "제3작업", "제4작업"이 되도록 할 것.

제10회 정보기술자격(ITQ) 시험

과목	코드	문제유형	시험시간	수험번호	성명
한셀	1121	E	60분		

수험자 유의사항

- 수험자는 문제지를 받는 즉시 문제지와 <u>수험표상의 시험과목(프로그램)이 동일한지 반드시 확인</u>하여야 합니다.
- 파일명은 본인의 "수험번호-성명"으로 입력하여 답안폴더(내 PC₩문서₩ITQ)에 하나의 파일로 저장해야 하며, 답안문서 파일명이 "수험번호-성명"과 일치하지 않거나, 답안파일을 전송하지 않아 미제출로 처리될 경우 실격 처리합니다(예:12345678-홍길동.cell).
- 답안 작성을 마치면 파일을 저장하고, '답안 전송' 버튼을 선택하여 감독위원 PC로 답안을 전송하십시오. 수험생 정보와 저장한 파일명이 다를 경우 전송되지 않으므로 주의하시기 바랍니다.
- 답안 작성 중에도 <u>주기적으로 저장하고, '답안 전송'</u>하여야 문제 발생을 줄일 수 있습니다. 작업한 내용을 저장하지 않고 전송할 경우 이전에 저장된 내용이 전송되오니 이점 유의하시기 바랍니다.
- 답안문서는 지정된 경로 외의 다른 보조기억장치에 저장하는 경우, 지정된 시험 시간 외에 작성된 파일을 활용할 경우, 기타 통신수단(이메일, 메신저, 네트워크 등)을 이용하여 타인에게 전달 또는 외부 반출하는 경우는 부정 처리합니다.
- 시험 중 부주의 또는 고의로 시스템을 파손한 경우는 수험자가 변상해야 하며, 〈수험자 유의사항〉에 기재된 방법대로 이행하지 않아 생기는 불이익은 수험생 당사자의 책임임을 알려 드립니다.
- 문제의 조건은 한컴오피스 NEO(2016)버전으로 설정되어 있으니 유의하시기 바랍니다.
- 시험을 완료한 수험자는 답안파일이 전송되었는지 확인한 후 감독위원의 지시에 따라 문제지를 제출하고 퇴실합니다.

답안 작성요령

- 온라인 답안 작성 절차
  수험자 등록 ⇒ 시험 시작 ⇒ 답안파일 저장 ⇒ 답안 전송 ⇒ 시험 종료
- 문제는 총 4단계, 즉 제1작업부터 제4작업까지 구성되어 있으며 반드시 제1작업부터 순서대로 작성하고 조건대로 작업하시오.
- 모든 작업시트의 A열은 열 너비 '1'로, 나머지 열은 적당하게 조절하시오.
- 모든 작업시트의 테두리는 ≪출력형태≫와 같이 작업하시오.
- 해당 작업란에서는 각각 제시된 조건에 따라 ≪출력형태≫와 같이 작업하시오.
- 답안 시트 이름은 "제1작업", "제2작업", "제3작업", "제4작업"이어야 하며 답안 시트 이외의 것은 감점 처리됩니다.
- 각 시트를 파일로 나누어 작업해서 저장할 경우 실격 처리됩니다.

kpc 한국생산성본부

[제1작업] 표 서식 작성 및 값 계산 (240점)

☞ 다음은 '국내 주요 유튜브 최근 7일간 현황'에 대한 자료이다. 자료를 입력하고 조건에 맞도록 작업하시오.

≪출력형태≫

유튜브	채널명	가입일	카테고리	게시된 비디오수	구독자수	조회수 (최근 7일간)	순위	비고
K010E	한국셀럼	2016-05-03	피플앤블로그	76	12,712	1,820	(1)	(2)
K065H	칸바이트	2017-12-05	엔터테인먼트	732	6,632	2,966	(1)	(2)
M456R	코리아이슈	2018-01-03	피플앤블로그	36	3,996	658	(1)	(2)
P012W	한국TV	2017-06-04	엔터테인먼트	43	3,331	562	(1)	(2)
L712Q	마이소코리아	2016-04-03	과학과 기술	375	1,142	466	(1)	(2)
A032L	코스모코리아	2018-03-04	과학과 기술	1,082	6,099	4,261	(1)	(2)
K302G	투데이경제	2017-05-26	피플앤블로그	136	1,913	1,689	(1)	(2)
C123K	러브캣	2017-03-07	엔터테인먼트	355	18,451	8,044	(1)	(2)
최대 조회수			(3)		피플앤블로그에 게시된 비디오수 합계			(5)
구독자수가 평균 이상인 유튜브 수			(4)		채널명	한국셀럼	카테고리	(6)

확인 / 사원 / 대리 / 과장

≪조건≫

○ 모든 데이터의 서식에는 글꼴(굴림, 11pt), 정렬은 숫자 및 회계 서식은 오른쪽 정렬, 나머지 서식은 가운데 정렬로 작성하며 예외적인 것은 ≪출력형태≫를 참조하시오.
○ 제 목 ⇒ '모서리가 둥근 직사각형' 도형과 '바깥쪽 대각선 오른쪽 위 그림자'를 이용하여 작성하고 "국내 주요 유튜브 최근 7일간 현황"을 입력한 후 다음 서식을 적용하시오
  (글꼴-굴림, 24pt, 검정, 진하게, 채우기-노랑).
○ 임의의 셀에 결재란을 만들고 '그림으로 복사하기' 기능을 이용하여 작성하시오(단, 원본 삭제).
○「B4:J4, G14, I14」영역은 '노랑'으로 채우기 하시오.
○ 유효성 검사를 이용하여 「H14」셀에 채널명(「C5:C12」영역)이 선택 표시되도록 하시오.
○ 셀 서식 ⇒ 「H5:H12」영역에 셀 서식을 이용하여 숫자 뒤에 '천회'를 표시하시오(예 : 1,820천회).
○「H5:H12」영역에 대해 '조회수'로 이름정의를 하시오.

● (1)~(6) 셀은 반드시 **주어진 함수를 이용**하여 값을 구하시오(결과값을 직접 입력하면 해당 셀은 0점 처리됨).

  (1) 순위 ⇒ 구독자수의 내림차순 순위를 구하시오(RANK.EQ 함수).
  (2) 비고 ⇒ 가입일의 연도가 2016년 이하이면 '스테디', 2017년 이하이면 '베스트', 그 외에는 공백으로 구하시오(IF, YEAR 함수).
  (3) 최대 조회수 ⇒ 정의된 이름(조회수)을 이용하여 구하시오(MAX 함수)
  (4) 구독자수가 평균 이상인 유튜브 수 ⇒ 결과값 뒤에 '개'를 붙이시오
    (COUNTIF, AVERAGE 함수, & 연산자)(예 : 2개).
  (5) 피플앤블로그에 게시된 비디오수 합계 ⇒ 조건은 입력데이터를 이용하시오(DSUM 함수).
  (6) 카테고리 ⇒ 「H14」셀에서 선택한 채널명에 대한 카테고리를 구하시오(VLOOKUP 함수).
  (7) 조건부 서식의 수식을 이용하여 구독자수가 '10,000' 이상인 행 전체에 다음의 서식을 적용하시오
    (글꼴 : 초록, 진하게).

[제2작업] 목표값 찾기 및 필터 (80점)

☞ "제1작업" 시트의 「B4:H12」 영역을 복사하여 "제2작업" 시트의 「B2」 셀부터 모두 붙여넣기를 한 후 다음의 조건과 같이 작업하시오.

≪조건≫

(1) 목표값 찾기 - 「B11:G11」 셀을 병합하여 "게시된 비디오수 전체 합계"를 입력한 후 「H11」 셀에 게시된 비디오수 전체 합계를 구하시오(SUM 함수, 테두리, 가운데 맞춤).
 - '게시된 비디오수 전체 합계'가 '3,000'이 되려면 한국셀럼 채널의 게시된 비디오수가 얼마가 되어야 하는지 목표값을 구하시오.

(2) 고급필터 - 채널명에 '코리아'가 포함되거나, 구독자수가 '10,000' 이상인 자료의 데이터만 추출하시오.
 - 찾을 조건 범위 : 「B13」 셀부터 입력하시오.
 - 복사 위치 : 「B18」 셀부터 나타나도록 하시오.

[제3작업] 피벗 테이블 (80점)

☞ "제1작업" 시트를 이용하여 "제3작업" 시트에 조건에 따라 ≪출력형태≫와 같이 작업하시오.

≪조건≫

(1) 가입일 및 카테고리별 유튜브의 개수와 게시된 비디오수의 평균을 구하시오.
(2) 가입일을 그룹화하고, 보고서 레이아웃은 개요형식으로 설정하시오.
(3) 카테고리를 ≪출력형태≫와 같이 정렬하고, 빈 셀은 '***'로 표시하시오.
(4) 행의 총합계를 지우고, 나머지 사항은 ≪출력형태≫에 맞게 작성하시오.

≪출력형태≫

	A	B	C	D	E	F	G	H
1								
2			카테고리 ▼	데이터 ▼				
3			피플앤블로그		엔터테인먼트		과학과 기술	
4		가입일 ▼	개수 : 유튜브	평균 : 게시된 비디오수	개수 : 유튜브	평균 : 게시된 비디오수	개수 : 유튜브	평균 : 게시된 비디오수
5		2016년	1	76	***	***	1	375
6		2017년	1	136	3	377	***	***
7		2018년	1	36	***	***	1	1,082
8		총 합계	3	83	3	377	2	729

[제4작업] 그래프 (100점)

☞ "제1작업" 시트를 이용하여 "제4작업" 시트에 ≪출력형태≫와 같이 작업하시오.

≪조건≫

(1) 차트 종류 ⇒ 〈3차원 원형〉으로 작업하시오.
(2) 데이터 범위 ⇒ "제1작업" 시트의 내용을 이용하여 작업하시오.
(3) 차트 위치 ⇒ 「B2:K28」 영역에 배치하여 ≪출력형태≫와 같이 작업하시오.
(4) 차트 스타일 ⇒ 레이아웃6, 스타일3을 적용하시오.
(5) 배경 서식 ⇒ 전체 영역(노랑), 그림 영역(하양), 전체 글꼴(굴림, 11pt)을 적용하여 작업하시오.
(6) 제목 서식 ⇒ 글꼴(궁서, 20pt, 진하게), 채우기(하양), 선 모양 실선(굵기 2pt)
(7) 속성 ⇒ 계열 : 러브캣 조각을 쪼개진 요소 20%로 지정하여 분리하고 ≪출력형태≫와 같이 표시하시오.
　　　　　레이블 : 값을 표시하고, 위치 및 채우기 색(하양)은 ≪출력형태≫와 같이 표시하시오.
(8) 범례 ⇒ ≪출력형태≫를 참조하시오.
(9) 도형 ⇒ '타원형 설명선'을 삽입한 후 내용을 입력하시오.
(10) 나머지 사항은 ≪출력형태≫에 맞게 작성하시오.

≪출력형태≫

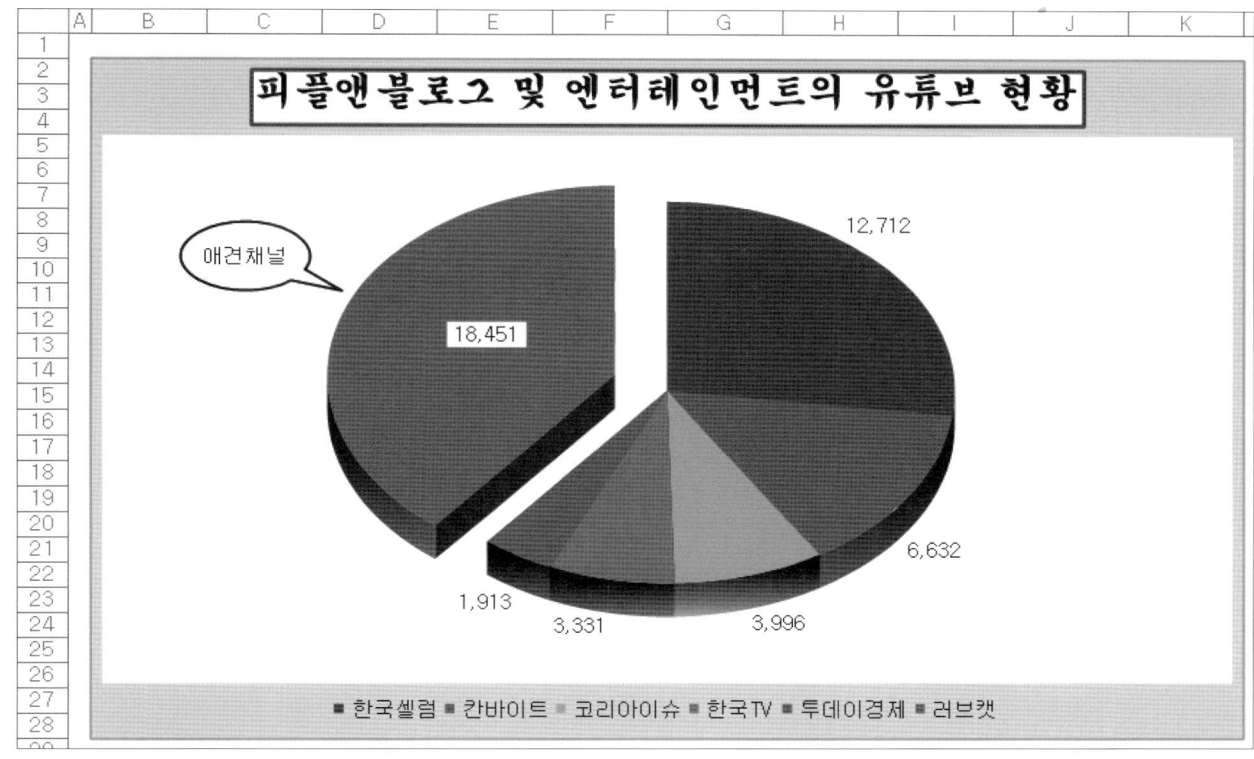

주의 ☞ 시트명 순서가 차례대로 "제1작업", "제2작업", "제3작업", "제4작업"이 되도록 할 것.

최신기출문제 | 정답(값 계산)   한셀 2016(NEO)

제01회 최신기출문제
(1) =H5*IF(D5="주거공간",0.5,0.4)
(2) =CHOOSE(RIGHT(B5,1),"서울","경기","인천")
(3) =COUNTIF(F5:F12,">=2021-12-01")&"건"
(4) =MAX(시공비용)
(5) =ROUND(DAVERAGE(B4:H12,G4,D4:D5),0)
(6) =VLOOKUP(H14,B5:H12,4,FALSE)

제02회 최신기출문제
(1) =CHOOSE(RIGHT(B5,1),"충청","경상","전라")
(2) =IF(RANK.EQ(G5,$G$5:$G$12,0)<=3,RANK.EQ(G5,$G$5:$G$12,0),"")
(3) =COUNTIF(D5:D12,"축산물")&"개"
(4) =SUMIF(D5:D12,"수산물",G5:G12)
(5) =MAX(상품평)
(6) =VLOOKUP(H14,E5:H12,3,FALSE)

제03회 최신기출문제
(1) =CHOOSE(RIGHT(B5,1),"과일류","과자류","수산물")
(2) =IF(RANK.EQ(H5,$H$5:$H$12,0)<=3,RANK.EQ(H5,$H$5:$H$12,0),"")
(3) =DAVERAGE(B4:H12,H4,E4:E5)
(4) =COUNTIF(C5:C12,"*세트")&"개"
(5) =MIN(판매단가)
(6) =VLOOKUP(H14,C5:H12,3,FALSE)

제04회 최신기출문제
(1) =IF(LEFT(B5,1)="L","대",IF(LEFT(B5,1)="M","중","소"))
(2) =RANK.EQ(G5,$G$5:$G$12,0)&"위"
(3) =ROUND(SUMIF(E5:E12,"공기정화",전월매출),-5)
(4) =MAX(G5:G12)
(5) =DCOUNTA(B4:H12,D4,D4:D5)
(6) =VLOOKUP(H14,C5:H12,5,FALSE)

제05회 최신기출문제
(1) =RANK.EQ(F5,$F$5:$F$12,0)&"위"
(2) =CHOOSE(WEEKDAY(H5,2),"월요일","화요일","수요일","목요일","금요일","토요일","일요일")
(3) =SUMIF(D5:D12,"제작",신청인원)/COUNTIF(D5:D12,"제작")
(4) =DSUM(B4:H12,F4,D4:D5)
(5) =MAX(G5:G12)
(6) =VLOOKUP(H14,C5:H12,5,FALSE)

제06회 최신기출문제
(1) =RANK.EQ(G5,$G$5:$G$12,1)&"위"
(2) =IF(RIGHT(B5,1)="C","C타입",IF(RIGHT(B5,1)="P","P타입",""))
(3) =SUMIF(D5:D12,"<>차량용",E5:E12)/COUNTIF(D5:D12,"<>차량용")
(4) =LARGE(평점,2)
(5) =DAVERAGE(B4:H12,G4,D4:D5)
(6) =VLOOKUP(H14,C5:H12,6,FALSE)

제07회 최신기출문제
(1) =IF(MID(B5,5,1)="1","대한항공",IF(MID(B5,5,1)="2","아시아나항공","저가항공"))
(2) =CHOOSE(WEEKDAY(F5,2),"월요일","화요일","수요일","목요일","금요일","토요일","일요일")
(3) =DAVERAGE(B4:H12,H4,E4:E5)
(4) =COUNTIF(F5:F12,">=2022-09-01")&"개"
(5) =LARGE(예약인원,2)
(6) =VLOOKUP(H14,C5:H12,4,FALSE)

제08회 최신기출문제
(1) =RIGHT(B5,7)
(2) =IF(AND(E5)=4,F5<=2000000),"★","")
(3) =MIN(E5:E12)
(4) =SUMIF(D5:D12,"포장이사",견적금액)/COUNTIF(D5:D12,"포장이사")
(5) =DCOUNTA(B4:H12,D4,D4:D5)&"건"
(6) =VLOOKUP(H14,C5:H12,5,FALSE)

제09회 최신기출문제
(1) =RANK.EQ(G5,$G$5:$G$12,0)&"위"
(2) =IF(OR(F5>=90000,G5>=5000),"★","")
(3) =MIN(가격)
(4) =COUNTIF(E5:E12,"1++등급")/COUNTA(E5:E12)
(5) =DSUM(B4:H12,G4,C4:C5)
(6) =VLOOKUP(H14,B5:H12,5,FALSE)

제10회 최신기출문제
(1) =RANK.EQ(G5,$G$5:$G$12,0)
(2) =IF(YEAR(D5)<=2016,"스테디",IF(YEAR(D5)<=2017,"베스트",""))
(3) =MAX(조회수)
(4) =COUNTIF(G5:G12,">="&AVERAGE(G5:G12))&"개"
(5) =DSUM($B$4:$H$12,F4,$E$4:$E$5)
(6) =VLOOKUP(H14,$C$5:$H$12,3,FALSE)